经贸院七
建设开来
贺教育部
重大方向项目
圆满立项

李晓林
丙戌立冬八

教育部哲学社会科学研究重大课题攻关项目

城市化进程中的重大社会问题及其对策研究

STUDY ON MAJOR SOCIAL ISSUES AND SOLUTIONS IN CHINESE URBANIZATION PROCESS

李 强

等著

经济科学出版社
Economic Science Press

图书在版编目（CIP）数据

城市化进程中的重大社会问题及其对策研究/李强等著．
—北京：经济科学出版社，2009.9
（教育部哲学社会科学研究重大课题攻关项目）
ISBN 978 – 7 – 5058 – 7857 – 0

Ⅰ．城… Ⅱ．李… Ⅲ．城市化 – 社会问题 – 研究 – 中国
Ⅳ．F299.21　D669

中国版本图书馆 CIP 数据核字（2009）第 011330 号

责任编辑：程晓云
责任校对：徐领弟　杨晓莹
版式设计：代小卫
技术编辑：潘泽新　邱　天

城市化进程中的重大社会问题及其对策研究
李　强　等著
经济科学出版社出版、发行　新华书店经销
社址：北京市海淀区阜成路甲 28 号　邮编：100142
总编部电话：88191217　发行部电话：88191540
网址：www.esp.com.cn
电子邮件：esp@esp.com.cn
北京中科印刷有限公司印装
787×1092　16 开　24.25 印张　460000 字
2009 年 9 月第 1 版　2009 年 9 月第 1 次印刷
印数：0001—8000 册
ISBN 978 – 7 – 5058 – 7857 – 0　定价：53.00 元
（图书出现印装问题，本社负责调换）
（版权所有　翻印必究）

课题组主要成员

（按姓氏笔画为序）

王大为	王美琴	石长慧	叶鹏飞
刘佳燕	许　健	任姗姗	沈　原
李　洋	肖　林	吴　春	张　锐
张瑞林	孟　蕾	陈美萍	彭剑波

编审委员会成员

主　任　孔和平　罗志荣
委　员　郭兆旭　吕　萍　唐俊南　安　远
　　　　　文远怀　张　虹　谢　锐　解　丹

总　序

哲学社会科学是人们认识世界、改造世界的重要工具，是推动历史发展和社会进步的重要力量。哲学社会科学的研究能力和成果，是综合国力的重要组成部分，哲学社会科学的发展水平，体现着一个国家和民族的思维能力、精神状态和文明素质。一个民族要屹立于世界民族之林，不能没有哲学社会科学的熏陶和滋养；一个国家要在国际综合国力竞争中赢得优势，不能没有包括哲学社会科学在内的"软实力"的强大和支撑。

近年来，党和国家高度重视哲学社会科学的繁荣发展。江泽民同志多次强调哲学社会科学在建设中国特色社会主义事业中的重要作用，提出哲学社会科学与自然科学"四个同样重要"、"五个高度重视"、"两个不可替代"等重要思想论断。党的十六大以来，以胡锦涛同志为总书记的党中央始终坚持把哲学社会科学放在十分重要的战略位置，就繁荣发展哲学社会科学做出了一系列重大部署，采取了一系列重大举措。2004年，中共中央下发《关于进一步繁荣发展哲学社会科学的意见》，明确了新世纪繁荣发展哲学社会科学的指导方针、总体目标和主要任务。党的十七大报告明确指出："繁荣发展哲学社会科学，推进学科体系、学术观点、科研方法创新，鼓励哲学社会科学界为党和人民事业发挥思想库作用，推动我国哲学社会科学优秀成果和优秀人才走向世界。"这是党中央在新的历史时期、新的历史阶段为全面建设小康社会，加快推进社会主义现代化建设，实现中华民族伟大复兴提出的重大战略目标和任务，为进一步繁荣发展哲学社会科学指明了方向，提供了根本保证和强大动力。

高校是我国哲学社会科学事业的主力军。改革开放以来，在党中央的坚强领导下，高校哲学社会科学抓住前所未有的发展机遇，紧紧围绕党和国家工作大局，坚持正确的政治方向，贯彻"双百"方针，以发展为主题，以改革为动力，以理论创新为主导，以方法创新为突破口，发扬理论联系实际学风，弘扬求真务实精神，立足创新、提高质量，高校哲学社会科学事业实现了跨越式发展，呈现空前繁荣的发展局面。广大高校哲学社会科学工作者以饱满的热情积极参与马克思主义理论研究和建设工程，大力推进具有中国特色、中国风格、中国气派的哲学社会科学学科体系和教材体系建设，为推进马克思主义中国化，推动理论创新，服务党和国家的政策决策，为弘扬优秀传统文化，培育民族精神，为培养社会主义合格建设者和可靠接班人，做出了不可磨灭的重要贡献。

自2003年始，教育部正式启动了哲学社会科学研究重大课题攻关项目计划。这是教育部促进高校哲学社会科学繁荣发展的一项重大举措，也是教育部实施"高校哲学社会科学繁荣计划"的一项重要内容。重大攻关项目采取招投标的组织方式，按照"公平竞争，择优立项，严格管理，铸造精品"的要求进行，每年评审立项约40个项目，每个项目资助30万~80万元。项目研究实行首席专家负责制，鼓励跨学科、跨学校、跨地区的联合研究，鼓励吸收国内外专家共同参加课题组研究工作。几年来，重大攻关项目以解决国家经济建设和社会发展过程中具有前瞻性、战略性、全局性的重大理论和实际问题为主攻方向，以提升为党和政府咨询决策服务能力和推动哲学社会科学发展为战略目标，集合高校优秀研究团队和顶尖人才，团结协作，联合攻关，产出了一批标志性研究成果，壮大了科研人才队伍，有效提升了高校哲学社会科学整体实力。国务委员刘延东同志为此做出重要批示，指出重大攻关项目有效调动各方面的积极性，产生了一批重要成果，影响广泛，成效显著；要总结经验，再接再厉，紧密服务国家需求，更好地优化资源，突出重点，多出精品，多出人才，为经济社会发展做出新的贡献。这个重要批示，既充分肯定了重大攻关项目取得的优异成绩，又对重大攻关项目提出了明确的指导意见和殷切希望。

作为教育部社科研究项目的重中之重，我们始终秉持以管理创新服务学术创新的理念，坚持科学管理、民主管理、依法管理，切实增强服务意识，不断创新管理模式，健全管理制度，加强对重大攻关项目的选题遴选、评审立项、组织开题、中期检查到最终成果鉴定的全过程管理，逐渐探索并形成一套成熟的、符合学术研究规律的管理办法，努力将重大攻关项目打造成学术精品工程。我们将项目最终成果汇编成"教育部哲学社会科学研究重大课题攻关项目成果文库"统一组织出版。经济科学出版社倾全社之力，精心组织编辑力量，努力铸造出版精品。国学大师季羡林先生欣然题词："经时济世　继往开来——贺教育部重大攻关项目成果出版"；欧阳中石先生题写了"教育部哲学社会科学研究重大课题攻关项目"的书名，充分体现了他们对繁荣发展高校哲学社会科学的深切勉励和由衷期望。

创新是哲学社会科学研究的灵魂，是推动高校哲学社会科学研究不断深化的不竭动力。我们正处在一个伟大的时代，建设有中国特色的哲学社会科学是历史的呼唤，时代的强音，是推进中国特色社会主义事业的迫切要求。我们要不断增强使命感和责任感，立足新实践，适应新要求，始终坚持以马克思主义为指导，深入贯彻落实科学发展观，以构建具有中国特色社会主义哲学社会科学为己任，振奋精神，开拓进取，以改革创新精神，大力推进高校哲学社会科学繁荣发展，为全面建设小康社会，构建社会主义和谐社会，促进社会主义文化大发展大繁荣贡献更大的力量。

教育部社会科学司

前　言

关于我国城市化中社会问题研究的这部著作，终于到了可以完稿出版的时候了，我本人和我所带领的研究课题组的成员均感到十分欣慰。借此机会，我想简单回顾一下本课题的由来以及关于城市化问题的研究和写作过程。

2003年秋天，当时我正在日本"关西学院大学"短期访问讲学，清华大学文科处来电话说教育部启动了一个新的哲学社会科学重大研究计划，各学校之间竞争很激烈，希望我能够牵头来申报一个项目。于是，我就开始思考报一个什么样的项目。应该说，自1999年我调入清华大学以后，一直就比较关注城市问题的研究，用社会学的术语说属于"城市社会学"领域。而项目招标题目中又正好有《城市化进程中的重大社会问题及其对策研究》这样一个题目，与我的兴趣不谋而合。回国后，我就着手准备申报材料。这个课题属于当时新设立的"教育部哲学社会科学研究重大课题攻关项目"的第一批，由教育部社科司具体负责课题的立项审批，其申请和评审过程均十分严格。该课题经层层审查以后，终于获得通过（项目批准号：03JZD0030）。2003年立项以后，2004年开始调研，于2006年最终完成该项目，并通过最终的评审。

我的学科领域是社会学，本书的研究虽然不仅限于社会学，但是，毕竟受到学科视角的影响，所以，本书的社会学特色要更突出一些。那么，中国社会学界在城市研究方面的状况如何呢？应该说，可以分成两段，一段是早年的研究；另一段是80年代以后的研究。之所以分成两段，众所周知，20世纪50~70年代，我国曾经一度从学科上取消了社会学。早年的中国城市研究成果，譬如，陶孟和、梁履恭早在1915年就用英文发表过《中国乡村与城市生活》的著作，后来陶孟和于1926~1927年完成《北平生活费之分析》的著作。当然成体系的城市研究佼佼者是曾经在清华大学任教的吴景超先生，他曾到美国芝加哥大学学习社会学，师从美国城市社会学研究的创始人R.E.帕克，吴景超先生回国后早在1929年就出版了《都市社会学》一书，成为中国都市社会学研究的先驱之作。当然，所谓另一段，即80年代以后的城市研究是与改革开放同步的。这一时期我国城市发展开始加速，与此同时我国的城市研究也逐渐兴起。《中国社会学年鉴（1979~1989）》一书，列举了这一时期城市研究的十个方面：中国城市社会结构和体制改革研究、中国城市化道路研究、中国小城镇研究、城市人口研究、城市生态研究、城市家庭研究、城市生活方式研究、城市社会问题和社会控制研究、都市社会学学科研究以及都市社会学的比较研究。①

我自己过去的研究重点是社会分层与社会流动，上面说过，我之介入关于城市的研究是到了清华大学以后。转入城市研究的最初原因与招收博士生有关，我以往的社会学博士生都是在中国人民大学带的，调入清华大学后马上就出现一个问题，当时的清华大学还没有建立社会学博士点，在了解了清华大学的博士点专业以后，发现，在建筑学院的"城市规划专业"下面设有城市、住房等研究方向，与社会学领域十分接近。于是，经学校批准后，我开始在城市规划专业下面招收了关于城市问题研究的博士生。在这期间，与建筑学院老师开始有了一些合作。特别是与秦佑国院长、左川教授、尹稚教授、张杰教授、毛其智教授、边兰春教授等合作，进行了北京什刹海旧城改造等合作研究，后来又进行了南宁等城市的社会规划研究。此后，又开设了《城市社会学》等课程。这期间发表了一些关于研究城市农民工的论文，在全国一些城市进行了城市外来流动人口等城市化问题的调研。在清华大学建立了社会学博士点以后，我招收的专业方向也一直是"城市社会学"。

---

① 中国社会科学院社会学研究所编.中国社会学年鉴（1979~1989）.中国大百科全书出版社，1989：104-110.

在城市问题的研究方面，也逐渐形成了一个十分得力的课题组。参加课题组的大多是我所带的博士生、硕士生以及博士后。俗话说，铁打的营盘流水的兵，学生们总是要毕业的，博士后总是要出站的。这些年来，研究生们进进出出，但铁打的营盘是持续存在的。从最初的调研到最后的成书，参与的博士生、硕士生、本科生和博士后有：王大为、李斌、邓建伟、肖林、张海辉、吴春、陈振华、何晓彬，后来队伍不断扩大，又有叶鹏飞、李洋、张瑞霖、孟蕾、刘佳燕、彭剑波、石长慧、王军强、王美琴、陈美萍、张锐、任姗姗、李卓蒙、刘洋、刘海洋、毕向阳、黄旭宏、史威琳、史玲玲、许健、葛银峰、董俊杰、连彬等。应该说，我所带领的这个城市研究课题组是一个十分能干的课题组。此外，清华大学社会学系的沈原教授、孙立平教授以及张军老师等也一直参与着本课题组的城市研究活动。在此，对于上述所有人的贡献表示深深的感谢！

《城市化进程中的重大社会问题及其对策研究》这项课题，与笔者以往的其他课题相比还是有些区别的。从题目就可以看出，该课题涵盖的内容和领域十分广泛，当前中国社会转型中所面临的问题几乎都可以囊括在这样一个题目之下。所以，本课题在研究的内容上也是有所取舍的，课题主要关注的内容，从本书的目录上就可以看到，大体上有十几个大的问题。本书第一章对于这十几个大的问题进行了梳理，归纳为五个方面的研究，即城市化中的阶级阶层研究、社会公正研究、弱势群体保障研究、城市管理体制研究、城市空间和城市社会规划研究。所以，如果要迅速了解本书全貌的话，也可以将第一章视为本书的一个导读。

本书成稿以后又经课题组成员多次讨论，几经删改，课题组成员通力合作终于完成此稿。特别要提到的是博士后许健同志，协助我对全稿做了非常认真的统编工作，他一丝不苟的工作态度，令出版社的同志也十分感动。

总之，本成果是课题组成员集体劳动的成果，各章执笔者如下：

第一章　李强

第二章　叶鹏飞

第三章　吴春

第四章　李洋
第五章　王美琴
第六章　彭剑波
第七章　孟蕾
第八章　张瑞霖
第九章　刘佳燕
第十章　毕向阳
第十一章　张锐、任姗姗
第十二章　陈美萍
第十三章　肖林
第十四章　石长慧
第十五章　刘佳燕

摘　要

20世纪90年代后期以来，中国进入城市化高速发展的阶段。快速、大规模而深刻的城市化过程在取得巨大成就的同时，因各方面因素发展的不平衡也产生了一系列复杂的社会问题。本书作者在大量实地调研的基础上对紧迫的社会问题进行了深入研究，并尝试探索解决的途径，以求实现城市的综合协调发展。本书涉及的城市化问题按照城乡地域大致包括以下三类：一是城市急剧变迁所带来的城市自身不协调问题，包括城市社区变迁及社区管理体制问题、新老城市社区协调问题、城市拆迁问题等；二是城市发展带来的农村不协调问题，比如城市郊区的失地农民问题等；三是城乡之间不协调问题，包括户籍制度改革问题、农民工非正规就业问题、流动人口管理问题、农民工未来走向问题等。同时，中国的城市化进程与社会结构转型是紧密交织在一起的，因此，本书对城市化与社会阶层结构、社会公正、城市弱势群体的社会保障以及城市社会空间规划之间的关系也进行了深入探讨。

Abstract

Since late 1990s, China has entered the phase of rapid development for urbanization. Due to the imbalanced development of various factors, the fast, massive and profound developing process has brought complicated social problems in addition to the great achievements. Based on a great deal of empirical survey and research, the author of the book conducted an in-depth research on the pressing social problems and tried to explore the feasible solution in order to realize the harmony and balance between the urbanization and the integrated social development. The book classifies these urgent problems of urbanization into the following three types on the whole according to the urban and rural areas: the first, the disharmony inside the city itself, including the change of the community and its management system, the congruity between the old and new community, the demolishment and relocation of the old community, and so on; the second, the rural problems brought by the urbanization, such as the problem arisen from farmers losing their lands in the suburb; the third, the problems incurred by dysfunctional relationship between the city and countryside, involving the reform of the household registration system, the informal employment of migrant workers, the administration of floating population, the migrant workers' future, and so on. Meanwhile, the process of urbanization in China is accompanied with the social structural transformation. Thus this book probes into the relationship of the urbanization with social class structure, social justice and social security for the vulnerable groups in urban area as well as the urban social spatial planning.

目 录

第一章 ▶ 我国城市化进程中的重大社会问题　1

一、我国自 20 世纪 90 年代后期和 21 世纪以来进入城市化高速发展期　1

二、城市高速发展所带来的多方面的不协调问题　5

三、城市化与社会结构转型的交互影响　11

第二章 ▶ 城市社区的变迁与管理体制问题　20

一、我国城市社区的变化与基本形态　21

二、城市社区管理体制的变迁　29

三、当前城市社区管理体制面临的主要问题　34

四、城市基层社区管理体制的创新　41

第三章 ▶ 快速城市化进程中的旧城改造与保护问题
——以北京为例　46

一、北京旧城地区现状　48

二、旧城保护与改造的困境　56

三、旧城改造中的相关利益主体分析　69

四、旧城保护与改造的基本原则和建议　70

第四章 ▶ 城市新型小区管理问题研究　74

一、新型小区与城市社会变迁　75

二、新型小区管理存在的主要问题及原因分析　79

三、新型小区管理的对策分析　87

第五章 ▶ 城市二元社会结构与户籍制度改革　93

一、城市化与城市二元社会结构的形成　94
二、城市二元社会结构解析　96
三、户籍制度与进城农民市民化　103
四、户籍制度改革与城市二元社会结构的破解　108

第六章 ▶ 城市化进程中的居住分化问题研究　116

一、城市居住分化现状与模式　118
二、城市化进程中居住分化的形成机制　121
三、城市化进程中居住分化引发的社会影响　124
四、城市化进程中居住分化的应对策略　130

第七章 ▶ 城市化进程中新富阶层的消费研究　132

一、当前中国社会的新富消费　133
二、对新富消费的分析和评价　137
三、新富消费的社会影响　147
四、对策　154

第八章 ▶ 城市弱势群体社会救助模式探讨
——暨对深圳"关爱行动"模式的分析　160

一、城市化进程中的弱势群体　161
二、救助弱势群体有助于城市化健康良性发展　164
三、既有城市弱势群体社会救助存在的问题　166
四、一个城市弱势群体救助的案例——深圳"关爱行动"模式分析　169
五、新形势下对城市弱势群体进行有效社会救助的对策建议　174

第九章 ▶ 城市中低收入群体的住房问题及其保障政策建议　181

一、城市中低收入群体的居住状况和住房保障问题的凸显　182
二、我国住房保障制度的发展历程和成果评价　191
三、中低收入群体的住房问题来自城市化进程中的结构性困境　194
四、住房保障制度建设的发展概况和主要问题　197

五、完善住房保障制度的若干建议　　210

　　六、探索中国特色的城市化道路下的住房发展模式　　214

第十章 ▶ 城市拆迁问题及其化解途径　　218

　　一、拆迁矛盾的凸显　　218

　　二、拆迁中的矛盾形式与被拆迁户的利益表达　　221

　　三、拆迁矛盾形成与解决过程中的体制障碍　　226

　　四、化解拆迁矛盾的总体性建议　　230

第十一章 ▶ 城市化进程中失地农民的安置与保障问题　　233

　　一、我国失地农民的生活困境　　234

　　二、失地农民安置与保障问题的主要制约因素　　238

　　三、对北京市朝阳区两个案例的解析　　240

　　四、解决失地农民问题的对策研究综述　　248

第十二章 ▶ 城市农民工非正规就业与城市管理　　251

　　一、非正规就业与发展中国家　　252

　　二、中国城市中的农民工：从流动人口到非正规就业者　　256

　　三、管理秩序与生计：以流动摊贩为例　　263

　　四、对城市农民工非正规就业政策的建议　　268

第十三章 ▶ 城市流动人口管理的问题与对策　　272

　　一、北京市流动人口现状、趋势及困境　　273

　　二、新阶段流动人口管理问题及其分析　　277

　　三、对以往流动人口管理工作的反思　　283

　　四、流动人口管理的对策与建议　　288

第十四章 ▶ 农民工群体的社会认同及城市化　　301

　　一、"迁而不移"的农民工群体　　302

　　二、农民工及其子女的社会认同　　304

　　三、对促进农民工群体城市化的若干建议　　314

第十五章 ▶ 城市规划中的社会规划研究　　318

　　一、城市规划中引入社会规划研究的必要性　　319

二、基于社会—空间辩证关系的规划研究视角　　322

三、保障生活质量的基本主题：健康、安全和住房　　333

四、营造宜居环境的可持续手段：教育和文化休闲　　343

五、实现社会和谐的规范准则：社会公正和社会整合　　348

参考文献　　352

Contents

Chapter 1 Major Social Problems in Urbanization Process in China   1

   1. China Has Entered the Phase of Rapid Development for Urbanization since Late 1990s   1

   2. Disharmony Brought by Rapid Urban Development   5

   3. Interaction of Urbanization with Transformation of Social Structure   11

Chapter 2 Changes of Urban Community and Problems of Management System   20

   1. Changes of Urban Community and Its Basic Types in China   21

   2. Changes of Urban Community Management System   29

   3. Major Problems faced by the Current Urban Community Management System   34

   4. Innovation of Urban Grassroots Community Management System   41

Chapter 3 Renovation and Protection of Old-city in Rapid Urbanization Process: A Case Study of Beijing   46

   1. Actuality of Beijing Old-city Area   48

   2. Puzzle Dom of Old-city Protection and Renovation   56

   3. Analysis of Stakeholders in Old-city Renovation   69

   4. Basic Principles and Advice on Old-city Protection and Renovation   70

Chapter 4　Study on Management Problems of New Urban Communities　74

　　1. New Communities and Changes in Urban Society　75
　　2. Analysis on Main Problems and Causes of New Community Management　79
　　3. Analysis on Approaches to New Community Management　87

Chapter 5　Dual Social Structure in Urban Society and Reform of Household Registration System　93

　　1. Urbanization and the Formation of Dual Social Structure in Urban Society　94
　　2. Analysis on Dual Social Structure in Urban Society　96
　　3. Household Registration System and Citizenization of Migrant Workers　103
　　4. Reform of Household Registration System and Solution to Problems of the Dual Social Structure in Urban Society　108

Chapter 6　Study on Residential Differentiation during Urbanization Process　116

　　1. Status Quo and Modes of Residential Differentiation in Cities　118
　　2. Mechanism of Residential Differentiation Formation during Urbanization Process　121
　　3. Social Impact Incurred by Residential Differentiation during Urbanization Process　124
　　4. Countermeasures for Residential Differentiation during Urbanization Process　130

Chapter 7　Study on Consumption of New-rich during Urbanization Process　132

　　1. Consumption of China's New-rich Today　133
　　2. Analyses and Evaluations on New-riches' Consumption　137
　　3. Social Impact of New-riches' Consumption　147
　　4. Countermeasures　154

Chapter 8　Study on Social Assistance Mode for Vulnerable Groups in Urban Area and Analysis on Mode of "Care Action" in Shenzhen　160

　　1. Social Vulnerable Groups during Urbanization Process　161

2. Social Assistance to Vulnerable Groups Contributing to Better Urbanization   164
3. Existing Problems in Current Social Assistance System   166
4. A Case Study of Social Assistance: Analysis on Successful Mode of "Care Action" in Shenzhen   169
5. Countermeasures and Suggestions on Effective Social Assistance for Urban Vulnerable Groups under the New Circumstances   174

Chapter 9 Study on Housing Problem of Middle and Low Income Residents in Cities and Suggestions on the Security Policies   181

1. Highlights of Housing Condition and Security Problems of Middle and Low Income Residents in Cities   182
2. Evolution of China's Housing Security System and Evaluation on the Results   191
3. Housing Problem of Urban Middle and Low Income Residents Resulted from Structural Quandary during Urbanization Process   194
4. General Situation and Major Problems of Housing Security System Construction   197
5. Improvement Suggestions to Housing Security System   210
6. Exploring the Housing Mode to be Developed with Chinese Urbanization Characteristics   214

Chapter 10 Problems in Relocation of Urban Residents and the Settlements   218

1. Emerging Conflicts in Relocation of Residents   218
2. Conflict Forms in Relocation of Residents and Interest Expression of Relocated Residents   221
3. Institutional Barriers in Conflict's Formation and Resolving Process   226
4. General Suggestions for Conflict Resolution   230

Chapter 11 Settlement and Security for Land-lost Farmers in Urbanizing Process   233

1. Living Difficulties of Chinese Land-lost Farmers   234
2. Main Constraints of Settlement and Security for Land-lost Farmers   238

3. Analysis on Two Cases of Chaoyang District, Beijing　240

4. Executive Summary on Solutions to Land-lost Farmers' Problems　248

Chapter 12　Informal Employment of Migrant Workers and City Management　251

1. Informal Employment and Developing Countries　252

2. Migrant Workers in China's Cities: from Migrant Population to Informal Employees　256

3. Management Order and Social Living: Taking Stall-keepers as an Example　263

4. Suggestions of Informal Employment Policies for Migrant Workers　268

Chapter 13　Problems and Solutions to Floating Population Management　272

1. Status Quo, Tendency and Quandary of Floating Population in Beijing　273

2. Problems of Floating Population Management at New Phase and the Analysis　277

3. Reflection on the Previous Floating Population Management　283

4. Solutions and Suggestions to Floating Population Management　288

Chapter 14　Social Identification and Urbanization of Migrant Workers　301

1. The Migrant Workers Who Migrate but Don't Move　302

2. Social Identification of Migrant Workers and their Offspring　304

3. Suggestions to Promoting Urbanization of Migrant Workers　314

Chapter 15　Social Planning Study in City Planning　318

1. Necessities of Introducing Social Planning Study into Urban Planning　319

2. Planning Study Perspectives Based on Social-space Dialectics　322

3. Basic Themes of Ensuring Living Quality: Health, Safety and Housing　333

4. Sustainable Approaches to Creating Livable Environment: Education, Culture and Recreation　343

5. Rules for Social Harmony: Social Justice and Social Integration　348

References　352

第一章

我国城市化进程中的重大社会问题

一、我国自 20 世纪 90 年代后期和 21 世纪以来进入城市化高速发展期

从中华人民共和国成立以后，直到改革开放以前，在大约三十年的时间里，我国城市发展曾经长期处于缓慢的，甚至是停滞的状态。虽然在少数年份也曾出现过城市化快速发展的局面，但是，每一次短期膨胀后都会是紧接着政策的调整，又出现了城市化紧缩甚至是逆转的局面，因此，这一时期总的特征是城市化发展非常不稳定。比如，在 1953～1957 年的第一个五年计划期间，城市化曾经出现过发展的小高潮，城市化水平曾经从新中国建国初期的 9.05%，[①] 上升到 1957 年的 15.39%。但是这一时期，在总的政策取向上，仍是试图建立严格控制城乡人口流动的制度，并多次采取了控制的政策措施，尽力劝阻农村劳动力流往城市。此后，在"大跃进"期间也出现过农村人口大量流入城市的情况，短时期内，曾经出现城市人口接近 20% 的局面。然而，在随后的政策调整中，又将大量人口调整回农村。比如，从 1960 年底到 1963 年上半年，在"下放"运动中，全国共下放城镇人口 2 600 多万人。[②] 所以，直到改革开放以前的 1978 年，中国城镇人口的比例也仅占全国人口的 17.92%（见表 1-1）。如果用这样的比

[①] 周一星. 城市地理学 [M]. 商务印书馆，1995：109-112.
[②] 肖冬连. 中国二元社会结构形成的历史考察 [J]. 中共党史研究，2005 (1).

例与全世界的数据相比较，无论是与发达国家，还是与发展中国家相比，我国城市人口的比例都是相当低的。这一方面是由于当时的计划经济模式制约了经济与社会的发展；另一方面，也是由于落后的农业生产水平难以支撑城市的发展。所以，当时的基本指导原则是"严格控制城市人口规模，特别是严格控制大城市的人口规模"。

表 1-1　　　　　　　1949～1978 年我国城乡人口及其比例

年　份	我国人口总数（万人）	城市与农村户籍人口比例（%）	
		城　市	农　村
1949	54 167	10.64	89.36
1952	57 482	12.46	87.54
1957	64 653	15.39	84.61
1958	65 994	16.25	83.75
1960	66 207	19.75	80.25
1962	67 295	17.33	82.67
1965	72 538	17.98	82.02
1970	82 992	17.38	82.62
1975	92 420	17.34	82.66
1978	96 259	17.92	82.08

资料来源：国家统计局编《奋进的四十年》，中国统计出版社 1989 年版。

改革开放以后，随着经济与社会管理体制的变革，我国城市化的发展出现新的趋势。一方面，如果与改革开放以前比较，城市化的速度还是有所加快的。从 1980～1999 年，在大约二十年的时间里，我国城市户籍人口占总人口的比例从 19.93% 上升到 34.78%，增加了 14.85%，这与改革开放以前城市化长期停滞的局面完全不一样了。但是，另一方面，如果与国际上多数国家工业化时期的城市发展相比，可以清楚地看到，即使是改革以后的二十年里，我国城市化的速度也还是相对滞后。为什么城市户籍人口增加了 14.85%，我们还说它是相对滞后呢？根据什么样的标准来看待工业化和城市化的关系呢？

我们知道，在世界各国，现代化、工业化的发展始终是与城市化的发展并行的。那么，工业化与城市化的发展是否有一定的比例关系呢？回答是肯定的。根据塞缪尔·H·普雷斯顿（Samuel H. Preston）对 1950～1970 年世界绝大多数国家（不包括中国）工业化与城市化关系的考察，在收集了大量数据的基础上发现,其比例关系大约是1∶2的关系,[①] 即工业劳动力占全体劳动力的比例每增长1%,城市人口占总人口的比例会增长2%。

以此为参照,对比一下我国改革前二十年(1979~1999年)的情况就会发现,在这段时间里,我国城市化的发展是严重滞后的。试以1978~2000年我国大陆的数据为例,1978年工业劳动者占全体劳动者的比例为26.2%,城镇人口比例为17.92%。到2000年,工业(非农业)劳动者占全体劳动者的比例,低的估计为50%,高的估计为60%,笔者取中间数(55%)。这样,2000年,中国工业劳动者占全体劳动者的比例比1978年上升了28.2%,按照塞缪尔·普雷斯顿所发现的1∶2的比例,相应的城市人口应上升56.4%。然而,我国2000年的城镇人口比例为36.22%,与1978年相比,仅上升了18.3%,也就是说,与国际一般规律测算的城市发展速度相差了2倍。从表1-2中可以清楚地看到城乡户籍人口变化的具体情况。

表1-2　　1980~2006年中国城市和农村户籍人口变化情况

年　份	我国人口总数（万人）	城市与农村户籍人口比例（%）	
		城　市	农　村
1980	98 705	19.39	80.61
1985	105 851	23.71	76.29
1986	107 507	24.52	75.48
1987	109 300	25.32	74.68
1988	111 026	25.81	74.19
1989	112 704	26.21	73.79
1990	114 333	26.41	73.59
1991	115 823	26.37	73.63
1992	117 171	27.46	72.54
1993	118 517	27.99	72.01
1994	119 850	28.51	71.49
1995	121 121	29.04	70.96
1996	122 389	30.48	69.52
1999	125 786	34.78	65.22

[①] Samuel H. Preston. Urban Growth in Developing Countries: A Demographic Reappraisal. in *The Urbanization of the Third World*. edited by Josef Gugler. Oxford [Oxfordshire]: Oxford University Press. 1988: 24-25.

续表

年 份	我国人口总数（万人）	城市与农村户籍人口比例（%）	
		城 市	农 村
2000	126 743	36.22	63.78
2001	127 627	37.66	62.34
2003	129 227	40.53	59.47
2005	130 756	42.99	57.01
2006	131 397	43.90	56.10

资料来源：《中国统计年鉴》（1981~2007）。

从横向比较来看，根据世界银行的统计，1995年世界高收入国家城市化率为75%，中等收入国家为60%，低收入国家为28%，而我国城市化率还不到30%。至2000年年底，我国城市化率仍然比世界平均水平低12%，比世界发达国家平均水平低40%。虽然我国的城市数量已从1949年的67个增至2000年的662个，但由于人口总量的增加，城市人口的比例仍然过于偏小。[①]

为什么改革开放以后的头二十年里，在工业化高速发展的条件下，我国的城市化却没有像世界上其他国家那样同步地高速发展呢？主要原因在于我国的极为特殊的户籍制度。也就是说，改革开放以后，虽然农民实际上已经进城了，加入了工业劳动力的队伍，但由于受到户籍政策的限制，他们并不能成为城市的正式居民，在户籍登记和统计上还属于农民人口。而且，在现实生活中，他们也往往认同于自己的农村身份，不仅是每年春节一定要返回农村家乡，而且，多次调查的数据也显示，农民工打工挣的钱基本上都投入到农村的家庭中了。所以，我国的农民工形成了一种非常特殊的、通过在城乡之间不断循环流动而参与工业化的模式。多数农民工的生命周期是：年轻时出来打工，到年龄较大时，或妇女结婚生孩子以后，又回到了农村。

但是，工业化与城市化的发展仍然有其内在的运行规律。我国的户籍制度虽然可以在一段时间里阻碍城市化的速度，但是，如果藉此就认为我国的城市化会是完全不同于世界上其他国家特点的另一条道路，恐怕依据还是不足的。从实践的层面看，20世纪90年代中后期以来，我国的户籍制度受到了明显的冲击，户籍改革的呼声都越来越高。而且，由于长期积蓄的户籍障碍的矛盾，形成了很强的张力，蓄之越久，其发必速。结果，到了20世纪90年代后期和21世纪初期，

---

① 《城市化进程中的重大社会问题及其对策研究》编委会. 2001~2002中国城市发展报告［M］. 西苑出版社, 2003.

我国突然进入了城市化的高速发展时期。2000年以后，仅6~7年的时间里，我国城市人口从1999年的占总人口34.78%的比例，一下子跃升到2006年的43.9%，净增将近10个百分点。① 如果朝着这样的速度继续发展，到我国"十一五"结束的时候，即2010年，我国会出现城市户籍人口首次超过农村户籍人口的局面。其实，如果不是按照户籍人口计算，而是按照城市里实际劳动和生活的人口计算，根据笔者的数据，我国城市里劳动和生活的实际人口自2002年起就已经超过了农村实际人口的总和。即使按照户籍人口计算，到2010年以后，大约再用5~6年的时间，我国城乡人口的比例就会出现城市占六成，而农村占四成的局面。

总之，我国的城市化发展在20世纪90年代后期和21世纪以来，进入了突然加速的时期，而本课题和本报告也正是针对这样一个突然加速期所带来的诸多社会问题而进行的研究。

研究城市化的另一种角度叫做城市的"集中程度"，即观察人口比较聚集的、人口比较多的大城市数量增长的情况。如果我们考察一下20世纪90年代后期我国中等城市和大城市的增长速度，就可以更深地体会到人口在一些城市的高度集中、大城市的迅速扩张，也是这一个时期城市发展的重要特点。我国人口在50万以上的城市数目，1949年仅有12个，1980年为45个，1989年为58个，1993年为68个，1994年为74个，而到了2002年则骤增至450个。

如果观察我国人口在100万以上的城市数目，也可以看到同样的趋势。我国100万人口的城市，1978年仅有13个，1993年增加到32个，而到了2002年已经激增到171个，到2005年为181个。②

所以，20世纪90年代以来城市的扩张或加速城市化是极为明显的。如果对比一下欧美的城市化的发展，就会发现，他们经历的是一个比较缓慢的历史过程，而我国的城市化是在短期内发生突发式的城市扩张。城市扩张速度太快，自然就会带来诸多的社会问题。

二、城市高速发展所带来的多方面的不协调问题

社会学的基础理论认为，社会是一个有机的整体，社会的各个部分是有机地结合在一起的，相互之间需要一种协调的、平衡的关系，这样社会才能够正常发

---

① 参见《中国统计年鉴》（2001，2007）。
② 参见各年份的《中国统计年鉴》（1989，1993，1994，2002）以及《2001~2002中国城市发展报告》（《城市化进程中的重大社会问题及其对策研究》编委会．西苑出版社，2003）。

展。如果社会的某一个部分高速发展而其他部分不能够与之配合,社会发展出现不平衡,就会引发诸多的社会问题。特别是在城市化快速发展阶段,迅速、深刻的结构调整往往带来复杂的经济和社会问题。我国目前就正是处在这样一个阶段。所以,城市的发展与社会多方面发展的相互协调、相互配合至关重要。中央提出"构建社会主义和谐社会",其中的"和谐原则"落实在城市化问题上,就是要实现城市发展与社会各个系统、各个要素之间的协调、配合与平衡。

如前所述,20世纪90年代中后期以来,城市高速发展,而其他部分并不能够跟上这种高速的步伐,于是社会问题就凸显出来。用什么样的一种框架来分析这种不协调的问题呢?本书作者认为,这种不协调在逻辑上可分成三大类:

第一大类是城市急剧变迁所带来的城市自身的不协调。本书主要是分析了三个问题,一是城市社区、城市基层组织是如何出现了新的局面,以及是如何应对这些问题的(参见本书第二章);二是新城区与老城区之间如何协调(参见本书第三章);三是城市建设、城市改造所引发的众多的拆迁问题,我们应如何应对(参见本书第十章)。

第二大类是农村发展中出现的不协调。农村中的很多问题并不是本书探讨的重心,本书关注的是在城市发展中出现的农村问题,其中,最突出的莫过于失地农民的安置与保障问题了(参见本书第十一章)。

第三大类是城乡之间的关系。这首先涉及体制、制度方面,本书专门研究了户籍制度的改革(参见本书第五章);还涉及大量的流入到城市里的"流动人口"或"城市农民工"问题,对此,本书第十二章探讨了城市农民工的非正规就业,第十三章探讨了城市流动人口的管理,第十四章探讨了城市农民工的未来趋势。

下面,就简单地对于城市巨变所带来的这三大类问题做一个简单的介绍,也可以看做是理解本书结构的一个导读。

(一)城市自身的不协调

城市化、城市的发展、城市的扩张,直观的表现就是众多新的社区的出现。直到20世纪90年代中期以前,我国城市中的社区类型和结构还比较简单,基本上可以区分为两种类型:一种是传统的街道、居委会管理的社区;另一种是传统的单位大院型社区。这两种社区都是自50年代以来逐步形成的,社区居民的构成和社区管理都比较稳定。在城市大规模扩张以前,这两种社区基本上可以覆盖城市居民,所提供的服务与当时城市居民的需求也是基本吻合的。

20世纪90年代中后期,在城市化加速、城市迅速向周边扩张的局面下,传统社区的管理体制已无法适应城市高速发展,于是,一些新的社区、新的管理体制应运而生。新产生的社区大体上可以概括为四种情况。

一是以新型商品房为基础的新型物业管理的社区。其与传统社区最大的不同在于其市场交换和商品化的特征，也就是说，物业管理公司与社区居民的关系是一种商品买卖的关系。从商品服务的内容上看，比传统社区提供服务的范围大大扩展了，但这些服务是商品买卖型的，给居民的生活带来了一定的经济压力。这类社区所发生的矛盾也多是所提供的商品服务的质量与价格方面的问题。不仅如此，由于新型物业小区中高密度的居住模式带有卡斯泰尔（M. Castells）[1]所说"集体消费"（collective consumption）的特征，因此，是一个社会如何通过"自组织"实现自我管理。主要表现为分散的业主如何通过成立业主委员会在彼此间达成一致，并授权其与物业公司进行谈判和合作。可以看出，目前的业主维权运动和业主的日常自我管理，已经表现出"市民社会"的某些局部特征。

二是城乡结合部出现的交叉管理的社区。改革以前，我国城乡之间界限分明。一方面，当时严格控制的户籍政策不允许农村人口流入城市；另一方面，从食品供应到住房养老等一系列社会福利都附加在城市户籍上。这种制度之所以能够实施，也是由于当时城市化基本处于停滞状态。改革以后，从农村流往城市的闸门被放开，同时，近年高速推进的城市化，在空间上也在不断改变着城乡之间的地域分布，传统上城乡严格分界的管理体制就不断地受到冲击。由于城市的管理体系和法规与农村的管理体系和法规不同，于是在交叉地带出现了管理上的混乱局面，比如，城市的公共卫生是由城市公共财政出钱的市政管理覆盖的，换言之，城市的道路卫生清洁不用居民集资出钱交卫生费，而农村则需要农民交卫生费。于是，在某些城乡交界的地方，就出现了"一条大街两种扫法"的现象，以致出现以大街中心线为界，只扫一边的现象。由此，在城乡结合部也出现了很多管理上的真空地带，存在着秩序混乱、犯罪严重等问题。这些都反映了城市发展中的不平衡。

三是流动人口聚集区的出现。改革以来，城市人口管理政策的一个重大变化就是允许农民进城打工，随着农民的进城，一种由流动人口集中居住的社区类型就出现了。当然，虽然不排除有一些农村流动人口会居住在城市中心地带，但是，流动人口聚集的主要区域还是在城乡结合部，因此，它与城乡结合部遇到的社区管理问题也常常是一致的。但是，其中最突出的还是由于流动人口高度密集居住而带来的规划建设无序、房屋出租管理混乱、市政条件差、存在安全隐患等问题。对于城市流动人口，本书第十二、第十三和第十四章会有较多分析。

四是不同模式组合在一起的混合区。本书第二章介绍了近年来基层社区的变迁，划分了五种不同的社区类型，并对社区建设中的各种不协调做出具体分析；

---

[1] Castells, M., *City, Class and Power*, Mecmillan, 1978.

第四章在此基础上进一步分析了新型社区运行和管理中存在的一些主要矛盾和问题。

城市自身发展中不平衡的另一个突出表现是新城区与旧城区的重大差异。在高速城市化的进程中，新城区建设的日新月异与某些旧城地区的日趋衰败形成了鲜明对比，这在很大程度上也反映了城市发展中日益扩大的贫富差距。在很多新建的城区中，就是在同一条街上，也常常会看到贫穷与富裕之间的巨大差异，一侧是富丽堂皇的高楼大厦，另一侧则是破烂不堪的低矮房屋，贫富的反差十分明显。对于城市中的贫富阶层、贫富居住分化和贫富消费反差问题，本书第六、第七、第八章都有所探讨。新城区的建设往往是城市向边缘地带扩张，主要是通过征用农村土地的方式进行的，我们将对城市发展引起的农村中的不平衡问题做进一步分析。

就旧城区的改造而言，一方面，很多地方出现了盲目地进行旧城成片改造问题，不少历史文化名城惨遭毁灭性的破坏，历史风貌荡然无存，代表着城市文脉和历史记忆的旧城区被大规模拆除，取而代之的是毫无特色的"现代化"建筑，造成了所谓的"千城一面"。另一方面，大规模旧城改造造成了部分城市拆迁补偿矛盾的激化。同时，不少城市低收入居民被迫进行住房消费，导致部分居民被迫外迁到缺乏生活配套设施的城市边缘地带，由此造成了工作与生活的困难，比如，他们在原有旧城区内一些工作机会的丧失，孩子的上学成了新的难题等。即使是能够按照原址回迁的居民，回迁后却常常发现，居住和生活成本都大大提高了。而随着"危旧房改造"的不断推进，商业价值较高和改造成本较低的地区（即使并不是真正的"危旧房"）大多都被开发商开发完毕，而一些基础设施和住房条件都亟待改善的地区却由于改造成本过高而被"有选择性地遗忘"，从而有成为城市"贫民窟"的危险。本书分别从历史文化保护和原住户权益保护这两个角度进行了分析，其中，第三章以北京市为例，探讨了旧城改造在改善居民居住条件、发展地方经济以及保护历史文化遗产这几者之间的矛盾和困境；第十章结合具体拆迁个案分析了在城市拆迁中的社会矛盾及其化解办法。

（二）城市巨变引发的农村中的不协调

前面提到，城市化、城市的扩张，其对象是农村和农村的土地。当然，世界各国的城市化，无不表现为城市向农村的扩张。但是，我国近年高速发展的城市化，还是具有一些突出的特征。第一，由于我国的土地是公有制，无论是城市土地的全民所有制还是农村土地的集体所有制，都不是个人所有，所以，我们城市化的范围、规模往往相当巨大。无论是新建住宅区、工业园、科技园、大学城，还是政务新区、总部经济区、别墅区等，这些新生区域的建设规模动辄十几甚至上百平方公里，这样大范围推进城市化的现象，在实行土地私有制的国家基本是不可能的。第二，我国的城市化是政府主导的，所谓政府主导就是说，政府在推进、规划城市建设与发展上起着最主要的作用。因此，城市化的动员能力强，推进有力，一旦下决心，完成的可能性相当大。第三，我国的城市化虽然起步晚，但是推进的速度快，特别是20世纪90年代末和21世纪以来，突然加速发展，因此，城市化在非常短的时期内产生的影响和造成的后果都是十分突出的。

我国城市化的上述三个特点，对于推进经济的迅速发展，实现赶超经济发达国家的战略确实起到了积极的作用，但是，另一方面，也带来很多负面效应，特别是给农村发展带来诸多问题。比如，与城市扩张密切相关的农民就业问题、收入下降问题、养老问题、住房问题、社会保障问题、农村精英流失，以及子女教育问题等，都与城市扩张、征用和占用农民的土地有关，所以，核心问题是"农村失地问题"或"失地农民问题"。

在城市化的扩张中，省市级、县级、乃至乡镇级，各级政府都以此作为推动地方经济发展和增加财政收入的"发动机"，由此也引发了大规模的"圈地运动"。从全国范围内来看，一大批因此而失地、失业、失所的农民成为关系到社会稳定与社会和谐的重大社会问题。2005年左右，我国完全失去土地或者人均耕地在0.3亩以下的农民多达4 000万～5 000万人。2003年，国家统计局对其中2 942农户的抽样调查显示，完全失去耕地的占43%，耕地被征占后收入下降的占46%。失地农民每年增加的数量以二三百万计，补偿费用过低而且会坐吃山空。① 虽然本书的重点不是研究农村，而是研究城市，但是，在本书第十一章中，还是对于失地农民的安置和保障问题进行了讨论，并结合北京市朝阳区的实践经验提出一些相应的建议。

（三）城乡之间的不协调

如前所述，造成我国城乡巨大差异的一个重要的原因在于户籍制度。户籍制度作为一种集体性的屏蔽制度，在很长一段时间内，既阻碍了农村的发展，也阻碍了城市化的发展。改革开放以来，户籍制度的一个重要变革就是从不允许农民进城到鼓励农民进城打工。改革开放近三十年来，亿万农民离土离乡进城打工，形成了波澜壮阔的"民工潮"，每年人数巨大的农民工在城市和家乡之间像候鸟一样循环流动，而之所以是循环流动而不是在城市定居，主要原因还是户籍制度的严格限制。由于制度的原因，进而文化的原因，农民工中的大多数人难以在所

---

① 王梦奎. 把握城市化的适当进度［N］. 北京日报，2005－06－06.

工作的城市和地区定居下来，难以融入当地社会。因此，户籍制度不仅造成了城乡之间二元分割的社会结构，而且在城市内部也造成了二元的社会结构，其突出表现就是在城市内部形成了二元劳动力市场的隔绝，由城市农民工为主体构成了次属劳动力市场。而且，长期实施的户籍制度，已经造成了市民和农民工双方都已经认同的户籍文化。我们知道，一旦形成老百姓的文化，变革的难度就更为巨大。本书作者曾提出观点，认为户籍壁垒和其他一些"集体排他"政策阻碍了进城农民工中那些"底层精英"向上流动。其结果是形成一个"共同集团"，即单一蓝领职业的城市农民工集团，从而进一步激化了底层精英和主体社会的矛盾。[①] 本书的第五章讨论了这种城市二元社会结构的基本特点及其造成的社会代价，并对目前各地所实践的户籍制度改革的不同模式和效果进行分析，并试图探索进城农民的市民化道路。

　　长期以来，大城市对于流动人口、农民工的政策取向，一直是在以下两者之间做调整。一方面，政策强调农民工对于城市建设和发展的巨大积极作用；另一方面，政策也强调流动人口、农民工给城市增加的各种压力，比如环境资源压力、就业压力、城市管理压力等。从农民的角度来看，进城务工经商是一个生计问题和基本权利问题，而从城市政府的角度来看，则更多地强调要维护稳定的社会秩序并保障城市居民的优先就业。全国的主要大城市，对于进城务工经商的农村人口在不同发展阶段采取了不同的态度，即从最开始严格限制农民进城，并视之为负面影响为主的"盲流"，到后来逐步放松政策，但仍在必要时对所谓的"三无人员"采取强制性的收容遣送，直至2003年国务院取消收容遣送，改为社会救助，大幅度调整了政策，从此，才比较强调农民工的平等国民权利。本书的第十二和第十三章分别从理论分析和实证调查的角度，对于流动人口在城市中的非正规就业问题及其有关部门对于流动人口的管理进行了分析。第十二章侧重于在理论上横向比较了不同发展中国家对于非正规就业的政策差别及其效果，第十三章则更具体地结合北京市流动人口管理体制中存在的问题进行分析，并在此基础上提出相应的政策建议。

　　在我国，面对农村巨大的人口比例和规模，可以预见，我国的城市化会是一个相当长的历史过程。改革开放后的第一代农民工可以进入城市就业，但要真正融入城市社会，包括客观上被接纳和主观上的认同，则需要用二代、三代人甚至更长的时间。如果城市永远对农民工采取一种"招之即来，挥之即去"的态度和政策，那么就无法真正实现农村人口的城市化，反而可能造成像拉美一些国家

[①] 李强. 中国城市中的二元劳动力市场与底层精英问题 [J]. 清华社会学评论，2000（1）. 鹭江出版社，2000：5.

所出现的仅有农村人口集中到城市，而没有相应的城市就业机会和观念及生活方式转变的"虚假城市化"（pseudo-urbanization）。另外，改革开放以来，我国工业化的一个基本特点，是以廉价劳动力为基础的成本优势谋取在国际市场上的份额。但是，如果农民工的低工资水平成为长久的局面，也会阻碍我国城市化的进一步发展。这是因为，农民工的工资收入不仅要维持和提高自身的生活水平，还应该有一定的积累投资于自身的技能培训和下一代的教育，否则农民工自身和下一代的向上流动都会很难实现。

然而，在不断推进和加快城市化进程的同时，不少农村地区出现的产业和人口"空心化"及社会生活的"凋敝现象"也非常值得重视。长期存在的城乡差距还在不断扩大，城乡之间的发展呈现出不协调和不平衡的特点。

正是出于此原因，中央提出了"建设社会主义新农村"的重大战略，制定了"工业反哺农业，城市反哺农村"的战略方针。根据国家规划，到2050年之前，要使中国城市化率从现在的36%提高到70%左右，平均每年城市化率约提高1个百分点，年均约有1 200万人口从乡村转移到城市。[①] 就现实而言，很大部分的流动人口带有"移而不迁"的特点，并没有真正融入城市，而是在城乡之间常年做着"候鸟式"的摆动，这形成了中国城市化进程中所特有的三元社会结构。本书的第十四章针对这一特点，结合了第一代、第二代农民工以及农民工子女的主观选择，对流动人口未来的去留问题进行了一定的分析和预测。

总之，要想实现城市与农村之间的协调关系，最终的出路还是要缩小城乡差距，还是要解决相当部分的农民和农民工的进城问题。综合来看，中国农村剩余劳动力的去向会受到城市化和新农村建设的共同影响，中国的农村和农民恐怕很难像美国、英国、德国等那样，仅占人口的不到3%，我国未来的城市化并不会雷同于世界上其他国家的城市化，而会是具有中国特色的城市化。而且强调城市与农村的一体化，走城乡一体化发展的道路，恐怕还是我们最佳的选择。

三、城市化与社会结构转型的交互影响

探索城市化的高速发展只是分析问题的一种视角，如果从社会变迁的角度来观察，就会发现，在我国20世纪90年代中后期，在城市开始高速扩张的同时，与城市化同时发生的是城市的社会结构也在发生重大变化。为什么在这一时期，城市的社会结构会发生重大变化呢？除了受到城市化的影响以外，更主要的是，

---

① 《城市化进程中的重大社会问题及其对策研究》编委会.2001~2002中国城市发展报告［M］.西苑出版社，2003.1.

城市的体制改革在这一时期也大大推进了。随着城市里企业管理体制的转轨，城市发生了就业改革、住房体制改革、医疗体制改革和养老体制改革等。对于这些改革，不同学科关注的方面有所差异，社会学更为关注的是社会结构的转变。所谓社会结构转变或转型，是指构成社会的人群结构、阶级阶层结构发生重大变化，或者说是人群的利益结构发生重大变化，而城市化就必然与社会结构的变化交织在一起。城市化本身也是一种资源和财富的再分配方式，这种再分配不仅是在不同社会群体之间的，而且是在不同地理空间上发生的；城市化也是一种调整产业结构、人口结构和职业结构的方式，同时也是一种生活方式的转变过程。总之，城市化本身就是与社会结构转型高度重合、互相影响的过程，在这种双重的社会变迁中产生了许多带有中国特色的社会问题。从这种角度看，本书探索了城市化与如下几个方面的关系，即城市化与社会阶层结构的关系、与社会公正的关系、与弱势群体社会保障的关系、与城市管理体制的关系，以及与城市社会空间的关系。

（一）城市化与社会阶层结构

社会分层研究一直是社会学关注的核心问题。美国社会学家格尔哈斯·伦斯基在其名著《权力与特权：社会分层的理论》中将社会分层的基本问题归结为两个：第一，谁得到了什么？第二，为什么得到（who gets what and why）？按照此视角，在研究城市化与社会分层的关系时，也可以将基本问题表述为：第一，谁在城市化的过程中得到了什么？第二，为什么得到？

在社会结构转型的研究中，我们主要聚焦于社会阶层结构的变化。这样，就可以看清楚城市化与社会阶层结构变迁之间的交互影响。

首先，城市化的基本含义就是农业人口的非农化问题。每年上千万农村劳动力进入城市寻找工作机会，这就极大地改变了中国社会的基本构成，特别是城市社会的基本构成。从狭义上来讲，"农民工"就是农村户籍的人口进城从事工业生产活动，从而成为新时期的产业工人。从广义上来讲，"农民工"也包括那些在城市里从事服务业、商贸业、运输业等行业的小业主（自雇佣）或是雇员，未来的一些企业家也可能从中产生。因此，农民职业转变的过程，就是新社会阶层的成长过程，同时也就是城市成长的过程。仅以房地产业为例，该产业就吸纳了大量的农村劳动力从事建筑、装修、保安、保洁、房屋中介等工作。

其次，城市化使得社会分层结构变得日益复杂和多元，这突出地表现为社会分层标准的多元化。改革之前我国社会的阶层结构相对比较单一，主要是按照户籍、职业、政治身份等标准区分的阶层。改革以后，职业分化、经济分化、地位分化突出，城市社会分层体系变得更为复杂。改革以前，中国经过20世纪50年代中期以后的所有权改造，人们在经济上、产业上的所有权比较单一，绝大多数资源都变成国有的或集体所有了。改革以后，各种资源的所有权、使用权等变化十分巨大，在城市化的同时，形成了各种按照经济标准、资源标准划分的社会阶层，比如"企业主"、"房产主"、"老板"、"高级雇员"、"打工族"等。而且，新产生的体制比上述经济所有权的分类还要复杂得多，包括有私营，个体，外商投资，有限责任公司，股份有限公司，股份合作单位，联营，合资企业，中国香港、澳门、台湾商人投资企业等形式。这些还仅是一些大的分类，各种经济实体在实际运作中的体制比上述这些还要复杂得多，比如：承包的、转包的、出租的、租柜台的、包工队式的、挂靠式的、交管理费式的，除登记了的正式单位以外，还有大量的没有登记的非正式单位，其管理方式更是花样繁多。不同体制的单位，其资源占有、工资制度、收入体系、福利体系均有巨大差别。在这种局面下，城市产生了众多的、多元的利益群体。而我们研究城市化中的社会问题，就离不开对于这些多元的利益群体的分析。

不仅如此，由于城市生活本身的多样性和复杂性，还造就了按照消费和文化标准（某些特定的消费模式或生活方式）而划分的阶层。近来流行的所谓"小资"、"BoBo族"①（"布尔乔亚和波西米亚"）等名称就是指以某些特定生活方式为特征的城市新中产阶层。桑德斯（Saunders）就认为消费分层在塑造人们的生活、决定社会关系、影响社会冲突模式方面如同传统阶级分层一样重要。具体而言，消费分层在以下三个方面起作用：提供物质生活机会、建构政治联盟以及形塑文化体验和个人身份。②

最后，社会结构的转型反过来也会影响到城市化进程能否健康并可持续发展。大量农村人口涌入城市从事各种非农职业，一方面直接促进了城市的建设和发展，另一方面他们在城市里的各种需求和消费也刺激了城市的各项基础设施建设和相关产业的发展。另外，一个城市中社会阶层的构成改变也会影响到城市未来的发展方向。例如，如果大量缺乏稳定就业机会的农村人口在短期内涌入一个城市，也会有形成贫民窟的可能并影响到社会的稳定。对此，本书在探讨流动人口、农民工问题时进行了分析。

（二）城市化与社会公正

社会公正是我们长期追求的目标，在中华人民共和国建设近六十年的历史中，我们对社会公正的理解发生了很大变化。改革以前，我们比较强调财富分

---

① BoBo族是21世纪的精英一族，追求心灵满足是其工作的动力，并善于把理想转成产品。这群精英族，同时拥有20世纪70年代的被视之为波西米亚人的嬉皮及80年代的被视之为布尔乔亚的雅皮特质。——编者注。

② Saunders, P. *Social theory and the urban question*. second edition. London: Hutchinton, 1986.

布、收入分配结果的均等性,而改革以后,我们比较强调竞争机会、程序或过程的公平。所以,在理解公平问题上,目前的局面比较复杂。改革开放近三十年来,我国国民财富的总值增加得非常快,但是,分布的不均等特征也十分突出。按照世行报告的数据,我们国家的基尼系数达到了0.47[①]的水平,这在世界上也是偏高的。根据本课题组的研究,以及与其他一些学者的数据做比较,2004年以后,中国城乡居民家庭人均收入的基尼系数达到了不低于0.5的水平,反映出目前我国的贫富差距问题比较突出。[②]

城市化是城市迅速扩张和经济迅速发展的过程,在这个过程中,社会上的不同群体、不同集团的经济获益差别是很大的。甚至会出现,有的获得巨大利益,而有的受到经济损失。如前面所提到的,在城市的迅速扩张中,很多失地农民的利益就受到了损失。所以,关注城市化过程中的社会公正问题,就是要关注不断增长的GDP是否能够在全体国民中比较公正地予以分配,特别是农村居民和城市弱者是否也享受到了城市化的成果。中国共产党的十七大报告中多处提到要让全体人民共享改革发展的成果。从社会公正的立场出发,在城市化过程中,就要针对失地农民、拆迁居民、工程移民,以及所有因城市建设而利益受损的群体,建立起有效的利益表达、利益整合以及利益补偿等机制。

城市化中的贫富分化、社会公正问题,又往往是与住房利益密切相关的。在住房价格暴涨的局面下,对于绝大多数中国城市居民而言,最大的一笔财富并不是他的货币收入或其他金融财产,而是住房。所以,下面试对于住房的公正问题做一些分析。

在我国城市住房的市场化改革以后,住房分层现象十分突出。对于住房分层现象,社会学家雷克斯(J. Rex)和墨尔(R. Moore)曾经提出了"住房阶级"(housing class)的观点,[③]认为社会群体可以根据住房而划分为地位差异的阶级,认为社会分化、阶级分层明显地表现在住房的产权性质、数量(套数和面积)、质量(地段和户型)等指标上,社会的阶层分化也越来越表现出空间上的特征,表现为地理位置差异的阶级现象。

以往,中国城市的空间结构与西方有很大不同。新中国成立后,我国城市的空间结构一直是阶层混杂式居住的,且不说单位大院内是阶层混杂的,就是在同一栋楼里面,也是既有单位领导又有普通职工。随着市场化的推进,因房地产价格的巨大差异造成的阶层区隔逐步形成,城市中出现了一些高档社区、高档物业小区,其房屋的价格和物业管理的价格都十分昂贵,只有一些富有阶层可以承

---

① 董旭楠. 世行报告:中国基尼系数列85位 [J]. 数据,2006 (9).
② 李强. 当前我国社会分层结构变化的新趋势 [J]. 江苏社会科学,2004 (6).
③ Rex J. and Moore R. *Race. Community and Conflict*. Oxford University Press. 1967.

担。同时，在社会边缘群体聚集的地方，也形成了一些低收入和边缘群体的社区。具有阶层特征的生活方式、文化模式也逐渐形成，成为中国社会阶层结构定型化趋向的判断标准之一。[①] 所以，雷克斯和墨尔所说的住房阶级现象正在发生。中国目前正处在一个发展的十字路口，在城市的空间结构上是任由阶层区隔的布局发展，还是导向阶层混合式的居住，什么样的方式更适合中国国情呢？这个问题确实不好回答。本书的第六章以北京市为例，分析了日益明显的城市居住分化现象及由此带来的社会问题，并从社会学和城市规划交叉研究的视角提出了一些对策建议。

住房上的公正还不仅体现为区隔问题，市场化以后，住房的市场价格也出现很大的分化。随着住房制度从实物分配和低租金使用转变为货币化分配和社会化供应以后，这就为不少人提供了新的市场机会，从而影响社会垂直流动，这属于韦伯用"市场状态"的标准来划分社会阶层的范畴。例如，在实物分配制度下获得多套住房或者好地段住房的人（地段承载了交通、教育、医疗等各种服务设施和资源），在市场化的条件下就可以将其出售或出租，从而获得可观的货币收入。正如桑德斯[②]所指出的，住宅拥有者和非拥有者之间新的不平等也出现了，考虑到住宅为其所有者所带来的资本积累方面的好处，消费分层在经济效果方面的影响甚至可能超过阶级分层。

当然，城市化进程所造就的最典型的富裕阶层就是房地产企业的老板们。在土地和住房市场化的过程中，产生了一批暴富群体。由于土地从无偿划拨逐步转变为收取租金和拍卖等市场化手段（而目前的现实中实行的仍是双轨制），从不计价格的非商品到今天成为最昂贵的生产资料，土地资源变得越发稀缺，谁掌握土地，谁就能迅速致富。所以，如何获得土地的规划、审批、批租等，就成为城市社会资源分配是否公正的最为核心的问题。本书第三章、第六章、第十章、第十一章都涉及了城市土地方面的社会公正问题。

城市化不仅促进了社会分化和贫富分化，同时，这种贫富分化反过来也影响着城市化的进一步发展，分化了的贫富阶层都与城市生活有着密切的关系。城市化不仅是一种人口结构和职业结构的转变，同时还是一种生活方式的转变。城市的空间结构演变是与特定社会阶层的生活方式密切相关的。例如，美国在第二次世界大战以后进入了城市化发展的一个新阶段，即郊区化，这就与当时白人中产阶级向往郊区宁静、优美的居住环境的生活理念直接相关。然而，这种城市低密度向外蔓延的模式又高度依赖于汽车普及和高速公路建设，也就是以大量占用土

---

① 李强. 当前我国社会分层结构变化的新趋势 [J]. 江苏社会科学，2004（6）.
② Saunders. P. *Social theory and the urban question*. second edition. London：Hutchinton. 1986.

地资源和能源的高消耗为前提和代价的。显而易见，这种美国蔓延式的城市化道路，有别于欧洲紧凑式城市化道路，中国特殊的国情和高度紧张的人、地关系，必然决定了我们不能简单模仿那种城市低密度蔓延的发展模式。

在社会转型过程中产生的一批新富阶层，由于历史和现实的种种原因，在消费方式上普遍存在着奢侈和铺张浪费等问题。这种过度消费的生活方式并不仅仅是富人生活取向选择的个人问题，同时对其他社会阶层有强烈的示范作用，它直接影响到城市化的可持续发展。例如，近几年，乡间豪华别墅和郊区的低密度、大户型住宅受到房地产商和媒体大肆吹捧，这些别墅区往往占据了城市周边自然风景最好的位置，甚至违规在一些生态敏感区域进行开发建设，不仅破坏了自然景观资源，更造成了对城市公共空间的垄断和分配不平等。值得注意的是，对这种生活方式的过分宣扬主导了大众舆论，引得中产阶级也竭力去效仿。另外，富裕阶层的奢侈和炫耀性消费，与普通民众的日常基本开支拮据形成了鲜明的对比和巨大反差，这在很大程度上造成了普通民众的相对被剥夺感和"公正失衡"，从而容易激化社会矛盾，影响社会的稳定。在全国各地多次发生的所谓"宝马撞人事件"中，这一点表现得尤为突出。本书第七章对奢侈、过度消费和消费社会等概念进行了辨析，分析了在城市化进程中产生富裕阶层过度消费现象的历史和现实原因，指出了其负面社会影响，并进而从税收政策、价值观念和消费文化等角度提出一些建议。

（三）城市化与城市弱势群体保障

城市化进程不仅造就了新富阶层，同时也产生出新的城市贫困阶层。20世纪90年代以前，贫困层主要是指农村的贫困人口，那时候，城市的多数人口还是在国有或集体企业的覆盖之下，一方面，城市人口内部的经济差异不大；另一方面，与农村人口比较，城市人口受到传统的福利保障体系的覆盖，所以，贫困问题也不突出。90年代以后，有两大因素影响了城市贫困阶层的出现。首先，在急速的城市化过程中，资源配置很不均等，与富裕者相比，一些人更显得生活窘迫，"相对贫困"问题反而更突出了。其次，90年代中期以后，国有企业和集体企业发生较大的转型，失业、下岗、内退、买断等人数激增，城市的贫困问题明显比转型以前更为突出。这些失业下岗的职工及其家属，一方面失去了原来单位体制的保障；另一方面，由于制度的不健全，又不能够与社会的保障体制相接轨，于是，城市中的贫困群体、弱势群体成为突出问题。

城市中新产生的贫困问题，不仅表现为经济收入低下或没有保障，而且是和诸种城市问题交织在一起的。例如，居住贫困问题就是在土地和住房市场化改革的背景下才出现的。一方面，城市低收入人口往往在原有的福利住房制度下没有分配到住房或者仅仅分配到较差的住房；另一方面，在住房供给市场化的改革之下，他们的工资收入水平又无法承受不断攀升的市场价格。低收入者由于缺乏稳定的预期收入而难以获得商业金融机构的住房贷款，这也减少了他们购买住房的机会。此外，在现有的财政税收体制下，地方政府对于建设经济适用房和廉租房缺乏动力，少量的保障性住房资源又在分配环节上出现漏洞等，这些因素交织在一起，使得城市贫困群体的居住问题在房地产市场迅猛发展的背景之下反而日益突出。本书第九章针对城市低收入者的住房保障问题进行了研究，通过对我国住房分配制度改革历程的回顾，分析了现行住房保障制度中存在的弊端，并在此基础上试图为改善该制度提出建议。

城市化进程中，城市的社会结构、人们的相互关系、所属组织都发生了巨大变化，产生了利益的分化和新的"弱势群体"。这里所说的"城市弱势群体"，包括两大类，一类是因生理原因造成的竞争能力不高的群体，他们往往是城市中长期存在的弱势群体；另一类是因受到政治、经济、社会因素的影响，社会地位和机会都受到了限制，从而难以获得社会资源的群体，这一类往往是在社会转型过程中新产生的弱势群体。目前，城市中新产生的弱势群体有企业下岗职工、失地农民、流动人口、老龄人口、高校贫困生、青年新失业群体等多种人群。同时，由于城市生活本身节奏快、压力大，心理精神弱势人群在增加，社会对于帮助的需求不仅仅限于经济方面，而且也包括文化和心理等多个方面。

对于城市弱势群体的社会救助，在传统的单位制社会中主要靠工作单位、当地政府以及街道居委会等组织。转型过程中，很多社会保障功能和生活服务功能在逐渐地社会化和市场化，并且越来越多的人处于体制之外，无法享受原有制度提供的帮助。此外，目前我国的社会保障制度还不完善，慈善事业也很不发达，社会力量的救助非常有限，而且缺乏有效整合。面对城市化进程中社会变化所带来的弱势群体增加、需求多元化、供给乏力的情况，必须寻求建立新的、有效的社会救助体系，才能有助于化解社会矛盾、实现社会公平、促进社会和谐。本书第八章将具体分析城市化进程中社会救助供需的变化、存在的问题和产生的原因，借鉴西方发达国家发展慈善事业和相关NGO[①]组织的经验，并根据对深圳市2003年以来每年一届的"关爱行动"的深入调研，尝试提出新时期对城市弱势群体的社会救助模式。

（四）城市化与城市管理体制

城市化与社会结构转型的双重变迁，也在催生着城市中的新的管理体制。一

---

① 英文"non-government organization"一词的缩写，是指在特定法律系统下，不被视为政府部门的协会、社团、基金会、慈善信托、非营利公司或其他法人，不以营利为目的的非政府组织。——编者注

方面，城市的发展、新生地区的加盟，需要在这些新生的地区建设城市管理机制，而由于面临着许多新的问题，这些管理机制不可能是传统体制的复制。另一方面，城市原有社区，在社会结构转型的压力下，也必须做出体制上的创新。因此，建设新的城市管理体制，就成为城市化中的一项重大任务。

传统上，我国城市管理体制主要是由两套机制组成的：一套是街道—居委会的管理机制；另一套是单位管理机制。在改革以前，这两套机制基本上将城市的人口都覆盖了。20世纪90年代中后期，城市发生了四大变革，即就业体制改革、住房体制改革、医疗体制改革、养老体制改革。这些变革改变了城市管理格局，原来的两套机制自身也发生了重大变化。

改革开放前的街道—居委会的管理机制，承担居民就业和住房配置的功能，而在就业体制和住房体制变化以后，街道办事处既无能力包分配，也不再承担居民的住房配置功能了。改革开放前，单位制是城市管理的重要机制。那时候，由于城市里的企业、事业单位基本上都是全民所有制和集体所有制，所以，单位制覆盖了几乎全体就业人口。20世纪90年代中后期，国有、集体企业的体制发生重大转型。目前，城市中就业的大部分人口，不是在传统的国有、集体企业、事业单位工作了，因此，传统的单位机制日渐削弱。即使仍然在国有、集体企业或事业单位工作的人，他们与单位的关系也发生重大变化。"破三铁"以后，铁饭碗、铁工资、铁交椅的现象不复存在。随着住房等体制改革，单位不再承担职工的住房分配功能。总之，改革开放以后，单位对职工提供全方位社会福利的制度已经瓦解，而很多的社会福利和社会保障功能需要由社会组织来提供。而由于制度转型是急剧发生的，在急速转型时期，出现了制度的不衔接和制度的欠缺，所以，在90年代中后期以来的一段时间里，城市出现了某些医疗保障、养老保障的断裂，甚至一些多年工作而后来下岗的老职工，也失去了社会福利、社会保障的依靠。总之，在城市化与社会转型双重变迁的局面下，城市中产生了一系列新的问题，为解决这些问题，需要城市的管理体制有很大的变革。也可以说是从负向的角度、问题的角度催促着城市管理体制的变革。

然而，从另一种角度，也可以说是从正向的角度，城市社会生活的变化，也在推进着城市管理体制的变革。改革开放以来，城市社区生活有了很大发展。社区是常规运作的社会实现有机整合的最重要的社会共同体。在市场改革以前，我国城市居民的社区生活几乎走向消亡。导致这种状况的原因有两个：一是住房公有的制度，使居民不关心自己住房的状况，认为与住房相联系的一切都是单位的事，与自己无关。这样，人们根本就没有那种以拥有住房为基础的社区认同感。二是在计划经济体制下，纵向的单一行政关系，割裂了人们的社区联系，人们只有单位内的活动，而没有社区生活。而市场改革以来，以上两点原因都发生重大变迁。随着城市住房体制的改革，居者有其屋，拥有了住房的居民，从关心房屋的维修发展到关心房屋的环境，产生了社区意识。在一些新建的城市小区中，物业管理组织迅速发展起来。物业管理组织集产业运行、房屋购销、居民服务、房屋维修、社区管理的功能于一身。无论是行政的街道、居委会，还是传统的单位体制，都无法替代物业管理组织的功能。根据 2003 年 6 月国务院第 379 号令，《物业管理条例》自 2003 年 9 月 1 日起开始实施。该条例提出做好"业主委员会"的组织建设工作，自此全国各个居民小区的"业主委员会"有了很大发展。"业主委员会"是居民、房屋所有者在社区内自治和民主管理的一种全新的形式。从长远发展来看，取代传统管理体制会是一种新型的城市管理模式。当然，目前，这种新型模式的发展还很不均衡。在经济发达地区，城市新型社区的发展已呈不可阻挡的趋势，而在经济不发达地区还可以发现传统的行政管理模式。城市新的管理体制，是一种与市场经济相适应的管理模式，与过去那种纵向的、条块分割的单纯行政模式不同，它在保持纵向联系的同时，发展出了横向的市场联系、社团联系和居民联系。

所以，从解决问题的角度和城市社会生活发展的角度，都可以看到推进城市管理体制变革的重大推动力量。对于城市管理体制的变革，本书的第二章、第三章、第四章、第五章、第六章、第八章、第九章、第十章等都有一些探讨。

此外，城市化也是城市社会空间布局的重大变迁，对于城市空间布局、城市社会规划的研究，过去，主要是规划专业的任务，从社会学角度的探讨比较罕见，而在城市化与社会结构转型双重变迁的过程中，城市空间布局要涉及到社会关系、社会利益的内容，所以，本书第十五章也专门探讨了当前我国城市的社会空间布局、城市的社会规划问题。

总之，我国的城市化是迄今为止人类历史上，在一个国度内，最大规模的人口在最短的时间内向城市集中，并且实现着向城市现代文明转型的现象。既然是人口规模最大，而相对时间又最短，城市化和转型中发生的社会问题就必然是极其复杂的。本书试图对于其中的一些重要问题做出理论的探讨和实证的分析，但肯定还有不少欠缺和力所不能及之处，这些还有待于我们在今后的研究中继续探索和不断完善。

第二章

城市社区的变迁与管理体制问题

城市化联结着乡村和城市这两块地域、两种生活方式,城市化高速发展的结果,不仅表现在城市领域的大规模扩张,也表现在城市内部的结构变迁。研究变化中的城市社会,离不开对社区的讨论,因为社区是城市社会生活的基本单元。在社会转型的历史背景下,城市社区正经历着深刻的历史性转变。以单位为主体的集体院落,逐渐淡出历史舞台,社区呈现出前所未有的多样化风貌;过去一般被视为行政体制的神经末梢,如今已被赋予更多的社会性职能;人口呈现出流动的活力,社区成员已经不再是同一单位系统的同事家属,他们成为不同职业、不同地位的人们在同一地理空间上的聚集。所有这一切,都表明一个新的社区建设的时代已经到来。在社区变迁的这一过程中,问题总是与之相伴。如何应对这种变迁,完善我们的基层社会管理体制,是城市化这一双重社会变迁对城市社会提出的一个巨大挑战,直接关系到城市社会能否高效、有序地运转,关系到城市社会的稳定和发展。

图2-1展示了城市化与社会变迁对社区所造成的强烈影响,以及在社区层面我们所面临的一些社会问题。本书第二、第三、第四章将会对这些社区层面的问题进行集中讨论。

本章实证资料主要来源于清华大学社会学系课题组于2005年组织的关于北京市崇文区社区建设与发展问题的研究项目,同时结合了以往关于北京旧城地区、城乡结合部地区以及苏州、成都、广州等城市的流动人口研究相关成果。北京市崇文区社区建设与发展的项目在整个研究过程中得到崇文区政府、相关职能部门以及东花市街道办事处、各居委会的支持和帮助。

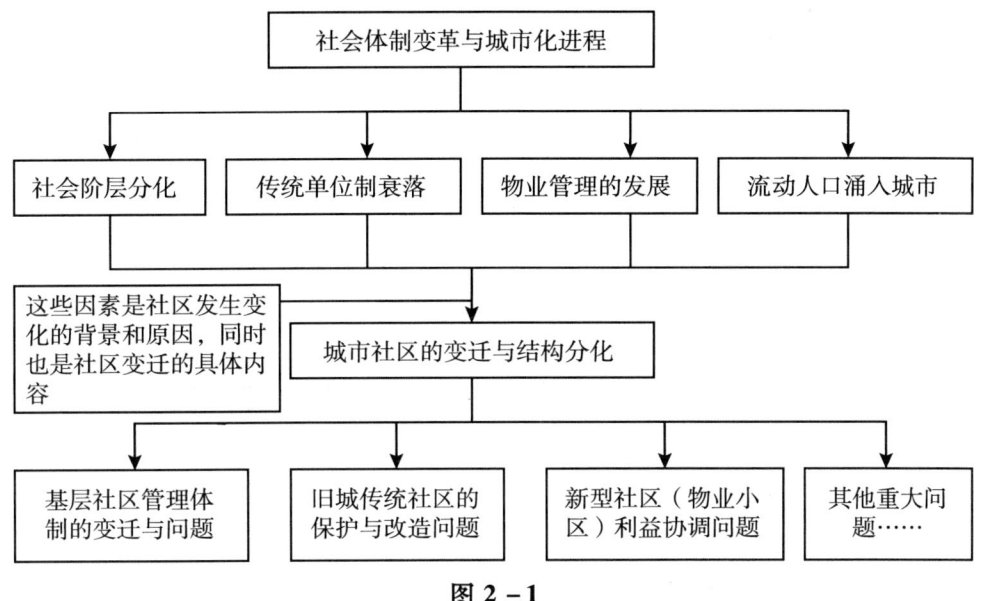

图 2-1

一、我国城市社区的变化与基本形态

(一) 城市社区发展的新变化

"社区"是一个从西方社会学中引入的概念，其本来意义是指一种自发形成的、有自己一整套组织体系、互动方式、共同规范和权力结构的人们生活共同体。比如最早对社区内涵进行阐述的德国社会学家斐迪南·滕尼斯（F. J. Tonnies），在1887年出版的《公社与社会》中提出，社区（公社、共同体）是一种由同质人口组成的具有价值观念一致、关系密切、出入相友、守望相助的富有人情味的社会群体。[①] 美国芝加哥学派的社会学家帕克也指出，社区是一群按地域组织起来的处于相互依赖关系之中的人群。

我国城市社区的特点与此不同，因为很多社区是通过行政划分确立起来的，其边界并非自然形成。了解这一点非常重要，因为社区的变化趋势和存在的问题，或多或少与这种行政区划存在某种关联。然而，导致社区发生变化的根本因素并非这种社区的行政区划，而在于中国社会的结构转型。以改革开放为标志的经济社会体制变革，促使中国社会的就业结构、经济结构和阶层结构发生了根本

---

① 章人英. 普遍社会学 [M]. 上海教育出版社，1990：145.

性的改变。从微观层次具体观察这些变迁，集中表现在社区面貌的巨大变化。我们从社区的结构、功能和心理层面将社区的这种变化与发展趋向概括为三个方面。

1. 社区结构的复杂化

在我国社会结构的变化之前，社区基本上表现为单一的同质性特点，即社区内的绝大多数居民在身份或者社会经济地位上非常接近，同一社区的居民通常是隶属于同类国家单位或企业的员工、家属，或者是具有相类似的一种社会身份，比如分属企业不同，但同是职工阶层。此特点目前在退出主流形式的传统旧城社区与单位制社区中仍然可见，但这些社区的人口流动与分化也已经使它们不同于过去。

表2–1概括了我们所调研的北京市崇文区东花市街道八个社区的特点，由此，我们可以从人口结构与居住空间结构这两个方面对社区结构的复杂化进行分析归纳。

（1）社区人口结构的分化

一是社区人口的阶层分化。阶层分化的特点是，一个社区内同时出现富裕阶层、工薪阶层、低收入阶层等不同经济社会地位的居民群体，这些群体在生活方式、资源享用与利益要求等方面迥然不同，但却混合居住于同一社区体系中。这种阶层分化的现象来源于多种因素的作用，比如国有企业体制改革，会造成原有工薪阶层分化为两个部分，产生出新的下岗失业群体；城市住房制度的改革以及房地产市场的发展，导致社区内分化出以不同住宅条件为表征的不同的收入阶层；而由于人口流动的频繁，则导致在有些社区，特别是旧城社区、城乡结合部社区，聚集起比较特殊的流动人口群体。从表2–1中可以看出，南里社区、忠实里社区、广外南里社区和广外北里社区的特点正是这种社区人口阶层化的典型表现。另外，我们调研的北京海淀区西北旺镇东北旺村，是城市扩张的过程中所出现的城乡结合部社区，其显著特点也表现为多种阶层（居民、农民以及大量流动人口）混合居住。这种社区人口阶层分化的现象势必导致资源、利益等方面的矛盾与冲突。

表2–1　　北京市崇文区东花市街道八个社区及其特点（2005年6月）

社区名称	社区特点
枣苑社区	纯粹的新型物业小区，完全独立与封闭的社区空间
南里社区	新型物业小区，但商品房住户（富贵园小区）与回迁户混合居住，但两种小区在地理、资源上相互分割，并且两处居民在生活状况、社会需求等方面迥然不同

续表

社区名称	社区特点
忠实里社区	构成复杂的社区,包括商品房住宅楼、回迁户居住区、单位住户区(北气公司等)以及低保人员比较集中的平房区。回迁户与当地学校围绕噪音问题矛盾激烈,平房区紧挨铁道,被称为"都市里的村庄"
北里东区/北里西区	这两个社区主要是商品房化的单位宿舍区,60%以上的居民的房屋产权是个人购买的单位房
广外南里社区	位于崇文区和朝阳区的交界处,社区内平房较多,人口流动频繁,治安工作比较突出
广外北里社区	社区内包括高档的金桥国际公寓、丽水湾畔住宅区以及针对优抚对象的廉租房等
白桥社区	(改造建设中)已建成的商品房区以及部分简易楼混合居住

二是社区人口结构的老龄化。2000年全国第五次人口普查的数据显示,在北京市户籍人口中,65岁及以上老年人口占10.1%,比7.0%的国际标准(老龄型社会)高出3.1个百分点。北京西城区老年人口比例达到12.41%。我们在崇文区东花市街道的调研采用了等距抽样,981份有效样本中,65岁以上的样本高达18.3%。考虑到样本数量较少,以及60岁以上的离退休人员容易接受调查员的访问,因此,实际老年人口数应该低于这个数值。但由此可以窥豹一斑,社区人口结构的老龄化倾向是十分明显的,而这一现象在城市旧城地区的社区中尤为突出。人口结构的老龄化趋势直接影响到社区的功能问题,迫切需要社区提供相应的老年服务以及各种健康设施。

(2) 社区空间结构的调整与分化

社区的内涵本应该是一种社会生活的共同体,但我们在调研中所看到的,却是社区内不同阶层的空间分化与隔离。这种分化包含一定的自发因素,但根本的原因或许还在于人为制造的因素。我们可以从两个层面观察这种现象。

首先是城市社区地域范围的重新划分。这种行政区域的划分,对原有城市居委会进行拆分与合并,形成新的、较大规模的社区体系,使社区内的组织、群体都被重新组合。我国城市居委会原来的规模一般为100～700户,是根据居委会的联系能力进行确定的。国家民政部推行社区建设后,重新按照地域板块划分社区范围,同时也考虑到新开发的新建小区与传统单位制的社区特点。调整后的社区规模一般为1 000～3 000户。崇文区东花市街道由原来的31个居委会合并成现在的8个社区。社区空间的拆分与合并为社区资源整合提供了可能,但同时也导致社区内的居民群体被拆分以及重新组合。

其次是社区内不同阶层的空间隔离。各个阶层在社区内形成一个相对独立的地理空间。在各个相对独立的空间内，具有较强的同质性。特别明显的是，新建小区与回迁居民的隔离，不仅是心理文化上的，同时也是地理空间上的，通过有形的物质设施进行分隔。这导致两个阶层在生活方式、利益表达等问题上不能采取一致的行动，而同时发展两套或更多的体系。在表2－1中，南里社区突出表现为两大群体，一个是富贵园小区的商品房住户群体；另一个是回迁户群体。两大群体的居住空间由一条步行道进行区隔，商品房住户区的外围由铁制栏杆进行封闭。同样，在忠实里社区，回迁户集中在遇有噪音问题的四五栋高楼，低保户及部分流动人口聚集在铁道附近的平房区。不同阶层、群体间是相对隔离的，资源共享不如说是一种美好的期望。

2. 社区功能的社会化

社区功能对应于社区居民的需求，社区功能的变化来源于体制改革所造成的居民需求改变及其多样化发展。这种社会化的趋势包含两个方面：

一是社区职能的社会性转变。传统的社区职能主要是政府行政管理职能的延伸。1954年《城市居民委员会组织条例》颁布后，到1956年，全国绝大多数城市普遍建立了居民委员会。居委会虽然被称为"群众自治组织"，但实际上具有"政权组织"的性质，发挥的是社区控制职能，完成的任务基本上是由基层政府所交办的。而在单位制迅速发展后，单位体制外的城市就业人口所剩无几，居委会的职能因此更加受到削弱，基本上与社区居民失去了实质性的联系。社区的功能由无所不能的单位进行承担，比如居民的社会保障、就业、住房等一系列问题都由单位按照个人的身份、地位进行管理。20世纪80年代后，城市社区的发展使传统上单位所承担的社会职能被剥离出来，由社区进行组织和协调。社区职能开始向社区服务的提供、社区事务的自我管理以及文化情感归属等功能转化。

二是社会力量的多元化。社区功能向提供服务、自我管理和提供归属感转变之后，这些职能具体由哪些组织进行承担？当然，社区居委会作为社区中的主体组织，作为代表全体居民的自治组织，应该是社区功能的主要实践者。但社区居委会5～10人的组织规模，具体运作几千户居民的各项社会需求，在理论和实践中都是不可能的。因而社区居委会的主要作用在于它作为一种协调者和组织者，这些社区功能的具体承担者应该是社会性的力量，包括各种社区中介组织、企业组织等。社区建设开展后，社区居委会的行政化倾向正在艰难的调整中一步步得到纠正，社会服务、管理等社区职能也在与政府部门的交织中一步步分离出来。比如北京市，在民政局社区服务中心之外，成立有市场运作的社区服务有限公司，尽管目前在运作中可能需要有关政府部门的协助，但其市场化操作的趋势是十分明确的。

3. 社区归属感的分化整合

社区结构的分化也在心理层次上造成居民的社区认同与归属感的分化。在传统的社区关系中，由于大家共享一种相近的身份或社会经济地位，因此，居民能够感觉自己是这个群体和组织体系（通常表现为单位体系）的成员。当这种近似的身份与社会经济地位被打破以后，社区居民不再是铁板一块，实际生活中的地位与利益需求的差别，导致了心理上社区认同的分化。这表现在一个过程的两个层面。

一个层面是社区归属感的分化。表现在同一个行政社区内，混居的不同阶层并未形成一种统一的社区认同和归属，而是出现了分道扬镳的现象。表2-1中的南里社区同时容纳了富裕的商品房住户与低收入的回迁户，这两大群体之间的认同与归属感是完全不同的。商品房住户认为自己的社区只是身份相近的封闭的富贵园小区，而不认为回迁户与自己属于同一社区。当我们在该社区进行调研时，南里社区正在筹备成立业主委员会，主要操作者是商品房住户，他们在整个过程中是排除回迁户的。而回迁户的居民则存在一种矛盾的心理，一方面他们认为自己与商品房住户不是同一类人，这种区别已经被外在的住房空间等形式固定化了；另一方面，他们又希望借助同一社区的居民身份，能够共享商品房住户小区的公共资源（比如绿地、公共空间等）。

另一层面是社区归属感在分化中的整合。归属感的分化是以阶层身份与社会经济地位为基础进行的，整合依据的也是这种阶层身份和地位的特征。社区归属感的整合，是指在某一社区被分化而成的各个片区中，每一阶层或群体彼此间共享着一种比较一致的认同和归属。比如上面提到的南里社区，在商品房住户之间、回迁户之间，都形成了相对一致的认同感，这种认同感是他们能够保持一致行动的前提。在表2-1中的忠实里社区，回迁户因为与当地中学的噪音问题矛盾相当尖锐，他们在组织的多次维护权益的集体行动中，表现出强烈的认同与归属感，每一个居民都非常积极地参与到行动当中。

（二）基本社区形态的形成

从城市社区所发生的巨大变化来看，以往那种统一的社区形态已经不复存在，对于社区形态多样化的事实，不少学者及实际工作者都已进行了深入的讨论，并提出各种不同的社区类型划分。民政部在总结全国社区建设实验区试点工作的基础上，提出社区划分的三种主要类型：（1）地缘型。以主要街巷、道路为界，一块一块比较完整。（2）单元型。一个封闭的小区，就是开发商开发的，很完整的小区。（3）单位型。即一个单位所形成的社区。使社区形态突破了传统的单一模式。

我们在崇文区的调研也涉及不同的社区形态（见表2-1）。但崇文区属于北京的内城地区，其社区形态不足以涵盖当前我国城市社区的基本状况。本章结合以往在北京市其他城区（西城区、丰台区、海淀区、朝阳区），以及在广州、苏州、成都等城市进行的社区调研，以阶层构成和社区特性为基础，将目前我国城市所形成的基本社区形态大致归纳为五种，并对各自的特点进行简要分析。需要说明的是，对一个事物进行类型学的划分，通常需要一个统一的划分标准。但在我国城市社区形态的划分上，这种标准很难说是唯一的，很多现有的区分都存在一定的模糊性。我们在概括这些类型的过程中，也考虑到社区空间等其他一些因素，但总体上，可以从社区的阶层构成和特性上找到这个统一的基础。

1. 新型物业小区

在相对封闭的地域范围内实施物业管理的新建小区我们称为新型物业小区，其产权是商品房（或者经济适用房）。小区内按照《物业管理条例》成立业主大会和业主委员会，并作为决策机构和执行机构，选聘物业管理企业签订合同进行专业化管理。伴随着住房制度改革与房地产市场的发展，新型物业小区在城市中所占的比例越来越大，并且近年来由于围绕物业产生的各种矛盾与争议而备受关注。有些物业小区单独构成为一个独立的行政性社区，比如表2-1中所列的枣苑社区；有些本身并不构成一个独立的行政社区，但其自身却具有比较原初的社区含义，并具有一套相对独立的运作方式以及相对封闭的空间格局，如表2-1中列举的南里社区以及海淀区学院路华清嘉园小区、朝阳区望京街道望京新城A4和A5小区、建外街道SOHO现代城小区等。

新型物业小区的基本特点表现在两个方面：一是社区成员的身份特征，从过去住房分配制度下的"承租人"转变为现在拥有房屋产权的"业主"，权利意识明显增强，并且从财产所有权逐渐扩展到社区公共事务的参与，业主之间萌生出一种比较一致的群体认同，尽管这种认同可能是以自身利益为基础的；二是社区组织的特征，兴起了两种重要的社区组织，分别是作为社区中介组织的业主委员会与作为企业组织的物业管理公司。物业管理公司为业主提供房屋和公共设施上的综合管理，并针对居民多样化的需求扩展自己的服务，以至于取代社区居委会的部分职能。例如，华清嘉园物业公司定期举办各种社区文化活动，包括知识讲座、儿童绘画比赛、游泳比赛、业主联谊会、外出郊游等。另外，业主委员会的发展，一定程度上可能成为社区自治的新的生长点，孕育着全新的基层社会管理机制。

2. 旧城传统社区

我们之所以称这种社区为"传统"社区，主要基于两点考虑：一是因为它位于城市的内城,在城市空间的演变脉络上可以追溯到新中国成立前(甚至明清时代),具有比较浓厚的历史文化因素;二是新中国成立后,大部分社会成员被纳入单位体制内。在单位之外也存在着一些非单位人员,主要是缺乏就业能力的老年人、残疾人及其他零散社会成员,国家通过以户籍为基础的居民委员会将其组织起来。旧城里的传统社区一直是处于街道——居委会的管理体制之下。旧城传统社区与上述新型物业小区形成鲜明的对比,它们无论是在居民的社会经济地位、房屋产权性质还是在组织管理方式上都存在着很大的不同。两者都是社会转型的产物,从不同的角度揭示出基层社会变化的轨迹。典型的实例是我们在北京调研的西城区厂桥街道的前海东沿社区和白米斜街社区。

旧城传统社区的特点表现在:从社区成员的社会特征来看,居民主要是经济社会地位比较低的弱势群体,他们大多数没有住房产权,且居住条件比较差;文化水平低、离退休和下岗失业人员多,家庭收入普遍偏低。或许正是源于这种较低的社会经济地位,旧城传统社区的居民对社区的依赖程度相对较高。这种依赖程度表现在:随着国有企事业单位的深化改革,社会保障的职能更多地由居住地的政府来承担(如申请城市最低生活保障、残疾人补贴等要通过所在的社区居委会);一部分下岗失业人员需要通过社区居委会来解决再就业的问题;社区中老年人的比例较大,他们的日常生活往往有赖于社区居委会和邻居的帮助;社区内的基础设施(如道路、上下水、公共厕所等)主要靠政府的投入才得以改善。尽管社区成员居民对于居住条件(房屋质量、居住面积和基础设施等)的满意度比较低,但却拥有较高的社区认同感。其原因有三个方面:一是不少家庭在社区里生活了几代人甚至更长的时间,对社区的历史比较了解,对其中的历史文化因素有种自豪感;二是内城社区所在的区位条件比较优越,就医、就学和购物都比较方便;三是社区邻里之间的社会交往和关系比较融洽,邻居之间互相串门、聊天、打牌等现象使传统社区有一种区别于新型物业小区的亲切感。

3. 单位型社区

当前我国城市中的单位型社区与历史上的单位社区相比,其含义已发生了重大改变。单位制社区是建立在计划经济体制基础上的、我国城市社会的传统组织形式。20世纪50年代末的城市人民公社,实现了城市社会的彻底单位化;同时发生的一种变化是单位的社区化,即通常我们所说的"单位办社会",单位承担了几乎全部的社区功能。单位的社区化,使城市社区组织处于非常薄弱的地位。我国社区建设运动蓬勃开展后,单位社区的形式(如特别典型的家委会)开始向社区居委会进行转制。北京市提出三种转制形式:一是转为独立的社区居委会;二是转组为社区小组;三是撤销原建制,纳入社区居委会管理。

我们提出的单位型社区主要是指由历史上的单位社区转制而成的独立性社

区，例如表2-1中的东花市街道北里东区、北里西区社区，以及很多党政机关、事业单位的职工及其家属的居住社区。这种单位型社区尽管已经实现了由单位制向社区管理的转变，但仍保留着一些传统因素，并具有区别于其他类型社区的特征。一是社区居民仍然是同一单位的职工或家属，具有高度的同质性，彼此之间的联系也相对较多；二是传统单位制社区的职能虽然大大削弱，但单位承担的社区功能还没有完全社会化，社区组织与群众自治性组织仍然存在一定距离；三是单位资源的封闭性比较强，社区资源难以开放共享；四是社区居民对于工作单位的依赖性比较强，社区归属感反而比较弱。

4. 城乡结合部社区

城乡结合部社区是城市化进程的直接产物，位于城市的边缘，是保留了部分农村生活、居住方式的一种社区形态。其主要特点是聚集了大量的流动人口，与一些遗留的"城中村"存在一定的相似之处。全国第五次人口普查长表抽样数据表明，1996~2000年5年内由外省市来京的外来流动人口有61.9%居住在近郊区。截止到2000年，在全市8 155个居委会中，外来人口数量在千人以上的有483个，5 000~10 000人的有29个，万人以上的达到6个。这些居委会绝大多数在朝阳、海淀、丰台、石景山4个近郊区的城乡结合部地区。这些地区流动人口与常住人口的比例大都接近1∶1，有些地区暂住人口还超过常住人口。我们在调查中通过"挨门挨户列举人数"的方法发现，在一些居/村委会流动人口与常住人口的比例甚至高达5∶1。这些地方成为名副其实的流动人口聚居区。

城乡结合部社区的主要特点是流动人口的管理问题，具体表现在四个方面：一是大量流动人口带来管理上的难题，同一地域的交叉管理导致出现管理真空，权、责不清，最典型的案例如丰台区的南苑乡，在地理上与大红门、东高地、马家堡等九个街道办事处高度交叉重叠。城市居民和农民混合居住，出现这一户归街道/居委会管理，相邻的一户即属于乡/村管理，导致管理上非常混乱；二是部分基层组织和个体的利益局限削弱了管理力度；三是土地无序开发导致房屋出租的混乱状况；四是"取缔—再生"的衍生经济（非正规经济）。关于流动人口的管理问题，第十三章将进行专门分析。

5. 混合型社区

上述四种社区类型是以社区特征和居民阶层为基础，对当前我国城市社区进行了大致的概括。但这些划分未能解决一个问题，即很多城市社区并非表现为单一的社区类型，而是同时包含了上述几种社区的特征，这种社区将归为何类？我们在此提出"混合型社区"的概念，用来指称这一复杂的社区类型。"混合"是指阶层的混合，但更主要的是指社区类型的混合。表2-1中的忠实里社区非常典型，既包括作为其一部分的新型物业小区，同时也包含了传统单位社区转制成的社区小组形式以及低收入阶层的生活区域。

混合型社区的特征可以从其概念本身来加以理解：一是社区内同时并存着不同类型的小区（或通常所说的社区小组），这也意味着社区内的居民是阶层分化的；二是由于社区具有的混合特征，社区居民的利益要求是多元化的，并且可能存在较多的矛盾和冲突；三是社区组织的管理和协调工作具有较大的压力，既要依赖有限的社区资源满足不同阶层的社区需要，又要协调不同阶层之间的关系。

二、城市社区管理体制的变迁

面对城市社区的这一变迁过程，无论是政府、社会组织还是个人，都需要重新去思考和面对。政府关注的是如何应对新的变化，进行有效的管理；社会组织关注于自身的定位，如何重新明确职责；而作为个人，需要适应这种变化，并在这种变化中调整自己的生活和工作方式。本章的焦点是城市社区管理问题，并将重点放在管理体制上。这主要是考虑到，从新中国成立以来的近六十年历史中，体制因素对于城市社区的管理至关重要，可以说，决定了社区建设和发展的诸多方面。

（一）社区管理的相关概念

1. 社区管理的内涵

社区管理是一个历史性的范畴，其含义随着时代变化而不断发展。当前我国的社区管理通常是指，一定社区内部的各种组织，为维护社区的正常秩序，满足社区居民物质文化生活等需要而进行的一系列自我管理和行政管理活动。[①] 社区管理是社区建设和社区发展的核心。

2. 社区管理的主体

社区管理是一项复杂的社会工程，其主体不可能只是政府一方，同时也包括各种社会力量和社区居民。社区管理主体按其性质可以概括为四种力量：

一是政府组织，即市、区人民政府和街道办事处。其中街道办事处是市辖区和不设区的市人民政府的派出机关，同时设立有工商、税务、公安等很多政府职能部门的专门机构，成为政府管理社区的主要组织形式。

二是居民自治组织，即城市社区居委会。《城市居民委员会组织法》（1989）规定，居民委员会是居民自我管理、自我教育、自我服务的基层群众性自治组织。

---

① 吴开松. 城市社区管理 [M]. 科学出版社，2006.

三是社区中介组织,即通常所说的非政府组织,包括权益性团体(业主委员会、老年人协会等)、服务性组织(志愿者组织、社区服务中心等)以及兴趣团体(摄影协会、秧歌队、书法协会等)。社区中介组织是介于政府组织与企业、个人之间的组织形式,以本社区的地域和成员作为其基础。

四是企业组织与社区居民,包括物业管理公司、驻社区的单位、居民等。物业管理公司是社区中的服务性企业,依照合同和契约,对物业小区的房屋、设施和场地以经营的方式进行管理,并向业主提供综合性的服务。

3. 社区管理的内容

社区管理的内容是社区的各项公共事务和公益事业,包括社区组织管理、服务管理、文化教育管理、环境管理、治安管理、社区经济等。《民政部关于在全国推进城市社区建设的意见》(2000)指出,社区建设的工作任务包括拓展社区服务、发展社区卫生、繁荣社区文化、美化社区环境以及加强社区治安,同时指出,应该因地制宜地确定城市社区建设与发展的内容。因而,社区管理除了涉及上述内容以外,还可能根据不同地区、不同社区的实际情况而有所补充。

4. 社区管理的体制

城市基层社区管理体制,一般是指基层社区管理的组织体系和运行机制,它包括组织结构、职能定位、管理方式等,既指政府对基层社区组织的管理制度架构,也指居民参与社区事务、基层社区组织具体实施社区管理,并提供社区服务的组织制度与运行机制。这些制度影响着基层社区履行职能、实现目标的能力。

(二) 单位制的衰落及其影响

1. 单位制的主要特征

单位制是新中国成立后逐渐形成的一种社会组织方式及城市管理体制,是与当时计划经济和国家一元化结构紧密相连的。国家在城市基层通过单位管理职工,通过"街居"体系管理社会闲散人员、民政救济和社会优抚对象,从而建立了以单位制为主、街居制为辅的城市管理体制,实现对城市社会的有效整合。它将城市居民纳入各种单位体系之中,由这些单位组织居民的就业、服务和其他社会活动,完全属于行政性的管理方式。这种对城市基层进行管理的单位制形式,从新中国成立之初一直延续到20世纪80年代中期。这种制度是从城市中的国有企业开始,随后波及学校、医院等事业机构以及政府部门,基本上导致整个城市社会无一例外地实行单位制的管理。

单位制对社区的影响表现在两个方面:一方面是"社区单位化"的过程。20世纪50年代至60年代初,城市社区也尝试建立政社合一的人民公社组织。人民公社的成立,是要消灭城市社区中残存的单位体系外的一些死角,使城市社会彻底单位化。城市人民公社通过实行党的一元化领导,大量兴建社办企事业,组织家庭妇女就业,使街道居民成为单位体系的成员。另一方面,单位也处在一个"社区化"的过程中,与社区在城市地理空间上相互重叠,又在功能上替代了社区职能,即"单位办社会"。社区成员的构成是各个主办单位的职工和家属,他们的住房、福利、子女上学等一系列社区性的服务,都由单位这一强有力的组织包揽下来。

单位制是我国很长一段时间内的城市管理体制,考察它的特征会有利于我们把握城市基层管理体制的变迁问题,以及认识当前城市社区管理体制中某些问题的历史根源。关于单位制的讨论已经很多,我们主要是从城市社会管理的角度对单位制的特征进行简要概括:首先,单位是我国城市社会中相对独立的社会组织,代表国家实施某些职能;其次,单位对其成员的活动进行全面的组织和管理,并提供全面的服务,这种组织管理的内容远远超出了成员的工作内容,涉及组织政治活动和社会活动等,同时,提供的服务也是全方位的,并扩散到职工的家属,职工家庭成员的"生老病死"全部照顾到了;再次,由于单位对于职工的严格管理和全面服务,这种主导资源的能力导致单位成员对工作单位高度依赖,几乎所有的问题和困难都会通过单位进行解决;最后,单位制属于严格的行政管理体制,每个单位都具有一定的行政级别,对其上级负责。单位的这种权限,实际上使作为社区组织的居民委员会被削弱和边缘化了。

2. 单位制作为一种城市管理体制的衰落

在前面所述的单位型社区中,单位制的主要特征仍然存在。单位的组织力量十分强大,对社区资源具有较高的控制权,并且社区成员对单位的认同与归属相对更强。一些国家机关和事业单位(科研机构、高等院校等)的社区属于这种类型。从根本上说,这些单位型社区之所以保留着单位制的主要特征,原因是其主管单位是拥有权力和控制相应资源的部门,它们需要以强制性的手段确保社区资源为特定群体所享用。在这些资源保持封闭的情况下,社区的单位性质便无从改变。同样,作为单位型社区的成员,也需要与单位保持密切的联系,以确保能够享用单位的权力和资源所带来的种种便利。两种方向的力量,使目前我国城市中的单位型社区仍然体现出强烈的单位制特征。

但是即使如此,作为一种基本的城市管理体制,单位制已经衰落了,并已经被基于社区的城市管理体制所取代。

"文革"结束后,单位受到了两种不同趋势的推动:一种趋势令单位相对独立于国家,使其在社会生活中发挥更加重要的作用;另一种趋势令个人相对独立于单位,使单位的覆盖面和功能减少。总的说来,单位社会是在逐渐萎缩,并逐渐解体。伴随单位制的衰落,城市社区组织的作用开始显现出来,并重新获得活力。李路路指出，改革开放以来中国社会结构变化的"双重奏"表现为，传统体制内的制度化规则变化，强化了人对单位的依附，传统体制外的变革，则不断冲击着单位制在全社会的垄断和优势地位。单位社会内部出现了以下的变化：一是单位对国家的依赖性、服从性有所减弱，自主性有了较大增强；二是单位之间的收入和资源占有情况的差距迅速扩大，有的还表现得极为明显，李强教授称这种贫富分化的现象为"群体外差距"扩大；三是虽然个人有了较大的流动权利和自由选择的自主权，但是在很多方面，个人实际上更加依赖自己的单位。在社会差距越来越大，而且这种差距在很大程度上是以单位为边界时，单位就具有了更为重要的意义，例如住房、收入和福利等对个人来说成为至关重要的社会资源。[①]

无论单位、社会呈现何种变化的迹象，单位制在改革开放后受到确定无疑的冲击。一是单位体制外组织的萌生，单位成员向体制外流失。非国有和集体性的企业逐渐发展起来，吸引了大量的人才和劳动力。国有单位的控制能力逐渐减弱。二是单位职能向社区的转移。单位的多元化职能与社区的发展是直接冲突的，"单位办社会"的模式已经遭到全部否定，单位在生活服务、社会活动等方面的职能开始向社区移交。我们可以观察到两项实质性的体制改革，即住房制度的改革与社会保障体系的社会化改革。这也使单位的职能受到削弱，并扩充了社区组织的功能。三是单位自身大量破产、改制。20世纪90年代后，大批国有和集体企业陷入困境，一段时间内出现了大批的失业、下岗职工，此时的单位已经无力包揽这些职工的生产与生活，很多国有企业破产、转制。这导致单位制社会走向最终的解体。此外，在城市社区中还表现出一个特点，即居民的工作场所与居住地点趋于分离。这种分离属于一个问题的两个方面，既是单位体制改革的一种体现与结果，也使单位的触角不再容易延伸到居民的生活空间，加速了居民生活服务系统的独立。

3. 单位制衰落的影响

一种体制的衰落，并不意味着它所承担的功能也随之消失。同样，单位制衰落之后，它所承担的社区功能就回到了当地社区。居民由"单位人"转化为"社会人"，其就业、社会保障等相关问题都必须通过社区组织加以协调、解决。因而在社区内，需要建立一种新的体制来承担这种转移出来的各项功能。传统的单位制基本上支撑着整个社区的运转，它对城市社区生活的影响是如此之深，以致它的撤出，可能对社区产生不言而喻的强烈影响。我们将这种影响归纳为三个方面，简单地说就是压力、挑战和机遇。

---

① 李路路等. 中国的单位现象与体制改革 [J]. 中国社会科学季刊，1994（2）.

第一，单位制衰落，很多情况下单位资源撤出社区事业，造成社区发展资源不足，面临极大的压力。比如经费来源，在传统单位制下，社区建设、环境整治和科技创新方面等经费的投资主体是主办单位。实行社区制后，社区从政府获得的资源十分有限，不足以全面地发展社区事业，需要社区居委会通过其他渠道筹集资金。再比如属于单位的一些设施、场所和机构不再作为社区的共享资源。

第二，城市社区基层组织面临极大的挑战。对于几十年来一直处于边缘位置的社区组织——居民委员会来说，单位制改革对社区发展造成的压力，使其面临极大的挑战。街道办事处、社区居委会必须在单位的社会服务职能社会化后，依赖极为缺乏的资源，发展社区服务、社区文化等各项事业。在劳动就业制度发生变化、国有企业实行改革之后，很多劳动力被排除在单位体系之外，街道办事处、社区居委会需要努力组织他们进行再就业，并确保他们的基本生活条件。此外，大量流动人口成为很多单位、企业的员工，对基层社区组织提出了流动人口的管理课题。

第三，单位制的瓦解，同时也为城市社区建设与发展提供了广阔的舞台，为社区基层管理的发展扫清了障碍，提供了空间。传统上单位与社区合一的体制，实际上造成了社区的弱化，甚至不能发挥作用，使社区无法成为一个自主的社会生活共同体。单位制的改革，使各种单位日益演化为功能单一的专业性社会组织，而社区则逐渐成为一种自主的、能够在组织城市日常生活中起着更大作用的组织形式。它将取代单位成为社区生活的主体组织力量。

（三）城市社区管理的几种模式

20世纪90年代初，国家民政部发起了大规模的社区建设运动。各地纷纷开展了社区管理的实践，在城市社区管理体制上进行众多的探索，形成一些基本的经验以及众多的社区管理模式。上海、青岛、石家庄等城市在社区建设的实践中，提出了"两级政府、三级管理、四级落实"的管理体系，并得到国家民政部的认可与倡导。"两级政府"是指市、区政府；"三级管理"是指市、区和街道的管理，强调街道层面的管理；"四级落实"是指市、区、街道和居委会的组织落实。在具体管理模式上，不少城市在建设过程中构筑了一些有特色的模式，我们大致将其概括为四种：

1. 行政主导型模式

以哈尔滨市南岗区为主要典型，特点是政府包揽所有社会管理职能，社区组织是以加强党委、政府的统一领导为核心，以强化民政部门的主管职能为重点，以增强各部门的协调和社会各界的参与为基础。这种模式虽然有利于城市管理的整体推进，但缺陷也是非常明显的：一方面社区居民缺乏独立自主的权利和能力,不利于基层民主的发展;另一方面,社区居民的一切事务不得不依赖政府,从而导致政府组织的职能错位。

2. 居民自治型模式

以沈阳市春河社区为代表,建立一套新的社区组织体系,充分发挥社区居民参与管理的积极性,体现了基层社区自治的本质。这种模式主要模仿国家政权机构的设置及相互关系,设立了社区成员代表大会、社区协商议事委员会和社区居民委员会作为社区自治的主体组织,并通过建章建制明确了三者之间的关系。然而在目前城市社会中,正如前文所述,社区人口结构、空间结构等发生了强烈的分化,居民对社区缺乏认同感和民主参与的热情,因而自治型模式的实现存在相当大的难度。

3. 混合型模式

以上海市卢湾区为主要代表,在实践中将政府行政性的管理与居民自治性的管理结合起来,实行"两级政府、三级管理、四级网络"的管理体制。首先是理顺条块、政企和政社(政府和社会)关系;其次是在工作机制方面有所突破,遵照"权责统一、事费统一"的原则,下放管理权限;再次是强化人、财、物基础建设,包括加强领导班子队伍的建设,选聘一批年龄较轻、文化程度较高、工作能力较强的居委会干部;再其次是确保经济来源,实行税收返还政策,街道上郊区财政的税收全部返还;最后是加大社区硬件投入等。然而,政府与居委会之间"指导与服务、协助与监督"的关系,不易把握"度"。

4. 企业主导型模式

比较突出的是深圳莲花北社区和武汉百步亭社区,特色是实现了社区管理从行政化管理为主向市场化经营为主的转变,既发挥了企业在市场发育日益充分的条件下运用市场配置社会资源的优势,又克服了政府负担社区管理经费的缺陷。例如,百步亭花园社区从建成之初就不设置"街道办",而采取类似于开发区的管理方式,成立"管委会",以企业主导替代行政主导。但企业行使政府职能也会存在一定的问题,一方面是它的这种职能缺乏法律依据;另一方面企业本身的营利目标与社区管理的性质是相矛盾的,两者在实践中的统一可能会遇到一些障碍。

三、当前城市社区管理体制面临的主要问题

(一)社区管理模式的适应性错位

这一问题的背景是我国城市社区发生了巨大的分化,不仅不同城市,即使是

同一城市或城市的区、县内部,都可能存在复杂的社区形态。尽管每个城市,甚至同一城市的不同区县,都在进行社区管理模式的试验和探索,并且提出了以本地区的经验为基础的管理方式。但是,这种以城市或区县为单元的模式探索,忽略了一个重要问题,即一方面忽视了同一社区形态管理体制的相似性、可借鉴性;另一方面又容易用同一种管理体制覆盖不同形态的社区。

关于社区的分化问题,我们在第一部分已经进行了详细的讨论。表2-2反映了不同社区的类型及其对应的社区管理应该关注的重点问题。由此我们可以看到,一个城市如果遵循一种固定的社区管理模式,势必无法突出不同社区所需要应对的重点问题。

表2-2　　社区管理体制对于不同社区的侧重点(北京2003~2005年)

社区形态	实　　例	重点问题
新型物业小区	崇文区的枣苑社区、南里社区;海淀区的华清嘉园小区等	社区组织之间的关系(街道办事处、社区居委会与业主委员会、物业管理公司的协调)
旧城传统社区	西城区的前海东沿社区、白米斜街社区等	社区居委会需要发挥较大的组织功能,引入中介组织,并且需要政府组织的介入
单位型社区	崇文的北里东区社区、北里西区社区;海淀区的清华园社区等	社区自治组织与企业组织的关系,在社区运行机制中如何整合企业组织
城乡结合部社区	海淀区的东北旺村(村居混居)、朝阳区的豆各庄村等	流动人口的服务与管理;"街/居"与"乡/村"体系的并存
混合型社区	崇文区的忠实里社区、广外北里社区等	不同利益主体(包括他们成立的组织)的协调;社区资源的管理

我们简单地举例分析。在新型物业小区,物业管理公司在事实上承担了很多社区管理的职能,社区居委会与居民的联系反而较弱。在这种情况下,各地发展出来的管理模式中,社区居委会的预期作用将无法实现,它的影响甚至是一种"边缘性"的。在表2-2中所列举的枣苑社区,围绕房地产和物业存在相当突出的矛盾,部分业主对社区居委会没有认同,甚至认为社区居委会与物业公司的关系过于"密切",因而他们积极组织筹备业主委员会。在他们看来,这才是他们可以自主发挥作用的真正组织。再如旧城传统社区,由于社区居民大多数属于低收入阶层,并且社区公共设施的改造等问题面临很大的困境,因而需要政府组

织发挥主导的作用，但这种主导作用只是限于这种特殊社区类型的特殊时期，在其他社区中显然是不合适的。

（二）社区组织体系的结构性缺失

在当前我国的城市社区中，发挥主要作用的社区组织是街道办事处和社区居委会，在新型物业小区，则普遍出现服务性的企业组织——物业管理公司以及业主组建的中介组织——业主委员会，其他兴趣性的团体也有一定程度的发展，但权益性、服务性中介组织的发展相当滞后，在大多数社区出现这类组织的滞后现象，我们称之为社区组织体系的"结构性缺失"。

在社区所承担的职能骤然增加的情况下，社区服务、环境、文化、治安和民主建设等种类繁多的事务，都使现有的组织体系（主要是街道办事处与社区居委会）难以承受。我们在第二部分讨论单位制的衰落时也谈到这种压力与挑战，在涉及管理主体的关系时，我们还会专门讨论社区居委会的负担过重问题。它凸显了社区组织的结构性缺失，也提出了培育社区中介组织这一重大课题。

我们看一份来自北京市宣武区某街道59个社区的组织与机构的统计。大致分为四类：第一类是依法或有关章程设立的组织、机构11个，包括社区党委、社区工会、社区团委、社区妇代会等；第二类是为专项工作设置的议事组织或机构22个，比如"社区党建工作领导小组"、"社区共建领导小组"、"社区青少年领导小组"、"社区计划生育领导小组"等；第三类是为完成某项较大的临时性工作而设置的组织或机构4个，如"社区户口整顿办公室"、"社区创卫工作办公室"等；第四类是民间组织22个，如"社区老年人协会"、"社区市民学校"、"社区残疾人协会"等。在这四类组织中，能有效发挥职能的是第一类组织，能有效组织活动的是第四类组织。从这份统计可以看出，这些社区组织似乎已经名目繁多，但一个根本的问题是结构性的缺失，即大部分组织是由政府职能部门设立的临时性机构，而居民自发组织的权益性组织和服务性的中介组织却极其缺乏。

我们调研的东花市南里社区，组织成立了北京市首家具备独立法人资格的社区公共服务协会。它吸纳社区单位和居民个人、所有享受低保政策人员（强制纳入）和下岗失业人员为团体或个人会员，通过服务组（低偿、有偿服务）、协办组（部分有偿服务）和公益组（无偿服务）三个职能组的工作，把低保人员和下岗失业人员组织起来，为其提供适合自身条件的工作岗位，为社区居民提供优质到位的社区服务。此举既提高了就业率，使驻街单位和社区下岗、失业人员获得工作机会，又增强了居民的社区归属感，同时解决了社区服务资金不足的问题，可谓一举多得。在这里，公共服务协会发挥了社区中介组织的职能，但也存在一些问题，比如参加的低保人员对此并不满意，协会的资金来源仍然缺乏长效性等。

（三）社区管理主体权责不清

1. 基层社区管理的条块分割问题

城市社区管理的"条"，是指进行专业事务管理的各职能部门，如公安、工商、市政、园林、环卫等；"块"，是指进行综合管理的地域性机构——街道党工委和街道办事处。条块分割是我国行政管理体制存在的一个比较突出的问题，也深刻地影响着社区组织体系发挥应有的功能。尽管在城市管理中，"条块结合，以块为主"的思路近乎成为一种共识，但条块分割的问题始终未能得到有效解决，职能部门与基层管理组织之间往往缺乏必要的沟通与协调。主要表现在两方面：一方面是职能部门由于基层管理人员不足而导致管理无法到位；另一方面，基层组织在具体的社区管理过程中缺乏职能部门的相关权力，行政执法上缺少法律依据，其行为不具有法律效力。

在与东花市街道的工作人员进行座谈的过程中，街道进行综合管理的权限问题依然是大家比较关注的。按照街道工作人员的说法，目前街道和社区居委会承担了大量的社区管理任务，其中很多工作本来属于职能部门的范围，他们的困境是，这些工作不能不管，但是管了也还存在问题，即最后责任由谁来负？这种权力与责任不统一的现象，对于街道在社区管理中所能起到的作用是一种很大的限制。

导致这一问题的原因，可能包含两方面的因素。一种是体制上的，即街道办事处的法定性质。街道办事处作为政府的派出机构，不是一级政府。虽然街道是各种条条块块的结合点，城市管理的各项任务必须依赖这一组织来完成，但它的职能权限在区域内并不具有普遍强制性和全面完整性，它只办理与街道居民有关的行政事务和公共事务。在整个城市管理工作中，街道通常是处于一种被动局面。另一种因素涉及部门利益。有些职能部门在自身无力进行社区事务的专业性管理时，也不肯将权力委托给街道办事处，因为这些管理权力往往牵涉到一定的利益关系，让渡权力可能意味着会失去利益。

2. 社区居委会的行政化倾向

按照《中华人民共和国居委会组织法》，居委会的职责可分成自主工作和协助工作两大类。前者包括：宣传宪法、法律、法规和国家的政策，维护居民的合法权益，教育居民履行依法应尽的义务，爱护公共财物，开展多种形式的社会主义精神文明建设活动；办理本居住地区居民的公共事务和公益事业；调解民间纠纷等。后者包括：协助人民政府或者它的派出机关做好与居民利益有关的公共卫生、计划生育、优抚救济、青少年教育等项工作；协助维护社会治安。

目前的社区管理中普遍存在的一个问题，即社区居委会的行政化倾向仍然严重，并且由此使其负担沉重。上级政府部门及其派出机构经常性地将任务和考核下达到居委会，使得居委会疲于应付，无力从社区需要出发自主性地开展工作。北京宣武区某街道一份统计表明：社区居委会承担的日常性工作项目共139项，其中不包括人口普查、经济普查、配合严打、创建卫生区等临时性的工作。一个户籍2 508户、人口6 597人、社区专职工作者仅6人的社区居委会竟备有91种账簿卡片，以应对各级检查考核。社区居委会大部分时间和精力都在协助政府部门开展工作，依然是名副其实的"政府的腿"；只有少部分时间和精力开展居民自治工作。我们在调研中也遇到居委会主任反映：工作压力增大，每年填写政府各部门的表格就有近万张，并且还要参加大大小小的各种会议。

长期以来倡导的"重心下移，立足基层"，本来的意义是社区管理的重点下移到街道办事处、社区居委会，政府各职能部门也要把工作重点下移到基层、下移到社区当中。在现实中似乎演变成将工作任务下派到基层组织。这些现象的存在，实际上使社区居委会无法摆脱行政性的特点而走上自治道路，并且现有的任务已经极为沉重，使它无法有效地开展社区事务的自我管理。

社区居委会的行政化倾向问题也导致居民对社区居委会的代表性缺乏认同，甚至影响到居民对于社区的认同。从我们对北京什刹海地区的调研来看，2001年10月，前海东沿居委会与北官房居委会合并改组为前海东沿社区居委会，目前共有11名干部，其中10名为女性，基本都居住在社区内。社区居委会干部介绍，此次改组并没有对居委会的人员构成和工作职能进行调整，基本上仍然是原有的工作人员继续原来的工作。调查发现，只有22.2%的居民认为居委会改组后工作有所提高。仅有4.2%的居民认为居委会是"居民自治组织"，而有62.1%的居民认为从目前居委会的实际工作和职能来看居委会是"政府下属机构"，还有33.7%的居民认为居委会是"介于政府和居民之间的机构"。同时，居民对参与居委会选举热情不高，有60.6%的居民从未参加过居委会选举，参加的居民中有51.5%认为选举没有反映居民的真实意见，而49.5%的居民表示不愿意参与下一次的居委会选举工作。从这个角度来看，社区居委会的行政化倾向无疑是造成居民参与率低的一个主要原因。

（四）社区管理运行机制不规范

国家民政部提出现阶段推进社区建设与管理的运行机制是"党委政府领导、民政部门牵头、有关部门配合、社区居委会主办、社区力量支持、群众广泛参与"。我们可以根据社区管理主体的划分将其概括为三个方面：一是政府主导；

二是社区居委会主办；三是社区中介组织、企业组织和居民的广泛参与。我们的调研发现，在实践操作中，这三个层次都存在需要加以关注的问题。

1. 政府力量的"越位"与"缺位"

这一问题主要表现在两个方面：一是政府组织在社区管理工作中的"越位"与"缺位"；二是政府组织在对待社区自治组织的关系上存在"越位"与"缺位"。

在社区管理中，政府组织的行政管理职能与社区自治组织、中介组织等承担的社会事务的具体管理与实施职能，应该是有明确区分的。国家民政部提倡政府对社区管理中应发挥主导作用，但这里主导作用的"度"往往难以把握，经常超出自身的限度。政府力量在社区管理中的作用是管理和引导，社区服务、文化、环境等具体社会事务应由社区自治组织、中介组织、企业组织等具体承担。这方面政府组织的"越位"表现在：包揽过多的本应由社区中介组织等社会力量承担的工作。比如，街道有时会直接组织一些社区性的文化活动、慈善活动等。而"缺位"则表现在：政府在忙于具体社区事务时，却忽略了对于自己本应承担的职责——培育社区中介组织发展和运行的良好环境。如东花市街道枣苑社区的部分居民筹备建立业主委员会，街道和社区居委会都力图取得这一组建活动的控制权，而对居民自发地组织活动并没有积极回应。

在政府组织与社区自治组织的关系上，从法规角度讲，街道办事处与社区居委会属于指导与被指导的关系，实际情况并非如此，政府组织对社区居委会的指导作用很难控制，经常出现"越位"现象，即变指导关系为领导与被领导的关系，政府往往在实际事务中将社区自治组织作为自己的下属单位。我们在东花市的调研中发现，尽管目前街道、社区居委会的工作人员对于社区居委会的自治性质是比较明确的，但实际上社区居委会依然将街道视为自己的"上级"，街道也很自然地将各项任务下达到社区。与这种"越位"相伴随的，必然是政府对社区自治组织指导、帮助职能的"缺位"。

2. 社区组织自我维持的困境

城市社区居委会的经费来源有以下途径：一是政府按社区规模拨给的费用，这是政府应当承担的职责；二是政府委托社区所办的事务，费随事转；三是社区居委会兴办公益事业所需费用，经居民会议决定，可以根据自愿的原则向居民筹集，也可向单位筹集；四是接受募捐和馈赠。

就目前的情况来说，社区居委会的办公经费、场地、人员工资基本上依赖于政府的提供。这种依赖性体现了政府对社区建设和管理的主导和支持，而且会使政府的相关政策在社区层面的落实比较顺利。但是，这种资源依赖又使社区居委会代表居民利益的独立性受到局限，从某种程度上说，这也是社区居委会行政化倾向的一个重要原因。

一部分社区居委会通过从事一些经营性活动（例如出租房屋）解决资金的困难，但这种经营性活动有悖于其自身的组织性质。此外，有些社区居委会通过组建社区中介组织，提供有偿服务来获取资源。例如，东花市街道南里社区成立的公共服务协会，就属于这样一种中介组织。这虽然有利于解决社区居委会的资金困难，并且可以使其相对独立于政府组织，但同时也产生一些需要注意的问题，比如，这种中介组织的成员往往是居委会成员兼任的，对于5～10人的组织来说，整个社区的社会事务本已十分繁重，再进行社会服务项目的具体操作，必然使两方面的事务难以协调。另外，能够成功进行有偿服务运作的社区目前也不多见，其提供服务项目的针对性、使用者的范围等并不十分明确。

3. 社区参与薄弱

广泛的社区参与是社区管理中的一个核心要素。社区管理本身具有"社会化"的特征，即社区管理不可能是某一部门、某一团体的单纯行为，而是社区内各类组织、企事业单位和广大居民的共同行为。目前城市中的社区参与发展极不平衡。基于对东花市街道八个社区的调研，发现这种不平衡的几个特点：一是社区参与的主体是"一老一低"。"老"就是离退休的老党员、老职工；"低"是指那些享受政府提供的最低生活保障金的低保人员。二是参与的领域主要是文化体育、治安维护、送温暖活动等几个方面，尤其是文体活动，几乎是所有社区居民参与的主要形式。而有关社区公共事务的管理、有组织的公益活动等涉及得很少。居民因此不能有效地参与到社区的决策层面，社区内大量事务仍由街道办事处和居委会以行政的方式来完成，这使得居民在很大程度上显得被动，难以激发出较高的社区认同感，因而难以提高居民参与社区管理和活动的程度和频度。三是就社区参与的主体来说，东花市街道的社区参与主要表现为居民个体的参与行为，社区组织发起的参与和驻区的企事业单位的参与活动都很少。

此外，社区参与的另一突出问题表现在参与的自主性较低。我们可以从社区居民和驻社区的企事业单位两个层面来观察。从居民层面看，目前东花市街道社区居委会工作的方法仍然是行政化方法为主，街道通过召开工作例会向社区布置工作任务，居委会主任再通过召开居委会工作会议和楼门组长会议，把任务布置传达下去。各个社区的楼门组长网络是布置落实上级工作任务的非正式的组织依托，大部分由老党员、退休人员、老居民以及低保人员组成。这些居民的参与行为对政府的依附性很强，自主性比较低。从企事业单位的层面看，长期以来我国实行的是对单位的纵向垂直管理，单位和社区的横向联系一直很薄弱，单位参与社区建设的积极性不高。东花市街道动员单位参与社区建设的方法有两点：一是靠出台相应的规章，各社区与社区单位签订了《利用单位内部设施开展社区服务协议书》，对社区开放设施，通过双方的协议和沟通，一些驻街单位在节假日把内部会议室、体育健身场所等设施提供给社区居民使用或为社区设施建设捐助资金；二是行政人员的个人影响力。而带有强制性色彩的动员参与，又有悖于社区自愿、民主参与建设的精神，不利于社区参与在广度和深度上的扩展，所以对社区管理的作用没有得到充分发挥。

四、城市基层社区管理体制的创新

（一）国外社区管理体制的经验

联合国早在 20 世纪中期就在全球范围内推行"社区发展计划"，到 20 世纪 70 年代，由于世界环境问题、社会问题的日益突出，社区管理作为一种社会管理方式得到全面加强，成为解决贫困、失业、犯罪等社会问题的重要手段。由于每个国家都有各自不同的国情、不同的文化传统，因此在社区管理模式上也大相径庭。但它们社区管理的组织体系大致相同，主要由政府、社区服务组织、社区居民三部分构成。其中政府是组织者，社区服务组织是社区管理的提供者，社区居民是参与者。从政府组织管理的角度来讲，主要有几种方式可供参考借鉴。

1. 美国

美国的社区管理模式是自治型管理的典型代表。美国的城市社区具有明确的地理界限，是基本的基层行政单位。但社区没有政府基层组织或派出机构，实行高度的自治管理，依靠社区自治组织来行使社区管理职能。地方政府在社区管理中的职责主要是对社区发展进行宏观指导，制定相应的政策和法规，同时提供资金支持。社区委员会是社区工作的核心机构，其成员都是本社区具有一定威望的成员义务组成，享有处理社区事务的较大权力。社区非营利组织具体承担各项社区服务和管理工作，其中大量工作是由志愿者承担的，他们与社区居民保持着密切的联系。

2. 英国

英国政府实行市场化的社区管理与社区服务，依靠政策激活市场。政府把许多社区服务方面的事务都转移给民间团体或私营机构，社区服务由政府出资、社区办事。政府主抓的服务机构、政府资助的社会组织、民间团体成立的非营利性服务机构，以及商业性服务机构组成了英国的整个社区组织体系。其中，社区服务的主体是社会组织与民间团体举办的非营利性社区服务机构。政府的作用在于宏观调控和政策支持，通过加大社会政策的实施力度，来弥补单纯依靠经济手段的不足，走"政策发展社区"之路。

3. 新加坡

以政府干预为特色，政府主导社区建设的各项工作。政府对社区的干预较为直接和具体，通过对社区组织的物质支持和行为引导，掌控整个社区发展的局面，官方色彩比较浓厚。政府在社区设有各种形式的派出机构，并通过相关职能部门对社区的领导人进行培训，以保障政府的方针、政策和要求在社区活动中得以贯彻。与之对应，这种模式导致公众很少主动参与社区管理，社区居民的民主观念比较淡薄。这种模式是与新加坡的历史文化传统和政治经济背景密切相关的。

4. 日本

属于政府间接管理。体现出比较明显的半自治特征。政府对社区发展干预较少，主要职能是规划、指导、监督并提供经费支持。社区具体分为行政社区与居民社区，前者与基层政府重叠，叫做"区"或"市"，后者不带有任何行政性质，叫做"町"。办事机构都叫做"役所"，是专门为社区居民办事的场所，工作范围几乎无所不包，类似于中国的街道办事处，只是他们所管的大多是实事。役所实行"开放式"办公，即没有门卫、围墙，不需要登记手续，办公室没有屏障，所有事务都必须在办公室里完成，不许在家里"办公"，没有休息日。区市政府权限较多，直接与市民打交道，依法行政，完全自行处理日常事宜，上级无权命令下级执行他们的任务。

（二）我国城市社区管理体制的创新思路

1. 建立基于社区形态的管理体制

我们在第三部分专门谈到社区管理体制的适应性错位问题，在不同类型的社区中，社区管理的任务是各不相同的，甚至差别很大。因此我们提出，社区管理体制必须以社区的类型为基础，在社区组织体系的建设以及运行机制上强调不同的侧重点。社区管理体制的实践探索，也不能忽视社区类型对于管理的不同要求。一个总的原则是，社区建设和社区管理的模式不应该、也不可能是千篇一律的，政府需要针对不同类型社区的各自特点，在管理思路和方式上有所侧重，发挥相应的作用。

在前面的表2-2中简单列举了不同社区应当注意的管理重点，由此我们可以看出，不同社区对于管理工作的不同需求。例如在比较典型的旧城传统社区，居民和现有社区组织的力量相对于繁重的社区发展与管理任务来说，是十分有限的，因而需要政府在一段时间内发挥主导作用。社区公共设施的改造、建设，社区环境的美化，社区居民的就业与保障，需要的也不仅仅是政府的资金，同时包括政府组织介入管理。此外，政府在社区管理中的资源毕竟是有限的，因此，政府也需要积极培育中介组织发展的良好环境，引入公益性的社区中介组织。但对于新型物业小区来说，这种政府发挥主导作用的方式既不现实，也不可能。此时政府组织的主要作用在于引导和协调，妥善处理社区内不同组织的关系，化解社区内因为房地产开发的遗留问题、物业管理问题等而引发的各种矛盾和纠纷，使社区管理的整体工作得以顺利进行。

2. 社区管理体制的基本取向

（1）社区管理体制的法制化、规范化。

社区管理体制中的很多问题，是由于相关的法律法规不完善所引起的，一方面表现在相关的立法工作比较滞后；另一方面则是法律的执法力度不够、监督不严。特别是在社区管理主体的关系上，法律对于各个组织职权范围的界定并不十分清晰，并且缺乏有力的保证，以致出现管理上的条块分割、居委会的行政化倾向等问题。

在单位制改革、市场经济发展的过程中，社区管理增添了大量的新内容。法律法规的滞后使社区管理工作处于一种两难的困境，使社区组织在具体的实践中处于无法可依的状态，越来越不适应社区管理工作的需要。目前，我国还未出台有关城市社区管理方面的专门法律，《宪法》仅仅是对城市居民委员会的地位和职能做了原则性的规定，1954年全国人大常委会通过的《城市街道办事处组织条例》也只是规定了街道办事处的地位和职责，2003年实施的《物业管理条例》，对于业主委员会的相关规定、业主委员会与社区居委会之间的关系等，都缺乏统一、准确的界定。

因此，针对这些问题，在社区管理工作中，需要制定和完善相关法律法规，形成一套涉及社区管理各个领域的较为完善的法律体系，界定各个社区管理主体的权利和职责，明确街道、社区居委会、社区中介组织的责任、义务、活动范围及其之间的关系，规范政府和社会组织的行为，并为社区成员参与社区事务提供制度性的保障。

未来的社区管理应该是依法管理的模式。在社区管理的过程中，也会不断地产生各种各样的新情况和新问题，这都需要相关的法律法规能够与管理工作一起推进。我国城市社区建设运动开展以来，与社区组织相关的法律条文也逐渐出台，尽管还不够完善，但也体现了社区管理法制化的趋势。例如，目前社区管理的主体关系在实践中仍然没有理顺，但是理论上已经非常明确，并且很多城市的政府都开始重视"条块分割"与社区居委会职责问题的解决。随着社区建设实践的发展，社区管理主体的关系势必逐渐得到明确的界定。

（2）社区管理体系的自治化。

在目前我国城市社区中，社区管理体系的行政化倾向比较明显。这不仅强烈地表现在社区居委会上，同时在一些社区中介组织中，受政府行政力量主导的特点也十分明显。这种行政化倾向导致社区组织不能自主地发挥作用，无法有效地完成自身的职能，结果使整个城市的基层管理体系陷入一种困境当中。

在社区建设与发展中，不可能仅仅依赖于政府力量，社区组织、居民以及其他社会力量都可能发挥重要的作用。社区组织的自治，是指作为管理主体的各种社区组织以及社区居民，共同参与社区事务的管理，实行真正的民主自治管理。政府主要是从宏观的角度对社区管理的全局进行全面的协调与规划，并提供相应的资金、技术和信息等各种支持，各种社区组织则应当相对独立地按照社区管理的法律、法规和相关制度进行运作，充分发挥主动性、创造性。这是社区管理能够顺利进行并充满活力的基本条件，其特点是能够调动社区组织和居民参与社区事务的积极性，有利于形成居民对社区的认同感和归属感。必须注意的是，在社区自治的过程中，居民的自治精神是不可或缺的，而这一过程同时也是培育居民自治精神的过程。此外，社区管理的自治化必须以广泛的社区参与为基础。社区成员的自我服务、自我管理、自我发展是社区建设的核心。社区自治是确保居民享有基本的生存权和发展权，并由此可以上升到享有国家事务管理的参与权。

就目前我国的城市社区而言，需要注意三个方面：一是建立社区居民的意见和利益表达渠道，使居民能够顺畅地反映社区建设中的问题和矛盾，表达自己的建议和要求；二是政府转变职能，将主要精力放在城市管理上，着眼于动员、协调和监督工作，逐步实现部分日常性事务由社会力量来承担，鼓励社区中介组织参与社区管理；三是将社区管理工作定位在街道一级，让社区居委会从行政组织体系中摆脱出来，成为名副其实的群众自治组织。

在不少西方发达国家，社区自治的权力不断得到扩展。即使是在政府主导社区事务的新加坡，政府也开始对全面干涉社区事务的政策进行调整，试图通过一些措施来恢复社区的自主权。在我国的城市社区中，尽管街道的众多行政事务仍然摊派到基层的社区居委会，但我国政府一直在努力将社区居委会建立为一个自治性群众组织，其自治组织的性质也已经在法律上得到确认。新型物业小区广泛成立的业主委员会，我们将其归为权益性中介组织，虽然其性质尚不清晰，法律地位仍未确定，但从其业主委员会的成立和大量维权案例中，我们可以看到自治精神的一个新的生长点。"小政府、大社会"的社会格局并不是一种空想。

（3）社区管理体制的多样化。

在社会体制改革和城市化的进程中，我国城市社区发生了前所未有的改变，社区的结构、功能出现大幅度的重新组合，目前已形成五种基本的社区形态。以往那种高度一致性的单位社区已经不再存在，仅仅成为多元社区类型中的一种，且单位性产生不同程度的弱化。单位制社区的一元体制已经随着一个时代的终结被画上了休止符，社区管理体制的多样化成为不可避免的趋势。我们在前面谈到的建立基于社区形态的管理体制，实际上已经隐含了多样化的这一特征。

社区管理体制的多样化是指在具体的社区管理过程中，针对不同社区的特点采取灵活的管理方式，管理的主体及其关系、管理运行机制不拘泥于一种固定的模式。管理体制和模式的多样化是社区管理与发展多样化的必然要求。我国城市社区发展的多样化表现在两个方面：一是不同城市社区的管理与发展差异十分明显，这源于不同地区在各种资源、历史和现实条件上的差异，以及不同城市政府在社区发展的战略规划上各有特点；二是在不同形态的社区中，各种社区组织的发展情况及其作用不尽相同，社区居民的经济社会地位、利益要求也相差很大。因此，社区管理体制的统一模式是不可能的。比如，类似深圳这类经济较为发达的城市，企业组织的种类较多、力量较大，就有必要让这些主体在社区建设和管理中发挥更大的作用，建立一种以发挥企业力量为核心的管理体制，由街道在宏观上进行监督和协调。而在单位力量为主导的社区中，应该建立一种能够有效协调多方力量的管理体制，既发挥单位在社区管理工作中的巨大作用，又引导它们向开放资源、增强互动的方向发展。

国外社区管理的方式是多样化的，在我国社区建设和发展的实践中，目前也出现了一些具有特色的多样化社区管理模式，我们已按照其特点进行了简要的概括。尽管提出这些模式可能存在适应性错位的问题，但是社区管理多样化的趋势是无可否认的。在未来的发展中，这些管理体制和模式仍将在社区建设的实践中进行验证、否定或者修正。

第三章

快速城市化进程中的旧城改造与保护问题

——以北京为例

从20世纪90年代开始,我国的城市建设进入了高速发展期。高速的城市化进程表现在两个方面:一方面,城市向周边农村地区快速扩张,引发了征地拆迁、农民生活补偿与安置等问题;另一方面,在城市内部大规模的旧城改造与更新运动使原有城市风貌发生了巨大的变化。同时,旧城地区的改造与我国社会的结构转型交织在一起,空间结构与社会结构的重组引起了很多不容忽视的社会问题与矛盾。

由于城市急剧变迁、高速城市化造成的城市自身不协调中所引发的矛盾,突出地表现在旧城地区的改造与变迁过程中。原因在于:首先,旧城地区往往处于城市的中心区位,具有地理优越性与公共设施优越性,因而吸引着越来越多的房地产开发商投资,从而使旧城区的土地价值不断升高。这种市场经济原则下的土地价值规律与原先计划经济时期土地非市场化分配造成的旧城地区社会结构相矛盾。其次,旧城居民呈现出老龄化、贫困化、空巢化等特点,进一步加速了旧城地区的衰落。最后,旧城地区作为城市发展历史的活化石,是历史文化与社会记忆在空间上的载体。如何在旧城改造中处理空间改造与居民安置的关系,在旧城复兴的过程中体现社会公正,协调文化保护与城市改造之间的关系,这些都成为旧城改造中的难题。随着我国城市改造速度的不断加快,这些矛盾变得日益尖锐。

我国城市旧城改造有如下特点:

首先，政府主导下的大规模、快速化的重建过程。

我国城市土地归国家所有，这一基本性质决定了我国城市的旧城改造是一种强势的政府主导行为。从政策出台、拆迁补偿到改造方案的制订，政府的强力介入无不体现在旧城改造的每一个环节之中。这一方面保证了改造过程的顺利进行；另一方面也在一定程度上造成了部分居民与政府之间的误解和矛盾。

政府主导下的旧城改造往往表现出大规模、快速化的特征。这一方面是由于我国需要在短期内解决大量历史遗留的危旧房问题；另一方面也是地方政府在经营城市管理理念下的必然产物。城市土地开发收益是我国地方政府最主要的财政来源之一，特别是在房地产开发商这一市场力量介入旧城改造之后，地方政府与房地产开发商的关系也发生了微妙的变化。城市建设作为地方经济发展中最耀眼的增长点，也成为地方政府官员在有限任期内政绩的重要指标之一。正是因为上述原因，我国城市旧城改造项目大多呈现出大规模、快速化、推倒重建的特征。

其次，旧城改造与历史文化保护矛盾重重。

新中国成立后，绝大多数城市是在原先旧城的基础上扩建起来的，城市布局表现为新城环绕旧城并逐步外延的发展趋势。改革开放在一定程度上催生了房地产开发热潮，中心城区由于基础设施建设成熟、生活便利等区位、服务优势，土地价值不断高涨。而旧城地区又大多处于城市中心区位，地理位置优越，这就使旧城地区面临越来越大的改造开发压力。由于旧城改造需要大量的资金，地方政府便越来越趋向用一种政府引导下的房地产开发模式一方面完成危旧房改造，另一方面实现资金平衡。开发商则希望通过这一过程充分挖掘中心城区的商业价值。

除了经济价值，旧城地区还蕴涵着厚重的历史文化价值。古老的街道、传统的庭院，这些都记载着城市发展的历史脉络，是城市历史中最有生命力的活化石。但历史文化方面的价值并不像经济价值那样直观，因此在以经济利益为导向的旧城改造与开发过程中往往被忽视。一次又一次推倒重建的改造过后，很多城市中原先最有价值的历史街区已经荡然无存，取而代之的是高楼林立、千城一面的"现代繁荣"。

旧城改造与历史文化保护的矛盾，归根结底是用什么视角去理解城市发展的问题。经济利益驱动下的功利主义视角将旧城地区的衰败理解为使用价值和经济价值的过时，主张通过彻底的重建来满足新时期经济发展的需要。然而，需要反思的是，这种经济的视角是否真的代表了城市发展的内涵？而社会学的视角认为社会发展并不等同于单纯的经济增长，一个城市厚重的历史积淀和多元的文化价值对于社会的全面发展有着不可忽视的重要作用。旧城地区作为其最好的空间载体，在大规模的重建面前是一种脆弱的、不可再生的宝贵资源。不幸的是，在少数专家为保护旧城大声疾呼的同时,人们却在不断终结着赖以生存的城市的历史。

最后,旧城居民的补偿与安置事关城市的和谐稳定与发展。

20世纪90年代初期,我国旧城改造主要采取的是鼓励旧城居民改造后就地回迁的安置办法,改造期间由政府或开发商提供中转房源或相应的补偿。随着土地成本的不断增长,回迁的安置方式正越来越多地被一次性货币补偿的方式所代替。政府和开发商首先对改造区域内的旧城房屋进行估价,然后通过货币形式补偿给居民,改造后不再提供居民回迁的住房或相应的回迁优惠条件。旧城地区居民无论从经济收入还是社会地位来说,绝大多数属于城市弱势群体。旧城改造后的安置问题实际上体现的是政府如何对待城市弱势群体的态度问题。

如果旧城拆迁中所获得的经济补偿无法让居民在同等区位购买相应的住房,对于大部分旧城拆迁居民来说,只有两个选择:要么在城市周边地区购买便宜住房(旧城居民中经济条件相对较好的家庭);要么就只能搬到其他尚未改造的旧城平房区租房居住。前一种方式割裂了旧城居民在原住区多年形成的社会网络,增加了就业、就学、就医等社会生活的通勤距离;后一种方式不但没有在旧城改造后提高居民的生活水平,反而使他们的居住条件更为恶化。

因此,旧城改造如果不能合理地安置与补偿居民,必然会造成对旧城居民的边缘化后果。这种边缘化不但表现在城市的居住空间上,而且体现在居民的社会生活方面。因而这个问题事关社会的和谐与稳定。

本章内容旨在通过北京旧城地区的两个个案(什刹海地区和白米斜街地区),对旧城改造中的问题与矛盾进行分析,揭示我国快速城市化背景下城市自身经常会出现的不协调问题的一个方面。

一、北京旧城地区现状

北京是著名的历史文化古城,其中心城市的形成可以上溯至西周时期①(公元前11世纪~公元前771年)。自新中国成立的半个多世纪以来,首都北京作为全国的政治中心、文化中心和经济中心(20世纪90年代中期开始,经济中心转移至上海),在城市建设发展与历史文化遗产保护方面经历了一个曲折的过程。从新中国成立初期为缓解交通压力拆毁老北京城墙开始,到"文革"时期生产性城市思路下的简易楼建设,再到改革开放后房地产过度开发对旧城历史文脉的冲击,作为历史上四朝古都,北京城正面临着建设性破坏这一严峻的现实。

---

① 侯仁之,唐晓峰. 北京城市历史地理[M]. 北京燕山出版社,2000:26-32.

2000年7月,北京市政府组织专家和研究单位编制了《北京旧城25片历史文化保护区保护规划》。25片历史文化保护区总用地面积为1 038公顷,约占北京旧城总用地面积的17%。其中重点保护区用地面积649公顷,建设控制区389公顷;加上已由北京市政府批准的旧城内200多项各级文物保护单位的保护范围及其建设控制地带,保护与控制地区总用地面积达2 383公顷,约占旧城总用地面积的38%。历史文化保护区的划定,在保护北京旧城城市面貌、延续老北京的传统文化方面迈出了首要的一步,然而更为重要的是如何平衡城市开发与旧城保护的关系,并在旧城更新中保护弱势群体的利益,而社会公正也正是社会学在城市研究中的一种独特视角。

目前,北京市的发展大体上是以中心区域为核心,沿环路交通向外辐射的"摊大饼"似的发展模式,这就使得地处城市核心区位的旧城地区商业价值越来越高。然而,由于计划经济时代对城市土地区位价值的长期忽视,原先的城市建设方案并未给旧城地区的房地产开发留有足够的空间;另外,20世纪90年代末期单位体制的衰落也造成了大量工人家庭生活状况有所下降。这一系列原因导致了北京旧城地区正面临着人口老龄化、居住条件有待完善和贫困区位化等问题。

(一)旧城地区人口状况

北京旧城地区的居民大多数是原国有企业的普通工人,人口老龄化问题较为严重,受教育水平普遍较低。部分居民因为企业改制或工厂倒闭而下岗或失业,生活失去经济来源,旧城地区也因此面临贫困化的问题。

1. 年龄分布

2003年3月,清华大学社会学系与建筑学院受西城区政府委托,对什刹海地区[①]进行了一次深入的居民生活状况调查(见表3-1)。在被调查的774人中,男性355人,女性419人,男女性别比例为0.85∶1(见图3-1),本地居民的平均年龄为41.96岁。18~35岁的青壮年人口比例明显少于其他年龄段,这反映出北京旧城地区呈现出的空巢化趋势,拥挤破旧的居住环境迫使年轻人一旦达到就业年龄,马上会离开旧城居住区。

---

① 什刹海地区位于北京市比较中心的位置,是北京市25片旧城保护地区最大的一片。本次调查选取的是什刹海地区的"烟袋斜街",包括"地外大街"和烟袋斜街、大石碑胡同、小石碑胡同、万年胡同、前海东沿五条胡同,户籍人口1 473人,共433户,占地面积6.85公顷,房屋总数2 560.5间,建筑面积42 251.2平方米(使用面积31 325.4平方米)。调查共历时2周,根据房管所的房屋登记底册,原计划访问296户居民,最后共完成问卷221份,共5个胡同的74个门牌号。

表 3-1　　　　　　　　　样本年龄分布

年龄分组	频数	有效百分比（%）
18 岁以下	117	15.4
18～25 岁	76	10.0
25～35 岁	73	9.6
35～45 岁	175	23.1
45～55 岁	144	19.0
55 岁以上	174	22.9
总　计	759	100.0

（20 个缺失值）

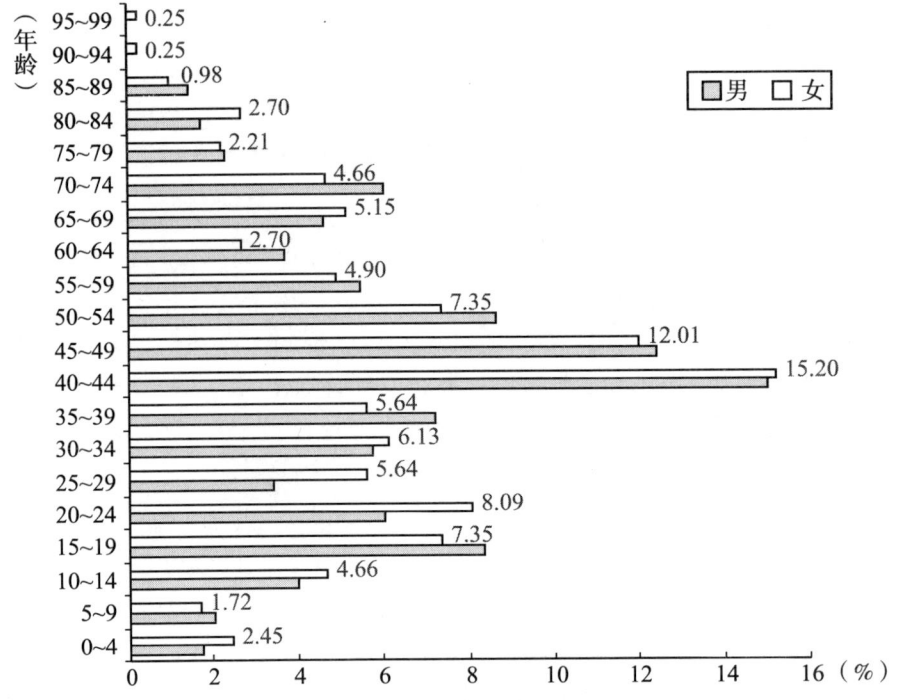

图 3-1　什刹海地区性别人口分布

在对紧邻什刹海的白米斜街的居民调查中，[①] 也发现了类似的情况：在被调查的 365 人中，男性 172 人，女性 193 人，男女性别比为 89.11∶100，平均年龄为 43.54 岁（见图 3-2）。

---

① 2004 年 9 月初，清华大学社会学系组织了"白米斜街地区居民生活调查"，作为联合国教科文组织"亚洲城市（Asia Urbs）"项目中社会经济研究的重要组成部分。调查原计划访问 112 户居民，最后共完成问卷 105 份，分布在白米斜街、白米北巷、乐春坊、杨检胡同、马良胡同、前海南沿、地外大街和地西大街 9 个胡同（大街）的 51 个院落（门牌号）。

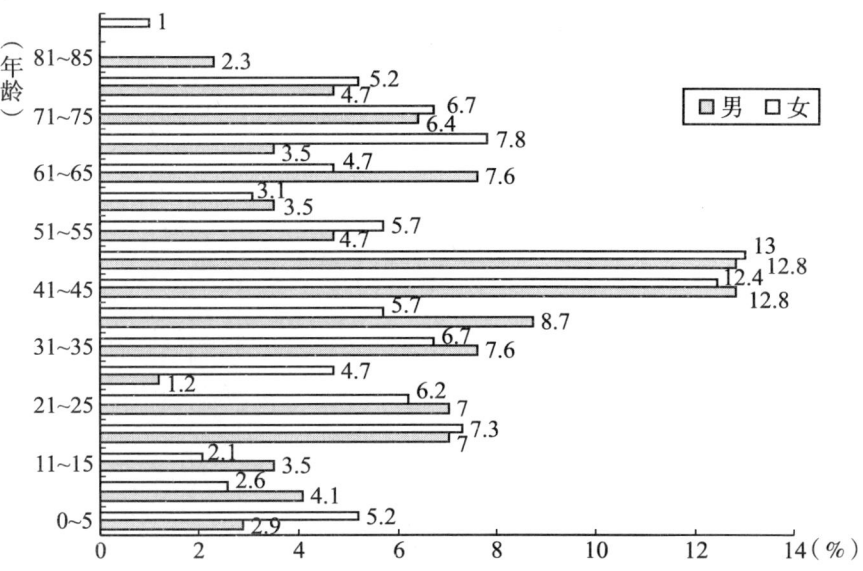

图3-2 白米斜街地区性别人口分布

2000年全国第五次人口普查的数据显示：北京市户籍人口中，65岁及以上老年人口占10.1%，比7.0%的国际标准（老龄型社会）高出3.1个百分点。西城区老年人口比例为12.41%。老年人口比例在对白米斜街地区的调查数据中达到20.55%，而在对烟袋斜街地区的调查中，65岁以上的老年人口比例也达到了16.2%。以此为参考，可以看出与北京市其他地区相比，旧城地区老龄化问题更加明显。

2. 受教育程度

北京旧城地区居民受教育程度普遍较低，绝大多数居民的受教育水平在高中（含职高）以下，这一点可以清楚地从两次调研的数据看出来（见图3-3、图3-4）。受教育水平较低使得旧城地区的很多工人家庭在下岗以后难以寻找到再就业的机会，加速了该地区居民底层化的趋势。

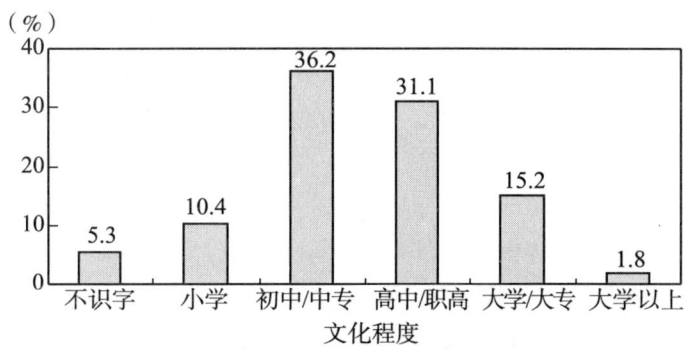

注：样本值624。

图3-3 什刹海地区18岁以上居民受教育程度

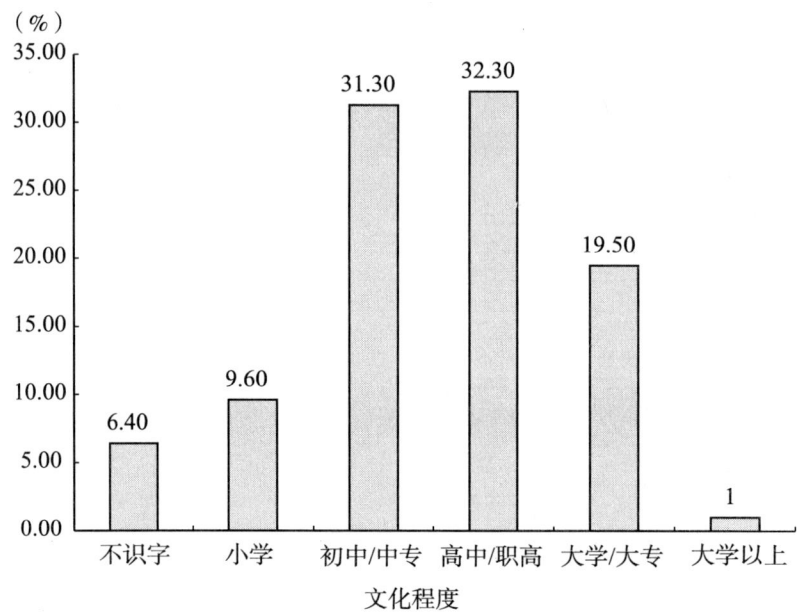

注：样本值313。

图3-4 白米斜街地区居民受教育程度

3. 职业特征

从职业特征来看，旧城地区离退休人员、下岗失业人员较多。而在从业人群中，中高收入的白领阶层又非常少，大部分是从事一般商业、服务业的普通职工。

在什刹海地区被调查的490人中，离退休人数占的比例最高，占27.35%，其次按比例高低的排列依次为：商业服务业从业人员11.02%、下岗工人11.02%、失业无业人员10.7%、工业运输业生产人员10.82%、学生6.4%、事业单位管理人员3.1%、医务工作者2.7%、教育工作者2.5%、工商企业管理人员2.5%、个体经营者2.3%、自由职业者2.0%、科研技术人员1.8%，其他职业群体比例均低于1%（见图3-5）。所以，从职业上看，离退休和下岗、无业者占了半数，这说明该地区居民经济活动能力和经济承担能力大体上比较弱。

而白米斜街地区被调查的365人中，去除学龄前儿童和在校学生计68人外，剩余成年人为297人。其中，"在职"人口占42.1%，退休人员占35.7%，失业、无业和下岗/买断人员共占到17.9%。此外，"其他"一类占4.3%，指的是这样一些老人，他们没有文化或者文化程度很低，一直没有工作，也没有收入，不同于退休老人群体。

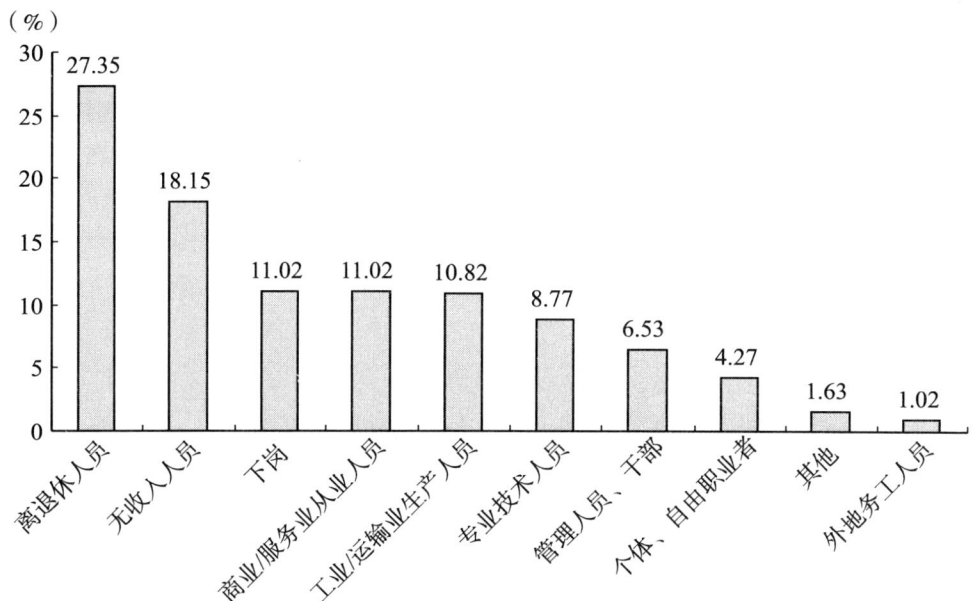

图3-5 什刹海地区人口职业特征

通过对白米斜街地区在职人员群体与退休人员群体的对比（见图3-6）可以看出，退休人员分布的前三位是：国有企业、集体企业和事业单位。而在职人员分布的前三位是：国有企业、私营企业和事业单位。明显的变化是国有企业比

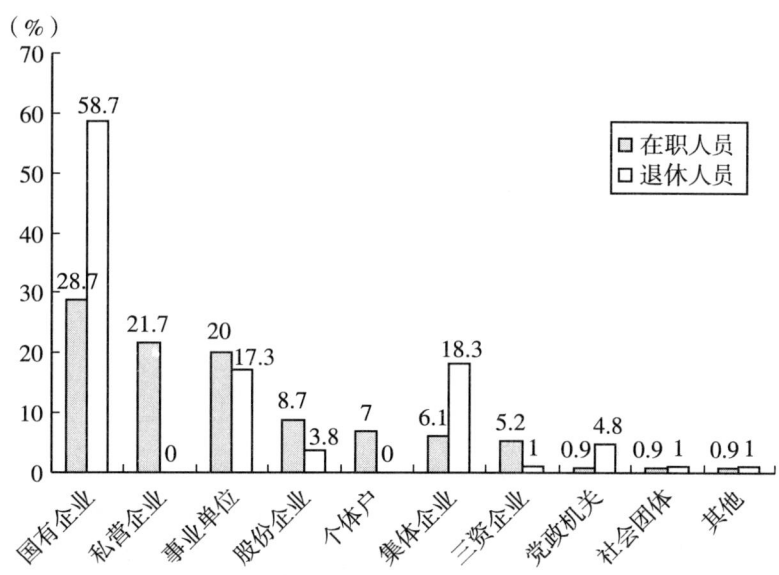

注：在职人员样本值115；退休人员样本值104。

图3-6 白米斜街地区在职人员与退休人员单位类型比较

例从离退休人员的 58.7% 下降到在职人员的 28.7%，集体企业比例从离退休人员的 18.3% 下降到在职人员的 6.1%。其原因在于离退休群体的平均年龄（65.99岁）比在职群体（38.93岁）高 27.06 岁，这是上下两代人。前一代人可能一辈子均在国企事业单位或集体企业工作，而后一代人则经历了 1998 年以来剧烈的国有和集体企业改革，其中一部分虽然在工作，但其原有单位可能日益衰落，可能改制为其他类型，甚至破产不复存在。还有一部分人失去工作成为下岗和失业群体。

总的来说，国有和集体企业改革造成的部分企业效益下降甚至破产，以及工人的下岗失业现象有旧城日益衰败的深刻的时代背景，而旧城居民人口老龄化、社会经济地位偏低（表现在教育程度、就业结构和收入等方面）则是旧城缺乏自我更新能力的内在原因。

（二）旧城地区居住现状

1. 居住历史

北京旧城地区居民的居住历史比较复杂：一部分居民是新中国成立前就居住在此地，在祖上传下来的房子里一直居住至今；一部分居民是新中国成立后的社会主义改造时期来此居住的，当时国家对私有住房和出租房实行社会主义改造，实行住房国有化，并推出了承租公有住房的举措；一部分居民是在"上山下乡"后返回城里；还有部分居民是单位分房或者私下换房。

从什刹海地区的情况看，1949 年之前居住于此的老居民占 11.3%，1949～1959 年迁入的占 16.9%，1960～1969 年迁入的占 17.4%，1970～1979 年迁入的占 14.4%，1980～1989 年迁入的占 17.4%，1990 年以后为 22.6%。近 80% 的人都是 1990 年以前在此居住的老住户，居住时间至少都在 10 年以上，长期居住的结果不但加深了邻里关系，更使居民对本地社区产生了较强的依赖性。这种依赖性既表现为工作生活和亲友关系等社会联系网络方面，也体现在一定的就业、救济等社会支持网络方面。

2. 房屋状况

新中国成立后，国家对城市住房实行国有化的社会主义改造，成立城市房屋管理局负责公共住房的维修工作，但由于长期以来房屋实行福利化及低租金政策，城市房屋维修工作严重缺乏资金。这使得北京旧城地区房屋质量每况愈下，隶属于单位管理的住房尚有一定资金进行维修，部分私房主也有能力修缮自己的住房，但对大部分公共住房来说，除了依靠房管局，没有任何自我维修的能力。同时，人多房少、产权混乱也给公房院落的维修带来了很大困难。

什刹海地区的房屋现状就是目前北京旧城地区房屋状况的缩影。该地区的所有房屋中，1949 年以前建筑的有 93 户，占 41.1%；70 年代和 80 年代建筑的分别有 26 户和 27 户，占 11.8%和 12.7%；90 年代以后的有 20 户，占 9.1%；另外有 25.6%不知道年代。所以，相当比例的房屋的历史是比较悠久的。

从建筑质量上看，质量比较差的四类和五类房屋①大约占 10%，以三类房屋居多，占 45.8%。所以，总的来说，房屋的质量相对比较差，这当然也增加了旧城、历史遗迹保护的难度。

什刹海地区的住房分为两种：一种是正式房，即在房屋档案登记中合法的房屋；另一种是搭建的住房，即在房屋的档案中没有记载的住房，大多是 1976 年"北京地震"后居民自行搭建的房屋，这些房屋严格说是不合法的，比如租住"直管公房"的居民，是在没有被批准的情况下自己搭建的，这类房屋往往具有"临时房屋"的性质，房屋质量大多比较差。调查结果显示，按"正式房"计算，该地区住房使用面积户均 21.5 平方米，建筑面积户均 29.4 平方米。如果加上"搭建房屋"以后，住房使用面积户均 33.4 平方米，户均搭建 11.9 平方米。按常住人口计算，正式房人均使用面积 9.1 平方米，加上搭建面积以后，人均使用面积 14.2 平方米。

总之，从房屋面积看，"正式房"户均使用面积 21.5 平方米，而户均搭建面积已经达到了 11.9 平方米，几乎等于正式房面积的一半。所以，搭建的面积还是相当大的。搭建的面积大，一方面说明该地居民居住十分拥挤，只有靠非法的搭建来解决住房问题；另一方面也意味着，拆迁改造难度很大，因为，搭建本身往往也破坏了传统"四合院"的格局，同时由于居民往往要求对于搭建部分也给予补偿，这当然会增加改造的成本。

下面（见表 3-2）对于常住人口的人均使用面积分组，按正式房统计，多数居民的人均使用面积是"5 平方米以下"和"5~8 平方米"两个组。但是，加上搭建以后，"5 平方米以下"的比例大为降低，而"11~15 平方米"和"15 平方米以上"的比例大大增加（见有效百分比）。这说明，按照正式房屋，居民的住房十分拥挤，如果加上搭建，则人均住房面积有很大上升，所以，搭建部分对于当地居民是十分重要的。如上所述，这也增加了改革的难度。

表 3-2　　　　　　常住人口的住房人均使用面积情况

按人均使用面积分组	正式房			加上搭建以后		
	回答数	百分比（%）	有效百分比（%）	回答数	百分比（%）	有效百分比（%）
5 平方米以下	55	25.7	**31.1**	9	4.2	**7.0**
5~8（不含 8）平方米	51	23.8	**28.8**	32	15.0	**25.0**

---

① 我国房屋的质量分为五类，一类是最好的，五类是最差的，其他依此类推。

续表

按人均使用面积分组	正式房			加上搭建以后		
	回答数	百分比（%）	有效百分比（%）	回答数	百分比（%）	有效百分比（%）
8~11（不含11）平方米	26	12.1	14.7	24	11.2	18.8
11~15（不含15）平方米	16	7.5	9.0	20	9.3	15.6
15平方米以上	29	13.6	**16.4**	43	20.1	**33.6**
总计	177	82.7	100	128	59.8	100.0
没回答	37	17.3		86	40.2	
	214	100		214	100.0	

二、旧城保护与改造的困境

（一）旧城保护的重要意义

人类文明的历史在很大程度上是与城市文明的发展相重合的。当我们置身于罗马这样一座保存完好的历史性城市的时候，千年的风云沧桑仿佛历历在目。城市是人类文明最好的载体，而城市的历史正是被那些看似老旧的建筑与街道所深深地记忆。然而，新中国成立以后，我们的城市就一直不断地被破坏。优美舒适的四合院成了大杂院；充满老北京生活气息的胡同被冷冰冰的马路所代替；当形状怪异、哗众取宠的现代建筑拔地而起的时候，传统的特色消失殆尽；当旧城的黄金地段被富人们占有的时候，大批的原住居民却无家可归；当人们为房地产开发商带来的城市繁荣喝彩的时候，忽然发现处处高楼林立的北京城已和其他城市别无二致。

越来越多的专家、学者开始呼吁加大旧城保护的力度，因为旧城保护关系到城市建筑的保存、地方特色的保护以及历史文化的传承。这也决定了旧城保护不但要保留、修缮原有的历史建筑，更重要的是保护旧城地区特有的文化。而文化的最主要载体是人，因此旧城保护并非是要将原住居民赶走，仅仅保留一些老建筑，而是通过对老街区的整治达到社区复兴的目的。简而言之，旧城保护不是简单地针对物质空间，而是作用于社会环境。只有当旧城地区的经济生活走上良性循环的轨道，保护才会实现动态的持续性。

类似什刹海这样的旧城地区，其历史遗迹的文化意义十分重大，但是，房屋大多比较破旧，居民居住的状况又比较差，居住拥挤、房屋的基础设施很不齐全,因此,如何保护历史文化使其得以延续,如何改善居住条件使居民得以更好的发展,就成为城市发展中一个现实而重大的问题。在保护与改造之间,需要寻求一种最佳的平衡。

(二) 以往旧城改造中的问题

从 1990 年开始,北京市旧城改造采取的是"开发带危改"的模式,这种模式的最大缺陷在于过分依赖投资商的资金。对于开发商来说,他们的目的非常明确,就是要通过开发地块追求利益的最大化,这与政府所希望的"解危"目标往往不相一致,或者说有些偏离。因此,开发商选择的开发地段一般都是临近主要道路的繁华地区,这种经济利益驱动下的选择性开发,其结果就是造成旧城改造中的"选择性遗忘"——真正"危旧"的城市内部地区并未得到有效改造。同时,开发商以利益最大化为目标,对旧城风貌的保护就不会考虑太多,不会投入大量资金用于旧城保护,在改造过程中无法避免对老城区风貌的破坏,甚至间接造成未改造地区危旧房比例增加等弊病。

2000 年后,北京市旧城改造进入一个新的阶段,在方式上主要采取"房改带危改"的模式。这种模式虽然在一定程度上取得了巨大的成功,但也存在一些问题,主要表现在大部分旧城改造地区回迁安置的居民占总数的 70%[①]以上,这与政府"疏散城市中心区人口"的初衷并不一致;同时"大规模"改造的方式,在建筑类型和整体规划上,很难与原有的古都风貌达到完美的协调和融合。

(三) 保护与改造的矛盾与困境

保护在很大程度上是一种存留(也允许小规模的修缮),例如保存什刹海地区的历史文化遗迹,保护古旧房屋、四合院院落、房屋和院落的基本格局等。而改造则侧重于破旧立新,特别是大规模改造几乎是在一夜之间推倒重建,以此来突破原有环境的限制,扩大居民的居住面积,兴建市政基础设施、改善居民的居住条件。因此,保护和改造之间必然存在很大冲突。两者之间的矛盾表现在两个方面:一是在旧城改造的过程中,会对历史文化遗迹造成一定损害;二是旧城保护的呼吁虽然激烈,但老百姓要求危改的呼声同样强烈。

1. 保护的呼声与居民要求改造的意愿相矛盾

作为政府来讲,在旧城保护与改造当中必须尽量做到两者兼顾,一方面必须保护旧城风貌和文化传统,从而使城市文脉发展的轨迹得到保护;另一方面必须对破旧的平房院落进行修缮改造,改善居民的住房条件和居住环境。从这个意义

---

① 张念萍. 2001 年北京市启动危改区 36 片主要危改区进展顺利 [J]. 北京房地产,2001 (11).

上说，两者实际上并不是绝对的矛盾。但对于居民来说，虽然什刹海地区属于历史文化保护区，但大多数居民自己并不太理解，也不太能感受到历史文化保护的意义，他们最迫切的愿望是改善生活和居住条件，而不是保护历史文化这些对他们来说无关切身利益的事。从居民的愿望出发，就是要求改变不适合现代居住的古旧房屋。但这样做的结果，往往是破坏了旧城保护的工作，破坏了该地区的历史文化遗迹。可以说，保护历史文化与居民强烈要求改善居住条件之间存在着一个基本的矛盾，要想同时实现保护和改造，是十分困难的。

在对什刹海地区的调查中，大约61.6%的居民表示，他们存在着住房的各种困难。在住房困难的类型中，比较多的是"12岁以上的子女与父母同住一室"（29.8%）和"有的床晚上架起白天拆掉"（17.7%），有的家庭则是同时具有几种住房困难（对于住房困难的回答见表3–3）。

表3–3　　居民回答的有关住房的种种困难（多项选择题）

住房困难的情况	回答人数	百分比（%）
12岁以上的子女与父母同住一室	59	**29.8**
老少三代同住一室	22	**11.1**
12岁以上的异性子女同住一室	11	**5.6**
有的床晚上架起白天拆掉	35	**17.7**
已婚子女与父母同住一室	9	**4.5**
住在非正式住房里	21	**10.6**
其他	33	16.7
没有以上困难情况	76	38.4

在询问居民对住房有什么特别的不满意时，居民的回答主要集中在"住房面积"、"环境卫生情况"、"院内空间拥挤状况"、"房屋建筑质量"、"公共厕所状况"等方面（见表3–4）。

表3–4　　居民对于住房不满意的具体内容（多项选择题）

住房特别不满意的情况	回答数	百分比（%）
住房面积	90	**46.2**
环境卫生情况	63	**32.3**
院内空间拥挤状况	57	**29.2**
房屋建筑质量	43	**22.1**
公共厕所状况	39	**20.0**
水、电、煤气、供暖设备	30	15.4
院内和胡同排水情况	18	9.2
噪声干扰情况	18	9.2

居住拥挤问题是北京旧城居民亟须解决的首要问题。白米斜街居民调查显示（见图3-7），该地区人均正式住房面积不足10平方米（含10平方米）住户比例占55.2%。目前，居民只能依靠自己搭建的房屋来缓解这一问题。

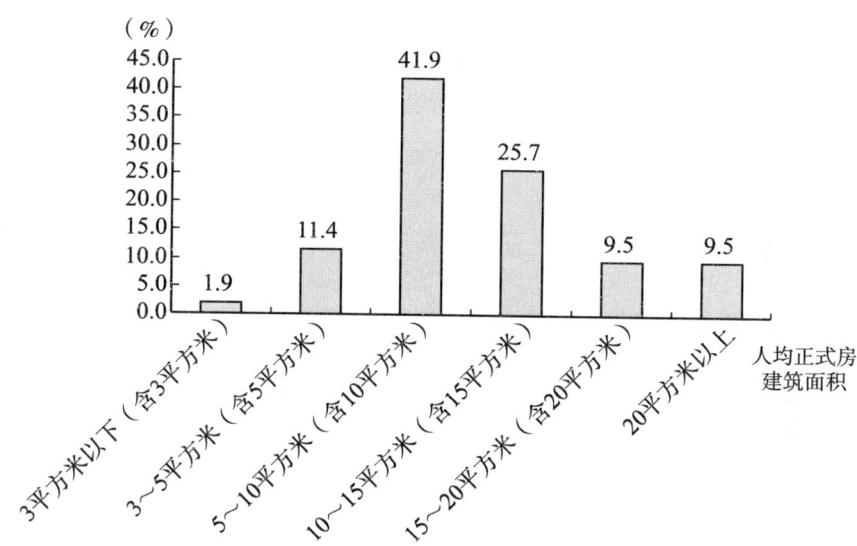

注：样本值105。

图3-7 白米斜街地区人均正式房建筑面积百分比

为了更为准确地反映当地居民的住房紧张状况，我们用每个家庭户搭建房的建筑面积与该户正式房的总建筑面积相比，产生的系数我们称之为"搭建重要程度系数"。该系数越高，表明该住户正式房居住情况越紧张，搭建房对该住户生活的重要性也就越高（等于0时就是没有搭建）。

从表3-5中可以看出，直管公房的平均搭建系数最高，这从另一个角度印证了其居住的紧张状况。而自住私房的平均搭建系数高于单位房。

表3-5　　　白米斜街不同产权搭建系数比较

房屋的产权状况	搭建系数	样本数	标准差
自住私房	**0.64**	12	0.465
直管公房	**0.71**	50	0.645
单位房	**0.50**	14	0.323
标准租私房	0.40	4	0.326
租私房（市场价）	1.14	2	1.450
自建房	0.55	2	0.495
公房转租	0.49	2	0.230
总计	0.655	86	0.575

北京旧城地区的居民对旧城改造的态度反映出一种矛盾的心态。一方面，他们非常希望旧城改造能够改善目前紧张的居住状况和破败的居住环境；另一方面，由于经济条件的限制，他们又非常担心无力承担高昂的改造成本。什刹海地区的居民中，有21%的人表示希望"维持原样"，而有改造意愿的居民占到了56%左右，另有23%左右的居民持观望的态度；而在白米斜街地区，希望该地区早点改造的家庭占51.4%，希望维持现状不变的占34.3%。对那些希望维持现状不变的居民来说，旧城改造就意味着他们将因为无力承担改造后的住房费用而离开此地到偏远的地区居住（那些经济困难的住户能够承受的房屋一般在四环以外），那些经济收入和现有住房条件都特别困难的双困户甚至面临流离失所的危险。

这种矛盾的心态也影响到当地居民对旧城改造主体的选择。在白米斜街地区，54.9%的居民希望由政府主导进行改造，他们认为政府改造相对而言对老百姓比较公正，改造成本也比较低，改造后回迁的可能性也比较大；20.9%的居民希望由房地产开发商主导进行改造，他们认为开发商为了如期启动改造项目，货币补偿的标准往往会比较高，而且被拆迁者态度的坚决程度也会使开发商采取不同的补偿标准；24.2%的居民希望能够采取自我改造的态度，他们认为无论政府主导还是开发商主导，改造的成本都会远远高于自己出资改造的成本。

2. 外迁与回迁的矛盾

外迁是指该地居民迁出该地，搬到其他地方居住，回迁是指房屋改造、修建、修缮以后，原居民再重新搬入修好的房屋居住。在政府和开发商看来，最好的旧城改造方式莫过于将居民全部迁出，然后进行统一开发改造。如果说开发商是为了最大限度地追逐房地产开发利润，那么政府如果也采取这种简单化的处理方式，则势必损害当地居民的实际利益。首先，此地居民在此大多居住了很长时间，他们的工作、生活已经与该地区融为一体，不少人不愿意迁走。其次，外迁的补偿费用较高，资金上有很大困难。最后，外迁本身也破坏了旧城的市民文化、社会结构，虽然对于保护房屋有好处，但是，对于旧城的社会文化却是个破坏。所以，北京的旧城修缮以后，往往采取回迁的方式，但是，由于旧城居民人口比较密集，修缮后住房面积并没有很大变化，所以，回迁后仍然有很大矛盾。

从居民的角度来看，相当一部分人是不接受外迁的。数据表明（见表3-6），什刹海地区居民中有37.9%的人表示不能外迁或坚决不能外迁。当然，占57.1%比例的人表示"可以接受，但要看条件如何"，再加上希望外迁的5.1%的人，总比例达到62.2%。所以，在对策上可以考虑部分人口外迁，这既有利于缓解居住拥挤情况，也有利于旧城保护。

表 3-6　　　　　　　什刹海地区居民外迁意愿

居民对外迁的态度	回答数	百分比（%）	有效百分比（%）
坚决不能接受	26	11.8	**14.7**
不能接受	41	18.6	**23.2**
可以接受，看条件如何	101	45.7	**57.1**
只要按照市价补偿，希望外迁	9	4.1	**5.1**
总计	177	80.1	**100**
没回答	44	19.9	
	221	100	

然而，即便部分旧城居民同意外迁，也是建立在一定的补偿条件基础上的。北京市在外迁补偿的问题上曾有过房屋安置、产权调换和货币补偿三种形式，但由于政府和开发商能够提供的安置房源越来越少，目前已统一改为货币补偿。但相当一部分旧城居民仍然希望能够直接获得房源补偿，特别是那些生活困难的居民，即便他们拿到了货币补偿也没有承担购房的经济能力。

如图 3-8 所示，22% 的什刹海居民可以接受"货币补偿"，在北京货币补偿的一般标准是每平方米补偿大约人民币 1 万元。当然，虽然居民能够接受这样的补偿标准，但是筹措到这笔资金还是有相当难度的。反之，有 25% 的人提出的条件是"房屋安置"，所谓"房屋安置"是一种当国家因公共工程等原因需要一部分居民拆迁、搬走时，政府为拆迁的居民提供另一处住房的拆迁补偿模式。所提供的新住房条件一般比原来住房的条件要好一些，居民往往会亲自去看新的住房，如果条件不好，他们就不搬，而且原房的房租又十分低廉。

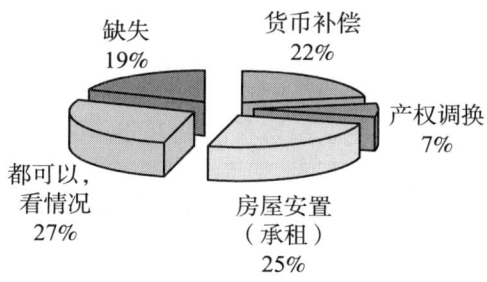

图 3-8　不得不外迁的，居民对于外迁补偿的选择（什刹海地区）

在 20 世纪 90 年代中期实行"市场化房屋体制改革"以前，"房屋安置"是多数居民比较欢迎的一种拆迁模式。然而，90 年代中期以后，"房屋安置"几乎没有可能了。过去之所以能够安置是因为在改革以前，几乎所有房屋都是"公有房屋",将居民从一处"公有房屋"迁入另一处"公有房屋"自然比较容易,原来的住房是承租关系,新的住房还是承租关系,公房的租金十分低。自90年代中期的城市住房体制改革以后,城市里"公有房屋"的体制变为"私有房屋"的体制,特别是新盖的住房都市场化了,居民一律自己购买房屋。这样政府很难为拆迁的居民找到能够用来"安置"的房屋。再者,90年代中期以后,大城市里市场化的住房价格变得十分昂贵,如果政府购买房屋用来安置,一方面,政府承担不起,另一方面,购买价格昂贵的住房用于安置也不现实。所以,对于这25%的人提出的要求,实际上是无法满足的。另外还有27%的人表示"看情况再说",就是说还没有决定接受什么条件,再加上19%的人没有回答,也就是说合在一起,还有46%的人没有决定提出什么样的条件,显示出高比例的人"变数"还比较大。这些都说明,虽然有57.1%的人表示"可以接受外迁",但是,提出的条件并不容易满足,其结果是外迁还是很难的事情。

3. 居民分化下的不同改造意愿

（1）家庭经济能力的分化

北京旧城地区居民的生活水平虽然总体比较低,但不同居民之间的分化现象依然存在。在对旧城居民的家庭收入进行分析时,我们通过对家庭是否拥有特定耐用消费品进行观察,以此考察被访家庭户的实际收入水平和生活状况。家用耐用消费品拥有的分值与家庭总收入、家庭人均收入、上个月家庭人均收入、上个月平均月收入分组之间存在着比较明显的相关性。这也就印证了,利用家用耐用消费品的拥有量分值度量家庭的经济状况是比较客观的,一方面与收入指标有较强的相关性,另一方面也说明了在收入指标分类中存在隐瞒实情的情况。

在对什刹海地区和白米斜街地区的两次调研中,我们采用了消费分层的方法,将居民家庭经济状况从低到高分为四个档次。从居民家庭各项经济指标来看,这四等分组的各项经济指标从高到低呈现逐级递减的态势,最高1/4组和最低1/4组在家庭收入和支出方面都存在明显的差异（见表3-7、表3-8）。

表3-7　　什刹海地区居民家庭消费品四等分组的经济指标　　　　单位：元

根据消费品四等分组	家庭月收入	每月电费	月用电度数	食品支出	交通费	通信费	冬季取暖费
最高1/4	3 511.22	102.91	286.10	1 140.79	146.37	273.85	750.00
次高1/4	2 084.12	73.90	164.40	1 053.11	109.02	225.00	519.29
次低1/4	1 953.21	62.37	130.00	823.96	60.77	106.18	647.85
最低1/4	1 657.72	54.54	114.68	755.56	40.87	60.63	467.40
总计	2 302.09	73.63	172.25	943.05	93.50	175.96	595.08
样本数	199	184	171	167	138	183	189

表 3-8　　白米斜街居民家庭消费品四等分组的收入水平　　　单位：元

消费品分组	家庭月总收入	家庭月人均收入	计算出的家庭年收入
最高 1/4	3 942.77	1 078.66	47 313
次高 1/4	2 963.19	860.73	35 558
次低 1/4	2 067.50	655.75	24 810
最低 1/4	1 619.73	583.91	19 437
总计	2 651.30	795.39	31 816

两次调查的结果较为吻合，代表了北京大部分旧城地区的家庭经济状况。2002年北京市城镇居民人均可支配收入 12 463.92 元（北京市统计局），按照核心家庭计算（4口人），家庭月收入为 3 115.98 元。可见在北京旧城地区，仅有最高收入组的收入水平高于北京市的平均水平。从消费项目上看，最高和最低的 1/4 家庭户处于经济状况的两端。从改造成本的经济承受力来看，两类居民将有非常明显的差异。

（2）改造意愿的分化

家庭经济能力的分化导致了旧城居民在改造意愿上的分化。这种差异性是我们研究旧城保护和改造政策的核心问题。显然，这些影响因素应该包括房屋产权、家庭结构/人数、经济状况、居住状况等。这里我们主要对经济条件差异的影响做一个初步分析（见图 3-9）。

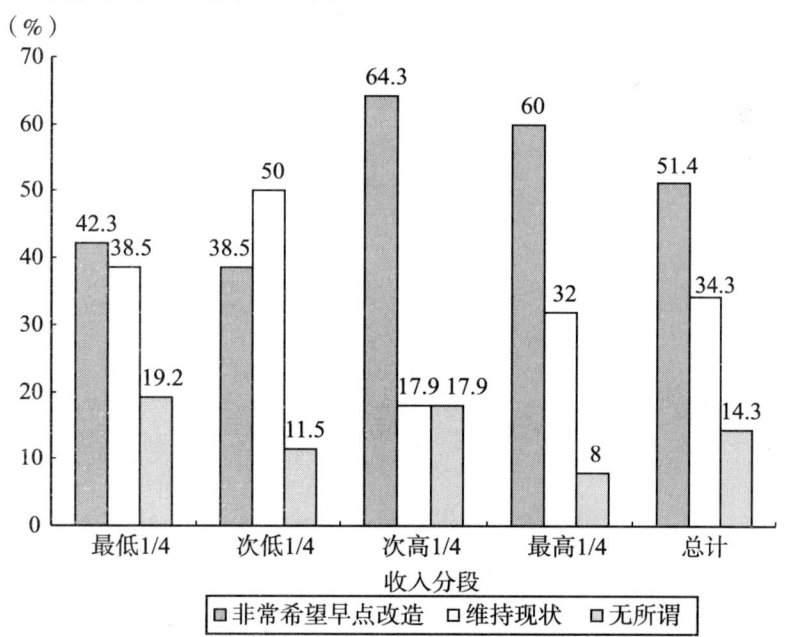

注：样本值 105。

图 3-9　白米斜街地区居民分化与改造意愿

总的来说，低收入家庭虽然也希望改造，但相对于高收入家庭来说更倾向于维持现状，原因在于低收入家庭担心改造补偿不足以重新购房而导致流离失所，而高收入家庭更看重改造补偿带来的经济收益。

如果必须外迁，在外迁方式上，最高收入组居民更多地倾向于货币补偿，其比例接近其总人数的44%；最低收入组要求房屋安置的比例非常之高，占到77.3%，该组居民中只有9.1%的居民表示可以接受货币补偿，因为对他们而言，货币补偿犹如杯水车薪，根本无法解决外迁后的居住问题（见图3-10）。

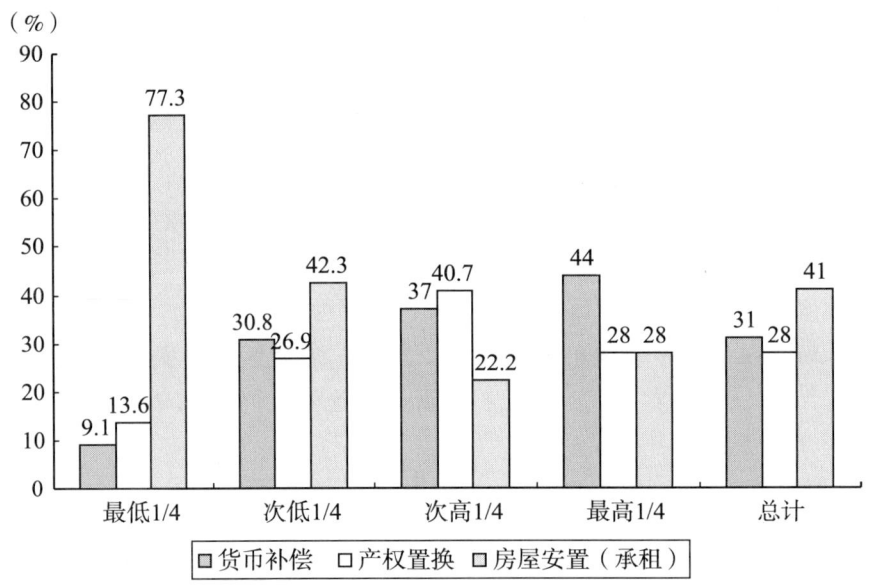

注：样本值105。

图3-10　白米斜街地区居民分化与补偿方式

4. 住房产权的难题

住房产权问题是另外一个制约旧城保护与发展的难题。不同的产权形式所牵涉的利益关系完全不同，导致保护与改造的难度不一，从而需要采取相对应的协调措施。北京市旧城地区的房屋产权主要分为四类：

第一类是单位产权房屋，即房屋属于一些机关、学校、企业等所有，居住者有些就是单位自己的职工，也有些历史上是单位自己职工居住，后来传给他们的后代居住了，这类房屋如果属于历史文化保护房屋，就需要与单位协商，同时也要与世代在这里居住的职工或职工后代协商。在本次调查中，此类房屋比例很低。

第二类是居民私有房屋并且自己居住（简称"自住私房"），这类房屋往往具有较高的保护价值，其保护和改造要经过私房主的同意。

第三类是由租住私人房屋的住户居住（简称"租私房"），按道理，这类房屋的所有权也是私房，只要听私房主的意见就可以了，但是，实际情况要复杂得多。有些"租私房户"是标准租私房，即："文化大革命前个人出租的私房，文化大革命初期由本市房屋行政管理部门接管，文化大革命后落实私房政策带户发还产权，并且执行本市规定租金标准的城镇私有出租房屋。①"北京市政府先后出台众多政策解决这一历史遗留问题，截至2004年12月31日，全市标准租私房已经累计搬出13 095户，完成了95.7%。②

第四类是"直管公房"，这类房屋比例最高，情况也最为特殊。在20世纪50年代中期我国的社会主义改造运动以后，城市中很多原来的私有房屋由于诸种复杂的原因，变成了由城市基层政府的"房管所"管理的公有房屋（"直管公房"），这些房屋长期以来被分配给一些没有房屋的城市居民或贫民居住，租金很低，具有福利房性质。这种产权形式一直延续到今天。这些房屋的居住者实际上已经享有了几乎永久在此居住的权利，所以，也要与这些居住者协商。

什刹海地区最主要的产权形式是"直管公房"，占到全部房屋的64.2%。由于"直管公房"所有权归当地政府，这就意味着政府在该地区的保护改造问题上将发挥首要作用，所以，好的政策建议就变得异常重要。另外，私房的比例也比较高，将"自住私房"与"租私房"合计起来，占到近30%的比例，所以，私房也是保护与改造的另一个重点（见图3-11）。

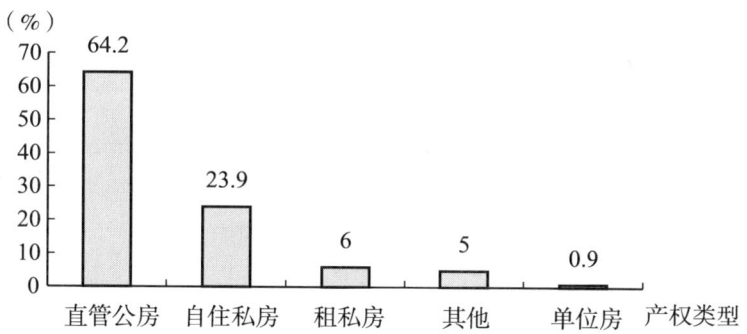

注：样本值218。

图3-11　什刹海地区房屋产权构成

5. 改造资金的平衡问题

如果有充分资金，旧城保护和居民住房改善都不难解决。然而北京旧城改造最大的制约因素之一就是改造资金难以平衡。与一般性的城市区域开发不同，北

---

①② 标准租私房：历史遗留问题能够解决. 新浪网. http://gz.house.sina.com.cn/news/2005-01-17/961523.html.

京旧城地区大部分地段属于历史文化保护区，有严格的规划条件限定，如高度、建筑风格、容积率等。政府希望借助房地产开发这一市场力量解决改造资金短缺的问题，但开发商却认为，按照现有保护规划的条件限制难以实现房地产开发的利润率。于是便出现了政府为了借助开发商对旧城地区进行商业改造，不惜突破相关的旧城保护规划限制，这在很大程度上破坏了旧城的历史风貌。

如果在没有开发商投资的情况下，保护和改造旧城的资金投入势必落到当地政府的身上。如果希望做到50%~70%的居民外迁，在货币补偿上政府就需要投入大笔的资金。人口迁出后，政府还必须投入资金兴建基础的市政设施，以及用于环境改造、房屋修缮等多项费用，这部分资金同样是一个不小的数目。在目前的财政状况下，政府能够为什刹海地区旧城保护提供的资金仍旧是十分有限的，而该地区居民的收入水平又处于较低的层次，以致无论是旧城保护还是居民住房条件改善都陷入困境。

6. 居民自主改造的困境

在政府大量投资比较困难的情况下，尝试由居民自我组织修缮和改造房屋不失为一种新的方法。但在对什刹海地区的调研中，我们发现尽管很多居民都对自己的房屋进行了小规模的修缮和改造，但是居民的自主改造与达到"旧城保护与改造"的目的之间显然存在着非常大的距离。

（1）目前产权下的改造投资状况

1990年以来，什刹海地区大约有八成的居民都进行过不同程度的房屋自我修缮，其中投资额在10 000元以上的也有大约1/4，占到有效回答的40%左右（见表3-9和表3-10）。这里反映了几个问题的存在：一是什刹海地区的住房状况已经到了相当恶劣的地步，不进行修缮就会严重影响到居民的正常生活；二是大部分的修缮和改造的力度是比较小的，居民往往只是对房屋进行小修小补，目的只在于消除影响正常生活的隐患；三是从下文居民"自主改造"的态度来看，居民对于组织起来进行联合改造的预期不大，仍然倾向于单独进行小规模的修缮。

表3-9　　　　　　　1990年以来您是否维修/装修过房屋

	回答数	百分比（%）	有效百分比（%）
有	171	77.4	78.1
没有	48	21.7	21.9
总计	219	99.1	100.0
没回答	2	0.9	
	221	100.0	

表 3-10　　　　　　　　　住房维修投资额分段

	回答数	百分比（%）	有效百分比（%）
投资 5 000 元以下	65	29.4	44.5
投资 5 000～10 000 元	23	10.4	15.8
投资 10 000 元（含）以上	58	26.2	39.7
总计	146	66	100.0
没回答	75	34	
	221	100.0	

(2) 居民对于"自主改造"的态度

所谓"自主改造"，实际上是指按照旧城保护的规划要求，由居民自己投资进行的房屋改造和修缮。上文已经提到，自 1990 年以来，该地区大约有八成的居民都进行过不同程度的房屋修缮。但是，这些修缮仅仅是居民为了改善自身的居住条件，而与旧城保护的规划没有关系，甚至有些修缮破坏了原来的院落格局，所以，这种修缮并不属于这里所说的、有特定含义的"自主改造"，"自主改造"还是有很大难度的。因为，第一，这要求居民按照旧城保护的规划来改造和修缮，但居民往往认为，保护旧城是公家的事，为什么要我们来出钱？第二，该地区的情况是多数院落都是很多家居民共同住在一个院子里（俗称"大杂院"），这样，"自主改造"就要求居民之间的相互合作，而调查证明，居民之间的合作是非常困难的。

多数居民对于自主改造不很认同，无论是自家参与意愿，还是对本地区实施这种改造模式的可能性，或者对于附近的院子或者住户集资改造的可能性，都有大约 60% 的居民给出了否定的回答（即"完全不可能"或者"不可能"）（见表 3-11、表 3-12）。当然，不可忽视的是，也有相当比例的居民同意居民集资"自主改造"的方式，比例分别为 40.9% 和 15.9%，所以，本文也提出了"自主改造"要根据居民不同的意愿，制定多元化的对策。

表 3-11　　如果成立合作组织，居民集资"自主改造"的方式，
您家有多大可能参与

	回答数	百分比（%）	有效百分比（%）
完全不可能	40	18.1	21.5
不可能	70	31.7	37.6
有可能	60	27.1	32.3
完全可能	16	7.2	8.6
总计	186	84.2	100
系统缺失值	35	15.8	
	221	100	

表 3-12   您觉得在这个地方推广居民集资改造的可能性有多大

	回答数	百分比（%）	有效百分比（%）
完全不可能	36	16.3	19.7
不可能	89	40.3	48.6
有可能	27	12.2	14.8
完全可能	2	0.9	1.1
不确定	29	13.1	15.8
总计	183	82.8	100
系统缺失值	38	17.2	
	221	100	

那么，为什么多数居民认为居民集资"自主改造"难以实现呢？我们对于居民集资"自主改造"的困难进行调查发现，大多数居民的主要担心是"居民组织不起来"（52.5%）、"大家意见不一致"（37.3%）、"居民之间可能出现不公平现象"（16.1%）（见表 3-13）。

表 3-13   居民集资"自主改造"困难的原因（多项选择题）

居民集资改造困难的主要原因	回答数	百分比（%）
居民组织不起来	62	52.5
大家意见不一致	44	37.3
居民之间可能出现不公平的现象	19	16.1
没有带头人	14	11.9
不外迁的居民出不起外迁居民的补偿金	13	11.0
政府不支持	9	7.6
大家都不愿意外迁	8	6.8
没有成功先例	3	2.5
改造见不到效果	3	2.5
其他	32	27.1

（3）政策不明确的困扰

除在什刹海地区烟袋斜街的调研外，我们于 2004 年在白米斜街也进行了居民生活状况和对于旧城改造的问卷调查和个案访谈。发现的一个问题是，不少居民对于政府在改造上不能给出一个明确的信息心存抱怨。从各方面传出的消息表明，该地区的改造问题一直是一个热点话题，也有不少学者在这个地区进行过研究，但并没有给居民一个明确的信息：什么时候改造？以什么方式改造？这种不确定性给居民的生活带来很大的困扰，使他们无法对下一步的生活作出明确的安排。比如说，有些居民对于当年要不要买煤心存疑虑，一些居民则担心政府进行拆迁改造，不敢对房屋进行修缮，只能看着房子一年比一年破。一位曾经在居委会工作过很长时间的干部说出了很多人的心声："旧城改造时间拖得越长，改造的难度越大。"

三、旧城改造中的相关利益主体分析

尽管从新中国成立开始，北京市旧城改造就从未停止。然而，从20世纪90年代开始，房地产开发这一市场力量又出现在城市改造与更新运动中。与此同时，中国社会也进入结构转型时期。

在这一特殊的社会背景下，旧城改造就成为了一个复杂的系统工程，其中涉及政府、开发商和居民三方面的利益主体。旧城改造对于三者的不同意义表现为：对政府而言，是提高城市形象与政绩的体现；对开发商而言，是进行投资（投机）获益的机会；对大多数旧城区居民而言，旧城改造可能是在他们成为社会转型中单位制衰落的牺牲品之后，唯一的改善生活条件的机遇。

前文中已经指出，旧城改造的最大难题在于资金问题。首先，目前的改造中货币补偿代替了原先以房屋安置为主要办法的补偿形式，而对于目前居住在北京旧城地区、身处"黄金地段"、经济条件却很差的居民来说，只有给予充分的补偿金才有可能实施外迁的计划，而这无疑需要大量的改造资金。其次，修缮旧房屋本身就需要大量的资金，特别是基于保护老北京传统文化意义上的修复，无论在技术、材料和工艺等方面都有特殊的要求，这都需要充足的资金作为保障。

对于庞大的资金需求，政府自身力量毕竟有限，因此更多的需要借助房地产开发商的力量。然而对于后者，参与旧城改造项目的目的则是获利，这是由市场经济自身规律所决定的——资本就是为了创造更大的价值。目前部分舆论常常认为，商业房地产开发介入旧城改造只会使居民利益受到损害。实际上，开发商追求利润本身是无可厚非的，问题的关键在于政府如何在开发商与居民之间充当好"裁判"的角色，即政府必须在引入市场力量的同时，解决社会公正的问题。从国外很多成功的案例中可以看到，房地产开发可以为旧城改造提供充分的资金保证，只要正确引导、加强监督，完全有可能实现改造与保护的兼顾，即政府完成对旧城风貌的改造，居民在旧城改造后生活质量提高，同时开发商获利的"三赢"结果。

然而，引入房地产开发模式进行旧城改造也是一把"双刃剑"，虽然可能实现"三赢"，但如果在处理上稍有不慎，就会引起很多社会矛盾。北京旧城居民，其自身的社会特征（如前文报告中所述）使其在旧城改造的三方利益主体中处于弱势地位，换言之，在强大的利益驱动下，如果政府不能很好地引导开发商在获利的同时，解决好旧城居民的补偿与安置问题，那么居民的利益就无法得到保证，从而引起居民与开发商，甚至政府之间的尖锐对立。例如，美国20世纪60年代的大规模城市改造计划就是因为在借助房地产开发力量的同时，没有处理好居民安置的问题，因此引发了尖锐的社会对立。新马克思主义城市学派将其称为"城市增长联盟"（growth coalition），即城市利益团体（资本拥有者、地方政治掌握者、专业规划者）为发展而结盟，将城市打造为"增长机器"（growth machine），共同创造并瓜分城市的附加价值。

旧城改造问题绝非仅仅是空间规划与改造的过程，实际上反映出我国转型期社会在政治、经济和社会结构方面存在的深刻矛盾。对于政府而言，如果仅仅把旧城改造作为政府工作业绩，盲目引进房地产开发力量，而忽视了对居民利益的保障，那么势必会重蹈西方社会失败的惨痛经历。

旧城改造中政府与开发商固然起到决定性的作用，但也不应忽视居民自身的力量。在此次调查中发现，部分居民（特别是私房主），无论在经济条件还是自我改造意愿上都具有一定的能动性。目前，制约居民自我改造的因素主要有两点：一是居民对改造缺乏明确和稳定的预期，由于不知道改造将在何时、以何种形式进行以及改造后的去留（外迁还是回迁）问题，因而不敢自己动手改造；二是居民之间缺乏有效组织。居委会虽然名义上是居民自治的组织，但往往不能代表居民的真实利益。同时，旧城地区的房屋状况千差万别，甚至不同的院落、不同的房屋面临改造的问题都不一样。在这种情况下，如何让居民自己组织起来进行院落改造就变得非常困难。

尽管如此，国外的成功经验表明，居民自我改造不但可以在组织、资金等方面为政府节省大量的资源，更重要的是可以在改造过程中使当地居民更加团结，从而复兴本已衰落的旧城地区，使城市文化得以加强和延续。居民自我组织改造虽然在当前的旧城改造中困难重重，但同样也为转型期社会整合提供了新的机遇，值得更进一步地研究和探索。

四、旧城保护与改造的基本原则和建议

面对巨大的商业开发改造压力，面对旧城居民改善居住条件的迫切呼声，如

何处理好旧城改造与历史文化保护之间的关系，使北京旧城地区在传统与现代的历史脉络中可持续地发展？解决这一问题不仅需要在规划层面对旧城保护的理念、方法进行反思，更要在保护与改造的过程中坚持社会公平与社会正义，从而保护旧城居民的切身利益。

（一）旧城保护的规划原则

1. 整体性、成片保护旧城历史文脉

旧城地区历史文脉的价值不仅存在于个别的著名历史建筑中，更多的是蕴涵在其相互联系的整体氛围中。紫禁城如果离开了周围传统民居的映衬，也便失去了其作为皇城的光彩。在以往的旧城改造中，不乏这样的例子：零星地保留了个别建筑，拆除了周边的房屋，最后这些保留的建筑也日趋衰败。这正说明了整体性保护的重要性。饱含历史文化的积淀，旧城地区本应是最富有城市活力的地方，而旧城保护的对象也正是这种孕育在整体环境中的文化氛围与城市活力。简单地保存个别历史建筑的方法只能是舍本逐末，将会得不偿失。

2. 小规模、渐进式、多样化的更新改造模式

这里所说的小规模，就是以房屋或院落为基本单位的更新改造，而不是大面积的拆迁改造，这样的方式适合于该地区的不同院落和家庭。所谓渐进式，就是说采取分步骤、分阶段的和温和的方式，而不采取急功近利的改造方式。以往的旧城改造的教训就是，大规模的、紧急的改造往往忽视了各种复杂的情况，结果既不能保护历史文化，也不能满足居民意愿。本文提出的核心思路是：政府出政策，居民自己选择，逐步改造。这样有三个好处：第一，居民可以透露出自己的真实情况，以便政府区别对待。第二，由于不是强制改造，可以缓和居民与保护和改造的冲突。第三，逐步改造，不要求一次性解决所有问题，可以逐步化解矛盾。所谓"标准多样化"就是根据旧城居住院落与房屋的实际情况而采取对策，并不采取"统一的模式"，这种"统一的模式"是其他地方的旧城保护与改造激化了居民与政府矛盾的一个重要原因。

在"小规模、渐进式、多样化模式"的原则下，对于居民居住状况改善的主要体现，我们认为可以概括为四个层次：第一，维护房屋；第二，拆除搭建；第三，卫生设施入户；第四，住宅成套。这里解释一下这几个层次的基本含义。第一，维护房屋，指在保持实际人均建筑面积不变的前提下，改善现有生活设施与房屋状况，包括：解决用电容量、污水排放、屋顶漏雨、结构损坏等问题，适当粉刷与修饰房屋，在维持现有空间与居住格局的基础上进行的改善，不外迁居民，除非必要，一般不拆除现有房屋。第二，拆除搭建，拆除破坏了院落结构的违章搭建房屋，改善整体居住环境，包括：在房屋维护的基础上，拆除院落违章搭建，进行院落的铺装与绿化，可配合以提租、产权改革等措施。由于拆除了搭建，为了保持实际人均居住面积不变，需要适当外迁居民。第三，卫生设施入户，是指在房屋维护、拆除搭建、改善整体居住环境的基础上，完善基础设施，做到卫生间入户，人均建筑面积适当扩大，这也要解决一定的外迁人口问题。第四，住宅成套，是指按照建设部的《住宅建筑设计规范》①要求，按套型设计，每套住宅的分户界线应明确，必须独门独户，每套住宅至少应包含卧室、起居室（厅）、厨房和卫生间等基本空间，要求将这些功能空间设计于户门之内，不得合用，且符合一定面积标准。

（二）旧城改造与保护中的社会公正原则

旧城改造与保护中的社会公正性主要体现在旧城居民的知情权、参与权以及对处于社会弱势群体的利益保护方面。要实现这一目标，离不开广泛的居民参与，只有充分尊重居民意愿，拓展居民参与途径，才能在改造的过程中减少社会矛盾，使居民通过改造切实受益。

1. 充分调研，广集民意，深层沟通，多元参与

应该通过全面调研，充分了解居民意愿。在形成政策框架和规划设计的基础上，通过和居民座谈等交流形式，消除误解，并配合人口疏散、投资激励、多标准的改造等具体政策，尽量减少由于外迁引起的居民矛盾。

居民的意见和意愿是比较多元化的，意见很难统一。这就要求政府根据不同情况采取多元对策。比如，在居民外迁问题上，居民要求的条件又很不一致，这就要求政府根据居民的意愿提供多种可供选择的条件。比如，政府可以通过货币补偿、出售经济适用房和低价"二手房"（旧房）、公房调换、廉租等多样的外迁补偿方式，满足居民的不同要求，以减少疏散人口的难度。

再比如，对于更新改造形式，政府在明确提出该地区不进行大规模改造的前提下，可以提出几种选择给居民。本文建议提出四种选择：第一，愿意外迁的可以领取每平方米一定数额的补偿（当然，这需要测算）；第二，愿意参加政府统一改造的，需要区分原面积和新增加面积的改造费用，给予不同的补偿；第三，对于愿意进行居民集资"自主改造"的，政府可给予适当补贴，居民自己报规划批准；第四，对于不参与改造的，其房屋现状应当符合保护规划制定的标准。以上各项需要进行一些经济方面的测算，确定价格和标准。政策公布之后，居民可以到政府部门登记自己的意愿。根据最后的统计，政府对院落居住进行调整，将不愿意改造的居民集中，腾空其余若干个院子，再进行统一的改造。这样，最

---

① 该《住宅建筑设计规范》是由中华人民共和国建设部批准，自1999年6月1日起施行。

开始可能改造一小批,但是经过示范,部分居民可能由观望、等待到最后参与改造,最终形成"滚动式改造"。

此外,还可以采用专项政府补贴促进居民自我改善的积极性。从国外的经验看,专项的政府补贴是促进居民自我改善的重要措施。以日本为例,居民主动将其房屋作为"文化财"向政府申报,其动力之一在于一旦得到政府批准,可以获得相当数量的住宅维修补贴。因此,可以考虑凡是按照规划进行改造的居民,均可以获得政府一定数额的补贴。不参与改造的,就得不到补贴。

另外还可以采用低息长期的政策性小额贷款扩大居民的投资规模。由于该地区居民的低收入状况是普遍的,除了少部分极其困难的家庭之外,相当数量的家庭有相对稳定的低水平的收入,虽有改造意愿,但无力承担一次性的改造费用。低息长期的政策性小额贷款就可以增强居民改造的力度和扩大投资规模。

2. 保护居民的正当居住权,提倡社会混居

旧城改造后,房屋价格的大幅上涨往往使原住居民被迫外迁到城市的其他地区,特别是那些生活困难的居民,只能搬迁到城市郊区的地方生活。这种长距离的外迁造成了居民居住地与工作场所的分离,割裂了旧城居民长期形成的社会交往,从而使生活质量大幅下降。而另一方面,原有的旧城地区在改造后却成为富人生活的专有区域,这也造成了城市居民在空间上的社会隔离,加大了贫富阶层之间的对立关系。

事实上,不同阶层居民混居是历史上北京城特有的居住形式,是老北京"市井文化"的充分体现,同时也是现代城市发展所提倡的理想模式。社会阶层之间的混居可以在不同阶层之间形成彼此依靠的共生关系,同时也有助于不同阶层之间相互了解,加深理解,有助于消除矛盾,促进社区发展。

因此,应当保护原有旧城居民的正当居住权益,在旧城改造中避免让老居民全部外迁。对于那些世代居住于此的老北京居民,应当在充分尊重其意愿的基础上予以保留,因为人是社会文化的主体,而这些居民正是老北京胡同文化的真正代表。社会阶层混居的好处就在于:外来富有阶层的进入会给社区带来一定的经济繁荣,而老北京居民的保留则有助于保持原有社区的活力,不同阶层的良性互动有助于创造和谐的、理想的居住生活环境。

第四章

城市新型小区管理问题研究

社会学理论认为，社会是一个由各个部分组成的有机整体，各部分之间需要一种协调、平衡的关系，这样社会才能够良性运行与和谐发展。如果社会的某一个部分发展迅速而其他方面无法与之同步，社会发展出现不协调，就会引发诸多的社会问题。在我国当前城市化快速发展阶段，能否实现社会各部分协调发展，就成为社会能否和谐运行的关键。社区是城市基本的管理单位和城市运行的主体，在这一微观层面实现协调、良性的管理和运行，对于城市内部自身的协调和整个社会的协调发展起着重要的保障作用。

20世纪90年代以来，随着我国城市化的加快，传统单位大院等形式的社区逐渐无法满足众多的居住需求，社区类型逐渐多元化，新型小区成为其中比较重要的一种形式。自1998年城市住房制度改革以来，新型小区数量迅速增加，逐渐成为城市居民住宅类型的主体，"新型小区"成为城市生活中的关键词，它容纳的人口多，在城市化中发挥着重要的作用。同时，社区并不单纯是居住单位，在很大程度上还承载着社区管理、社区服务的功能，从整个城市发展和管理的角度，它是基层社区管理的一个载体。能否协调有序地管理和运行，关系到我国基层社会的稳固，其管理体制也是基层管理体制的重要组成部分。

新型小区主要承担着两种功能：基本的居住功能和提供各类服务和保障的功能，后者是在单位制逐渐解体后慢慢浮出水面的。虽然新型小区能提供更丰富的服务和保障，但其较强的商品化和市场交换的特征也使得开发商、物业服务公司与业主之间，出现商品提供者与承受人，因价格、质量问题而产生的诸多矛盾。在全国范围内，新型小区中出现了诸多问题，尤其是作为物业所有人的业主，在利益诉求得不到满足时，往往会出现面对面的冲突和纠纷。

细观城市化中的新型小区，实际上，社区权利和资源的分配规则发生了变化：业主集体利益诉求彰显，表现出市民社会的"局部特征"；既得利益方在市场化浪潮中强势维护自身利益；"第三部门"要求更多的参与和权利分配的机会；市场化的组织和管理机构也极力进入社区服务，获得利益，而政府机构虽然已弱化对社区的影响，但仍然发挥着重要的作用。在新型小区中，不同的利益主体展开博弈的同时，不可避免会出现各种问题矛盾，形式上体现为社区管理中的问题。鉴于此，对新型小区的构成和管理机制进行梳理、研究，并提出对策，对充实、完善我国的基层管理机制，化解新型城市基层矛盾和冲突都将起到至关重要的作用。

采用定量与定性分析相结合的研究方法，我们于2005年5~8月对北京市崇文区某街道进行调查和访谈，收到相关有效问卷420份。调研对象为该街道7个社区的业主和居民，问卷中涉及了新型小区中存在的问题以及社区各类组织和利益主体在社区管理中的作用等方面的问题，也获得了文中的访谈资料。所用的统计软件为SPSS11.0，文中的数据资料来源于此。另外，采用文献研究方法，对国内外相关研究进行了考察。

一、新型小区与城市社会变迁

（一）社会结构与基层社区管理体制

随着我国城市化的快速发展，基层社区管理体制也经历了重要变迁，其重要的一个特征就是传统单位制在某些领域和范围内逐渐解体，原有单位承担的众多社会事务慢慢由社区承担起来，越来越多的商品房小区成为社区管理的新的单元。纵观改革开放这几十年，可以看到新型小区的发展壮大与我国社会改革和快速城市化的进程是基本同步的。

1. 新型小区发展与城市社会结构变迁同步

城市化带来了城市社会结构的变化，住房制度的市场化改革是城市化的重要体现，也是城市社会结构变化的结果和具体体现。首先居住区的区位、建筑、产权价值越来越成为重要的经济标准，成为社会分层和分化的重要指标。根据雷克斯等人的观点，住宅等级同其他判定社会阶层的标准一样，逐渐成为划分社会阶层的重要指标。[①]"住房阶级"的形成和分化具体体现在住房的产权性质、数量、

---

① Rex, J. and Moore, R. Race, Community and Conflict. Oxford University Press. 1967.

质量等指标上。住房商品化带来两个结果：产权因素和住房自有价值，二者都是社会分层的重要体现。新的《中华人民共和国物权法》更是将这种变化以法律的形式固定下来，成为社会结构变迁的空间表征。其次，社会认同和群体意识历来是考察社会结构变迁的重要标准，它们的变迁是社会结构内在变迁的体现。新型小区中高密度的居住模式有卡斯泰尔（Manuel Castells）所说的"集体消费"的特征，随着部分社区原来单位制的解体，社区居委会又分身乏术，因此，也是一个社区社会如何通过"自组织"方式实现自我管理的问题。在众多的新型小区中表现为分散的业主如何通过成立业主委员会在彼此间达成一致，并授权其与物业公司进行谈判和合作。可以看出，目前的业主维权运动和业主的日常自我管理已经表现出"市民社会"的某些局部特征，也成为社会结构发生变化的重要标志之一。

2. 新型小区发展是基层社区管理体制变迁的重要依托

城市基层社区管理体制一般是指基层社区管理的组织体系和管理机制，包括组织结构、职能定位、管理方式等，既指政府对基层社区组织的管理制度架构，也指居民参与社区事务、基层社区组织具体实施社区管理和提供社区服务的组织制度与运行机制。[1] 单位制是我国很长一段时间的城市管理体制，单位制对社区的影响表现在两个方面：一是"社区单位化"的过程；二是单位也处在一个"社区化"的过程中，单位既与社区在城市地理空间上相互重叠，又在功能上替代了社区职能，即"单位办社会"。改革开放以来，个人相对独立于单位的趋势强化，单位的覆盖面和功能逐渐减少，越来越多为社区的功能所代替。单位社会逐渐萎缩，并逐渐解体。伴随单位制的衰落，城市社区组织的作用开始显现出来，并重新获得活力。"单位办社会"的模式已经遭到全部否定，单位在生活服务、社会活动等方面的职能开始向社区移交。随着住房制度的改革及社会保障体系社会化的深化，更是从根本上使单位的职能受到削弱，并扩充了社区组织的功能。[2] 新型小区成为承接原有单位职能，并给新兴社区组织提供依托的地域单元、制度单元和服务单元，其出现和发展壮大是城市发展和社会改革的必然。

（二）新型小区发展的基本状况

1. 概念和社区利益主体的界定

（1）何谓新型小区

夏建中认为，城市住宅体制的变革产生了住宅所有者群体，新型小区就是指

---

[1][2] 详见第二章。

纯商品房小区。① 具体来讲，我们用新型物业小区来指称在相对封闭的地域范围内实施物业管理的新建小区，其产权属性是商品房（或经济适用房）。小区内按照国务院2007年发布的《物业管理条例》成立业主大会和业主委员会作为决策机构和执行机构，选聘物业管理企业签订合同进行专业化的管理。其中，有一种周惠文称之为"高尚社区"的新型小区。他认为可以从业主年龄、私家车和电脑拥有量、收入、文化程度中进行判断甄别，这类社区业主往往事业繁忙、社会生活完全独立、对社区的依赖程度低。②

正如我们在第二章中所表述的，新型物业小区的基本特点表现在两个方面，首先是社区成员的身份特征。从过去住房分配制度下的"承租人"转变为现在拥有房屋产权的"业主"；权利意识增强，从财产所有权逐渐扩展到社区公共事务的参与。其次是社区组织的特征。兴起了两种重要的社会组织，即业主委员会和物业服务企业。物业服务企业为业主提供房屋和公共设施上的综合管理，并针对居民多样化的需求扩展自己的服务，甚至取代社区居委会的部分职能。从社会学角度来看，一个社区的形成要具备两个要素：一是由互动和地域性带来的归属感，即共同的情感；二是相同的利益诉求。无疑，新型小区理应是社区的一种，这也成为小区居民共同行动的基础，也是其参与小区公共事务、维护共同利益的动力来源。

（2）社区利益主体界定

一般来讲，新型小区利益主体包括物业服务企业、业主委员会、社区居委会和其他社区组织等。其中，根据《物业管理条例》③ 总则第二条，"本条例所称物业管理，是指业主通过选聘物业管理企业，由业主和物业管理企业按照物业服务合同约定，对房屋及配套的设施设备和相关场地进行维修、养护、管理，维护相关区域内的环境卫生和秩序的活动。"目前开展的物业管理，多属于狭义的物业管理。物业服务企业④则是从事此项活动的企业法人。

根据1994年《中华人民共和国建设部第33号令》规定，业主委员会又称作物业管理委员会，"在房地产行政主管部门指导下，由住宅小区内房地产产权人和使用人选举的代表组成，代表和维护住宅小区内房地产产权人和使用人的合法权益。"2003年的《物业管理条例》取消了物业管理委员会的称呼，规定："业主委员会是业主大会的执行机构，履行下列职责：（一）召集业主大会会议，

---

① 夏建中. 北京城市新型社区自治组织研究——简析北京市CY业主委员会 [J]. 北京社会科学，2003（2）：88.
② 周惠文. 网络：城市社区管理的新型公共空间——以杭州德加社区为例 [J]. 社会，2004（6）：43.
③ 即2003年9月1日实施的《物业管理条例》。
④ 2007年10月1日起实施的《国务院关于修改〈物业管理条例〉的决定》中，已根据《物权法》的规定，将2003年《物业管理条例》中的物业管理企业更名为物业服务企业。

报告物业管理的实施情况；（二）代表业主与业主大会选聘的物业管理企业签订物业服务合同；（三）及时了解业主、物业使用人的意见和建议，监督和协助物业管理企业履行物业服务合同；（四）监督业主公约的实施；（五）业主大会赋予的其他职责。"

根据《中华人民共和国城市居民委员会组织法》[①] 的规定，"居民委员会是居民自我管理、自我教育、自我服务的基层群众性自治组织。"新产生的社区居委会是城市居民居住地区设立的基层群众性自治组织，是社区居民会议的办事机构，向社区居民会议负责，每年向社区居民会议报告工作，并接受其监督，今后政府将无权委派、撤换社区居委会成员。与以往的居委会相比，社区居委会在标准、规模、权利及与政府的关系上均有明显不同，更强调地域性、认同性、利益性等社区构成要素，构成一个生活共同体，便于社区自治。调整后的户数一般在 2 000 户左右。

从工作职能的划分来看，社区居委会内必须设置民调治保、社会福利、卫生环境、计划生育、文化教育等工作委员会，并由社区居委会成员兼任主任。各内设委员会成员则由社区提名，提交居民会议（或居民代表会议）审议通过。社区居委会应向居民公布各委员会的设置、组成人员和工作职责，并悬挂在办公场所的醒目位置。从工作机制来看，社区居委会要实行"议行分设"运行工作机制，所谓"议行分设"，是指社区的各工作委员会为议事机构，其成员不脱离生产，不直接管理、从事社区的日常工作事务。而社区的日常工作事务由社区居委会聘用的专职人员具体负责，并向社区居委会负责，受社区居委会管理。[②]

社区居委会（之前称为居民委员会）作为居民自治组织，有六项任务：一是宣传宪法、法律、法规和国家的政策，维护居民的合法权益，教育居民履行依法应尽的义务，爱护公共财产，开展多种形式的社会主义精神文明建设活动；二是办理居住地区居民的公共事务和公益事业；三是解决民间纠纷；四是协助维护社会治安；五是协助人民政府或者它的派出机关做好与居民利益有关的公共卫生、计划生育、优抚救济、青少年教育等项工作；六是向人民政府或者它的派出机关反映居民的意见、要求和提出建议。

其他社区组织主要是指社区内除以上几类组织之外的为社区居民提供各类服务和保障的其他营利、非营利组织，包括社区内企事业单位、机关团体、部队、中介组织和居民群众等。

2. 新型小区发展的基本状况

我国新型小区在发展过程中，相关利益主体发育比较不平衡，主要表现在：

---

① 1990 年 1 月 1 日起实施，以下简称《居委会组织法》。
② http://www.southcn.com/news/gdnews/nanyuedadi/200207011356.htm.

一是新型小区数量多。北京师范大学经济与资源管理学院在2003年完成的《中国市场经济发展报告》中表明，个人购买商品住宅所占的比重明显增加。1992年房屋住宅销售中个人购买商品住宅占38.2%，2001年达到91.5%，成为我国城市社区占主导地位的住房形式。

二是物业服务企业数量多。物业服务企业随着住房商品化也逐渐成为新型小区社区管理的主体，据不完全统计，北京市现有物业服务企业的小区约为3 000多个。按法律规定，每个小区都有物业服务企业，其中由前期开发商指定的物业服务企业，占到90%以上。

三是业主委员会发展缓慢。从国外经验来看，新型小区的管理很大部分职能是由业主委员会承担的，我国虽然住宅商品化启动比较晚，但成立业主委员会、发挥业主委员会在社区管理中的作用也是大势所趋。加之业主产权意识的增强，越来越重视由此带来的自身利益关系，参与社区管理的意识和意愿也越来越强。但就目前情况来看，北京市现有物业公司的3 000多个小区，成立业主委员会的仅有500多个。截至2005年底，在北京市建委备案的仅有369个。

二、新型小区管理存在的主要问题及原因分析

（一）社区管理中存在的问题

新型小区管理机制中存在的问题比较复杂，但通过调研发现，归根结底还是社区内几个管理和参与主体之间的关系没有理顺。各方在社区管理和社区参与的过程中，出现了各类摩擦和矛盾，从几个主要利益主体之间关系的角度入手分析，存在四个方面的主要问题。

1. 业主与物业服务企业之间的法律纠纷频发

（1）物业服务企业违规经营或服务有待完善。

通过调研和对以往研究的归纳，这类问题又包括两个层面。一是操作管理上，包括违规提高物业费价格，有的开发商卖房时承诺了很低的物业管理费，购房者入住后发现物业费涨了；未按照规定使用公共设施维修基金，比如不能及时公布基金的使用情况；违规侵占业主公共部分财产，获取收益；服务专业性差、水平低，公共设施维护工作不到位等。二是主观层面上，包括服务态度和职业道德。

在对崇文区调研的七个社区中，当问到被访者"不缴纳物业费的原因时"，选择"对物业服务企业的有些服务和做法不满"的人数达到61.2%。另外一道多项选择题中，七个社区都存在"公共设施维护不到位"，74.4%的被访业主选择了此项。根据图4-1，可以把物业服务企业的做法中最令业主不能忍受的归结为"物

业费收取不合理"、"物业账目不公开"和"公共设施维护差"三个方面。物业服务企业的违规经营和服务不够完善直接影响了业主正常的工作和生活秩序，成为业主不履行合同规定的理由，由此会进一步激化双方的矛盾，不利于问题的解决。

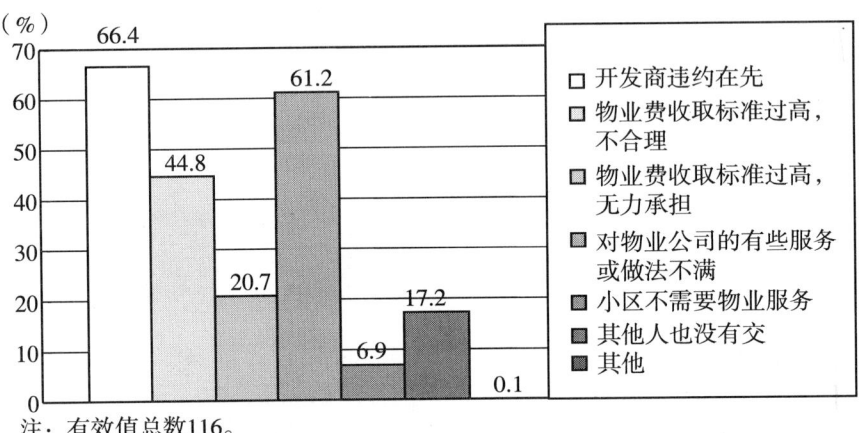

图4-1 不缴纳物业费原因分析

（2）业主不按照合同规定履行业主义务。

部分业主存在不履行合同规定的现象，包括合同中对业主的日常行为的约束以及需要业主承担的责任等，最直接的表现就是不缴纳物业费（见图4-2），甚至采取极端的做法直接干扰小区的秩序甚至社会稳定。

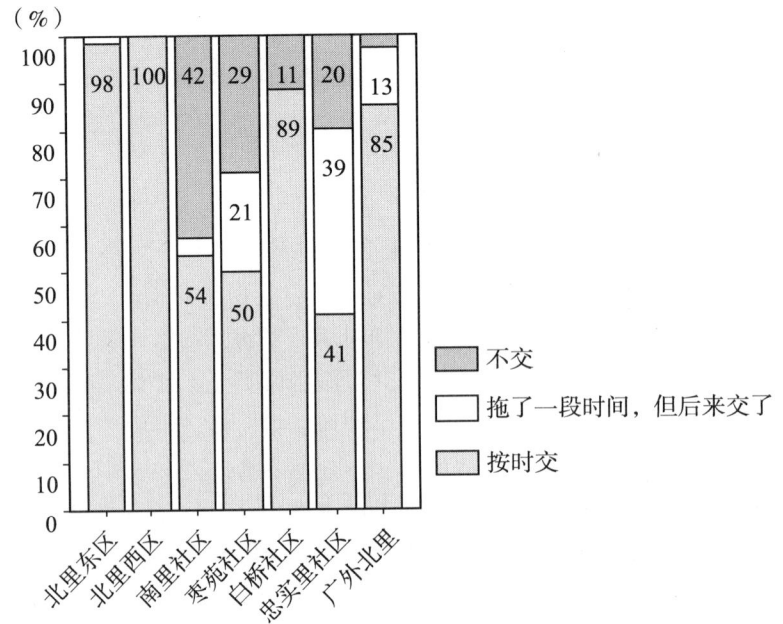

图4-2 各社区物业费缴纳情况

实际上，如果物业服务企业不能提供优质服务，很多社区的业主就会采用这种最直接的反抗方式，以此来表达不满情绪。按照《物业管理条例》以及购房合同的相关规定，业主有缴纳物业费的义务，合同中也规定了物业费用的标准，因各种原因拒交物业费的行为很可能导致业主与物业服务企业的矛盾冲突，影响小区的正常管理。

（3）开发商改变小区规划或虚报住房面积等。

很多小区的初始物业服务企业是由开发商指定的，所以将其归为此类。通过前期的调研和访谈，我们发现，有些开发商没有认真履行与业主的合同关系。一方面，开发商不能履行合同条款，比如承诺的各种配套设施不到位、改变小区规划、公摊面积计算不合理等；另一方面，无法满足已经入住的社区居民的各种要求，如有的小区居民要求绿化应该更多考虑植树而非植草，开发商则更多考虑成本问题，业主要求成立业主委员会，开发商则另有考虑，不予支持等。其中很多开发商的问题是钻了政策的空子，业主难以在法律上寻求支持。

调研中发现，"房屋的质量"和"公摊面积计算不合理"两个问题在各个社区普遍存在，分别有71.4%和68.2%的被访业主选择了此项。同时，经过统计分析发现，"改变原来小区规划"、"房屋面积缩水"两项是比较有代表性的，也是居民比较关注的问题。

例如：某小区居民说：

"我们买房时开发商承诺小区里小学校、会馆、托儿所、加油站等配套设施一应俱全，绿地达3.5万平方米，而事实是会馆、托儿所、加油站根本就没有，绿地只有5 000多平方米，只是规划的一个零头。这谁能接受？只有一个小学还在，但小区里有一部分孩子却不能上。现在的小区可说是面目全非。开发商比规划多建了三栋楼，而建楼的这些地方正是我们的托儿所、会馆、加油站的规划地址。这些我们能不气愤吗？这对我们不是欺骗行为吗？最可恨的是为了多盖楼，多赚钱，开发商竟破坏了两棵受保护的古树，虽然已被罚36万余元，但这两棵几百年的古树是钱可以买到的吗？"

开发商和物业服务企业的违规行为，往往给业主们带来直接的利益损失，而业主拒缴物业费等抵制行为也会损害物业服务企业的利益。在基层社区中，两个法律上的主体不断的矛盾和摩擦也将会影响到社会治安和稳定。同时，如果大量的矛盾纠纷得不到协调，又不得不引入司法程序，对簿公堂，影响恶劣，也带来人力、物力、财力的耗损和社会公信力的下降。

2. 社区居委会与物业服务企业责权利不清晰

（1）社区居委会与物业服务企业部分管理或者服务的内容有重叠，部分管理或服务空白。

从《居委会组织法》和《物业管理条例》中我们可以看到，法律法规对居委会的服务内容目前并不十分明确，比如，按法律规定，社区居委会要负责社区中的社区治安、社区服务等管理和协调工作。同时，物业服务企业要承担的服务内容，除了小区公共设施设备等物业的管理外，也包括了诸如绿化、保安、卫生等其他一些工作和服务，以及其他额外收费服务，与社区居委会的工作交叉和重叠。只有社区居委会与各物业服务企业的及时协调和沟通，才能较好地解决这一问题。与此同时，当业主面临需要解决法律规定中的模糊"地段"的问题时，可能会出现无法落实负责人和推诿扯皮的情况，损害了业主的利益。

比如，调研中发现，目前比较普遍的小区宠物影响居住环境的问题，就处在某种程度的真空地带，难以解决。在没有损害物业的前提下，物业服务企业无法对其进行管理；而社区居委会也没有其他有效的手段，加之小区组建业主委员会的比率较低，虽然目前业主反映较为强烈（调研统计结果表明，在有效的575个访谈资料中，大约有超过两成的居民提到了宠物管理的问题），但仍找不到有效的解决途径。

（2）社区居委会与物业服务企业由责任分工引发的矛盾。

在社区居委会日常工作中，很大一部分是完成街道安排的各项工作任务，往往是"上面千条线，下面一根针"。同时，按照《物业管理条例》的规定，"物业服务企业要接受有关部门、街道、社区居委会的检查、监督、指导。"这样一来，有的社区居委会就会将面向居民的烦琐事务，如行政性收费等，摊派到物业服务企业头上，要求其予以配合。但物业服务企业的工作内容并不包含上述项目，因此容易引起两个管理和服务主体的矛盾。

3. 业主自我管理内部的矛盾和纠纷

主要表现为业主与业主委员会、前业主委员会和新业主委员会之间的矛盾和纠纷。一方面，有的业主委员会不作为，对物业服务企业的损害业主利益的行为听之任之，或者没有按照业主大会制定的制度办事，比如，对小区内大的基础设施维修、审批等事务不管不问，直接损害了业主的利益；另一方面，业主委员会成员不能秉公办事，在代表业主的利益与物业服务企业的博弈中过分强调自身的利益，提出减免物业费等不合理要求，甚至挪用维修基金等。另外，前任业主委员会如果因出现问题而重新进行组建，在有的小区中可能会出现新旧业主委员会各执一词、互不退让，造成矛盾冲突。

4. 其他非营利组织发育不良，无法满足居民需要

随着社会主义市场经济的发展和行政管理体制改革的深化，住房、医疗、养老、就业等诸项制度改革逐步深入，对于政府部门下移的社会性事务和管理职能以及企业所分离出来的部分社会职能，需要社会上相应的机构来承担，城市基层社区直接面向广大居民,具有承担此项任务的地理位置优势。但目前,城市社区的功能主要体现在社会福利和便民服务方面,其他功能不健全;社区并没有在服务管理、居住环境、文化娱乐、社会治安等方面发挥全方位的功能和作用,无法满足居民不同层次、不同类型的全方位需求,很多业主将不满转嫁到社区居委会和物业服务企业身上。

从调研中发现,居民对这方面要求还是比较急切的:

甲:"一是建立定期的老年人活动日、活动站,增强老年人之间的联系;二是建立养老院;三是增设老年食堂;四是建立老年理发室。"

乙:"本人赞同社区开办一些有利于小区业主生活的经营活动或经营性质的服务活动。"

丙:"希望尽快在社区内建养老院。"

丁:"一是协调解决失业人员社区就业;二是出租房太多,应加强管理;三是社区活动少,没有活动场所。"

戊:"希望小区管理更人性化,增强各方与小区内其他机构组织间的相互沟通,增进相互间的理解和尊重,共建和谐社区。"

(二)问题探因

上述问题出现的原因大多可以归结为,在社会转型时期的背景中,社会在各个领域、各个层面推陈出新时,往往会导致种种摩擦和不适应,具体到基层社区中,也出现了上面所说的问题,归纳起来主要有以下几个方面的原因。

1. 业主社区参与的程度低

社区的形成需要成员归属感和相关利益两个要素,这也是社区得以形成的基础。国外的研究和实践经验表明,社区参与程度的高低往往是一个社区能否良性运转的根本因素。在美国,城市社区实行高度的自治型管理,依靠社区自治组织来行使社区管理职能,"政府资金资助,社团组织唱主角",虽然国情不同,但从一个侧面说明,和谐运行的社区需要大家共同投身其中,积极参与。

我国社区建设刚刚起步,还处在探索阶段,加上长期以来政府主导的管理模式,要实现一定程度的转轨,强化居民社区参与,在制度和思维意识层面都需要一个缓冲期。就目前来看,在社区居委会、物业服务企业、业主委员会和广大业主构成的社区主体结构中,后两者在社区决策、社区自治和管理中发挥作用较小,甚至没有发挥作用。这表现在:业主对法律赋予的所有权人权利的漠视;业主委员会在社区自治和管理中行使权利的困境。在调研中发现,不知道业主委员会为何物、发挥何种作用,甚至不要求成立业主委员会的业主大有人在;有的小区,业主有较强的自我管理和服务意愿,希望业主委员会能承担更多的职责,行使更大的权利，对社区居委会存在的必要性表示怀疑，社区居委会难以发挥作用。这两个问题很容易使社区居委会在社区管理中感到尴尬，难以开展正常的工作。

实际上，不管是社区居委会还是物业服务企业，工作的对象都是居民，社区的主体是居民，只有真正调动起社区居民的积极性、主动性、创造性，才能在深层次上解决当前社区管理中存在的各类矛盾冲突，因此，一要调动社区居民的参与能动性；二要发挥社区组织的积极性（如业主委员会和其他组织）。

2. 制度设计不顺畅，难以满足社会需求

目前我国正从单位制向社区制转型，但现实情况是，国家权力没有完全从社区撤离，政府街道办、居委会等行政组织仍发挥着很大作用；国家在社区建设问题上，通过颁布各种法规，对社区的管理进行宏观制度干涉。但引入市场因素后，如何在市场和政府的共同作用下维护社区居民的利益、规范社区运行成为一个亟待解决的问题。

（1）社区居委会的法律地位、组织方式、职能定位、工作目标脱离社区发展现状和居民要求，甚至与利益诉求背道而驰。

首先，社区居委会主要承担的是政府职能，无暇顾及业主的真正利益需求，居委会的最终工作目标是要维护基层社区的稳定大局，在现阶段难以成为小区利益协调的中间人。其次，社区居委会的管理体制和组织方式决定了他们很难在社区自治和服务工作中有所作为，比如党委管理体制、候选人产生机制等社区居委会的组织方式，以及社区居委会由政府财务支持，这都决定了他们的工作目标、任务和定位与业主利益诉求难有关联。而作为新型小区的业主，与计划经济时期的居民是两种不同的群体，从社区居委会的角度讲，单纯进行行政性事务工作，很难满足现阶段小区内的各方利益诉求和管理、服务的要求。比如，当小区中出现矛盾和纠纷时，往往没有经过调解、协商、仲裁就进入法律程序或者引发暴力冲突，一方面，社区居委会难辞其咎；另一方面，社区缺少一个政府主导的化解矛盾的机制和机构。

（2）社区居委会与物业服务企业的属地管理责任不清晰。

按照法律规定，一个社区的居民户数在2 000户左右，必然分别属于不同的物业服务企业进行管理服务。不同企业，其管理模式、理念、水平等，参差不齐，社区居委会很难对不同小区内的物业服务企业实行统一的要求和监督指导。同时，小区住户人员构成差异大，很可能是一幢楼，甚至一个单元属于不同的工作单位，居民来自五湖四海，之间很难形成心理、利益上的认同感和归宿感，很难调动居民群众共同参与社区建设的积极性，这也成为居委会和物业机构共同面对的管理和服务中的盲点。

(3) 业主委员会"成立难"、"运行难"。

据官方统计，截至 2006 年年底，北京 3 077 个住宅小区中，只有约 11.7% 的小区选举产生了业主委员会，与往年相比增长较快，但比例仍较低，尤其是分期建设的小区。① 目前，很多小区仍然在业委会的筹建过程中，来自制度设计中的阻碍成为不得不正视的问题：法律上缺少组建业委会的细则，实践中要成立起来面临重重困境。即使成立了业主委员会，由于没有明确的法律定位，缺少奖励、监督等制约机制，也难以规范运作及真正行使权力。

(4) 缺少民间组织生长发育的土壤。

按照成功的社区发展经验，社区民间组织应当在社区建设和管理中发挥较大的作用。尤其在社会转型时期，社区内部引入竞争机制，对社区居委会的工作进行补充，更好地动员社会资源，力争充当居民和物业服务企业与社区居委会之间的协调人角色。

邓国胜认为，阻碍社区非营利组织（不含政府）成长的主要因素有：一是非营利组织登记制度阻碍了他们的公平竞争；二是所有登记单位都要找到一个县级以上的政府部门作为其主管部门，而政府的分割带来了非营利组织的分割；三是信息流动不畅，政府与非营利组织是一种人事任免和资金支持的关系，而非桥梁和中介关系；四是监督机制问题：非营利的财产属于公众所有，缺乏监督时，便会出现腐败问题。

3. 法律制度存在盲点

在市场化和社区发展进程中，作为物业管理和业主管理等新生事物，其相关政策也有待于进一步完善。

(1)《物业管理条例》与《居民委员会组织法》中关于业主委员会和社区居委会之间关系的定义比较模糊。

《居民委员会组织法》未涉及居委会与业委会的关系问题，规定居民委员会是社区的自治组织。然而，在《物业管理条例》中，十分清楚地阐述了二者的法律关系，即业主委员会应当积极配合居委会，支持其开展工作并接受其指导和监督，将居委会视为业委会的主管机关，但同时又规定业主委员会是群众自治组织。这样，法律规定和现实情况"对立统一"的尴尬就出现了，社区居委会与业主的代表们都有行事依据，但又无法统一，成为诸多问题难以解决的根源之一。尤其体现在业主委员会的权力问题上，有的社区经过较大波折成立业委会后，行使权力时仍然困难重重。

---

① 李锡铭. 北京市政协把脉小区物业纠纷 立法滞后为病根 [N]. 中华工商时报，2006 – 07 – 13. http://house.sohu.com/news/2006 – 07 – 13/221944.html.

(2)《物业管理条例》和《居民委员会组织法》中对物业服务企业和社区居委会工作职责的规定比较模糊。

社区居委会的主要任务包括：宣传宪法、法律、法规和国家的政策；维护居民的合法权益；教育居民履行依法应尽的义务；爱护公共财产；开展多种形式的社会主义精神文明建设活动；办理居住地区居民的公共事务和公益事业，等等。这些任务中涵盖的细节与物业服务企业的工作职能是有重叠的，如治安、环境和居民服务等方面。2002年，北京市委、市政府出台《关于将居住区物业管理纳入社区建设的意见》，将居住区物业管理纳入社区建设的工作已经在全市19个区县启动多年，但由于各种原因，至今两者的工作职责仍有待清晰，如果不能合理区分开，各司其职，会造成工作重叠和盲点并存的局面，产生冲突和扯皮的现象。

(3)社区居委会"一肩双职"、"两端负责"。

《居民委员会组织法》赋予居委会"召集和主持居民会议，向居民会议负责报告工作，执行居民会议的决定、决议，监督执行居民公约"，"开展利民便民的社区服务活动，办理本居民地区居民的公共事业和公益事业"，"调解民间纠纷，做好疏导工作，防止矛盾激化，促进居民家庭和邻里团结"等权利。但同时它也规定了"居民委员会对政府的工作予以协助"，如"协助维护社会治安"、"协助人民政府或者它的派出机关做好与居民的利益有关的公共卫生、婚姻登记、计划生育、优抚救济、青少年教育等项工作"、"协助公安部门管理户籍"、"协助劳动、人武等部门做好招工、就业、征兵"等工作。社区居委会既要承担社区居民自治责任，又要对街道办事处负责，调研中发现，这两种完全不同类型的工作是很难由同一个主体独自担当起来的。

(4)《物业管理条例》等法律法规的实施细则尚未出台。

新型小区中的各类问题在全国各地都较为普遍，虽然《物业管理条例》出台已多年，但从全国范围来看，其实施细则的制定没有及时跟进。另外，《物业管理条例》中许多条款的操作性较差，这就使其在适用的广度和深度上有较大的欠缺，难以直面现实中的诸多问题。

(5)业主委员会的相关规定的缺失。

作为业主利益的直接代表，业主委员会相关的法律规范较为欠缺，《物业管理条例》中对业主委员会的产生、责任、罢免、换届、监督和管理以及职责等都没有具体的规定和阐述，而且实施细则不完善，导致在业主委员会成立的具体操作过程中困难重重。尤其是有的区县小区办、街道办事处、社区居委会的工作人员往往对业主的权利认识不够清晰，主观地影响了业主委员会成立工作的开展。

4. 相关利益主体的文化上、心理上的不适应

主要体现在部分物业服务企业或者业主自身角色定位不当上。有的物业服务企业沿用计划经济中住房分配体制中的管理模式，认为业主是他们的管理对象，连服务都谈不上，更不用说服务态度和方式了。从调研结果来看，物业服务企业的服务质量往往成为业主和物业服务企业矛盾的焦点。实际上，业主作为物业的所有权人，是小区的主人和物业管理的主体，物业服务企业只是由所有权者聘请或者雇用的企业，小区的物业管理是否由物业服务企业承担，或者由哪家物业服务企业承担都是业主享有的选择权。

与此相对应的是，也有些业主会有另一种极端的思维方式，即物业服务企业是为我服务的，就要满足我的所有要求。在现实中，有的业主可能会因为鸡毛蒜皮的小事刁难物业服务企业，或者忽视了物业服务企业管理物业的经营属性，将其职能定位于"对社区内的一切不顺心的事情负责"，把交通管理、治安问题、福利制度等很多不属于其职能范围之内的事情强加到它身上，提出了一些超范围的要求，由此形成矛盾冲突就成为必然。

三、新型小区管理的对策分析

新型小区是城市管理的微观领域之一，也是各个管理和参与主体利益交织、结构交叉的基本单位。社会学认为，要保证社会良性运行和发展，就要协调、理顺各个部分之间的关系。在微观社区层面上，就是要处理好小区内各个管理和参与主体之间的关系，建立起协调机制和矛盾处理机制，并从法律上探讨进一步改善和规范当前各方关系的途径，用法律法规规范和约束各个管理者、参与者的行动，做到有法可依、有法必依。具体来讲，主要包括：

（一）理顺小区内几个利益主体的关系

按照相关法律规定，要理顺业主、业主委员会与物业服务企业之间的关系，业主、业主大会和业主委员会的关系，以及业主、业主委员会和居委会的关系。值得注意的是，物业服务企业的服务内容取决于业主的委托合同，其活动接受小区业主及业主委员会监督；业主大会决定小区内的重大事项，委托和安排业主委员会的活动，监督业主委员会的日常运行，两者的活动范围局限于物权覆盖的区域；社区居委会是整个社区的自治组织，业主大会和业主委员会的重大事项必须向居委会报告，并接受其监督和指导。

1. 发挥业主委员会的作用

在当前社区居委会服务工作难以开展、物业服务企业经营规范有待提高的情况下，业主按照法律的规定成立业主委员会，维护自身利益，成为越来越多的新型小区的选择。这其中包括两部分：一是按规定成立业主委员会；二是已经成立业委会的小区如何真正发挥业委会的作用，保障广大业主的利益。

在成立业委会问题上，以东花市为例，目前成立业主委员会的小区比例很低，但居民成立业主委员会的要求是比较迫切的。如图4-3所示，在未成立业主委员会的小区中，有78.9%的被访者希望能够成立业主委员会。而在已经建立业委会的小区中，最大的问题是如何保证业主委员会发挥作用，主要是前面提到的依法行使权力和运行监管问题。

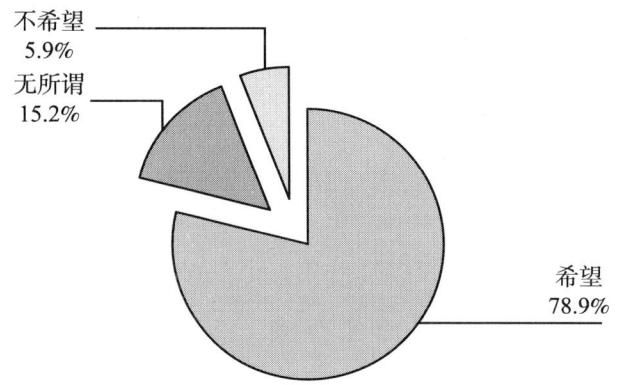

图4-3 您希望成立业主委员会吗

图4-3的统计结果基本上反映出了东花市各社区业主的要求，这与访谈的结果是相同的，但是在调研中了解到，当时没有一个社区成立业主委员会，包括很多资料以及很多业主都会提到，他们目前并不具备成立业主委员会的条件等，但是作为一种新生事物，只有去尝试才知道会不会有助于问题的解决。图4-4反映出业主认为目前成立业主委员会最为困难的三个环节是：政府支持力度不够、业主对业委会成立的法律程序不了解及业主之间存在分歧和矛盾。前两个环节都是需要政府出面解决的问题，说明政府相关部门在业主委员会成立过程中的重要作用。

2. 发挥政府部门和社区居委会的指导和协调作用

消除这些不和谐的因素需要各方的共同努力。在调研中发现，当问到"您认为要解决业主与开发商、物业服务企业之间的矛盾，哪些因素是非常重要的？"时，在所有被访业主中，选择前三位的是：政府有关部门的支持（56.2%）、政府部门严格按法规办事（51.2%）、居委会的协调作用（45.8%）。可见业主们仍然把解决问题的希望寄托在政府身上。

社区居委会是受政府指导和党的领导的居民自治组织，在基层社区，如何发挥社区居委会的作用显得很重要。处理业主和其他团体之间的问题，社区居委会有着得天独厚的优势，比如，通过访谈和调研发现，目前业主与开发商之间的矛

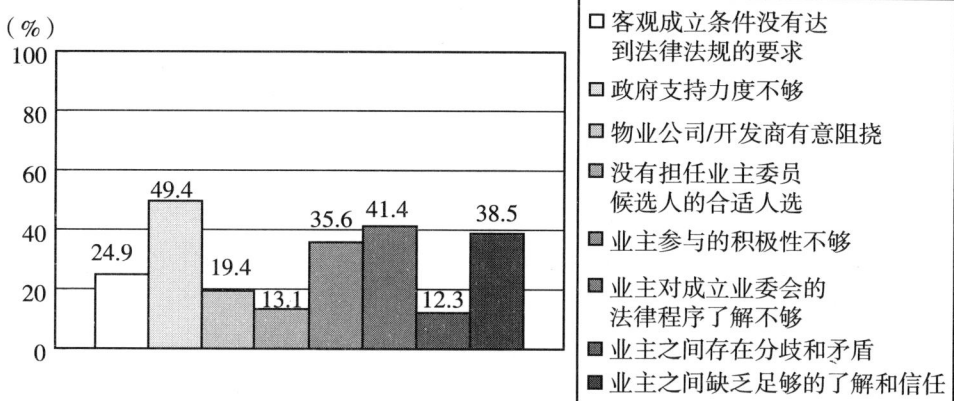

注：有效值总计413。

图4-4 业主认为目前成立业主委员会的困难

盾集中在"改变小区规划"和"房屋面积缩水"两个问题上，而这两个问题都是建筑层面的问题，也就是说即使受害业主通过法律手段胜诉，小区的规划也是难以改变的，房屋面积也是难以增加的，因此寻求一种眼前双方都能接受的条件显得很迫切，这其中社区居委会应该发挥更大的作用。访谈中很多居民对居委会颇有微词，根据他们的反映，我们归纳为社区居委会在处理类似矛盾和问题中应当注意两个问题：首先，社区居委会在处理业主和物业服务企业关系时，要保持一种公正的协调者的心态，其行为代表政府，不能介入任何一个主体利益之中。其次，要切实地对社区内不同利益群体之间的关系进行协调，按照《物业管理条例》和《社区居委会工作条例》等规定开展工作。

通过与居民的对话，大家对社区居委会的期望还是很高的：

居民甲："希望居委会能够多组织居民搞一些公益娱乐健身活动，使居民能多沟通，创造相识了解的机会；同时也希望居委会能多为居民办实事，居民反映的情况也能及时解决。我们的社会正在建设中，我们周边生活的环境越来越好，我们的居民很满意，希望今后这样的实事多为老百姓做。"

乙："将来人们在一个社区里学习、工作、生活的时间越来越长，社区居委会的工作是很关键、很重要的，要建立一个和谐的充满活力的社区，使在这里居住的人们心情舒畅、社区活动丰富多彩。"

丙："一是居委会多下基层深入了解居民生活状况；二是居委会应能积极做好各种政治宣传工作，使小区的生活、居住环境更优美；三是多做一些公益活动达到沟通、和谐的目的；四是把有些维修费用投入到小区绿化、健身，让居民走出家门，实现全民健身。"

3. 推动社区居委会和物业服务企业的合作管理和服务

理顺社区的直接管理者和服务者之间的关系，建立两者的合作机制，共同为社区居民谋福利，将是社区居民的幸事。在调研中，某社区居委会主任谈到了与物业服务企业合作开展几次社区活动的经验：

"组织一般由我们的物业服务企业负责，但是我们几方集资，礼品也由几方出。但是我们也很明确，比如饮料等由开发商出，还有我们放风筝回来以后到了售楼处，每个家庭有一份礼物，大家还都是很满意的。而且因为前期我们居委会没有过多地参与物业的管理，也就是从4月份以后才开始融入进去的，目前我们下一步准备，派我们的人到那里工作，介绍我们的人员，还有发一个名片给每一个业主，印上我们的联系电话，有什么服务项目、有什么困难可以找到我们……当时5月28日我们居委会出现在主办方的时候，业主们虽然没有直接说，大都表现出一种比较满意的样子。"

"我们去天坛放风筝，去了150多人，三辆车还装不下。我们工作人员都去，还有儿童，而且当时第一次开发商和物业提供了奖品，比如微波炉、T恤，第二次提供了风筝、帽子，给每个孩子提供了小礼物……6月1日，我们又是这几家联手，居委会在没有经费的情况下提供了400元钱。"

一位物业服务企业的经理如是说：

"小区里不同的人有不同的文化层次，如果有问题不能按一个模式来处理。需要居委会、派出所和物业三家有针对性地来解决。多去了解、引导他们，从而解决问题。

我们要体现人性化服务。业主要求我们做一些事情，我们在不损害其他人利益的情况下就会去做。从具体方面说，在园区增加部门便民设施，比如健身器材，在电梯里实行酒店式服务，在大堂放便民伞、擦鞋机等，物业是服务与管理并举。服务当然是主要的，管理是引导业主走上合理的冲突解决道路。"

（二）加强法律制度建设

1. 完善法律法规，明确社区主体的责权利关系

法律在转型社会中对理顺利益关系、稳定社会所起到的作用自不待言。加强法制建设，完善社区管理法律，首先，要尽快完善法律体系，各地根据社区发育的不同水平和层次，建立适合当地的社区管理的服务的法律规范；其次，要重点理顺几个主体间的关系，社区居委会与业主委员会的关系、物业服务企业与社区居委会的责任关系、物业服务企业与业主委员会的关系等，符合法律规定的，要依法办事，做到有法可依、有法必依。

2. 加强对建筑和物业服务行业的执法监督

开发商经营和物业服务是否规范是新型小区能否平稳运行的重要因素。调研中发现，众多矛盾和问题来自于开发商和物业企业的违规经营。实际上，国家对房地产的开发行为和物业服务行为有多部法律法规进行规范。在物业服务方面，有《物业管理条例》等；在房地产开发中也有《城市规划法》、《建筑工程质量条例》、《商品房销售管理办法》等。所以，做到有法必依、违法必究就很必要。现实的情况是很多开发商或者冒着各种风险，或者采取其他手段钻法律的空子，甚至违规经营，这都需要执法者、监督者严格执法，从项目审批到检测检验把好每一关，将社区的矛盾和冲突消解在摇篮中。

另外继续推进执法部门进小区，改变小区内行政执法缺位的状态。建委作为物业管理行政主管部门，要加强街道层面的物业管理执法机构的建设力度，强化基层力量，满足群众的需要。启动社区执法活动，解决好居民当前反映强烈的违规装修等影响房屋安全的行为，解决好开发建设过程中的遗留问题。同时，加强对物业服务企业的资质审核，将不符合物业管理资质条件的物业服务企业淘汰出市场。加强对企业的日常巡检，加大对违法违规行为的惩处力度，如对违反规划建设的行为要坚决查处，惩罚不法开发商私下更改规划方案、损害群众利益的行为。在最初环节中，降低未来社区中出现矛盾和冲突的可能性。

3. 强化法律宣传，提高物业服务企业和社区居民的法律意识

2007年10月1日施行的《物权法》是保障我国公民作为物的权利人的地位而颁布的重要法律。它维护人民群众的切身利益，是民法的重要组成部分，物权法的制定有着十分重要的意义：有利于防止国有资产的流失、集体财产的被损，并使得私人财产得到公平和及时的保护。新型小区作为商品房小区，其业主无疑是《物权法》的重要保护对象，让更多的人了解《物权法》，对于新型小区的管理具有重要的法律意义。

同时，国务院颁布的《物业管理条例》则是处理城市基层社区利益群体，尤其是物业服务企业、业主等关系的具体法律规范。法治社会强调依法办事，有法必依，那么作为业主，在物业服务企业有违法经营的情况下，能否及时拿起法律的武器维护自己的权益？根据课题组的调查，以《物业管理条例》为例，情况并不乐观，统计显示（见表4-1）。

在所有被访者中，对《物业管理条例》完全了解的比例只有2.8%，即使是了解一些的比例也只有40.6%，有23.7%的居民完全不知道，加强法律的普及和宣传是刻不容缓的。从法律上解决物业服务企业和开发商之间的问题，根本的目的是要求物业服务企业在法律法规的范围内履行自己的职责和义务。在我国，物业服务企业属于新生事物，提高物业服务企业及其工作人员的法律素质就显得十分迫切，这个任务责无旁贷地落到了政府和社区的头上。

表4-1　您对2003年国务院颁布的《物业管理条例》的内容了解吗

		频　数	百分比（%）	有效百分比（%）
	完全了解	14	1.4	2.8
	了解一些	206	21.0	40.6
	听说过但不了解	167	17.0	32.9
	不知道	120	12.2	23.7
	总计	507	51.7	100.0
缺失		474	48.3	
总计		981	100.0	

（三）国外社区建设经验概括

在目前新型小区的利益冲突中，部分来源于物业服务企业的经营和管理的不规范。国外物业管理的历史较长，总结起来，其物业管理和服务有如下几个特点：

一是自负盈亏、自主经营的独立的物业服务企业占大多数。物业服务企业专业化程度较高，为业主提供多层次的服务，满足不同业主的需求，也为物业服务企业本身的发展带来了机遇。

二是物业的所有权与管理权分离。物业服务企业与业主的关系是雇佣关系，业主通过招标或协议等方式选择物业服务企业，并认真考察公司的信誉、专业知识背景及管理、财务、法律水平、管理费用的高低以及社区活动能力。而物业服务企业饱受市场竞争的压力，必须注意其形象，不断改善经营管理、提高效率，尽量让业主满意，否则就会有被淘汰或被解雇的危险。

三是物业管理及收费标准由市场形成。政府一般不规定具体的收费标准，具体收多少管理费由业主与管理公司双方讨价还价决定，视市场供求状况、地区环境、房屋数量与质量、服务内容多少等情况而定。

四是政府在物业管理中发挥了重要作用，但一般不直接干预物业管理等具体事务。政府更多的是以完善的法律、法规规范物业管理各方面的责权利。

五是探索新的管理模式。社区听证会往往应社区利益冲突一方的请求而召开。凡涉及社区公共利益又有不同意见，开听证会就是让不同意见的各方都有机会表明自己的立场和观点，各级政府职能部门在广泛听取居民意见的基础上，决定修改规划或索性将其搁置。

第五章

城市二元社会结构与户籍制度改革

  我国社会的转型在社会形态转变的意义上，即意味着从传统乡村社会转变为现代城市社会，这就是社会的城市化进程。在这一进程中，人口从农村不断向城市集聚和转移，这种人口的地域性变化不仅带来了象征城市化的农民向市民转化的人口结构的变化，而且影响到整个社会结构的变迁。正如我国近三十年来改革所呈现出的情形，经济体制改革与城市化发展引致了大量农村人口进入城市，人口流动及其所带来的社会人口结构的变化成为影响和改变社会结构的重要力量。

  人口的非农化是城市化的重要维度，也是城市化进程中的自然现象。然而，在我国，长期以来，作为一种社会屏蔽机制的户籍制度限制了人口的自由流动与非农化。20世纪90年代以来，我国工业化进程的加快日益扩大城乡差距，给人口流动提供了更为直接的经济驱动力，出现了农村人口涌向城市的潮流。随着农村人口向城市的大量积聚，进城农民在进行职业身份转化的同时，其社会身份的转化却由于现行户籍制度的束缚迟迟不能实现，出现了大量的人户分离者，这部分人虽然突破了城乡之间的空间隔离进入城市，但却无法归属于城市，成为长期游离于城市和乡村社会之间的一个特殊群体。这种社会现实使得最初在社会整体层面呈现的城市与乡村分割的二元结构，在城市社会内部越来越突出。或者说，我国社会结构的二元性从表现为城乡两个区域的分割演变为在城市这一个区域内的分割，即以市民与农民的身份差别为特征的二元结构成为我国城市社会结构分层显著的特征，并由此引发了众多的社会问题。

一、城市化与城市二元社会结构的形成

（一）人口流动与城市化

城市人口占总人口的比重是反映一个国家或地区城市化水平的基本指标，也是测量城市化水平的国际标准。城市人口的增长，即人口的城市化，这意味着社会的人口结构逐渐由农村人口为主体转向以城市人口为主体。而人口城市化的主要动力源自于人口流动，即人口从农村向城市流动，并逐渐转化为城市居民，这是城市化进程的一般规律。我国的城市化进程也不例外。据统计，我国城市人口增长的75%左右是来源于人口流动，其余则源于自然增长和城乡行政区划的变化。根据国家统计局第五次全国人口普查数据，2000年，全国有迁移人口超过1.25亿人，其中省内迁移为9 146万人，跨省迁移为3 314万人。在省内迁移人口中，52%为农村到城市的移民；在跨省迁移人口中，78%为农村到城市的移民。可见，农村到城市的人口流动构成了我国迁移人口的主体，这是影响我国城市化水平变化的主导力量。

从1978年开始，高速发展的社会经济带动中国进入了城市化的持续发展期，人口向城市流动成为不可逆转的潮流，大量农村剩余劳动力向非农产业和城镇转移，由此带来了中国城镇人口占总人口的比重上升得非常快。20世纪90年代中后期以来，种种迹象表明我国的城市化进入了高速发展时期，城市人口和城镇数量及规模在短短几年时间内都有了极大的增长。到2005年，中国城市人口比例从1978年的17.92%快速提升到42.99%，城市人口数由1.72亿人增加到5.62亿人[①]，27年间城市人口累计增长2.27倍。如图5-1所示。

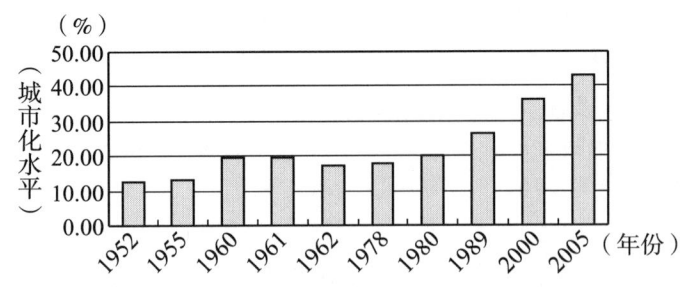

图5-1　中国城市化水平的变化

资料来源：《中国统计年鉴》（2007）。

---

① 《中国统计年鉴》（1981~2007）。

随着我国城市化的高速发展，人口流动及其所带来的城市人口增加的大趋势在未来几年中将不会改变。我国计划在 2050 年城镇化率达到 70%，在经济发展保持相对稳定的情况下，人口结构的城市化无疑将是实现这一目标的主要途径，因此，伴随城市化进程的人口流动与转移将持续发生。德国媒体 2006 年底对中国城市化发展的相关报道称，据估计，在今后三十年中，中国大约将有 5 亿农民进入城镇和城市，从而提高人口城市化的比例。

(二) 对进城农民的户籍限制与城市二元社会结构

改革以来，进城务工的农民形成了波澜壮阔的"民工潮"，国家统计局调查结果表明，2003 年农村劳动力外出务工数量为 1.1 亿人，2004 年为 1.2 亿人。农业部的统计数据显示，2004 年全国外出就业的农村劳动力约为 1.03 亿人，占农村劳动力总数的 21%。劳动和社会保障部 2005 年 5 月的快速调查统计显示，目前在城镇的农民工总数约为 8 907 万人。大量农村流动人口的出现，冲破了城乡壁垒和"离土不离乡"的限制，成为城市中现实的社会成员，这表明户籍制度已经无法限制社会成员的实际流动，其限制人口流动的功能逐渐失效。事实上，改革开放以来，随着国家发展战略的改变，城市化进程重新启动，随之而来的人口流动的日益加快和规模的日益扩大对城乡分割的户籍制度提出了严重挑战。在这一发展形势下，国家通过一系列的政策调整对现行户籍制度进行了初步的改革（见表 5-1）。这实际上意味着从限制农民进城到鼓励农民进城务工的重大决策转变，打开了农民向城市流动的口子，使得农村人口能够在一定范围内流动开来，并能够在满足一定条件的情况下实现户口的转变。

表 5-1　　　　20 世纪 80 年代中期户籍制度改革历程

时　间	政策法规	关键内容
1984 年 10 月	《关于农民进入集镇落户问题的通知》	凡在集镇务工、经商、办服务业的农民和家属，在集镇有固定住所，有经营能力，或在乡镇企事业单位长期务工，准落常住户口，发给《自理口粮户口簿》，统计为非农业户口
1985 年 7 月	《关于城镇暂住人口管理的暂行规定》	对流动人口实行"暂住证"、"寄住证"制度，允许暂住人口在城镇居留
1985 年 9 月	《中华人民共和国居民身份证条例》	凡 16 岁以上的中华人民共和国公民，均须申领居民身份证

客观地说，农村人口向城市的流动与转移，进而实现向市民的转化，是城市化进程中自然而然的现象，是城市化发展的普遍趋势。然而，在中国，农民从乡村向城市的流动，进而实现向市民的转化长期以来都被制度性加以约束。现阶段，虽然户籍制度对于人口流动和迁移的限制作用弱化了，但对于已经流入城市的农村人口而言，这一制度对其生产和生活所发挥的限制作用却愈发显著，使得他们虽然工作和生活在城市，但却改变不了"农民"这一社会身份，无法实现从农民到市民的社会身份的转化，从而享受不到同城市居民同样的待遇和权利，在生产和生活的各个方面都受到不平等的对待和歧视，处于被排斥的边缘状态，成为城市社会中一个格格不入的特殊身份群体——农民工，这一群体的客观存在冲击并改变了整个社会，尤其是城市社会原有的结构。对于这一问题，学者们已早有关注。有学者将农民工群体的出现所形成的新的社会结构称为"三元社会结构"，即由农民、农民工和市民三个主体构成的社会。本研究着眼于城市内部社会结构的变迁，将城市化进程中因进城务工农民所带来的变化了的社会结构称为"城市二元社会结构"。

从社会结构变化的角度来看，城市化与人口流动带来了当代中国城市社会结构的变迁，而形成这种变迁后果的最根本的原因则在于，户籍制度对流动人口的限制作用导致了在城市这一区域空间内部形成了以城市居民——市民与进入城市的农村人口——农民为主体的两大身份群体和社会集团，形成了基于市民与农民二者身份差别的城市二元社会结构。笔者认为，城市二元社会结构的形成是城乡分割的二元户籍制度在城市社会产生的延伸作用的体现，是其发挥社会限制功能的后果在城市社会中的进一步呈现。这一结构问题的出现其实是"将过去城乡之间的空间对立'移位'和'浓缩'为城市空间范围内的城乡对立"，城市由此"成为城乡矛盾冲突的前沿高发区"。① 也可以说，城市化进程中农民向城市的集聚及其所遭受到的限制和歧视，使得最初在社会整体层面呈现的农民与市民的身份差别和利益矛盾在城市社会内部集中反映出来，由此带来了城市社会内部日益突出的社会结构问题，并最终形成了城市内部的二元社会结构。这一结构特征已成为中国城市化发展的重要背景和影响因素，是具有中国特色的社会结构特征。

二、城市二元社会结构解析

如上所述，由于严格的户籍限制，虽然农民进城不断地打破城乡分割的二元

---

① 刘传江. 城乡统筹发展视角下的农民工市民化［J］. 人口研究，2005（4）.

社会结构,但在城市内部却出现了市民与农民两种身份的居民,二者在就业、社会保障、教育、居住等方面的待遇存在着很大差别,这几个方面的差距突出反映了城市二元社会结构的不平等特征。与此同时,这一结构问题的出现引发了诸多的社会问题,社会的城市化发展也因此要付出许多的代价。

(一) 城市二元社会结构的特征

1. 就业隔离与二元劳动力市场

工业化进程和产业结构的升级在城市创造了大量的工作机会,吸纳了大量的农村剩余劳动力。作为劳动力的农村人口进城的主要目的就是寻找就业机会,获得更多的经济收入,然而,在劳动就业领域受到的诸多歧视和不公正待遇成为城市社会送给进城农民的"见面礼"。一些大城市在就业政策中明确规定了外来工允许和限制的行业和工种。如北京市制定了《1996年本市允许和限制使用外地人员的行业工种范围》和《2000年本市允许和限制使用外地人员的行业、工种》,其中明确限制了外来人员从事金融、保险、房地产、信息咨询服务、计算机应用服务和旅行社等行业,而允许使用外来人员的行业基本上都是城市居民不愿从事的脏、苦、累、险、毒活。上海市在2001年也出台了类似政策,明确禁止五类岗位使用外来人员。[①] 除了对外来人员就业的明确限制外,为了进一步保障城市居民的就业,许多城市政府还规定,对于未经明确的行业、工种,必须首先招用本市常住户口的劳动力,如未招到本市人员,需到管理部门办理招聘外地人员的手续,经批准后方可招用外地人员。

可见,在劳动就业领域,城市社会内部形成了一个明确区分市民与农民的二元劳动力市场机制,即"首属劳动力市场"和"次属劳动力市场"两种劳动力市场。这种二层架构的劳动力市场是二元身份区分的户籍制的直接产物,在这样的体制安排和职业隔离政策下,城市外来务工人员由于没有城市户口而面临着不公平的就业条件和机会。他们的职业身份决定了其不能进入到城市的正式就业体系中,只能进入收入待遇低、工作环境差、福利保障低的次属劳动力市场,成为临时工,他们所从事的往往是非正规部门或非正规就业的工作。根据国家统计局2006年在全国范围内开展的城市农民工生活质量状况的专项

[①] 上海市劳动和社会保障局:《关于进一步加强本市外来人员就业管理的意见》(沪劳保就发[2001] 11号),2001年3月9日。禁止使用外来人员的五类岗位包括:一是党政机关、企事业单位、社会团体的各类工勤人员;二是社会公益性保洁、保绿、保养、保安人员;三是物业管理从业人员;四是各类商店营业员;五是机场、车站、码头清洁工,并要求这五类岗位已经使用外来人员的单位在6月30日前予以清退。

调查①数据显示，进城务工经商的农民工的平均月收入为966元，一半以上的农民工月收入在800元以下，其中月收入在500元以下的占19.67%，月收入在500~800元的占了被调查的农民工总数的33.66%，只有一成的农民工的月收入超过了1 500元。在当前城市社会，城市职工与农民工之间"同工不同酬，同工不同时，同工不同权"的不合理现象似乎成了一道无解之题。

在收入本来就低的情况下，城市外来务工人员的就业权益还经常受到侵犯，最突出的当属工资拖欠问题。当前，城镇绝大多数用工单位不是按月付给农民工工资，而是年底结账，这种工资制度本身就违反了《中华人民共和国劳动法》的规定，是对农民工的严重歧视和不公，更何况许多单位连一年一结都做不到，拖欠工资是家常便饭，如果农民工不堪忍受中途变更工作，之前所做就等于是白干，基本上是拿不到工资。近年来，拖欠农民工工资问题已成为日益严重、影响甚大的社会问题，由此还引发了很多不良的社会后果。据全国总工会公布的资料显示，2004年以前，全国农民工被拖欠的工资在1 000亿元左右，2000年，全国农民工的数量有1亿人左右，即每名农民工平均被拖欠工资1 000元，近70%的农民工有过被拖欠工资的经历。

2. 保障不公与两极化待遇

迄今为止，我国的各种社会保障体制基本上还是以户籍为基础的。为了保障城市居民的基本生活，政府在城市社会建立了多重保障制度，包括职工最低劳动工资保障制度、养老保障制度、医疗保障制度、下岗职工基本生活保障制度、失业保险制度及居民最低生活保障制度等，到2000年，我国所有的城镇都建立了城镇居民最低生活保障制度。相比之下，生活在城市中的进城农民的社会保障情况是，现有的全国性法规只明确规定，在各类企业及个体工商户工作的农民合同工人可依法享受工伤保险待遇，②在城镇企事业单位工作的农民合同工人可依法领取失业时的一次性生活补助。③除此之外，城市中的务工农民几乎被完全排除

---

① 2006年8月，为了解我国城市农民工生活质量状况，为党和政府制定有关政策提供参考依据，国家统计局在全国范围内开展了一次城市农民工生活质量状况的专项调查。调查范围为全国各级城市（含直辖市、副省级市、地级市和县级市）中固定岗位就业的农民工和灵活就业的农民工。调查对象为年龄在16~65周岁的跨地区外出进城务工经商人员，包括被企业（单位）招用的在固定岗位就业的农民工和在社区街道上自主创业、自谋职业的灵活就业的农民工。调查报告共分四篇，第一篇为《城市农民工劳动就业和社会保障状况》，第二篇为《城市农民工生活与教育状况》，第三篇为《农民工对城市生活的评价和希望》，第四篇为《农民工外出务工经商存在的问题及建议》。

② 2003年4月国务院发布的《工伤保险条例》中规定："中华人民共和国境内的各类企业、有雇工的个体工商户应当依照本条例规定参加工伤保险，为本单位全部职工或者雇工缴纳工伤保险费。"

③ 1999年1月国务院发布的《失业保险条例》中规定："城镇企业事业单位招用的农民合同制工人本人不缴纳失业保险费"，他们"连续工作满1年，本单位并已缴纳失业保险费，劳动合同期满未续订或者提前解除劳动合同的，由社会保险经办机构根据其工作时间长短，为其支付一次性生活补助。补助的办法和标准由省、自治区、直辖市人民政府规定。"

在城市的社会保障网络之外，享受不到同城市居民相同的保障。据《劳动和民政统计年鉴》2004年中披露的2003年数据，城镇劳动者人均社会保障支出为1 765元，而农民工仅为14元，差距高达126∶1。

户籍制度的限制使得进城农民无法进入城市中的首属劳动力市场，成为正式职工，而没有正式职工的资格就意味着不可能享受相关的失业保险、医疗保险、养老保险及其他福利待遇。据国家统计局2006年发布的《城市农民工生活质量状况调查报告》中的数据显示，城市农民工没有购买保险的情况居多，74.81%的农民工未参加任何保险，其中没有购买养老保险、医疗保险、失业保险、工伤保险者分别占被调查农民工总数的73.37%、73.77%、84.65%、67.46%。社会保障的缺失使得工资待遇低、劳动强度大的农民工成为城市社会中最脆弱的群体，在工作、生活、健康等任何方面出现的问题都是他们生命中不能承受之重。

3. 子女教育与不平等的再生产

据2000年第五次全国人口普查资料估计，当年全国离开户口所在地半年以上的14周岁及以下流动儿童规模达到1 400多万人。2006年4月，教育部部长在提出新形势下的教育热点问题的人大会议上指出，中国面临严峻的流动人口子女入学问题，据统计，2004年中国随父母进城的义务教育阶段适龄儿童已达到640多万人，这些孩子在接受正常的学习和教育方面遇到的困难也反映了城市二元社会结构的不合理和不平等。在中国，户口决定了一个儿童接受国家义务教育的地域，《中华人民共和国义务教育法》规定："学龄儿童入学应由其户籍所在地的政府负责。"在这样的制度安排下，进城农民的子女或说流动儿童由于不具有城市当地户口，就没有在当地接受教育的权利，子女教育因此成为困扰进城农民最大的生活问题。

在当前城市社会，由于户籍的限制，也为了保障城市居民子女的受教育机会和资源，许多学校拒收流动人口的子女。据教育部对流动人口子女就学状况的调查显示，一些大城市的流动学龄儿童的入学率仅为94%，另据2002年底全国九城市流动儿童状况调查结果显示，96.8%的适龄流动儿童能够接受义务教育，尽管这一统计数字比前一数据要高，但二者都表明，流动学龄儿童的入学率低于全国适龄人口入学率的平均水平。该调查还发现，年满6周岁[①]的流动儿童未入学的比例高达47%，这表明，流动儿童中达到上学年龄却不能及时入学的问题比较突出。即使有些地方允许农民工子女上学，却要求流动儿童必须拿出比本地学生高出4 000~5 000元的入学费方能入学，此外还要加收很高的额外费用，如"赞助费"、"借读费"等，这些费用的收取得到了地方政府和城市管理部门的支

---

① 《义务教育法》规定，年满6周岁的儿童应及时入学接受义务教育。

持和认可。

除了在入学机会上的不平等外,进城农民与城市市民在子女教育中的不平等还体现在受教育的过程和结果上。借读于城市学校的流动人口子女在受教育过程中时常受到歧视和不公平对待,除了借读,那些进入为流动人口子女开办的"打工子弟学校"的儿童,往往由于较差的学校条件而接受不到良好的教育。更不利的还在于,对于"打工子弟学校",城市管理者从政策和资源上缺乏必要的支持和援助。从受教育结果看,有调查表明流动人口子女在学业成绩上往往低于其他社会阶层的子女。此外,现行的以户籍为基础的学籍管理体制,限制了流动儿童在城市中接受持续性的教育。近年来,流动人口子女的义务教育问题正在逐步得到解决,然而,随着这些孩子年龄的增长,新的问题又出现了。流动人口子女很难在城市中上高中,更不能在城市里参加高考,因为按照现行的教育体制,进城务工农民的子女在城市结束义务教育阶段的学习后,必须回到原来的户籍所在地参加高考。可见,教育方面的种种不平等又衍生出很多的后续问题,有学者据此提出了"大龄"流动儿童的出路问题,① 这直接关系到这一群体在城市中的就业和生存,这些不由得我们不担忧。

在城市社会,从机会、过程和结果中呈现出的教育二元性是城市二元社会结构的表现之一,而教育对社会不平等的再生产无疑加剧并延续了农民与市民的身份差异。

综上所述,户籍制度的限制导致了进城农民在就业、社会保障和子女教育等方面均处于与城市市民有很大差距地位,而这些劣势进一步导致了他们生活难度的增加,因此更容易陷入贫困无助的境地。亚洲开发银行于2004年对在城市居住超过六个月的流动人口做了贫困率估算,这一估算是基于收入而非支出进行的,使用了1998年和1999年度的调查数据。据估算,相对于城市居民10.3%的贫困率,流动人口贫困率高达15.2%。由于工作和生活条件普遍较差,且缺乏基本的社会保障,许多进城农民沦为城市社会的边缘者和弱势群体,成为所谓的城市新"三无"人员,即无合法身份证明、无合法居所、无正当经济来源。对于那些有正当收入的进城农民,尽管近年来务工收入不断增长,但在城市生活的成本也在迅速增加,在住房、子女教育和生活消费等方面的支出几乎耗费了他们的全部收入,甚至入不敷出。据2006年国家统计局公布的《城市农民工生活质量状况调查报告》显示,农民工每月个人的平均支出为463元。其中,用于住宿费用的平均支出为72元,用于食品费用的平均支出为235元,用于文化娱乐的支出平均为47元。有一半左右的农民工每月支出占月收入的比重达40%以

---

① 段成荣. 农民工的子女: 流动儿童和留守儿童问题 [J]. 人口研究, 2005 (4).

上,有 14.01% 的农民工每月支出占月收入的比重达 70% 以上,2.42% 的农民工是挣的钱全部花光。不断升高的城市生活成本和相对较低的经济收入使得大部分进城农民难以在城市确定自己的归属,不仅基本生活难以保障,更享受不到城市发展所带来的现代化成果和城市文明。

(二) 城市二元社会结构下的发展代价

1. 城市化水平的滞后性

尽管改革开放以来,随着农村人口大量流入城市带来的城市人口的增加,我国的城市化水平得到了显著的提升,但当前我国的城市化水平远远低于工业化和经济发展的水平。纵观世界上许多国家的城市化发展进程,工业化和城市化基本上都是同步展开的。对于大多数欧美国家来讲,在工业化启动后,农村人口向城市的迁移一般不存在许多限制,因此能够比较顺利地转化为城市人口,从而实现社会的城市化。然而在我国,农村劳动力向城市的转移却受到诸多限制,一直以来,通过户籍限制将农民束缚在土地上的制度安排割裂了工业化和城市化同步发展的进程,农民的非农化进程被阻断,社会的城市化进程也因此被延误。改革开放以来,尤其是社会主义市场经济体制确立以来,农村人口非农化的条件逐步放宽,但就目前来讲,转向非农业的 1 亿多农村人口,充其量只是一种职业的转移,并没有实现农民身份的彻底变更和市民化。

新中国成立后到改革开放前的近三十年间,我国的工业总产值增长了近 30 倍,但城市化率只提高了 8 个百分点,市镇人口占总人口的比例只由 10% 增至 12.9%。2001 年,我国工农业总产值中工业产值占 85%,而城市人口占全国总人口比例不到 30%,低于亚洲 38% 的平均水平,相比之下,同一时期发达国家,如美国城市人口比重为 78%、日本为 78%、东欧地区为 73%。①

从当前中国城市化的进程来看,以户籍制度为主的制度性障碍将进城农民挡在了市民化和城市化进程之外,使得这一群体虽然身处城市却无法真正地融入其中,处于一种悬空状态。从世界城市化发展的历史看,进入城市的农业劳动力实现市民化应是城市化水平提高的主要推动力,但在中国,当前城市社会中存在的二元结构意味着虽然农民从传统的农业社会脱茧而出,但却不能在现代城市社会中蜕变化蝶,在城市化的进程中没有实现真正意义上的身份转变和地位升级。这种对人口城市化客观进程的行政干预和制度性抑制阻碍了中国城市化的正常发展,使城市化的进程一度出现中断甚至倒退,最终导致中国的城市化水平严重滞

---

① 《城市化进程中的重大社会问题及其对策研究》编委会. 2001~2002 中国城市发展报告 [M]. 西苑出版社, 2003.

后于经济发展水平，这种滞后的城市化引发或加剧了我国经济社会发展中的一些突出问题，成为中国经济社会持续发展所不得不承受的巨大代价。

2. 制度性的社会不公

作为社会转型和发展的具体表现和最终目标之一，城市化的过程就是将越来越多的社会成员纳入到城市社会结构和城市文明之中，使得参与这一进程的社会成员在城市社会生活的各个领域达到权利与义务的均衡，这也正是社会公正的基本要求。然而，当前城市社会内部所存在的市民与农民的身份差别表明，尽管进城农民为城市的建设和发展做出了极大的贡献，但却不能享受城市政府提供的公共产品和公共服务，在享受社会发展成果和城市文明的过程中，处于与城市市民不平等的地位。从社会公正所提倡的机会平等原则来讲，市民和农民二者在就业中所面临的不公平对待就是最好的说明。如果从社会公正所包含的起点公平、过程公平、结果公平的内涵看，市民与农民不仅不是站在同一起跑线上，而且处于不平等的发展过程中，更是得不到平等的待遇。

当前城市社会中市民与农民在劳动就业、社会保障、生活消费、子女教育等方面都呈现出明显的差距和不平等，而这种差异性待遇的形成并非是市场化和经济社会发展不可避免的结果，不是公平竞争机制的选择结果，而是人为的制度安排的后果。可以说，城市对进城农民经济制度上的接纳和社会制度上的排斥，这一矛盾导致了中国城市化进程中的最大的制度性不公。这种制度性的社会不公造成了社会成员间的不平等，损害了一部分社会成员的利益，是对社会公正原则和理念的极大破坏。而要消除这种制度性的社会不公，需要付出的经济社会成本将更大。

3. 社会不稳定的潜在诱因

从城市社会内部市民与农民的身份差别状况看，进城农民在方方面面都遭受到程度不同的限制和歧视，在社会学理论中，这被称为是一种"集体排他"的社会排斥方式，这意味着农民作为一个社会群体被整体性地排斥在社会资源的享有之外。"集体排他"的后果是形成一个"共同集团"，而且由于这个集团被整体排斥，丧失了与其他社会成员同等的机会和待遇，因此容易引起比较激烈的反应，激化社会矛盾，不利于社会稳定。再者，从社会流动与社会稳定的关系角度看，社会流动性特别是向上社会流动性强更有利于社会稳定。然而，对于多是"草根精英"的进城农民来说，他们有着向上社会流动的渴望和能力，却由于制度等原因无法实现。随着农民进入城市的规模越来越大，如果长期不能实现向上的社会流动，完成市民身份的转化，累积到一定时期和规模后很可能引发比较严重的社会问题，危及社会稳定。

由于长期遭受到"非国民待遇"，以及社会保障的缺失，许多进城务工人员会产生出一种被剥夺感，滋生出对城市人和社会的不满，其中一些人在生活没有保障、利益受到侵犯、生存面临危机时，不得不铤而走险，以身试法，这给城市的社会治安带来隐患，造成了严重的社会后果，构成了社会不稳定的诱因。目前比较突出的是因拖欠和克扣农民工工资所激化的矛盾和引发的暴力事件的频繁发生。此外，尽管城市流动人口或外来人员与城市犯罪率高之间的相关性处于争议之中，还有待考证，但是城市外来务工人员的犯罪问题及其所带来的社会后果却是不容忽视的社会事实。

4. 进城农民的认同危机

在心理层面，城市社会中市民与农民的不平等导致了二者各自形成鲜明的群体意识，即彼此都将对方视为完全不同类的群体，虽然处于同一空间，但二者之间却没有形成一致的认同。这种心理层面的分化对进城农民的负面影响尤为显著，表现为他们对城市市民存在着高度的疏离感，难以形成对城市主体社会的认同，而是形成了脱离主体社会的特殊的亚文化。从社会交往看，进城农民很少与城市市民来往，而是主要与同乡、工友联系，依靠乡村社会原有的血缘、地缘关系在城市中生存下去，从寻找工作，到生活互助，乃至维护人身与财产安全。例如，在找工作过程中，进城农民几乎都是通过人际关系网络，而不是通过正式的就业渠道寻找就业机会；在利益受到侵犯时，进城农民一般宁愿采取个人报复、私了（私下解决）的方式，而不愿采取诉诸法律的方式。为什么如此？我们应该清楚地看到，这些选择倾向的形成并非出自农民的本性和本意，而是在于城市社会中的制度设计和安排都对进城农民不利，由于制度性的制约，进城农民在遭遇风险时，既没有相应的制度安排可以寻求援助，也缺乏表达意愿的正式渠道及化解问题的必要途径。总之，在一切社会事务中，城市政府的政策导向是更倾向于保护市民的利益而不是外来农民的利益，这势必造成进城农民与城市主体社会的疏离，不利于进城农民在文化和观念层面上融入城市社会，这一点在新生代或第二代进城务工农民身上表现得尤为突出。

三、户籍制度与进城农民市民化

从对城市二元社会结构中市民与农民差异的分析中可以看出，这一结构问题的形成源于制度性因素对进城农民在城市社会生活各个领域中的限制，而这一因素就是长期以来严格执行的现行户籍制度。而要从根本上消除市民与农民的身份差异，破解这一结构困局，必须对户籍制度进行重大调整和改革。在探讨对这一具有历史性和特定职能的制度进行改革之前，我们还是有必要对其由来和历史演变进行一番回顾和考察。

（一）现行户籍制度的形成与演变

1. 现行户籍制度的由来

从新中国成立初期直到1957年，中国的户籍管理所具有的基本功能在于证明公民身份、统计人口资料、发现和防范反革命和各种犯罪分子的活动三项，在此期间人口在城乡间可以自由流动，农民可以向城市自由迁移。1953年，国家开始执行"一五"计划，实施工业化战略，随即出现了新中国成立以来的第一次人口迁移高潮，大量农村劳动力进入工业领域和城市，从而使城市面临人口负荷增大和资源严重短缺的发展压力。为了阻止农村人口涌入城市，1953年4月17日，政务院发布了《关于劝阻农民盲目流入城市的指示》，明令禁止农民进城就业。然而，这并未阻止农村人口流向城市的步伐，从1953～1956年三年间，迁移人数每年递增。到1956年秋，过激的农业合作化运动与自然灾害结合在一起，使广大农民面临严峻的生存问题，大批农民进入城镇寻找生存机会，对城市形成巨大的冲击。针对农村人口外流程度的不断加深，国务院在1956年12月和1957年3月、9月、12月，连续发出劝阻农民盲目流入城市的指示和通知，动员"盲目"流入城市的农村人口和曾卷入工业领域、被招收进城的农业劳动力返回农村，并层层设卡阻止农民进入城市。

在城市，"大跃进"的发动一度使得大量农村劳动力进入到了被政府认为是重工业核心的钢铁工业中，同时出于城市基本建设的需要，国家招收了1 500万～2 000万农村劳动力进城支援城市建设，再加上向城市自由迁移的农村剩余劳动力，我国城镇人口从1957年的9 949万人增加到1960年的13 073万人。① 然而，由于急于求成而开展的"大跃进"运动很快就暴露出经济社会发展的弊端和失误，随着"大跃进"的失败，规模庞大的城镇人口给社会发展带来了无法承受的压力。新中国成立初的底子薄、基础差，加上发展决策的失误，不仅使国民经济和社会发展遭受到极大的损害，也使得本来处于上升轨道的城市化进程出现了倒退。

为了缓解社会发展的压力，维系正常的社会经济秩序，支持工业化战略，并着重解决城市失业问题，政府开始采取一系列措施减少城镇人口，控制城市人口的增长，并出台了相应的法规限制人口自由流动。1958年1月9日，全国人民代表大会常务委员会第九十一次会议通过了《中华人民共和国户口登记条例》，开始将控制人口自由流动的功能引入户籍管理，以法律形式将城乡分割的户口登记制度和限制公民迁徙自由的制度固定下来，这标志着中国现行的二元户籍制度

---

① 参见《中国统计年鉴》相应年份。

的确立。尽管这一制度与1954年颁布的《中华人民共和国宪法》第三章第十九条第二款"中华人民共和国公民有居住和迁徙的自由"的权利相抵触,但仍然被合理地实施开来。为了更有效地控制农村"盲流"和城市人口的增长,缓解城市失业问题,在此《条例》制定的前后,国家又出台了一系列法规政策,将户口与许多资源和利益直接挂钩,包括凭户口购发粮油票证的粮油供应制度、凭户口申请就业的劳动就业制度、凭户口获得福利待遇的社会福利保障制度等,这些制度设计"使农村人口失去了在城市立足的任何可能性,农村人口向城市的自然迁徙过程停止了。……这些相关的具体制度是户籍制度不可分离的组成部分,它们与户口登记、迁移制度一起共同构成了中国二元户籍制度体系的全部内容"。①

2. 户籍制度的演变与功能强化

自1958年正式确立了户口迁移审批制度和凭证落户制度后,国家又通过自上而下的三令五申,不断推出各种政策规定(见表5-2),强化户籍制度在管理社会成员、配置社会资源等方面的作用。

表5-2　　　　　　　　　现行户籍制度的演变与强化过程

时　间	政策法规	关键内容
1958年1月	《中华人民共和国户口登记条例》	"公民由农村迁往城市,必须持有劳动部门的录用证明、学校的录取证明,或者城市户口登记机关的准予迁入的证明,向常住地户口登记机关申请办理迁出手续。"
1959年1~3月	《关于制止农村劳动力流动的指示》《关于制止农村劳动力流动的通知》《关于制止农村劳动力盲目外流的紧急通知》	制止农村劳动力进入城市
1961年1月	《关于制止人口自由流动的报告》	在大中城市设立"收容遣送站",以民政部为主负责将没有开介绍信的流入城市的人口收容起来遣送回原籍

---

①　俞德鹏. 城乡社会:从隔离走向开放——中国户籍制度与户籍法研究 [M]. 山东人民出版社,2002:28.

续表

时　间	政策法规	关键内容
1962年12月	《关于加强户口管理工作的意见》	"对农村迁往城市的，必须严格控制；……中、小城市迁往大城市的，特别是迁往北京、上海、天津、武汉、广州等五大城市的，要适当控制。"
1964年8月	《关于户口迁移政策规定》	对迁入城市的人口实行严格控制
1975年1月	《中华人民共和国宪法》（修正）	取消了关于公民迁移自由权利的条文
1977年11月	《公安部关于处理户口迁移的规定》	"从农村迁往市、镇（含矿区、林区等，下同），由农业人口转为非农业人口，从其他市迁往北京、上海、天津三市的，要严加控制。从镇迁往市，从小市迁往大市，从一般农村迁往市郊、镇郊农村或国营农场、蔬菜队、经济作物区的，应适当控制。"
1979年6月	《关于严格控制农业人口转为非农业人口的意见的报告》	严格控制从农村招工，清理企业、事业单位使用的农村劳动力，加强户口和粮食管理
1982年5月	《城市流浪乞讨人员收容遣送法》	在大城市、中等城市、开放城市和其他交通要道流浪乞讨人员多的地方，设立收容遣送站，对家居农村流入城市乞讨、城市居民中流浪街头乞讨等人员予以收容、遣送
1989年10月	《关于严格控制"农转非"过快增长的通知》	要求各地政府必须加强对"农转非"的宏观管理，使其增长的速度和规模与国民经济的发展相适应
1991年	《关于收容遣送工作改革问题的意见》	将收容对象扩大到"无合法证件、无固定住所、无稳定经济来源"的"三无"人员。在执行中，"三证"往往变成身份证、暂住证、务工证，"三证"缺一不可

可见，直到20世纪90年代初期，农村人口向城市的流动与迁移都被严格加以控制，户籍制度的管理一直很严格，其功能在发展过程中不断被强化、放大。以户籍为基础的社会屏蔽机制束缚了社会成员的活力、积极性和流动性，虽然顺

应了当时控制城市人口规模增长的城市化发展道路,但实际上极大地阻碍了中国城市化的客观发展进程。从 1961～1965 年,我国的城市化水平从 19.29% 下降到 17.74%,直到改革开放前夕,我国的城市化水平也只有 17.9%。①

(二) 进城农民的市民化

从当前我国城市社会内部的现实社会结构矛盾看,要打破城市二元社会结构,必须为进城农民融入城市社会创造便利条件,给他们以应有的国民待遇,并最终实现农民向市民的转化。

实际上,从 20 世纪 90 年代中后期以来中国经济社会发展的现实看,以农民工为主体的进城农民群体为中国城市的建设和经济社会发展做出了巨大的贡献,他们不仅是城市基础设施建设的主力军,而且成为城市居民日常生活中不可或缺的服务提供者。同时,这一群体也已经成为城市的纳税人口,在 GDP 等财富创造中贡献着可观的力量。此外,对于这一群体而言,无论是外在的空间环境,还是内在的认知感受,都是其在与城市社会和城市居民的不断互动中建构起来的,他们因此具有了向市民转化的外在刺激和内在需求。城市对进城农民有着强大的吸引力,而许多进城农民也有着留在城市的强烈愿望。李路路等学者的调查显示,大约 50% 的农村"流动人口"表示想定居在目前的居住地,除非受到强迫,多数都不打算再回到农村,而只有不到 10% 的人愿意返回农村的家乡。国家统计局最近的调查也显示,有 55.14% 的农民工设想未来在城市发展、定居。

从这些现实出发,在当前中国的城市化进程中,应该首先为进城农民提供向城市市民转化的条件和机会,将这一群体作为城市户籍制度改革的优先受益对象,重点解决这一群体的户口变更问题。在笔者看来,可以优先解决户籍问题的这一群体大抵包括以下几个部分:一是有在城市定居愿望和生活基础的第一代进城务工农民。这一部分人比例不大,他们想在城市生活通常是出于为子女提供更好的学习和生活环境的考虑。二是大部分的第二代进城务工农民。现有的许多研究都指出了这一群体所具有的不同于第一代进城务工农民的、更倾向于城市而非农村的行为方式和思维认知,正是这样的特征表明了他们实现身份转变的愿望和可能。三是进城务工农民的子女,尤其是在城市出生的子女。据 2000 年第五次全国人口普查数据,20%～30% 的低龄流动儿童自降生以后就一直生活在城市,他们根本没有在农村生活的经历,对于这一群体而言,最现实的政策就是消除他们身上的户籍烙印,使他们尽早地成为真正的城市人。

笔者认为,当前城市户籍制度改革的突破点不妨就落在为上述人口解决户籍

---

① 国家统计局编.奋进的四十年 [M].中国统计出版社,1989.

问题、实现他们从农民向市民身份转变的工作上。对于这一解决问题的思路,国内已有学者提出了"中国城乡人口转移'先从农民到农民工',然后'再从农民工到市民'的'中国路径'"以及"'农民非农化理论+农民工市民化理论'的两步转移理论"。① 从现实情况看,这种两步转移,即农村人口城市化的两个子过程:"第一阶段从农民(农村剩余劳动力)到城市农民工的过程已无障碍,第二阶段从城市农民工到产业工人和市民的职业和身份变化过程,目前的进展依然步履维艰。这正是亟须关注和解决的现实问题。"②

总之,解决进城农民的户籍问题,实现其市民化转化"是我国人口城市化迫切需要采取的现实举措。通过各种途径帮助已在城市劳动生活的'不流动的流动人口'获得'市民'身份",推动进城农民的市民化,"不仅能以最少的社会成本获得迅速提高人口城市化比重的现实效益,……同时,这也是切实尊重和保障人民的政治、经济、文化权益,化解社会不稳定因素,构建和谐社会主义社会,实现我国经济社会协调和可持续发展的社会基础性工程。"③

四、户籍制度改革与城市二元社会结构的破解

如上所述,要实现进城农民的市民化,破解城市二元社会结构,现实的制度保障和选择就是改革不合理的户籍制度,而改革的重点就是消除进城农民所遭受到的户籍限制和歧视,保护他们的利益,为他们创造向上发展的条件和机会。

(一)户籍制度改革的进程

20世纪90年代中后期以来,随着市场经济的高速发展和城乡差距的加剧,户籍制度受到了强烈的冲击,从基层到中央,从普通民众到政府官员,社会各界对户籍改革的呼声都愈来愈高,国家与地方两个层面因此都加快了户籍制度改革的步伐。

1. 自上而下的户籍改革政策

自20世纪90年代中期以来,中央政府针对户籍制度采取了一系列的调整政策,而国家层面的户籍改革动向主要体现在相关政策和法规的出台和实施上(见表5-3)。

---

①② 刘传江. 城乡统筹发展视角下的农民工市民化 [J]. 人口研究, 2005 (4).
③ 郭虹. 从"农民工"到"市民"——重视"十一五"发展规划中的城市人口发展规划. 支农网, 2007-01-30.

表 5-3　　　　　　　　20 世纪 90 年代的户籍制度改革历程

时　间	政策法规	关键内容
1993 年 6 月	《国务院关于户籍制度改革的决定》征求意见稿	指出现行户籍制度的弊端，提出了户籍制度改革的必要性、指导思想、目标和具体步骤等方面的内容
1997 年 6 月	《关于小城镇户籍管理制度改革的试点方案》	已在小城镇就业、居住并符合一定条件的农村人口，可以在小城镇办理城镇常住户口
1998 年 7 月	《关于当前户籍管理中几个突出问题的意见》	实行婴儿落户随父随母自愿的政策；放宽解决夫妻分居问题的户口政策；投靠子女的老人可以在城市落户；在城市投资、兴办实业、购买商品房的公民及其共同居住的直系亲属，符合一定条件可以落户
2001 年 3 月	《关于推进小城镇户籍管理制度改革的意见》	在总结试点工作经验的基础上，要求各地全面部署开展小城镇户籍管理制度改革工作，小城镇户籍制度改革开始全面推进

　　始于小城镇的户籍制度改革促进了我国人口管理体制和城市发展战略的变革，但目前户籍制度的放宽还不是一个普遍的现象。此外，作为一项有着深刻历史根源、得到严格执行且发挥着极大社会效力的制度，户籍制度具有的制度惯性作用不容忽视，因此，户籍制度及其所造成的社会影响不可能在短时间内消除，户籍制度对流动人口的直接和间接的限制仍将持续一段时间，尽管可能会越来越微弱。

　　近年来，中央陆续提出推进城镇化发展、统筹城乡发展、建设和谐社会等战略举措，明确了深化户籍制度改革的要求，同时提出了一系列政策调整措施，推进现行户籍制度的总体改革。2003 年 8 月，在中国施行了 21 年的《城市流浪乞讨人员收容遣送办法》被废止，代之以《城市生活无着的流浪乞讨人员救助管理办法》，新法将收容的功能由治安转化为纯粹的社会救助。这一在中国立法史上具有标志性的事件意味着城市社会管理制度与户籍制度的脱钩，因此成为推进城市户籍制度改革的一项重要举措。与此同时，在公安部公布的三十项便民、利民措施中，有七项户籍管理方面的措施。2004 年 12 月，国务院发布的《关于进一步做好改善农民进城就业环境工作的通知》中指出，各地应推进大中城市户籍制度改革，放宽农民进城就业和落户的条件，从政策上鼓励城市对农民的接纳。2005 年 10 月，公安部提出，抓紧研究取消农业、非农业户口的界限，探索建立城乡统一的户口登记管理制度,同时,以具有合法固定住所作为落户的基本条件,逐步放宽大中城市户口迁移限制,逐步形成城乡劳动者平等就业制度。

2006年,国务院14个部门组成6个调研组,分赴全国12个省市,就户籍改革工作进行了综合调研。调研结果表明,当前进一步深化户籍制度改革,已经具备了许多有利条件,时机基本成熟。在2007年召开的全国治安工作会议上,公安部宣布,我国将大力推进以建立城乡统一的户口登记制度为重点的户籍管理制度改革,逐步取消农业户口、非农业户口的二元户口性质,实现公民身份平等。频频出台的改革政策和目标表明了政府推进并深化现行户籍制度改革的决心。当前,户籍制度,尤其是大中城市的户籍制度改革已成为社会发展的现实要求,更是破解我国目前二元社会结构困局和建设和谐社会的迫切需要。

2. 自下而上的城市户籍改革尝试

在当前的户籍制度改革进程中,自上而下的改革主要是从政策层面对户籍改革进行总体规划和指导,而自下而上的改革则更多的是在操作层面探索,并实施具体的户籍改革途径和方案,这两个层面是前后呼应、相辅相成的。

(1)初步改革与制度创新。

20世纪90年代以来,各地政府就开始了围绕建立市场经济体制而进行的户籍管理制度调整。许多地方对投资移民、技术移民的居住、迁徙实行宽松、优惠的政策。上海、浙江、广州、深圳、厦门、海南等经济发展较快的城市,通过实行"蓝印户口"政策吸引投资和人才。如上海市在1994年2月施行的《上海市蓝印户口管理暂行规定》中指出,在上海投资100万元及以上,或购买一定面积的商品房、或有固定住所及合法稳定收入的外来人口均可申请上海市"蓝印户口",一定期限后可转为常住人口。"蓝印户口"在上海等大城市的推广说明了"人的身份限制逐渐被市场因素取代,资产、技术、住房和正当稳定的收入,已成为户口迁徙的主体要件",[①] 是适应改革试图建立的市场经济体制对劳动力自由流动的需求,从而促进市场经济发展和城市化进程的必要之举。

(2)城市户籍制度改革的典型模式。

自2001年以来,很多省市开始有针对性地探索户籍制度的改革,但由于当前中国城市化水平和城市发展水平在不同的城市和地区之间存在比较大的差异性,在户籍制度改革过程中,不同省市的举措也就呈现出多样性和差异性。不同城市根据自身经济发展的实际水平和现实需要,形成了户籍制度改革的多元模式,其中最典型的是以下两种:

一是"一元制"模式。在户籍制的改革进程中,一些地区采取的是彻底性

---

① 王海光. 当代中国户籍制度形成与沿革的宏观分析 [J]. 新华文摘, 2003 (10).

的变革举措，将二元性的农业与非农业户口直接转变为一元性的居民户口。2003年，郑州推出的"户籍新政"实行"一元制"户口管理模式，即郑州各县（市）、区居民户口统称为"郑州居民户口"，各县（市）、区户口可以自由迁移，在当地派出所随时办理。郑州市也因其改革力度大被形容为中国户籍改革的"先行者"。

近年来，全国已有河北、辽宁、山东、广西、重庆等12个省、自治区、直辖市出台了以建立城乡统一户口登记制度为主要内容的户籍改革措施，这些改革的共同点是以"城乡一体化"为目标，通过全面的改革打破城乡二元社会结构。

二是"条件性准入"模式。相对于"一元制"那样的完全放开的政策，部分地区选择的户籍制度改革方式不是将农业和非农业户口统一为单一的城市居民户口，而是降低了城市门槛，采取"准入制"模式，即根据城市自身的产业发展需求、就业结构特点、容纳吸收能力及流动人口的具体情况制定一些条件和标准，如居住年限、投资、购房、学历和技术水平等，符合和满足规定条件的农业户口人员就可以获得非农业户口，成为城市常住人口，实现从农民向市民的身份转变，例如广东、石家庄、成都等省市。这一改革方案试图通过一定的限定标准，实现人口从农村向城市的有序流动，同时在一定程度上缓解了城市社会的二元化格局造成的对立，而且成为了推动户籍制度整体改革的有效的实践探索。

（二）对当前城市户籍制度改革的反思

从当前地方进行户籍制度改革的探索和具体措施看，基本都是立足在吸引人才、技术和资金方面，靠行政手段争夺有经济能力、文化技术和累计性资源的外来人口，如对农转非人员学历和技术水平、在当地购买房屋面积和投资数量的规定。这些看似为所有非本地人口提供公平机会的准入条件对进城农民来说是不可企及的，对于进城农民来讲，城市的大门是敞开了，但进城的成本或准入条件却大大超出了他们所能承受的极限。比如购房入户，相对于城市中每平方米低且数千元，高则上万元的房价，每月工资只有数百元的农民是根本无法通过这一途径获得城市户口的。当前城市户籍制度改革中的这种"嫌贫爱富"取向本质上是金钱与户口之间的一种交易，形成了户籍迁移的货币化趋向，这对于进城农民是极其不公平的。微薄的收入与高昂的经济成本、落后的文化素质与先进的技术水平之间存在的极大反差使得进城农民难以达到成为城市人的条件要求，因此，对于想要获得城镇户口、实现身份和居住地转变的农民，城市政府推出的所谓"户籍准入制"对他们而言，只是毫无现实意义的空头承诺。从这一意义上看，当前城镇户籍改革是很有保留的、是有限制的，户改规定为有钱人和受过教育的人提供优惠的户籍待遇，但却为在城市中从事低收入工作的农民工设置了很大的障碍。

政策的保留性和不均衡性又造成了改革效果的有限性，户籍改革的真实情况可以说是"雷声大雨点小"。从目前城市户籍制度改革的现实效果来看，许多地方的改革还仅仅是象征性的，只是在政策上表明外来人员与城市居民的平等权利，并没有涉及实质性的内容。如石家庄实行户改后，在总共30万人的进城务工农民中，只有1.1万人填写了申请表，① 从比例上看，只有1/30的人符合准入条件。而石家庄实行的对城市特困群体和重点优抚对象进行采暖费补贴，规定的"补贴范围"仍区分了"农业户口"和"非农业户口"。山东某一户籍改革试点下发的一些补贴、安置和再就业等通知中也依然沿用了原有的城乡户籍的区别。这些现象表明了城市户籍制度改革的"象征意义"远远多于"实质内容"，虽然户口可以通过制度形式加以统一，但一落实到具体的政策和福利时，外来进城农民与城市原有居民的差别就又浮现出来。

通过对当前城市户籍制度改革的反思，笔者再次重申，当前户籍制度深化改革的重点和突破口应放在着力解决进城农民的户籍问题上，消除他们在城市中遭遇到的限制和歧视，为他们提供向市民转化的充分条件和机会。此外，从现行户籍制度改革的现实效果也可以看出，城市门槛的降低或户口的统一并不意味着与户籍相关的问题会随之解决，尤其是在资源的分配问题上。目前，虽然有些资源，如住房是由市场来配置的，因此可以免除户籍差异，但当前城市中还有太多公共资源，如社会保障、教育等还是由地方政府分配的，在这些资源的配置过程中，原有的城乡户籍差异仍然在起作用，且在一段时期内不会消除。这意味着户籍制度改革的关键不在于是否取消户籍登记管理，而在于如何剔除附着在户籍上的不合理的制度，逐步剥离镶嵌在户口上的许多不合理功能，这正是城市户籍制度改革的最大难点。这也说明，实施到今天，但其积极效能已很少了的户籍制度，即使要改革也是积重难返，户籍改革可以说是牵一发而动全身的举措，附着在其上的利益也许比户籍制度本身更难变动。

无论如何，户籍制度改革的最终目的在于使农民在户口名称发生变化的同时，享受到同城市市民同样的福利待遇，包括就业、社会保障、教育和住房分配等方面，只有在这些具体的利益和资源分配上实现平等化，才是进城农民市民化的真正内涵。因此，户籍制度改革目标的达成要求当前城市户籍制度改革中各种配套制度改革的同步进行，包括就业制度、社会保障制度、住房制度、教育制度、城市财政制度和社会管理制度等，还涉及农村土地制度的改革，这些配套制度如何与户籍制度的衔接问题成为城市户籍制度改革所遭遇的极大困境。

---

① 中国的户籍制度：继续改革才能保护中国的农村流动人口. http://www.tecn.cn, 2008-01-04.

2002年3月，广东省由于有关部门配套政策的调整不及时，不得不暂缓执行户籍制度改革的有关内容。2004年8月，以改革彻底性而备受关注的郑州市的户籍制度改革，因城市公共资源有限，而被"叫停"。这些现实真切地反映了中国现行户籍制度改革的尴尬局面和现实困境。户籍制度改革与配套制度改革的不同步所导致的城市门槛降低后面临的两难境况，无疑又加剧了户籍制度改革的难度，制约了户籍制度改革的进程。

（三）突破户籍改革困境，缓解城市二元社会结构所引发的阶层对立

在当前中国城市化进程中，现行户籍制度的改革似乎走入了两难困境，而要使改革取得实质突破，必须实行配套制度的改革，制定必要的配套政策。只有这样才能为进城农民向市民的转化提供切实有效的条件和机制，也才能从根本上解决城市二元社会结构问题。目前，许多城市也已经推出了有针对性的实效举措，在配套制度的调整跟进和政策制定方面，为进城务工农民提供便利，逐渐畅通农民向市民转化的渠道。

1. 改善进城农民的就业环境

2005年，国务院办公厅发出《关于进一步做好改善农民进城就业环境工作的通知》，要求地方各级政府，特别是城市政府要进一步做好促进农民进城就业的管理和服务工作，清理和取消针对农民进城就业等方面的歧视性规定及不合理限制，清理对企业使用农民工的行政审批，取消对农民进城就业的职业工种限制，不得干涉企业自主合法使用农民工。在这一政策指导下，各地开始致力于进城农民就业环境的改善。例如，江西省规定任何单位和个人不得干涉企业自主合法使用农民工，取消专为农民工设置的登记项目，实行暂住证一证管理。各行业和工种，尤其是特殊行业和工种所要求的技术资格、健康条件，对农民工和城镇居民要一视同仁。该省还规定，对农民工与居住地人口同管理、同服务；农民工子女就学，在入学条件等方面与当地学生同等对待。全国外来务工人口最多的深圳市实行了工资保证金制度，对发生过拖欠农民工工资的用人单位，强制在开户银行按期预存工资保证金，实行专户专账管理，当用人单位有发生克扣、拖欠、低于最低工资标准支付工资的现象时，可先由工资保证金进行支付，再进行调查处理或劳动仲裁处理。

2. 填补进城农民的社会保障空白

从进城农民，特别是务工人员社会保障的现状来看，不仅保障力度严重不足，而且缺乏相关的法律法规进行有效的规范，社会保障问题无疑是户籍制度配套改革中最薄弱的环节。在解决这一问题上，2004年，劳动和社会保障部颁发了《关于推进混合所有制企业和非公有制经济组织从业人员参加医疗保险的意

见》，要求逐步将与用人单位形成劳动关系的农村进城务工人员纳入医疗保险范围。根据农村进城务工人员的特点和医疗需求，合理确定缴费率和保障方式。在地方上，沿海发达城市走在社会保障改革的前列。2003 年，上海在全国率先推行了外来从业人员综合保险制度，包括工伤保险、住院医疗和老年补贴三项待遇。迄今，已有约 185.3 万名外来劳力参加综合保险，覆盖了上海近 2/3 的外来"打工者"。① 青岛市在 2005 年出台并实施了《农民工基本养老保险暂行规定》和《农民工工伤保险暂行规定》，明确提出农民工将享受与城镇职工一样的养老保险和工伤保险待遇。深圳最新出台的养老保险政策取消了养老保险的户籍限制。这意味着，非户籍员工在养老的条件上和户籍员工平起平坐，即只要累计缴费满 15 年，并达到法定退休年龄就可在深圳退休，按月领取养老金。

3. 改善进城农民的居住条件

在进城农民的住房问题上，居住条件的改善和住房体制的改革都取得了比较大的进展。首先，在居住条件的改善上，有的城市允许招工较多的企业，按规定建设一定数量的农民工集体宿舍和"民工公寓"，如深圳、上海；有的城市为进城务工农民集中建造廉租房和低价房，如辽宁、杭州。其次，在住房体制的改革上，有的城市致力于建立与农民工相适应的城市住房建设机制，允许符合条件的外来务工人员购买经济适用房，如福建、南昌；有的城市把农民工纳入住房保险体系，如果条件允许，城镇单位聘用农民工，用人单位和个人可缴存住房公积金，用于农民工购买或租赁自住住房，以解决进城农民的住房问题，如广西、辽宁。

4. 解决进城农民的子女入学教育问题

由于户籍制度的阻隔和进城农民自身经济能力的不足，城市中的流动人口子女很难进入正规的教育体制，获得同城市市民子女同等的教育机会和条件，这一问题已成为进城农民的最大忧患，也是最值得关注的城市社会问题之一。2003年 9 月，国务院办公厅转发了教育部等部门《关于进一步做好进城务工就业农民子女义务教育工作意见》，要求各地政府、机构重视流动人口子女教育问题，保障其合法权益。面临越来越突出的流动人口子女问题，珠海市通过整合城区教育资源、降低农民工子女入学门槛等举措，保障流动人口子女就近入学，使农民工子女享有与本市儿童平等的受教育的权利。深圳市最新出台的政策规定也将农民工子女教育统一纳入全市教育发展规划，统筹安排就读、统一学籍管理、统一教育管理，鼓励多途径解决农民工子女教育问题。浙江省要求把各地流动人口子女学校作为基础教育的有机组成部分加以管理，进城务工人员子女接受义务教育

---

① 上海：185 万外来务工人员拥有综合保险卡，www.xinhuanet.com，2005 - 07 - 24.

的收费标准与当地学生一视同仁,此外还利用民营资本活跃的优越条件,在解决流动人口子女入学的问题上充分调动民间力量,以民办学校为补充。

上述种种试图打破户籍改革困局的举措,有许多的确为进城农民解决了一些现实困难,如居住条件的改善和子女入学问题,但是,有些措施在具体操作中又引发了新的问题,从而大大削弱了改革的效果,如社会保障方面的措施。2008年春节前,一些城市出现了农民工"退保潮",退保的务工者多是因为户籍限制而无法实现养老保险的地区转移,而不得不在从一个城市到另一个城市之前退掉已交的保险金。那些分别在不同的城市上过养老保险的务工者面临的则是这些保险不能合并的问题。如此看来,原本看似为进城务工农民设计的养老保险政策并没有发挥有效的保障作用,不能转移的养老保险制度对他们来讲,就根本没有起到养老保险的作用。这一问题的出现进一步凸显了户籍制度的弊端,同时也显示了加快户籍改革的必要性。

综上所述,要消除城市中以市民与农民的身份差别为特征的二元社会结构,实现进城农民的市民化,推进我国的城市化发展和社会转型,户籍管理制度的深化改革是首要前提,是社会经济稳步发展和城市化的快速顺利发展的制度支持。然而,"冰冻三尺,非一日之寒",中国社会二元格局的消除、户籍制度的改革以及城市化的发展都不是一蹴而就的,而是一个涉及各方面的社会管理体制问题,是一个复杂的、渐进的过程。同时,户籍制度的改革与二元社会结构的消除以及城市化水平的提高之间也并不是简单的因果关系,这其中还涉及到许多配套机制的调整和人们观念的变化。因此,户籍制度的改革必须同时配以相关的社会制度的改革,不断消除因户口差异而形成的进城农民与城市市民在就业、社会保障、教育和住房等方面的差异和不平等权利,将进城农民纳入正式的城市社会管理和服务体系之中,以此推动户籍制度改革的实质性突破。我们相信,致力于实现社会成员权利平等和流动自由,打破二元社会格局的户籍制度改革将使整个社会释放出发展的巨大能量,成为不亚于经济体制改革的又一强大动力,在很大程度上改变我们国家的面貌。

第六章

城市化进程中的居住分化问题研究

过去的社会学研究过分集中于生产领域而忽视了消费领域,如住房、社会服务等对社会的影响。事实上,在我国,伴随着城市化进程中住房制度改革的不断深入,住房消费已成为我国居民消费的至关重要的组成部分,是影响城市居民生活质量的重要因素,并且已在不同社会层次形成了不同的住房消费文化层次,住房成为体现城市居民的财富、职业、权力和声望的重要符号。

正如桑德斯(Saunders)所言,现代社会中观察一个人的住房情况比留意他的工作更为重要,在我国大城市更是如此。

现代社会的分层不像马克思主义者那样,可以简单地归纳为资产阶级和无产阶级,而是可以按照各人的住房状况不同划分为不同的住房阶级。正如雷克斯与墨尔的研究所说,城市中大部分居民对住房资源的要求都有着共同的价值取向,即:人人都希望入住环境清静、远离烦恼的高尚住宅区或条件优越的郊区,然而城市资源是有限的,因此形成了竞争。这个城市资源的竞争,就像社会领域内的阶级斗争,会形成不同的阶级。

雷克斯和墨尔所说的住房阶级现象也正在中国发生。因房地产价格的巨大差异造成的阶层区隔正在形成,城市中形成了一些高档社区、高档物业小区,在这里,房屋的价格和物业管理的价格都十分昂贵,只有一些富有阶层可以承担。另一方面,社会边缘群体聚集的地方,也形成了一些低收入和边缘群体的社区。具有阶层特征的生活方式、文化模式也逐渐形成。这成为中国社会阶层结构定型化趋向的判断标准之一。[①]

---

① 李强. 当前我国社会分层结构变化的新趋势[J]. 江苏社会科学,2004(4).

目前我国城市的居住分化可概括为绝对分化和相对分化两种类型。居民住房的绝对分化是指住房空间在地域上彼此分离，在功能上互相独立，服务于不同的消费阶层；相对分化是指居住空间在地域上临近，但在功能或消费导向上各有特色，也服务于不同的消费阶层。

无论是住房的绝对分化还是相对分化，都可以看出明显的社会分层的差异。更具体地说，城市居民住房差异形成的社会分层主要表现在以下三个方面：

一是空间位置的差异。城市居民住房的空间位置的差异在现代房地产市场的发展中，逐渐形成符号化分类标志，这一点，在北京、上海、香港等大城市表现尤其明显。正如香港人听说："不需要知道你的收入，只需要知道你住在哪里。"一般来说，住在半山区、浅水湾区、九龙塘区等区域的人无疑是上层或中上阶层人士。住在大埔、粉岭、元朗等区的人无疑是中下层人士。市区当中，住在已经进行城市重建区域的、或某些新市镇中由私人发展商建设的综合性住房的是中层人士，住在市区未重建区域，例如深水、旺角等区的是中下层及下层人士。在北京，住在星河湾、贡院6号、荣尊堡、紫玉山庄这几个小区的人无疑是富有阶层，而租住在八家等城中村里的人无疑是低收入阶层。

二是房屋价格的差异。在城市居民的住房消费中，不同的房价绝对是不同社会阶层的一个分水岭。能够买每平方米单价超过万元甚至两万元的住房的居民，毫无疑问，人们会把他放在上层，能够购买经济适用房，很明显是中下层，而廉租房明显适用于中下层的城市居民，如下岗工人、农民工等。

三是房屋特色的差异。现在商品房市场已经出现了明显的市场细分，不仅是从价格和位置来区分不同的社会阶层的客户群，而且是从房地产产品本身的特色加以区分社会阶层。

以上三大差异，前两者属于房屋的硬件指标，是房屋的物理属性，对社会分层有着直接的、可见的影响，而第三大差异则属于消费文化的范畴，但由此导致的社会分层差异更是不容忽视。因为，现代社会是一个感性消费的社会，人们往往花在所购房屋的心理属性上的钱远远高于房屋的物理属性，也往往用房屋的心理属性去提高、突出自己的身份地位。

住房在上述三个方面的急剧分化使得城市社会空间类型出现明显分化，出现了不同特质的各类居住社区，比如高收入社区（高尚社区、别墅区、公寓等）、中等收入社区（新兴物业小区等）、低收入社区（平房小区、大杂院、简易楼群、廉租房小区、城中村流动人口聚居区、棚户区等）。这就导致城市社会空间的分化日益加剧，使城市变得更加"分化"、"碎化"、"区隔化"，其中也凸显出很多社会矛盾和问题。

本章试以北京市为例对城市化进程中出现的居住分化问题进行系统的分析。

一、城市居住分化现状与模式

改革开放以后,特别是20世纪90年代以来,随着市场经济的快速发展,城市社会结构发生了巨大变化,出现了社会阶层的种种分化。居民之间的职业构成日益复杂化,收入差距拉大,再加上人口流动的急剧增加,房地产的迅速发展,北京市居住分化的特征非常突出。

(一) 居住分化的现状

1. 居住区位的分化

低收入家庭大部分居住在近郊区和远郊区,但仍有小部分留守在中心城区,这些人居住区位以平房区为主。高收入家庭中有少部分居住在中心城区,主要居住在中心城区的高档公寓中,大部分家庭居住在远郊区的别墅区和花园洋房中。

同时,我们研究也发现,专属居住空间不断涌现,居住区隔开始出现。

一方面,日益壮大的中高收入阶层人群住进了各式各样的经济型别墅。目前,北京别墅住宅区的空间分布呈现一山(西山)、两河(潮白河、温榆河)、三路(立汤路、京顺路、京通路)、四高速(京昌高速、京承高速、京沈高速、京开高速)的格局,形成了温榆河别墅区、潮白河别墅区、泛CBD别墅区、亦庄别墅区、城南别墅区、西山别墅区、昌平八达岭别墅区和亚奥京北别墅区共八大别墅区(见图6-1)。

另一方面,低收入群体因为住房可支付能力有限,不断被边缘化,被迫集中居住在城中村(见图6-2)、城市平房区、棚户区等区域,出现一片又一片低收入居住区。一些老的、废弃的村庄由于流动人口集聚正成为新的棚户区。[①]

此外,北京作为中央政府和地方政府两级政府所在地,同时又是一个国际化大都市,它的居住空间分异还有着自己鲜明的特色,形成了一些特殊的专属空间,比如高层干部居住区、使馆区、外国人聚居区等。

2. 居住条件的分化

一是居住面积上的分化:高收入群体拥有90平米以上住宅的比例远高于其他群体,而低收入家庭中不少家庭仍居住在60平米以下的住房里。二是住房套数上的分化:大部分居民拥有一套住房,还有一小部分人拥有两套以上的住宅。三是住房户型上的分化:两居室是当前居民居住的主要户型。低收入家庭居住在

---

① 顾朝林, C. 克斯特洛德. 北京社会极化与空间分异研究 [J]. 地理学报, 1997 (5).

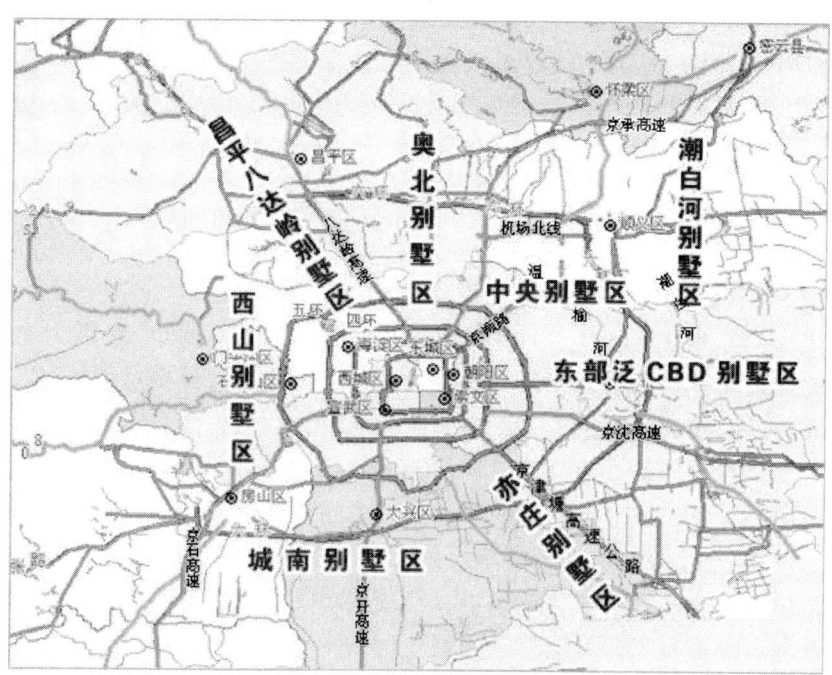

图 6-1　北京市别墅区全图

资料来源：图片来源：焦点别墅网. http://villa.focus.cn.

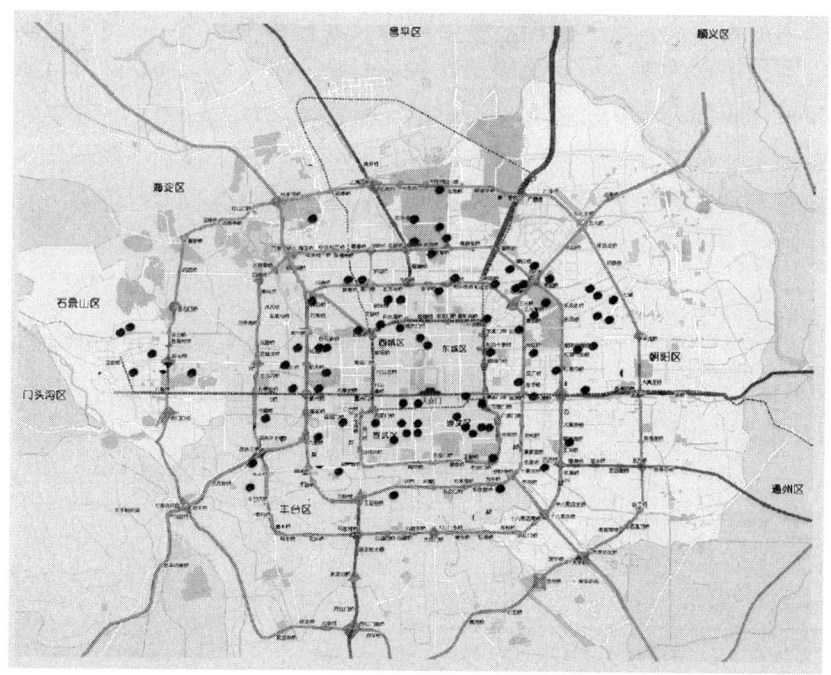

图 6-2　北京市部分城中村分布示意分布

资料来源：吴良镛等. 京津冀地区城乡空间发展规划研究二期报告，清华大学出版社，2006.

平房、一居室的比例要高于中高收入家庭。中高收入家庭现在居住的房屋的户型为三居室的比例要明显高于低收入家庭。四是住房类型上的分化：低收入家庭现在居住的房屋以平房和低层（4~7层）住宅为主。高收入家庭以小高层、高层住宅为主，少数高收入家庭拥有别墅。

（二）居住分化模式

1. 宏观空间结构上的居住分化模式

整体来说，北京市居住空间分布呈围绕紫禁城的同心圆结构。第一圈层是以胡同—四合院体系为主的旧城，主要位于二环路以内，建筑以平房为主，其间散布少量改造后的楼房，但由于受到旧城保护的限制规定，建筑层数大都不超过6层。平房大都年久失修，建筑质量较差，多数陈旧不堪。第二圈层是新中国成立后各机关团体、企事业单位修建的单位大院型的住宅区，主要位于二环路和三环路之间以及10个边缘组团。不同单位的居住区有围墙封闭，形成一个个独立的社区，区内有幼儿园、小学甚至中学、社区医院、食堂、综合商场等公共服务设施，以6层及以下行列式低层建筑为主。第三圈层是20世纪80年代中后期以来兴建的新型商品住宅，主要分布于三环路与五环路之间和边缘组团，亦有少量因旧城改造、工业企业外迁而位于三环内，呈现沿主要交通干线放射的不规则扩展。这些商品住宅小区环境幽雅，基础设施完善，交通方便，价格也比较高，建筑形式以高层塔楼为主。第四圈层是为满足高收入阶层需要而在远郊开发建设的八大别墅区。主要分布在京城北部、东部及东南部地区。

概括起来，北京市居住空间结构的分化模式是以中心团块状模式为主，同时呈现沿轨道交通、高速公路的放射状的轴线发展模式（见图6-3）。

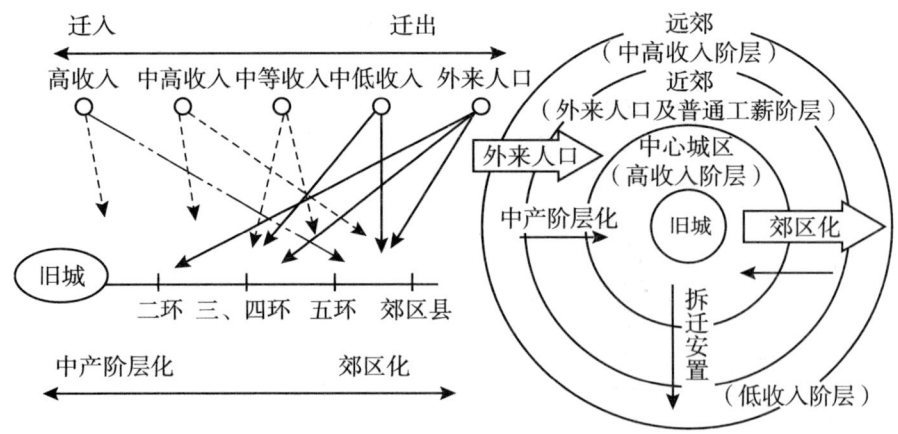

图6-3 北京城市空间生态演替模式示意

2. 微观社区内部的居住分化模式

除了宏观的、大尺度的居住空间分化，从微观角度来看，社区阶层化的趋势也越来越明显。居民的收入和职业构成日益复杂，社区内部和社区之间的异质性都有所加强，在特定的地理地段形成了与社会构成相对一致的居住群体，在社区居住空间中形成了别墅区、高档公寓区与平房区、棚户区、流动人口聚居区等诸多类型之间的鲜明对比。

北京市的社区居住分化情况非常明显，以崇文区东花市街道办事处辖区为例，就存在着商品房居住小区、回迁小区、廉租房小区、单位家属院以及未改造的平房居住区、简易房等诸多居住类型。

社区内部的不同收入水平的居民在住房类型及居住面积等方面也有很大的分化。根据笔者 2005 年在北京市崇文区东花市街道办事处的调查，高收入居民大都居住在高档商品房中，而中低收入居民大都居住在简易楼、廉租房、私房出租房、平房中。中低收入居民中，有 51.4% 的家庭人均居住面积在 15 平米以下，只有 8.8% 的家庭人均居住面积在 30 平米以上。而高收入居民中，只有 19.1% 的家庭人均居住面积在 15 平米以下，而有 36.5% 的家庭人均居住面积在 30 平米以上。

二、城市化进程中居住分化的形成机制

概括来说，城市化进程中居住分化之所以产生，主要有以下几个方面的原因：

（一）城市功能结构的转变

随着改革开放力度的加大，我国大城市经济和国际经济的融合度越来越高，大量的国际资本、先进技术进入这些城市。这些国际资本和技术有选择性地与城市的不同区位的不同产业部门进行结合，驱动了城市功能结构的转变，引发了城市产业空间的分化，造成居民就业空间的极化，一定程度上牵引了居住空间的分化。

（二）社会阶层的分化

经济体制的变化加剧了社会分工和职业分层的深化，城市社会阶层结构发生了巨大的分化。

社会阶层分化带来的差异化的住房需求和住房消费能力引发了大混居背景下的小聚居效应，加剧了居住空间的分化。

另外，城市化进程中，大量农村流动人口的涌入，形成了一个特殊的社会阶层，他们的居住选择也推动了居住空间的分化。以北京市为例，根据北京市统计局1%人口抽样调查显示，2005年底，北京市户籍人口1 180.7万人，流动人口357.3万人，而流动人口中大多数是农民工。由于严格的户籍管理制度，流动人口不能享受城市居民特有的住宅分配权利，因而构成一个特殊的居住群体。他们大多聚居在城郊结合部地区的民房或建筑工棚内，在城市中形成了一个又一个的外来流动人口聚居区，如北京的八家、西北旺、大红门等地区，其内部还出现了因籍贯、民族而进一步分化的倾向。

(三) 住宅市场化的影响

在市场经济条件下，住宅作为一种特殊的商品，其价格受供求关系的影响，而居民在购买住房时首要考虑的因素就是房价，住宅价格因而自然成为制约居民居住区位选择的客观因素。

由于北京特殊的政治经济地位，拥有国内、国际两大市场，刚性需求旺盛，这在一定程度上抬高了北京的房价，并成为北京市居住空间分化的内在动力。

中低收入群体有限的支付能力和越来越高的房屋价格之间形成越来越大的矛盾。在北京，大量中低收入人群受到支付能力的制约，在高房价面前，他们只能不约而同地选择南城、远郊区县等房价便宜的区域。

(四) 城市规划的影响

居住分化现象与城市规划之间有着密切的联系，城市土地利用规划、历史街区保护与更新规划、住房建设规划等城市规划行为都会引导居住分化格局的形成与演变。

在城市规划的指引下，20世纪90年代以后，北京市对旧城地区的大规模拆迁改造和取而代之的房地产开发，使得侵入与接替不仅表现在建筑物质空间，还表现为社会群体的演化，大量旧城底层群体的外迁行动与城外高收入群体的内迁行动同时并存。以中产阶层为主体的新型物业小区在旧城大量兴起，意味着北京的旧城改造运动，一定意义上说也是一场声势浩大的绅士化运动。这场大规模的绅士化运动极大地推动了北京城市居住空间的重构和居住分化的加剧（见图6-4、图6-5）。

此外，经济适用房的规划与建设对城市的居住空间，尤其是中低收入阶层的居住空间产生了重要的影响。截止到2006年底，全市共批准集中建设项目有52个，住宅总规模2 600多万平方米，累计开工2 246万平方米，销售面积2 029万平方米（约19万户）。另外，支持中央单位和部队利用自用土地建设经济适

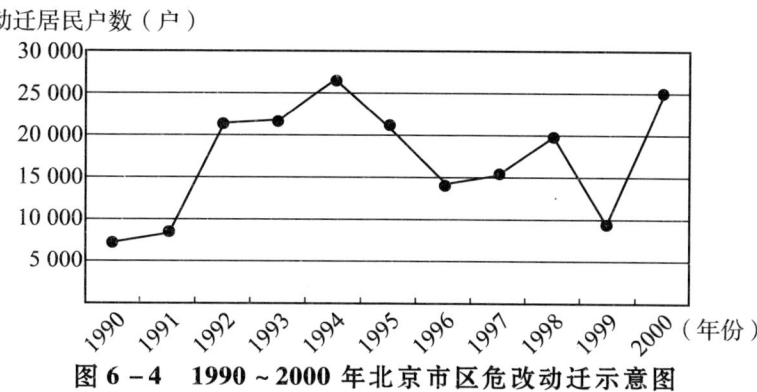

图6-4 1990~2000年北京市区危改动迁示意图

资料来源：周乐. 对北京当前大规模危旧房改造的思考[J]. 北京规划建设，2002（4）：43.

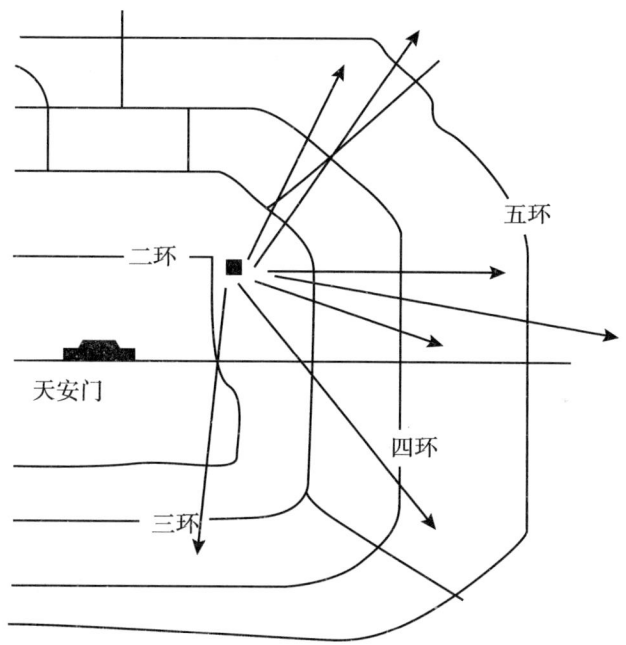

注："■"指拆迁区域；
"➝"指居民迁移方向及迁入的大致地点。

图6-5 北京市东直门街道新中街社区与香河园社区拆迁改建后居民迁出示意图

资料来源：占少华. 低收入动迁居民的行为选择及其边缘化后果——对北京市两社区拆迁改建的调查分析. [EB/OL]. http://www.social2 policy.info/889.htm.

用性住房2 586万平方米。[①] 2006年9月，新颁布的北京市住房建设规划对经济

[①] 卫洪亮，王世春，任春艳. 法规虽多出台晚 价格虽低销量降——北京经适房市场去年总盘点[N]. 中国国土资源报，2008-02-20.

适用住房、两限房、廉租房等类型的住宅做出了新的空间布局规划，这将进一步加剧北京的居住空间分异（见图6-6）。

图6-6　北京市现状经济适用住房布局示意图

资料来源：北京市规划建设委员会．北京市住房建设规划（2006～2010年）．

三、城市化进程中居住分化引发的社会影响

（一）居住分化的正面效应

居住分化自身也具有一定的正面效应。主要体现为以下方面：

1. 能促进社区居民高度自治，给城市管理带来机遇

居住分化后产生的阶层型社区不同于自然型社区的一个重要特点，就是在社

区内部居民的阶层属性相同或相近。一般来说，自然型社区中，居民在地位和权威上呈现等级性，因此，这些具有权威或地位高的社区成员便拥有了社区的权力，左右着社区的决策，其社区居民的民主也受到影响；而在阶层型社区中，社区成员的阶层同质性高，社会地位较平等，居民间不存在权力等级结构，因此，居民能平等地参与社区的决策，参与到社区事务中来，更好实现居民的自治，给"小政府、大社会"的权力下放奠定了基础，居民也能更好地管理自己。

2. 有利于社区服务的产业化经营，满足社区居民多样化的需求

在自然型社区中，由于社区内居民阶层异质性高，不同阶层居民对服务的形式和内容、服务水平和质量以及服务范围的要求不一致，有相同或相近要求的居民分散在各个"复制"的社区中，致使许多服务的对象非常分散，在某一具体社区内，则是服务对象少、市场小而无法开展专业化、个性化、高品质的服务项目，即使开展了，也只能勉强维持，盈利困难，最终社区服务的形式单一、内容简单制约着社区服务的发展，不仅无法满足社区居民多样化需求，而且产业化经营的前景也很暗淡。

一般来说，同一阶层的居民对服务有相同或相近的需求。居住分化不仅实现了阶层的重聚，而且将分散在各个不同自然型社区内的服务要求集中起来，扩大了这些服务项目的市场，因此，社区就可以将这些服务项目开发出来，并纳入产业化经营的轨道。

3. 能增强政府扶持的针对性

在自然型社区中，政府扶持的有限资金被"天女散花"般地平均分配在各个社区内，总量少不说，针对性也不强。对于高收入居民来说，这点扶持毫无意义；而对于低收入居民来说，这些扶持能解决很大的实际问题但又太少。可见，政府的扶持未用在最需要的地方，边际收益不高。社区阶层化以后，情况则大不一样，政府可对不同阶层居住的社区采取不同的扶持政策：对于上层居民居住的社区，可采取多开发高层次的、高价位的经营性服务来筹集社区建设资金，甚至采取对其征收一定税费的政策；而对于低收入阶层社区，政府要加大扶持力度，将有限的资金集中在这些社区中，帮助这些社区进行基础设施建设，改善居住环境，增进居民福利。可见，社区阶层化有助于政府实施差别化扶持政策，还可以增强政府扶持的针对性，既避免了以往政府扶持"一刀切"状况造成的扶持乏力与资源使用的低效性，又体现了社会的公平，无形中缩小了阶层收入的差距，部分缓和了两极分化，起到了宏观调控的作用。

4. 有利于社区公共物品的管理与建设

社区公共物品的建设与管理一直是社区建设中的重点和难点问题，而居住分化有助于这一问题的解决。我们知道，不同阶层分居在不同社区后，由于社区内

部居民的阶层同质性高,所以国家及政府能针对不同阶层的收入情况及要求,有针对性地对高收入社区征收一定的公共物品管理及建设费用,并用于该社区的基本建设,这是符合该社区成员的利益的,也是该社区成员能接受的。而对于低收入社区,由国家和各级政府出资,资助他们进行社区建设也是可行的。这样就给社区公共物品管理和建设资金的落实找到了依据,从而有利于社区公共物品的管理与建设。

5. 有助于社区归属感的增强

西方城市经济学认为,生活的质量好坏在很大程度上取决于邻里。"所谓环境宜人者,就是说有优美的风景、赏心悦目的环境、意气相投的邻里,以及其他一切增加生活愉快和舒适的因素"。相同阶层的人愿意聚居一处,以求安全感、社交的便利和一种共同的文化氛围。居住分化产生的邻里同质效应有助于社区归属感的增强。

(二) 居住分化的负面效应

1. 空间区隔问题

居住分化导致各阶层在城市空间的同质聚集效应也越来越强,形成越来越严重的城市空间区隔。零点研究咨询集团在 2006 年 4 月,针对北京、上海等 20 个城市 2 553 名 18~60 岁常住居民的入户调查结果表明:32.6% 的城市居民认为目前北京有明显的"富人区"与"穷人区"的居住区隔(见图 6-7)。

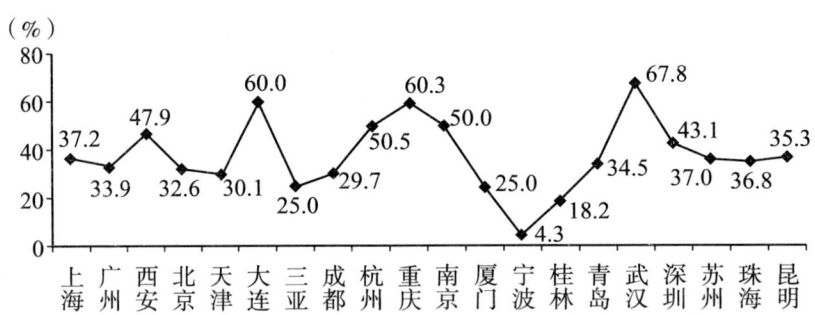

图 6-7 不同城市对所在城市"贫富分区明显"的判断比例

资料来源:零点调查公司. 城市居住模式的理想追求与偏差现实. http://www.horizonkey.com/showart.asp? art_id = 602&cat_id = 5.

空间区隔对于阶层之间的沟通与流动都将带来新的阻碍。同时,贫穷家庭的集中不仅带来了城市环境方面的问题,也引发了诸如犯罪率增高等一系列社会问题。空间区隔,往往会导致贫困阶层和富有阶层的矛盾和对立,从而容易引发社会动荡。

2. 相对被剥夺与社会排斥问题

伴随居住区位的边缘化，中低收入群体受到的相对剥夺和社会排斥问题日益严重。就业机会、公共资源、公共物品，尤其是优势资源，正在远离中低收入群体，社会排斥正日益增强。

具体来说，主要体现在以下三大方面：

（1）在劳动力市场上的排斥。低收入群体就业的主要形式是非正式就业，随着居住区位的边缘化，一方面导致他们的非正式就业机会急剧减少，另一方面，新居住地正规的就业市场使得低收入群体的失业问题进一步加剧。

（2）在城市公共基础设施与公共服务享有上的排斥。伴随居住区位的边缘化，教育、医疗、文化资源的可达性大大降低，交通成本、时间成本上升带来的公共资源的使用成本上升，中低收入群体对于公共物品、公共设施的使用的频次相对搬迁前有明显的下降。居住的边缘化将导致中低收入群体看病就医难、子女获取市中心一流教育资源的机会降低等问题。

（3）在住宅市场上的排斥。如今政府对动迁居民大都实行货币补偿，但补偿标准总体较低，而房价又居高不下，补偿款与购买新房的房款之间还存在很大的差距，同时低收入群体因为本身经济拮据，而难以通过其他方式筹措资金来增加购房款，这就导致了他们在购房时，比高收入群体具有更少的选择机会，尤其是在城区的选择机会明显减少。他们被迫选择购买偏远地区的、价格相对低廉的房屋，或者选择租住便宜的房屋。

3. 土地资源的短缺与浪费并存

在住房市场化背景下，由于政府缺乏对住房开发的有序引导，开发商对居住产品进行极化供应。一方面，中低价位普通商品房所占比例过低，导致住宅短缺和价格的上扬；另一方面，别墅、高档公寓楼在全部住宅中的比例过高，造成了土地资源的浪费。根据笔者的统计，截止到2007年10月底，北京市六环内208个别墅区总占地面积约为4 567公顷，相当于5.9个天通苑居住区①的面积，相当于11.4个朝阳区中央商务区②的面积。

4. 对公共环境与利益的损害

大量高档别墅区、高尔夫正式球场③和练习场的建设对防护绿地、隔离绿地

---

① 天通苑居住区规划面积约770公顷，其中建设用地423公顷；总建筑面积800万平方米，其中经济适用房建筑面积572万平方米。

② 规划占地面积399公顷，规划开发建筑面积1 000万平方米，核心区仅30公顷。

③ 北京城区已建成的52个球场总占地面积约6 619公顷，加上正在新建（扩建）的球场的面积约1 357公顷，总计北京市高尔夫球场的占地面积达到了7 976公顷，约相当于10.36个天通苑居住区的面积，相当于2007年北京市住宅供应的总量（1 640公顷）的4.86倍，相当于4.2个宣武区的面积，相当于20个朝阳区中央商务区的面积。

造成了严重侵占（见图6-8）。

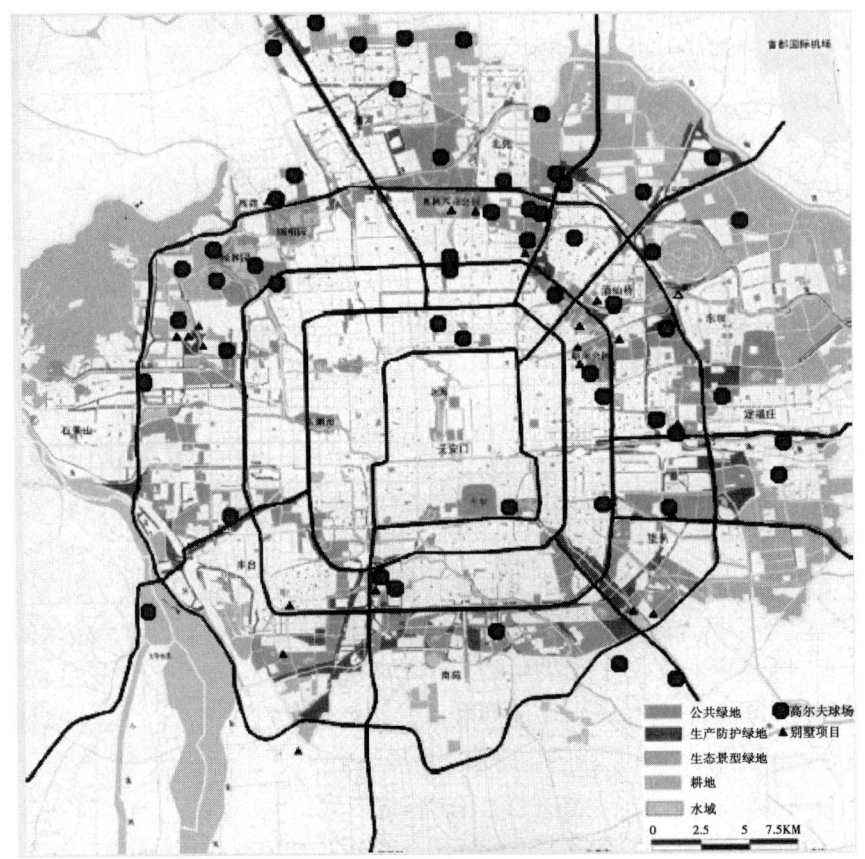

图6-8 北京市部分高尔夫球场和别墅项目分布

资料来源：吴良镛等．京津冀地区城乡空间发展规划研究二期报告．清华大学出版社，2006．

此外，在城市边缘地区，特别是所在区位价值比较高的地区，土地利用为开发商所垄断。他们为追求效益最大化，兴建大量别墅区，一方面浪费土地资源，严重侵占耕地；另一方面对河、湖、林地、山野等自然资源的公共属性造成侵害，使得这些稀缺的自然生态环境资源为一小部分人所有，[①] 加剧了富有阶层对公共自然生态空间的侵占与垄断，影响了公共自然生态空间的社会功能与环境功能[②]的发挥。比如沿两河（潮白河、温榆河）地区曾经规划为北京四个国家公园

---

① 吴良镛等．京津冀地区城乡空间发展规划研究二期报告．清华大学出版社，2006．
② 公共自然生态空间的作用具体来说主要包括：（1）生态安全功能：防风、固沙、蓄水；（2）环境净化功能：吸收污染物、净化空气、降低噪音；（3）健康功能：城市绿心、天然氧吧；（4）社会交往功能：老人交往乐园、儿童教育天地。

之一。而大量别墅的建设无疑使这些地区的环境资源被私有化了。①

5. 职住分离问题

传统单位制下"职住合一"的空间格局已被打破，居民的"职住分离"现象十分普遍。随着土地使用制度和住房制度的改革，原有的土地使用模式被打破，形成了地价与房价从中心区向外递减的环状空间布局，中心区逐渐被第三产业占据，大量工业企业和居民外迁。

迫于房价的压力，底层群体大都居住在城市郊区，而工作机会仍大都在城市中心城区，于是他们每日疲于奔波在郊区生活居住区和市中心就业区之间，产生潮汐式交通，呈现出明显的"职住分离"现象。

6. 邻里关系陌生化

"院"和"胡同"能够带给居民归属感，在增进人们之间的情感交流方面有非常重要的功能，它们给中国传统家居生活提供了独特的生活空间，也带来了无限生机。② 随着城市的大规模拆迁改造，如今，1949 年旧城原有的 2 000 万平方米历史建筑（包括 1 300 万平方米平房四合院）中保留下来的不足 1/4。原来北京的 3 050 条胡同，到 2003 年，道路宽度在 20 米以下的胡同（包括街巷）仅有 1 600 条，到 2005 年 3 月，旧城内被直接称为胡同的，只剩下 400 多条。③ "院"和"胡同"的缺失使得住进楼房之后的人们失去了一个重要的沟通、交流载体和彼此关照的场域，邻里之间变得逐渐生疏起来。

根据笔者 2005 年对北京东花市南里社区的调查，和隔壁/对门邻居之间"经常来往，很熟悉"只占 24.3%。有超过一半（61.1%）的被调查者和隔壁/对门邻居之间是"认识，但仅仅打个招呼而已"的关系。

7. 混合社区内部居民之间矛盾增加

（1）低收入居民与高收入居民之间的矛盾

危旧房改造之后的居住区往往都是高收入的商品房住户和低收入的回迁户混合居住。因为上述两个群体在经济条件、生活方式等方面存在着显著差异，所以在共享公共活动空间和相关服务设施的时候经常发生矛盾和冲突。

（2）本地居民与外来流动人口之间的矛盾

外来流动人口分散居住在居民楼的出租房中。一方面，相当一部分外来流动人口是农民工，文化素质相对较低，他们在卫生、交通等方面表现出来的一些不文明行为对本地居民的生活产生了一些负面影响，少数外来流动人口的违法犯罪现象更是给本地居民带来了不安全感；另一方面，在一定程度上，流动人口与本

---

① 吴良镛等. 京津冀地区城乡空间发展规划研究二期报告. 清华大学出版社，2006.
② 北京胡同快速消失 居民无可奈何. http://www.chinareviewnews.com.
③ 黄艾禾，徐扬. 北京旧城改造 穷人还住得起吗？[N] 中国新闻周刊，2005 – 03 – 31.

地失业下岗人员之间在就业方面有一定的竞争关系,也引发了本地居民对外来流动人口的抵触情绪。

四、城市化进程中居住分化的应对策略

(一) 打破空间的区隔

1. 加强城市用地布局的统一规划和管理,推动不同收入阶层混合居住

在以自由市场为主要调控机制的经济模式下,房地产开发商以利益最大化为目标,无视整个城市的协调发展,居住空间分化在某种程度上是一种不可避免的现象。在处理北京的居住空间分化问题时,可以学习美国住房与城市发展署(HUD)的经验,将面向中低收入群体的公共住宅和商品住宅结合起来开发,允许一定收入范围内的高、中、低收入居民在一定的地域内混合居住。

一般而言,HUD 允许公共住宅的比例在 20% ~ 60% 之间。混合居住的居民家庭收入水平的浮动范围是平均收入水平的 50% ~ 200%。这种方法主要强调,通过市场力量,在开发商的市场利益和非盈利的社会目标之间取得平衡。

2. 合理规划,优化保障性住宅的空间布局

北京的经济适用房集中布局在郊区,而且有北多南少的现象,造成了中低收入者不得不在居住地和工作地进行无谓的奔波,降低了生活质量,增加了生活成本,并形成了钟摆式交通人流压力。[①] 我们需要加强对中低收入阶层的社会关怀,需要优化保障性住宅的空间布局,既要考虑居民的经济承受能力,也要从根本上考虑上班交通的方便程度,更重要的是应以此为契机,优化经济适用房、廉租房等保障性住宅的空间布局,调控社会各个阶层在空间上的均匀分布,促进混合居住模式的形成,实现社会阶层的共生,促进社会融合。

3. 加大城市公共设施投入,缩小居住区之间外部环境的差异

在居住区开发中,政府需要进一步加大公共投入,改善和提高中低收入聚居区(比如回龙观、天通苑等)的公共交通及公共设施配置水平,以缩小居住区之间的差异,提供相对平等的供给,尤其要增加教育设施、医疗卫生设施投入的公平性,让底层群体有更多的机会接触到优势公共资源。

在居住区外部环境、设施整体改善方面,在与其他地区没有显著差异的前提下,不同居住区可以根据自身业主的要求,采用不同的建设标准,以求缓解北京居住空间分化加剧的倾向。

---

① 北京清华城市规划设计研究院. 2006 年北京市住房建设规划空间布局研究报告. 2006 – 09.

4. 建设廉价的公共交通体系，实施多中心的城市空间发展战略

需要创造面向全民的统一的交通体系、就业市场、消费市场，改善以前在郊区居住、就业、消费、公共设施享用上的不平等状况，让每个北京市民都能更平等地享受到交通的便利、就业的机会、比较良好的居住条件。

实施多中心策略。用地铁轻轨联起来，外面作环路，织补城市还未成型的地方，创造方便、廉价的交通体系。

（二）打破心理的区隔

探讨居住融合问题的时候，我们不能忽视社区内部居民之间的融合问题。不同收入水平的居民的生活方式因为收入、文化程度的不同而存在较大的差异。在混合型社区中，不同收入的居民之间的矛盾日益彰显，具体表现在：对公共空间利用的不同意见、生活方式的差异、对社区认同程度的差异等方面。因此，除了要打破空间的区隔之外，我们还需要同时打破居民心理的区隔。

1. 创造多样化、多层次的交往空间

我们需要创造多样化的交往空间。在不影响居民住房功能与私密性空间的前提下，在居住区内提供公共、半公共、半私密的多样化、多层次交往空间。

2. 加强居民互动，促进社区内部融合

我们需要加强不同收入的居民之间的良性互动，增进邻里关系，促进社区融合。目前社区居民的邻里关系中，主要存在的问题就是邻里之间相对淡漠。尤其是在现代新型物业小区内的居民，由于文化水平相对较高、生活独立性强，加上入住时间短，使得邻里关系，与传统社区相比，相对淡漠。邻里关系的淡漠在一定程度上阻碍了信息、情感的沟通，使人缺少了精神慰藉和安全感，人的个性也受到压抑。通过丰富多彩的社区活动，加强不同收入居民之间的良性互动是促进社区内部融合的主要动力。

第七章

城市化进程中新富阶层的消费研究

自20世纪90年代后期和21世纪以来，我国的城市化发展进入了加速时期。在城市高速扩张的同时，城市社会结构也在发生迅速而深刻的调整。城市的体制改革在这一时期大大推进，城市化本身成为一种资源和财富的再分配方式，大大促进了社会分化和贫富分化。城市化也成为调整产业结构、人口结构和职业结构的动因，改变着人们的生活方式。随着城市化进程的加深，社会结构、制度环境、人们的价值观念都发生着巨大的变迁，人们的消费行为也发生了很大的改变，各个阶层都开始形成自己的消费模式。在迅速转型中，人群的利益结构发生了重大变化，社会分化和贫富分化产生了一些矛盾，这将影响到和谐社会的建设。

改革开放近三十年，中国产生了具有很强支付能力的经济精英群体，他们正在逐渐形成自己的消费方式，与大众消费存在巨大差异。他们中一些人的炫耀性表现和传媒的渲染性报道引起了民众，尤其是平民阶层的不满。通过各地发生的冲突事件可以看到，仇富的社会心态确实存在。但是，我们不能简单地给富人贴上奢侈挥霍的标签，而且把所有富人粗略化为一类也有失客观。

本文关注中国新富消费，分析快速城市化进程中，这个群体消费高档奢侈品的表现形态、基本特点和成因，以及对个人、社会和自然环境产生的影响，还将对奢侈消费进行辨析，为人们深入认识和客观评价该群体的消费方式提供另一个视角；最后提出如何引导富人消费和对社会舆论以及政策的建议。

一、当前中国社会的新富消费

(一) 新富消费的阶层性及其背景

1. 新富阶层正在形成自己的消费模式

富人即高收入人群,我国的新富阶层指目前少数先富起来的人,他们处于收入金字塔的顶端。

中国的新富阶层是谁?20世纪80年代,"万元户"是对当时富人的称呼;90年代,"大款"成为富人新的名片;新千年以后,专业机构给他们设立了"富豪排行榜"。美国波士顿咨询公司2006年10月17日发布的《2006全球财富报告》显示:以美元计算,全球百万富翁家庭数量已达720万户,而中国大陆地区共有25万户百万富翁家庭,排名全球第六。相对于发达国家,中国大陆地区百万富翁的集中度更高,主要集中在北京、上海、深圳及东南沿海城市。2007年胡润百富的调查显示:以2007年10月1日资产统计,中国大陆有50万人的个人资产在1 000万元以上;15万人的个人资产超过3 800万元;3.5万人的资产超过1亿元;2 000人的资产超过10亿元;50人的资产达到100亿元。大多数的中国富豪都是自己致富的第一代企业家。当然,富人的组成也是多样化的,主要包括私营企业主、职业经理人、文体明星、金融机构和房地产开发机构高层、国企高层以及少数腐败官员等。改革开放以后迅速积累起巨额财富的富人们,拥有豪华住宅、名车,经常出入豪华私人俱乐部,可以随心所欲地消费。本研究关注新富阶层作为一个新的社会群体,已经形成的特有消费方式,至于新富阶层的具体标准,不在本文探讨的内容之内。①

新富阶层正在形成自己的消费模式。最为鲜明的表现就是他们普遍对于高档、昂贵的奢侈品的消费,具体地讲,有豪宅、名车、品牌奢侈品服饰、顶级生活用品、艺术品收藏、高尔夫运动、私人俱乐部会员卡、海外旅行等。

强大的支付能力是新富阶层消费方式的首要条件。在快速城市化过程中,财富分配和利益结构的变化使得消费的等级差别自然而然地出现了。除此之外,我国的新富阶层以消费标示自己和学习西方时尚的消费意识也十分明显。

---

① 本文关注的是富人的消费方式及其影响,所以符合一定标准的消费群体都将纳入研究视野。比如公务员的职业不同于私营企业主和职业经理人,他们名义上的工资收入是有限的,但其实际收入和消费应该计入公房公车享用、公款吃喝、消费报销、公款旅游、公费出国、甚至收受贿赂和他人买单的情况,关键是他们具备消费高档奢侈品的特征。

明显区别于大众消费的是，富豪作为社会的上层，他们的消费远远超出社会平均生活水平和平均价格水平，他们通过购买昂贵、高档、稀缺的消费品来追求舒适愉悦的生活享受，同时也以这种奢侈消费的形式来表现其消费风格和社会地位。

2. 消费繁荣的社会背景

我国消费政策经历了几个不同的阶段，从改革开放以前的抑制消费政策到十一届三中全会以后的补偿消费政策、适度消费政策，到1999年我国的消费调控出现了根本性转变，出台了一系列鼓励、扩大消费需求的政策，取消各种限制消费的过时政策。我国居民消费也经历了从传统的基本生活消费，逐步向发展型和享受型消费升级转移的过程：自改革开放前到20世纪80年代初，手表、自行车、缝纫机等三大件构成百元级消费热点；80年代中期，黑白电视、冰箱、洗衣机等构成千元级消费热点；90年代，高级彩色电视、电脑、手机等构成几千元、万元级消费热点；2000年以来，汽车、商品房构成几十万元级消费热点。① 市场经济的迅猛发展使人们的消费观念和消费方式发生了巨大的变化。90年代是中国奢侈品消费的萌芽阶段，北京的燕莎、赛特，深圳的西武百货、亨吉利表行，上海的友谊商店、虹桥友谊商场是最早引进千元T恤、护肤品、万元名表和钻戒的消费场所。近年来我国经济持续增长、国民收入不断增加，加入WTO以后关税降低，零售业全面对外开放，形成了有利于奢侈品生产、销售和消费的环境。2006年以后，各大国际奢侈消费品在中国以各种形式全面营销，仅以北京为例，几乎所有的世界顶级品牌都开设了旗舰店，目前除了王府饭店、国贸等传统的奢侈品聚集地外，2007年开业的新光天地和金融街购物广场使越来越多的高档奢侈品走进了中国人的生活。

改革开放以来，国家层面以经济建设为中心、以GDP增长为指标的发展方向，使得中国从过度贬低物质财富重要性转变到过分重视物质利益的时代。以财富为衡量成功的主要尺度，成为社会的共识。国家意识形态的转变，为高消费和奢侈消费提供了可能性。

城市化进程的加深和工业化模式的转变直接导致了产业、行业、职业结构的变化，为富人的出现提供了机会。另外，在制度空间上，产权改革和私有产权合法化也为私营企业主私有财产自由支配提供了合法性。②

发达国家消费文化的影响，国际奢侈品牌和传媒的合作为高档消费提供了鼓励性的社会舆论空间。从全球发展的角度看，这几十年里，西方社会进入了

---

① 房爱卿. 我国消费需求发展趋势和消费政策研究［M］. 中国经济出版社，2006：1-15.
② 王星. 奢侈消费：何以可能与何以可为——立足于转型期中国社会的思考［J］. 北京大学学报（社会科学版），2006（6）.

"消费社会"①,消费主义成为主导的文化思潮和生活方式,在工业化社会中,消费已渗透到社会价值之中,人们以消费的数量和品质来衡量成功和建立社会地位,而且这种势头继续呈增长之势。根据目前的资料和数据,虽然无法断言中国也已经步入"消费社会",但是在经济文化全球化的浪潮席卷之下,我国的消费者无疑正在以特殊的方式进入消费社会。

(二) 新富消费的表现和特征

1. 追求生活品质和确立身份地位

中国正在形成新的富人阶层,他们有足够的财富可供支配,这个阶层的消费行为具有比较明显的特征。一是追求消费品的高档化、名牌化和西洋化,主要表现在对高档奢侈品的追求、对国际名牌的注重,以及对海外消费品的推崇;二是追求商品的符号价值和象征意义,在意品牌和价格,表现出炫耀性的意图。

目前中国新富阶层的几种消费类型如下:

一是购置豪宅。中国富人有比较强烈的大宅情结,传统观念使得他们一旦拥有巨大财富,就会购房、置业、修建奢华别墅。正因为富人舍得在家业住房上投资,地产商也趁热打铁,把房子越建越大,房价越升越高,2005 年公布的全国十大顶级豪宅,排名第一的上海檀宫,其价格已经超过 1.5 亿元。世界地产研究院公布的数据指出,2006 年十大顶级豪宅平均价格为 5 500 万元左右,比前一年的 4 600 万元左右上升了不少。75.29% 具有购买力的高级经理人愿意未来购买豪宅作为私人官邸。②

二是追求高品质生活的享受。通过品牌奢侈品专卖店、海外采购、外商来华的奢侈品展会以及网上购物的方式,他们消费世界最顶级的珠宝、价值数百万、上千万的腕表、标价几十万的名包、数万元一件的限量版时装以及饰品。网站与传统的时尚杂志、名品购物指南等一起,引导着富裕阶层的购物生活,也在刺激着中产、白领、甚至大学生群体的消费欲求。

三是追求人生的巅峰体验。世界名车、私人游艇、私人帆船、私人飞机、赛马赌马等都是富人们的玩具。另外,还有登山、航海、飞艇、热气球、滑翔等世界顶级奢侈品公司提供的顶级道具花样。

---

① 所谓的"消费社会"是与生产社会相对而言的,生产社会的主要特征是商品稀缺,社会的主要目标是增加生产以满足社会需求;消费社会的主要特征是生产能力相对于适度和节约的传统生活方式而过剩,社会不断刺激消费,大规模消费成为社会基本生活方式。"消费社会"作为 20 世纪西方社会与文化变迁的重要现象,是当代理论界的热点之一。对消费社会的研究总体立场是批判性的立场。但是,批判的立场并不意味着简单的否定,而是剖析社会、经济、文化变迁,同时寻求改善的措施、动力和模式。

② 中华网. 揭秘中国富豪的五大奢侈行为. 2006 – 03 – 27.

四是文化收藏。巨富之后,一些富人开始关注艺术品收藏及投资。他们的日常生活自然是豪宅香车、锦衣玉食,但他们也做了更有价值的选择:重金收购流失国宝、建立私人博物馆等。一些富商在国际拍卖会上频频出手,大举收购文物,使国宝重返祖国。近年来,在浙江等省的博物馆举办的民间收藏展览中,一些资本、实力比较雄厚的民营企业提供了精美的私人收藏珍品。无论是出于对中国传统文化的爱好,还是把收藏古董艺术品作为企业文化来打造,以及对文物珍品增值潜力的投资取向,对于我国文物的保护和展出都具有积极的作用,这些富人利用财富和与艺术的互动,表明了他们对传统文化的认同和品位,也成为部分富豪超越物质财富奢侈的新象征。

五是过度挥霍、畸形消费。一些大款互相斗富,官员公款吃喝、大摆宴席花费上万元甚至十几万元;包演员模特,包二奶小秘;豪赌一夜输掉数千万元、甚至整个企业家产。腐败官员接受性贿赂已经非常普遍,根据现行《婚姻法》修改起草专家小组主要负责人巫昌祯教授的统计,被查处的贪官污吏中,95%都有"情妇"。①

2. 新富消费的内部差别

改革开放以后迅速致富的这批人,其构成是多样的,也呈现出不同的特征。尽管最初进入富裕阶层的主要是文化素质水平不高的社会边缘群体,但从1992年以后,各行各业人士纷纷下海,知识分子、干部等城市中的高素质者也大量进入,从而改变了富裕阶层的素质结构。目前尽管有少数富人过着纸醉金迷、奢侈放纵的生活,但大部分的富人的高消费是以追求高品质的生活为目标,或者是维持社会地位和生意往来必需的地位性消费。

在媒体的报道中,富人似乎总是挥金如土,事实并不全如此,富人中也不乏精明节俭型的,一方面是因为相当一部分企业家忙于生产无暇顾及,另一方面是他们将大部分的钱用于积累资本和再生产,还有由于节俭的习惯和出于人身、财产、名誉安全的考虑。有关中国企业主"非炫耀性消费"的经验研究②就证明了这部分富人的存在。

当然也有部分新富阶层具有明显的"暴发户"特征,做出过度挥霍和不正常的消费举动。比如山西煤老板们,团购北京和上海等大城市的高级住宅、团购"悍马"汽车,过着"五子登科"的生活:盖房子、买车子、包妹子、掷骰子、抽料子。如果说房子、车子都还属于生活开支,养情妇、赌博和吸毒就是不合情理的挥霍了。

---

① 崔世海,李慎波. 将官员的"生活细节"纳入反腐视野 [N]. 民主与法制时报,2007 - 02 - 05.
② 唐欢庆,刘飞. 炫耀背后:"非炫耀性消费"研究 [J]. 中国青年研究,2006 (7).

另外，掌握公共权力的官员们的公款消费、公权私用，也是必须关注的要点。从表面的消费形式上看，与新富群体没有大的区别，但根本性质完全不同，这是严重的腐败行为和对公共大众的犯罪行为。他们直接用公款消费或者用公权获利变相消费。公款吃喝、出入高档饭店和娱乐场所、公款出国旅游考察、收受和购买高档奢侈品是腐败官员的生活素描。仅 2004 年一年，国内公车消费 4 085 亿元，公款吃喝 2 000 亿元，公费出国 3 000 亿元。[①] 这还远没有统计以礼物和其他形式出现的贪污受贿，而且在他们身上，公款赌博、公款嫖娼、包养情妇、公款买官买学位等无耻行为也屡见不鲜。

在经济和政治体制转型的特殊时期，在一些地方和领域确实存在权力经济、非法经济和犯罪经济，少数人以不正当手段非法完成原始积累、迅速暴富，这种现象在民众中产生极坏影响，引发社会各方面的强烈不满。这种现象主要发生在一些腐败官员和企事业高层人员以及"暴发户"身上，他们因腐败而发财、非法暴富，或者跟腐败勾结而发家，一般运用各种手段，制造假冒伪劣商品、坑蒙拐骗、偷税漏税、走私贩私、私采乱挖矿藏、无偿侵吞和掠夺资源等。他们赖以生存的经济基础是灰色、黑色经济，与社会再生产过程相联系，实现对劳动者劳动成果的占有。与典型的产业资本形态不同，虽然他们不直接占有生产资料，却是利用产权关系不明确的漏洞聚敛国家财富。这种资本的寄生性，既不具有积累和扩大再生产的潜力，又是他们挥霍无度的有力注脚。

媒体动辄将整个新富阶层的消费方式混为一谈的倾向是错误的。一部分新富是利用了不合理、不合法的致富途径或手段，如上所述，这也往往导致这些人肆意挥霍、常常做出惊世骇俗的异常消费。这个社会群体混杂在靠诚实劳动、聪明才智、承担市场风险而富裕起来的富人阶层之中。在某些场合，社会舆论的渲染使整个富人群体被树成非法致富、为富不仁的靶子，导致民众的不满和仇富心态，而且在特殊的情境之下被催化、衍生出冲突事件，扩大了阶层之间的矛盾。仇富其实是仇恶和仇不公，不能把所有的富人都绑在一起。我们在研究新富阶层消费问题时，值得注意的是一些富人消费奢侈品符合情理，而另一些人的行为属于过度挥霍。关于这一问题的深入探讨，将出现在下面关于奢侈和挥霍的辨析部分以及中国新富奢侈消费的特殊原因部分。

二、对新富消费的分析和评价

西方舆论普遍预言了中国奢侈消费时代即将到来，国内学界和传媒也充分意

---

① 中国新闻网. 我国公车消费和公款吃喝一年高达 6 000 亿. 2006 – 03 – 20.

识到目前消费的繁荣。总体上看，关于新富阶层的奢侈消费，赞成认同和指责抨击的各执一词：经济学一方态度积极，而从道德伦理角度出发的一方则坚决反对。支持奢侈消费的一派忽略了其带给社会的负面影响，批判者没有重视该社会群体消费行为的合理性及其对社会经济、文化发展的有益功能。

国际学术界对奢侈消费的研究大多从经济学角度进行。随着管理学、市场营销学理论的发展，其研究成果从宽泛到越来越具体，但是这方面的成果对于中国当代消费与社会结构的相关性、社会地位与消费方式的联系缺乏明确而具体的经验性论证，只有一些简单的现象描述。传媒报道大部分出于商业的合作，高度拥护奢侈品牌的营销，再有就是渲染富人的奢华程度，营造爆炸式的舆论效果，也有极少数报道富人的生活纪实。而消费伦理、社会学、文化研究方面的研究多从消费主义的视角和批判的立场出发，对这一现象持否定态度。

当代中国社会处于双重转型时期，社会结构、人们的思想观念以及制度环境都发生着巨大的变迁，人们的消费行为和观念都发生了很大的改变。现阶段中国新富消费比较突出的特征是模仿消费和炫耀性消费以及奢侈品消费。下面将阐述对于这些问题的学术争论以及造就中国新富的消费形态的历史和现实原因。

（一）关于新富消费的学术争论

1. 炫耀性消费的经典解释及其合理性

在目前对消费的研究中，古典经济学家和社会学家的经典论著成为研究当代消费现象的历史参照。

1899年，美国经济学家凡勃伦在其享有盛誉的代表作《有闲阶级论》中，为我们描述了在美国资本主义上升时代，出现了"有闲阶级"这一社会上流阶层，这些人通常会将部分的财富转换为"炫耀性消费"（conspicuous consumption）[①]，比如建造的房子远比他们需要得多，休闲方式等其他方面也是如此。他们在生活的各个方面进行金钱竞赛和浪费性消费，主要是为了获得名誉、尊荣和地位，在攀比中获得优越感。值得注意的是，凡勃伦所展示的，在美国资本主义上升时期这种特殊的生活方式和消费意识，可以说是从匮乏社会向富裕社会过渡时期的一种特定社会心理的反映。而且这类现象在其后的一百多年，在世界上许多国家都具有普遍性。

[①] 加拿大经济学家约翰·雷（John Rae）是首次使用"炫耀性消费"的学者。他从人类虚荣心的角度解释了奢侈品的性质和效用。不过，凡勃伦的事实分析和理论阐释使"炫耀性消费"在后来的社会科学界广受关注和引用。

他所论述的"炫耀性消费"是从心理学和社会学角度揭示奢侈及其变化的一次卓越的尝试。① 炫耀和奢侈的消费方式是社会上流阶层身份、地位、品位的象征和自我标示的符号，已经成为后来的社会学家在社会理论视野下探讨消费问题时最常用的解释。从凡勃伦的炫耀性消费到布迪厄关于文化品味的研究、鲍德里亚的符号消费、福塞尔的格调分析以及其他关于消费行为的研究，基本上都沿袭这样的思路，东亚和海外华人以及国内的学者更添加了"面子"等本土化概念。这些论述从社会身份建构与阶层区隔的角度解释了社会上层群体奢侈消费的动机和炫耀性消费的符号象征意义，对我们理解中国新富的消费行为具有很大的帮助，但也存在着理论上的局限和不足，这些解释大多侧重于作为消费主体的个体层面，而对于处在特殊时代背景下的中国社会转型期特有的社会内部结构的分析显得更为重要。

在中国历史上两千多年的封建社会中，大富大贵的多是王公贵族和达官贵人，平民阶层巨富不多。中华民族素有节俭的美德，但自古以来，富豪挥霍的现象也屡见不鲜。毛泽东时代的经济政策杜绝了所有中国人积累财富的可能，于是，改革开放以后不健全的市场经济在短时间内便速成了一批"新富"，二十多年后的今天，无论是人数还是财富，中国富豪都取得了令人瞩目的发展。二十年前还用粮票买米买面、骑自行车上下班的他们，现在把目标定在西方富豪的奢华生活上：建造气派多于实用的豪宅，购买奔驰、宝马，甚至劳斯莱斯、宾利等名车，炫耀手腕上的江诗丹顿、劳力士表，穿着阿玛尼衬衫、登喜路西装，买游艇、考飞机驾照。中国新富在消费品牌奢侈品方面，可以说正在模仿和追逐世界富豪，寻求建立与自己财富相称的身份标识。但他们究竟在多大程度上在炫耀财富还是值得商榷的，而在目前有关新富、白领的消费研究中，"炫耀性消费"有被贴标签的倾向，包括人们对名牌、新体验、科技产品，甚至文化收藏和教育投资的购买和使用。所谓的奢侈品，相对于他们的支付能力并不算昂贵，以往的研究也很少解释某些奢侈品消费中的投资取向，比如其中的房产、名表珠宝、古董和艺术品等都具有一定的增值空间，个人进修教育更是人力资本的投资方式。

而对于一个新兴起的社会阶层而言，他们形成自己的消费模式和生活方式需要经历模仿、学习、摸索的阶段。在他们目前的消费行为中，可视化展示是其突出表现，而他们进行炫耀性消费的本质可以说是地位性消费。

新富起来的这批人，需要通过某种方式显示他们的财富，除了仪态、神情和礼貌修养，人们推断其声望和地位只能依靠直接观察之下所能展示的财物，对金

---

① ［德］维尔纳·桑巴特著. 王燕平，侯小河译. 奢侈与资本主义［M］. 上海世纪出版集团，2005：85.

钱力量的印象也同时成为富豪阶层的准入门槛。尤其是在全球化信息传递和认知的便利条件下，时尚奢侈品牌通过大众传媒推广，建构了自己的符号系统，以奢侈品来显示身份和获得认同也成为人们消费奢侈品的主要目的。在北京新生代市场监测机构的《2006年中国新富消费行为及生活形态研究报告》中显示，55.7%的受访者认为，"奢侈品代表了精致的生活品质"，还有45.2%的人认为这是"使用者身份地位的象征"，56.6%的人认为"使用名牌可以提高一个人的身份"。显而易见，富人的消费行为已经发展成一种地位符号，有其特定的象征意义，可以表达财富、声望、权力等。人们阶层的归属不仅在于拥有多少财富，也在于消费的物品及其阶层归属。在对炫耀性消费和奢侈消费的以往研究中，也不乏"地位性消费"或"个人地位的符号性再生产"的讨论。地位性消费选择是社会成员身份的确认方式，与自我群体的定义与态度相关，影响人们的阶层认同和归属感。当他们跻身于新的社会阶层，对于衣着、生活方式及品位产生更高的要求都是正常的，参加会员俱乐部、打高尔夫球已经成为社会地位再生产的一种方式，这不仅仅发生在中国，在发达的欧美、日、韩国家也是很常见的社会事实。

2. 奢侈消费的经济学辩护及其社会功能

面对社会转型和消费社会的发展，国内理论界出现了关于超前消费、奢侈消费、高消费的争论，但基本上还是从经济学角度和指标出发来讨论经济增长与消费的关系。主导的立场认为，奢侈品消费对于我国经济增长具有重要的拉动作用。而争论的焦点在于奢侈品消费能否拉动内需。从经济学的普遍观点来看，富人的奢侈性消费有其积极作用。第一，奢侈是一种高倍数的需求，奢侈性消费是普通消费的多倍。富人的消费是普通老百姓的若干倍，因而富人的高消费是拉动需求、推动经济的一支重要力量。第二，在贫富差距拉大的社会，少数人掌握着大部分财富，富人的高消费作为正常的消耗，尽管不能直接说有助于缩小贫富距离，但也可以有效调整富人财富的积累量。第三，奢侈品生产本身是一个产业，也是具有巨大利润的市场，作为国民经济发展的一个组成部分，它的发展可以带动相关行业及服务业的进步，可以增加较高工薪劳动者就业机会，可以增加地方政府的财政收入，丰富和繁荣消费市场。第四，奢侈品产业是提高消费品档次的一种途径。奢侈品昂贵的原因出于其设计和工艺的高价值，其所具有特殊的文化艺术内涵、精工和技巧、深层的消费创意有助于经济文化的生产和发展。从消费品演变过程来看，今日之奢侈品，可能就是明日之普通消费品。富人曾经专享的音乐会、电视、手机、轿车等，而今也已进入大众消费者的生活中。古今中外，这个"奢侈经济学"的逻辑都被论述过，孟德斯鸠在《论法的精神》里就曾说到"富人不奢侈，穷人将饿死"；我国古代的《管子》中既主张节俭是普遍适用的基本准则，同时又强调了侈靡消费的作用，其中《侈靡》专论奢侈消费对增加就业、活跃市场和振兴以农为本业的经济生产的促进作用。沃夫冈·拉茨勒的《奢侈带来富足》可以说是一本奢侈宣言，其中赞扬了奢侈拉动现代经济进步的作用："奢侈品对社会的迅速发展有着积极的作用，它们明显刺激社会取得效益和成果。奢侈对于各种形式的国民经济还会起到促进作用。现代奢侈品会给予全球社会更多发展动力。"拉茨勒认为在全球化经济中，需要对奢侈品及其品牌不断创新，从而鼓励消费，促进经济发展。在这种思维导向下，奢侈消费对经济的驱动力给政府和经济学家增强了信心、被赋予积极的期待。

但是目前面临的问题是，我们很少有自己的奢侈品品牌，现在所谓的奢侈品都是国外品牌。国外商家将制造与品牌两头放在中国，已经在谋取高额利润方面获得很大成功。中国不少富豪将本应该刺激国民经济发展的资金和资本，大方地贡献给外国的奢侈品厂商，而普通大众也出现了积极消费外国品牌的趋势。目前不好的结果其实已经有所体现：跨国公司把一些中国制造的衣服、手袋和鞋子贴上外国牌子，再以高价卖回给中国消费者，赚走了大部分的利润。

在某种意义上说，品牌和奢侈品消费可能是发达国家给发展中国家的文化殖民和经济陷阱，所以我们国家应该认识到并跨越这一难题。根据其他国家的经验，如韩国在这方面做得比较成功。众所周知，韩国人喜欢开国产车、用国产电器，这不能仅从民族情绪上找理由，其实韩国人对于打造本国的品牌，不仅有文化自觉，更有经济振兴的动力，所以我们今天看得到众多驰名世界的韩国品牌。中国市场也应该有抵制外来品牌和奢侈品的动机，可实际上，中国富人对国外奢侈品的崇尚、中间阶层中相当一部分人对外国品牌的盲目追求，为外国品牌和奢侈品大敞中国市场的大门。当然，解决这一问题的出路还要依靠我国民族企业的振兴和品牌意识的加强，理性地面对国际奢侈品消费与中国市场的融合，合理地引导奢侈品文化的本土化，在工艺和文化创意等方面进行研究开发和投入，希望能够引发产业技术的创新和升级。

3. 奢侈、高消费和铺张浪费、过度挥霍的辨析

由于奢侈消费的昂贵、稀有、具有符号意义，使新贵阶层的消费受到传媒、大众和学者的关注与评判，这里我们从奢侈的社会属性入手，客观分析和评价这一消费现象，给奢侈消费一个应有的历史地位与社会地位。

"奢侈"是人类历史中较为普遍的社会文化现象，作为文明进程的伴生物，一般与统治集团的政治地位相匹配。古今中外，大多数王公贵族通过物质炫耀来体现其地位的优越，具体表现为豪车大屋、美食精馔、华丽衣裳、盛大典礼等。"奢侈"的英文为Luxury，源于拉丁词Lux，原意指"极强的繁殖力"，正面解释为舒适、快乐、昂贵、豪华、稀缺等意思，负面含义后来演变为浪费、无节制。大部分欧洲语言都吸收了奢侈这个概念，该词用以描述在各种商品的生产和使用

过程中，超出必要程度的费用支出及生活方式的某些方面。①

事实上，奢侈的概念经历了被谴责到被接受的过程，概念本身从绝对的贬义转变为一模棱两可的中性化概念。现代关于奢侈的分析框架集中在以下三个方面：一是奢侈的去道德化，这一立场的基本观点在上一部分"奢侈消费的经济学辩护"已经详细阐述过，他们主要将时尚消费和奢侈品的合理性归功于其促进经济的功能；二是奢侈的消费主义批判，消费伦理和文化研究的学者将奢侈归源于人类的天性和欲望；三是奢侈的动态论，认为奢侈随着社会需要而变化，在不同的历史背景下，其界定应该不断完善。一般认为，奢侈消费的界定难以解决的问题是价格高低的相对性，在不同的国家、地区和不同的时期内，应该有不同的标准。大城市的一般消费到了农村可能就算奢侈消费，而中国富人到了欧美，平时在高级百货公司购买的护肤品在平民超市就见得到。本文也认为，奢侈是个相对概念，其含义应该由不同时代的经济条件、社会结构、文化内涵以及道德伦理所决定。在当今中国社会经济、文化、城市化迅速发展的背景下，考察新富这个刚刚兴起的社会阶层的消费现象时，应该分辨哪些是情理之中的奢侈消费和高消费，而哪些又是过度的挥霍和铺张浪费。

对于炫耀性消费是否属于浪费现象，凡勃伦认为："关键问题是在于它是否直接有助于整个人类生活的提高，是否在非个人性质的意义下，有助于生活过程的推进。"不仅如此，凡勃伦还论述了消费品实用与浪费的辩证法："如果看到任何商品或劳务的根本目的和主要成分是炫耀性浪费——不管这一点是怎样显而易见，就断定它绝对不存在任何实用性，这是危险的；另一方面，对于任何基本上属于实用的产物，如果贸然断定浪费因素同它的价值毫无直接或间接关系，那也是危险的，不过危险性稍差而已。"在当今的时代，我们依然要承认，正像凡勃伦说的那样，奢侈和炫耀性的消费在一定的价值判断下具有实用性和合理性。奢侈品经济兴起的过程也创造了社会财富和文化价值，推动了人类社会发展的过程，在这个意义上，富人对奢侈消费的追求是一种积极的、有价值的行为。

奢侈消费和挥霍浪费都是超出必要需求的消费。在物质逐渐富裕的当代社会，普通人的生活都已经不满足于基本需求（need）了，也就是生理的角度的吃饱、穿暖和住行保证。人们都有欲求（want），产生出各种喜好，进一步追求质量、品牌以及满足个人不同的趣味和虚荣心。古董收藏者、集邮者，会为一枚邮票一掷千金，一副古画、一件古董标价上千万不是什么新鲜事，没有人认为这种现象不合理，因为它们是收藏品。我们有时候为了犒劳自己或者父母、子女，偶尔出去吃顿大餐、购买比较昂贵的礼物也会称之为"奢侈"。在全球化的今

---

① ［德］沃夫冈·拉茨勒著．刘风译．奢侈带来富足［M］．中信出版社，2003：9．

天，奢侈品特指时尚领域的世界级品牌产品和服务，注重品位和质量，主要面向上流社会和中高端市场，带给消费者的是高雅和精致的生活方式。从富人群体消费行为的诉求来分析，富人的奢侈品消费一方面追求生活品质的提高，比如豪华住宅、高级装修、高档轿车、三角钢琴、古董和艺术品、发展自己的爱好等；另一方面，出于工作、生意、社交的需要所进行的地位性消费，比如穿着高档服饰出现在商务活动中、为了生意洽谈而选择高档的会所。这些所谓的"奢侈消费"，在合情合理的范围里无可厚非，与铺张浪费、过度挥霍有着显著的区别。浪费行为的特征主要有二：首先是绝对数量上的重复性挥霍，比如黄金宴席、豪华车队，因为这种行为追求稀缺资源的独占和享受、浪费了珍贵原料和能源、消耗劳动力、有损于社会经济和生态发展；其次是不合情理的挥霍，比如包养情妇、豪赌，因为这种欲望追求是无休止的，是恶俗低级的，甚至是畸形的，有悖于人类道德进步和文化发展。

我们应该意识到奢侈消费的负面影响和铺张浪费的危险后果。目前，"豪华"、"奢华"作为商业广告、营销的标签，已经确立了其享受型价值的合法性，成为大众认可的意识形态，在部分富人、中产阶级和白领，甚至大学生眼中，消费奢侈品对维持自我的地位、形象是必需的，而这种追求显然是盲目的。所以当前的社会观念、公众反应、风尚以及人们对美好生活的认识是需要重新审视的。

（二）中国新富奢侈的特殊原因

奢侈和挥霍，作为人类古老的社会现象，并不是仅在中国现阶段出现，也不局限于某些富人，在我国社会快速城市化的过程中，新富群体所呈现出来的消费形态有其特殊的历史和现实原因。

1. 长期受压抑的物质欲望突然被释放

人们将迅速获得的财富中的大部分用于奢侈品的趋势是人类文明中时常发生的现象，18世纪新兴暴发户对奢侈品的巨大需求就曾经席卷欧洲。①

郑也夫曾指出，"消费病"在中国出现有其深层次的社会原因。② 由于人们长期生活在物质匮乏的状态下，养成了对物质资源极其重视，乃至以此为炫耀手段的习惯。当温饱问题解决后，不少人的心理还未及时调整过来。20世纪80年代中后期，我国曾一度出现消费过热、超前性消费、攀比消费等现象，应该说是人们长期受压抑的消费欲望过快释放的结果。

---

① ［德］维尔纳·桑巴特著. 王燕平，侯小河译. 奢侈与资本主义［M］. 上海世纪出版集团，2005：113.

② 杨亮，透视炫耀性消费背后的文化心理［N］. 光明日报，2007－01－10.

另外，许多暴发户花销无度也出于从前吃苦的补偿心理。他们对暴富完全没有任何心理准备，突然有了钱，往往不知该如何处置。以前极度穷困的生活经历使得他们希望通过大量消费来显示自己的价值。大多数煤老板都有过最贫困的生活经历，后来通过某个机会骤然暴富。他们看过冰冷的脸色，也看过谄媚的笑容。他们有广泛的关系，但已经"没有了性格，见谁都不敢发脾气，所以有的煤老板就拿钱撒气，寻找心理平衡"。① 这可以称为"发泄消费"、"补偿性消费"。

2. 国人虚荣攀比心理的文化基因

在我们一向引以为自豪的中华民族的传统美德中，勤俭节约是经常被提到的。传统社会中"崇俭黜奢"的日常消费观念是先秦儒家的主张，这种消费模式与传统社会资源经济条件直接相关，是根据当时社会的具体生存状况和自身生活需要形成的。其哲学基础是儒家"重义轻利"的义利观，在当时短缺经济条件下，这有利于平衡复杂的利益关系、缓解生产和消费的矛盾、稳定社会秩序，而且有利于形成健康、朴素的消费风气，当然也不可否认其在一定程度上对商品经济的发展有阻碍的作用。经过几千年的思想灌输、渗透和实践，"崇俭黜奢"的消费理念培养了中华民族质朴俭约的生活模式。②

但如果说，中国人天生节俭也不尽然。历史上晋朝石崇与王恺争豪竞奢的故事想必人人知道。晋武帝司马炎的舅舅王恺拿武帝赏赐的二尺高珊瑚树，向石崇炫耀，石崇却用铁如意击碎了。王恺又惋惜，又愤恨，而石崇命左右悉取珊瑚树，"有三尺、四尺，条干绝世，光彩溢目者六七枚，如恺许比甚众。恺惘然自失"。这是《世说新语》中记载的晋朝王公大臣比赛奢华的场面，《晋书》中还有更多这样的记载。也可以说，从实践条件来看，奢侈挥霍是统治阶级的特权。

中国人爱面子，通过宴席待客、炫耀财富、慷慨大方等任何可能获得社会公众赞赏的方式来追求"面子"。"面子"代表中国社会中广受重视的社会声誉，它是个人在人生历程中借由成就和夸耀所获得的名声，也是个人借由努力和刻意经营所累积起来的声誉。19世纪末，美国传教士亚瑟·亨·史密斯根据他在中国生活22年的切身感受，写成《中国人的性格》，在其中指出中国人重面子其实是"做戏"行为，往往只重形式、不重实质，讲究"表面功夫"。③

另外，对于奢侈品的热爱，可以说是一种人性的体现。在被他人奢侈炫耀所刺激的具体情境下，周围的人会感到相形见绌，这也是人们在参照群体面前的正常的心理反应，后果要么是财富比赛、竞相奢侈，要么是引发仇富和嫉妒心理。

与此同时，在消费主义文化的影响下，商家为牟取高额利润的刻意炒作，媒

---

① 洛涛，原碧霞，胡靖国. 山西煤老板面面观 [N]. 经济参考报. 2007 - 12 - 5.
② 杨威. 中国传统日常生活世界的文化透视 [M]. 人民出版社，2005：85 - 87.
③ 黄光国，胡先缙等. 面子：中国人的权力游戏 [M]. 中国人民大学出版社，2004：64 - 68.

体对高档消费行为的猎奇渲染，也在一定程度上加剧了人们的物质依赖、物质崇拜心理。出于好奇、从众、攀比的心理，年轻群体比较容易接受和追随此类消费行为。此外，目前对于公费消费还缺乏有效的约束机制，机关团体、企事业单位比排场、讲气派的现象仍较为普遍，成为导致过度消费、炫耀式消费的又一大原因。①

3. 第一代新富的经验缺失

对于中国的新富阶层来说，他们一切都要从头学起，学习富人的生活方式。因为他们至少过去的几十年都不是富人，即使是新中国成立前的豪门贵族也在无产阶级革命与社会主义改造中沦为平民。中国的新富阶层可以说是第一代，还停留在疯狂消费的"初级阶段"。由于消费经验有限，他们很难懂得如何有意义地利用财富，换回更有价值的东西。

人们把新富起来的这批人中间的一部分也称为暴发户（nouveaux riches）或者大款，这种称呼暗含着低级庸俗的评价，指责他们挥金如土、"只买最贵的、不买最好的"，嘲笑他们没有其他精神追求，只能从物质享乐中获得满足以及虚荣心理的填补。20世纪90年代初，中国暴发户突出表现在深圳、海南等地的开发时期，他们佩戴明晃晃的粗金链子，全身披挂珠宝名表，喝XO人头马，吃澳洲龙虾。即使到现在，这种暴发的痕迹也会在各地重现。他们通过耀眼的首饰、醒目的名牌、跑车和别墅、富丽堂皇的摆设来表现自己很有钱，而且由于这些装备，他们也变得很有底气，趾高气扬，这些特征非常容易辨认。当然，欧美发达国家、日本以及韩国也有这样的现象，但基本上是被认作已经过时的形象，只是不高明的、低层次的炫耀。

财富虽然可以迅速积累，贵族却无法速成。目前富人们最快捷时尚的学习方法是与国际接轨，向西方富豪学习，模仿和盲目追求西洋化的消费特征，建造欧美风格的豪华别墅，穿戴世界顶级名牌等。中国富豪团海外奢华旅行更是为了体验和见识欧洲上流社会和贵族生活。品位才是新富和贵族的区别。"贵族"（nobility）的意思是贵族出身、贵族阶层，有高尚的思想或品格、高贵的出身或地位。显然，"富"不等于"贵"。"富"是有形的，用物质可以衡量的。"贵"是无形的、内在的、精神的修养和气质，不能用财富堆积和衡量。而国人对"贵族"的认识，更多地还停留在其物质生活方式上的享受、豪华、有钱，社会地位上的名望、权势，仪表外貌上的派头、风度；而并没有真正深入理解其内在修养的可贵。尽管中国富豪可以全球消费，与西方富豪享受同样的衣食住行，但由于文化修养和审美品位的贫乏，他们还难免有媚俗的取向和荒谬的行为。

---

① 王文韬，俞丽虹. 反对奢侈浪费树立科学消费观京沪两大城市见闻. 新华网. 2005-08-05.

我国富人层形成的时间确实较短，前后不过十来年时间，目前中国大陆的新富阶层应首推私营企业主。最初进入这个阶层的还主要是社会边缘群体，其文化、素质水平都不高，直到20世纪90年代以后，有些干部、知识分子"下海"，才出现了"儒商"、"知本家"等高素质者。富人在我国曾中断了二十余年，这使得这个阶层在文化上、声望上、规范上、经验上均出现断层，没有文化上的沉积和积累。"三辈子学穿，七辈子学吃"，衣食住行的讲究需要很多年、不止一代的传承。我国的新富阶层想提高自身素质、改善自身形象不是一朝一夕能够实现的。① 中国的富人已经学会了如何赚钱，他们正在学习如何花钱。他们还需要学习如何让下一代有效地继承财富，以及培养其社会责任感和精神传承等其他目标。我国古代先贤孔子提出六艺，礼、乐、射、御、书、数，以礼乐提高人的修养，追求更高层次的精神生活。同样的，西方贵族的教育内容是修辞学、体育、剑术、竖琴、诗歌。东西方的贵族都是在学习怎样生活，学习怎样提升精神，学习艺术化的生活。② 当代中国的财富精英有条件、也有责任将贵族文化精神重新发掘和继承下来。

4. 巨额财富获得方式的严重扭曲

回顾中国改革开放以来的几次财富浪潮：第一次是从1979年开始，在流通领域市场化的早期，个体户通过简单的方式先富起来；第二次是20世纪80年代后期，在生产领域市场化时期，"双轨制"政策下"倒批文"获得超额利润；第三次是在金融领域市场化时期，随着股市热潮，通过内线信息和坐庄富起来；第四次是当前房地产、国有土地资源、银行金融的发展时期。而率先富裕的人群主要的致富领域，无论是官商勾结还是资源开发行业，大都主要集中在垄断行业。在城市化快速发展阶段，房地产等行业成就了大批富豪。土地和矿产都是垄断性资源，是最容易被"寻租"的资产。可以说，在市场化改革过程中，部分资源配置机制发生扭曲，出现了"裙带资本主义"、"权贵经济"，造成了一部分人在短期内以轻松的方式积累了大量的财富。但同时，他们对于如何合理支配财富缺乏符合社会规范、道德的相应价值观念，法律上和社会舆论也没有形成相应的约束，这在一定程度上导致了他们消费的为所欲为。

通过致富方式的来源，我们可以判断出哪些人更有可能挥霍和浪费。一般来说，用于生活品质、社会地位和生意往来的奢侈品消费是有一定限度的，别墅、汽车都是有数的购置，服饰、爱好、社交活动的支出都只占其财富总量的小部分，而赌博、包养情妇，甚至吸毒才是无度的挥霍。而且大多数靠勤劳智慧，合

---

① 李强. 社会分层与贫富差别 [M]. 鹭江出版社，2000：195-197.
② 郑也夫. 在人生观提供者大转换的时代：反省快乐、批判消费 [J]. 演讲录. 2004 (3)：29.

法致富的私营企业主和职业经理人都比较务实，他们虽然也买豪宅名车、昂贵珠宝，但是绝大多数时间和精力都花在事业上，并且将资金不断投入再生产。在经济学的理性假设之下，本来应该用于投资再生产以获更大利润的巨额资金被消费挥霍，这必定有更深层的缘由，无非是不能或者不需要投资、投资渠道不利或者投资回报率低。腐败官员以不受限制的公款消费和收受礼品的形式挥霍，甚至巨额贪污，他们无需投资。非法聚敛巨额财富的暴发户们依靠各种手段垄断国有资源，他们也不具有积累和扩大再生产的能力。他们的共同点都是财富来路不明，并且来得容易。

从心理原因上看，不义之财带来的不安全感使他们毫不珍惜、大肆挥霍这些朝不保夕的钱财。比如在传媒报道和访谈中表现最为突出的山西"煤老板"们，他们采用集体"团购"的形式买价值百万的"悍马"汽车、在澳门豪赌，他们比江浙企业主大方得多、过的是"五子登科"的荒淫生活。煤矿是风险极高的行业，一旦出现事故，生产许可证就会被吊销，有今天、没明天的生活导致了他们肆意花销、及时行乐的举动。

三、新富消费的社会影响

虽然新富群体对高档、昂贵的奢侈品的消费具有一定的合理性，但以往的研究对它作为一种当代社会文化现象的深层意义和全面影响还缺乏充分的讨论，以下从社会影响和生态代价这两个主要方面进行分析。

（一）损害社会公平，引发仇富心理

中国当今社会一个十分突出的现象就是社会经济文化发展不平衡、贫富悬殊持续拉大。联合国开发计划署（UNDP）和中国发展研究基金会的《中国人类发展报告2005》显示，我国基尼系数已达到0.45的较高水平。城乡之间的收入差距也达到历史最高点。以往的社会学研究证明，当贫富的差距过大的时候，虽然富人集团和穷人群体并没有发生直接的矛盾，但是，巨大的差距使得社会处于一种结构紧张的状态下。李强认为，在结构紧张的客观环境下，如果很多人或社会公众将贫富差别归因为"社会不公"，这就是"公正失衡"的舆论环境，社会矛盾自然会频繁发生。[①] 重要的是，消费作为可视的社会区分手段，贫富差别对比明显，其所引起的负面影响是直接的刺激，具有导火索的性质。今天，各地的富人日益拥有强大的支付能力用于积极消费。在东南沿海和一些国际大都市如北

---

① 李强.当前我国社会分层结构变化的新趋势［J］.江苏社会科学，2004（6）.

京、上海,繁华程度不输于纽约、东京,可以为富豪人士的奢华生活提供各式各样的消费服务。但我国占绝大多数的农村人口距离富裕还很遥远,在一些偏远省份的农村和山区,还有数以百万计温饱未能解决的贫困人口。面对越来越大的落差,底层民众必然会产生强烈的失落感和不满,当遇到某种刺激后很可能产生仇恨,带来一系列的社会问题。

快速城市化进程中,特殊利益集团利用制度和政策漏洞进行权钱交易,再加上政府和法制监管不力、惩治不强,确实造成了大量社会财富非正常分配。首先,近年来贪官腐败、暴富者非法发家的行径逐渐曝光,他们严重破坏了社会公平,一些富人穷奢极欲的生活方式也使得人们对其财富来源产生了质疑和愤恨,甚至对新富群体普遍不信任,社会不公正感上升,其实这也是对社会分配方式不满的一种投射。其次,媒体对一掷千金、奢侈挥霍的渲染对于社会上绝大多数的工薪阶层和底层群体来说,确实造成了心理反差的失落和相对被剥夺感。最后,富人们没有为自己树立良好的公众形象,在炫耀性消费的同时没有积极投入社会公益事业,未能获得大众的好感和支持。所以,导致民众对富人抱有偏见的根源是整个富人阶层的生活图景被大众所误解,在媒体的催化和某些情境的刺激下,还有可能扩大仇富的社会心态、引发非理性行为,容易造成阶层冲突和极端事件。这是目前影响和谐社会建设潜在的危害。

(二) 对其他社会群体的示范效应

富人对高档奢侈品的消费,从个人的层面上看,属于合理的行为选择。但是富人群体作为社会消费的先导,其行为模式对于其他社会阶层具有示范效应。无论是在美国资本主义迅速上升的时期,还是在当今媒体资讯高度传播的中国,都如凡勃伦论述的那样:"就荣誉这一点说,有闲阶级在社会结构中是居于首位的;因此其生活方式,其价值标准,就成了社会中博得荣誉的准则……在现代文明社会中,社会各阶级之间的分界线已经变得越来越模糊和不确定,在这样的情况下,上层阶级所树立的荣誉准则很容易地扩大了它的强制性的影响作用,通过社会结构一直贯穿到最下阶层。结果是,每个阶层的成员总是把他们上一阶层流行的生活方式作为他们礼仪上的典型,并全力争取达到这个理想的标准。他们如果在这方面没有能获得成功,其声名与自尊心就不免受损,因此他们必须力求符合这个理想的标准,至少在外貌上要做到这一点。"① 按照凡勃伦的理论逻辑,上层群体的趣味选择会经常影响到一个社会的品位、格调,成为其他阶层追求的时尚,一些人通过不断地占有时尚产品或标榜前卫地位来显示比他人优越。

---

① 凡勃伦. 有闲阶级论:关于制度的经济研究 [M]. 商务印书馆,1964.

中国当代新富阶层的居住方式正在改变城市的空间布局，他们的消费潮流也深刻影响着中产阶层、大学生、工薪阶层，甚至农村青年的消费观念。富豪阶层的收入、生活环境虽然与平民百姓有很大差距，但是传媒的渲染正在吸引其他群体效仿其生活方式。奢侈文化、消费主义文化的流行趋势步步升级，专卖店、奢侈品展虽然属于中上阶层，但大大小小的城市路边的广告牌上，纷纷打出"奢华"、"顶级至尊"、"顶级享受"等话语，几乎所有的杂志都被世界级品牌奢侈品的广告占领，其所传达的对财富的炫耀和奢华的推崇明确表达了传媒向商业的靠拢。各个阶层都显示出对奢华生活的渴求。中间阶层是最有代表性的消费群体，财富拥有量比不上巨富阶层，但也有相当的财富积累，有条件追求高品质生活，他们每月收入在数万元以上，有固定的奢侈品消费支出，对奢侈品的消费日益热衷，而且是奢侈品市场重点瞄准的客户群体。普通白领阶层也正在跟随上一个阶层的时尚脚步，虽然月收入只有数千元，无法承担经常性的奢侈品消费，但他们心甘情愿攒下几个月的收入去购买一件自己喜欢的奢侈品。例如一些被称为"包法利夫人"的女孩，因为收入不够，她们只能通过购买相对便宜的名牌配件（例如包和眼镜）来暗示自己也是富裕阶层的一员。这样的消费者在价位相对较低的奢侈品消费中占有很大比例。青年群体本身就有较强的好奇、攀比心理，世界众多厂商的最新产品都盯着中国市场，营造和鼓吹时尚理念，不断翻新花样，致使许多城市年轻人手机的更新频率超过一年一部。中国消费者在电视机、手机方面的频繁升级，创造了耐用消费品如此迅速更换的商业奇迹，这在欧美也是少见的。而这种近乎于盲目追求时尚的心理，导致了快购买、快淘汰的"抛弃型"消费行为，产品的设计使用寿命被人为缩短，而资源消耗量与电子垃圾废弃量由此大幅增加。与此同时，在年轻一代中产生了不少"月光族"、"卡奴"和"负翁"。每个月的月薪当月，甚至月中就会花光，已经工作、应该经济独立的子女还要依赖父母，钱不够就马上借，花完这个月的还可以花下个月的月薪，每月赚了钱先交给银行，有些年轻人完全脱离自身承受能力和实际需求，非理智型地过度消费，甚至不惜"高负债"成为"负"翁。而另一方面，由于我国尚未建立起完备的个人破产制度、个人信用档案等，这种"小富即奢"的高负债消费行为又缺乏必要的约束和风险控制。

另外，需要进一步指出的是，畸形消费对人性的扭曲问题。如天价年夜饭已经变了味。亲情被异化，看不见的感情正被看得见的奢侈所包围。中国人传统观念是要跟家人团聚的。在物质极度匮乏的年代，人们只有在逢年过节的时候才能够改善一下生活，所以总是把最好的食物留在除夕夜全家团圆之际来享受。人们更看重的是气氛和亲情，图个团圆喜庆。再如，目前一些高档的餐厅提供女体盛等特殊服务，畸形消费的不光是挥霍钱财，而是扭曲人性、践踏人的尊严。

随着中等收入群体的比重不断提高，迅速增长的消费者阶层本身就是消费主义的扩张。消费主义作为一种价值观念和生活方式，它被批判的重点在于其刺激着人类难以满足的"欲望"、"嗜新情结"，害人们得上"物欲症"和"奢侈病"。《牛津英文字典》对"物欲症"（affluenza）的解释如下：名词。一种传染性极强的社会病，由于人们不断渴望占有更多物质，从而导致心理负担过大、个人债务沉重，并引发强烈的焦虑感。它还会对社会资源造成极大浪费。[①] 美国学者罗伯特·弗兰克这样解释"奢侈病"（Luxury Fever）："上层的消费失控行为就像是一种病毒，它影响并大量激发起人们追求奢华的狂热，在某种程度上，所有的人都会被它所感染。"[②] 这种文化态度、价值观念和生活方式，正在日益渗透到社会大众的日常生活领域中，不仅仅改变了人们的物质需求，也正在改变当代中国人的生活目标、人生梦想，我们有必要对其意识形态的影响力保持清醒的谨慎。

（三）过度消费的生态代价

中国是人均自然资源短缺的国家，目前的资源对于支撑经济社会发展已经到了难以承受的地步，但人们的节约意识依然淡薄。人们在尽情享受经济发展成果的同时，很少想到资源危机已经悄然来临。

很多人没有充分意识到资源紧缺可能带来的严重后果，依然认为中国"地大物博"，资源"取之不尽、用之不竭"，没有真正贯彻落实"节约"、"转变经济增长方式"等政策方针。某些盲目消费和过度浪费造成了对生态环境和自然资源的巨大破坏与伤害。下面我们以近年来全国各地兴起的建设高尔夫球场热为例进行分析，因为这一消费项目比较集中地体现了人的消费与资源限制和环境保护、富人欲望与大众需求之间的矛盾关系。

高尔夫球在今日的中国被看做是一项属于"有身份"的"精英"阶层、"高尚的"而且是"绿色"、"健康"的体育运动和生活方式而受到大肆鼓吹和追捧，有时还在房地产商和地方政府的共同推动之下，演变成为一种变相的"圈地运动"。

然而，首先，广建高尔夫球场与我国地少人多的基本国情严重不符。据国土资源部公布的数据，目前我国人均耕地面积仅为1.4亩，还不到世界人均水平的40%。城市和周边土地资源的短缺也是导致房价持续上涨的重要原因。而建一座

[①] ［美］约翰·格拉夫，大卫·瓦恩，托马斯·内勒著. 闾佳译. 流行性物欲症［M］. 中国人民大学出版社，2006：3.

[②] ［美］罗伯特·弗兰克著. 蔡曙光，张杰译. 奢侈病：无节制挥霍时代的金钱与幸福［M］. 中国友谊出版公司，2002：5.

标准的高尔夫球场需占地 1 500 亩左右。按北京市已建成的 38 处标准球场计算，其总面积已相当于该市两个宣武区的城区面积。① 如此大量占用原本就十分稀缺的国土资源显然是一种不合理的占地浪费。

其次，广建高尔夫球场与我国环保发展战略不符。随着经济的快速发展，我国面临的环境保护压力也越来越大，一些省市正面临经济发展和环境保护的双重困局。建高尔夫球场要铲除大量的野草和树木，损毁自然生态，球场草皮需用大量的水资源浇灌，保养草皮要喷洒大量农药和杀菌剂。高尔夫球场对水资源的过度浪费与毁损，对生态环境的污染和破坏，与我国当前的环保政策和可持续发展战略，都是背道而驰的。我国水资源相当匮乏，水资源人均占有量仅是世界平均水平的 1/4。由于缺水造成的经济损失更是令人触目惊心。在中国 660 多座城市中，有 2/3 缺水，110 座城市严重缺水。由于缺水，每年工业总产值的损失大约在 2 000 亿元；而近几年农业每年由于缺水（近 33 亿亩土地收成受影响）造成的损失在 1 500 亿元。估计到 2030 年，中国将被列入严重缺水国家。②

高尔夫球场在我国是高消费的体育场所。目前，在国内 300 余家高尔夫球场中，只有深圳有一两家是面向普通人群消费的，绝大多数球场资源仅为极少数人享用。适量建设球场用于从事高尔夫球运动无可厚非，但在全民体育运动设施和场所严重缺乏、在一些中小学校连简单的运动场都不具备的今天，将大量资金和土地用于仅供少数人享用的高尔夫球场建设，难免损害属于社会公众的公共资源和利益，有悖于和谐社会公平的要求。

此外，其他一些富人的过度消费项目也加剧了资源的紧张和生态环境的负担。例如，国土资源部多次重申强调了别墅用地将严控的信息，但北京的别墅空置率还在 30% 左右，其中一些还侵占了风景资源较好的公共空间。

改革开放几十年，无疑是我国经济增长最快的时间，也是国人的消费方式和消费观念发生巨变的阶段。近年来，我国消费领域中出现了消费符号化的趋势，也出现了不少畸形消费的现象，比如过度包装。中国人送礼讲究面子，引发了礼品的豪华包装。最明显的就是近些年的月饼包装，在外包装上除了传统的铁盒、纸盒外，还出现了更高档的锦盒、漆盒甚至是红木盒。上千元、上万元的月饼礼盒中除了几块月饼外，装入的洋酒、茶叶、工艺品、滋补品越来越多，有的还配有数码相机、摄像机等。其他浪费性奢侈如大摆宴席、婚礼车队都在消耗大量的社会财富，造成了极大的资源浪费。

---

① 新华时评：刹住滥建高尔夫球场之风. 新华网. http://news.xinhuanet.com/politics/2006 - 11 - 23/content 5366334. htm.

② 中国年缺水近 400 亿立方米，110 座城市严重缺水. http://news.sina.com.cn/c/2006 - 05 - 19/08268966686s.shtml.

（四）对城市化过程两个典型消费项目的分析

在城市化进程中，大量农村人口进入城市或者是小城市居民流入大城市，怎样保证满足他们衣食住行的各项生活需求？应该建立一种什么样的消费模式才是可持续的？这些都是关系到社会公正和生态环境的重大问题。现在该是倡导和树立理性、科学的消费观念，反对奢侈浪费，追求物质生活改善与资源节约利用的有机统一的时候了，否则就是"浪费的城市化"、"不可持续的城市化"。

下面以跟城市化结合比较紧密的两种特殊消费品——汽车、住房为例进行分析探讨。通过汽车、住房的讨论，可以凸显出某些过度消费的负面影响。奢侈消费的分类，可以分为奢侈物品和奢侈服务。"一掷万金与国际名手打一杆高尔夫球"这种"服务"性的负作用要小很多。而奢侈品中，名牌手表和名牌汽车的影响也不同，前者的个人占有并没有太多的社会负作用，后者则不同。而豪宅、高尔夫球场之类的则有更大的社会负作用，因此受到的批评也更多。重点在于探讨哪些奢侈消费是真正要限制的。

1. 汽车

近年来，西方媒体多次报道中国人在欧美国家花费巨资购买世界顶级奢侈品，包括豪宅、钻石和汽车等。戴姆勒—克莱斯勒公司的顶级旗舰车——迈巴赫在德国起价10万欧元，从未卖出1部，而北京却有6部。2002年6月，宾利汽车落户北京赛特购物中心，在一年半之内，该店共售出20多辆宾利，其中3辆是售价998万元的特长车，剩下的一半是售价368万元的标准型，另一半是售价468万元的加长型。据宾利集团中国区经理介绍，2006年不少购买者来自矿产行业。不同于其他奢侈品，钻石、豪宅有可能升值，而购买豪华车则是纯粹的支出，每年的费用与折旧可高达数十万甚至数百万元。

问题一：新富阶层购置的高档汽车一般都是大排气量，高耗能、高污染。

近几年在富人中热卖的SUV汽车浪费汽油、污染环境，这种运动型多功能休闲车却一直朝着更大、更招眼的方向开发，从切诺基到路虎、宝马X5。为了比普通的SUV汽车出众，国内的暴发户纷纷购置更为豪华的悍马，这款车的原型是美军在海湾战争使用的军事交通工具，坐在上面能俯视路上的其他一切汽车。2005年山西的煤老板们一次性集体购买了20辆悍马。在太原，有一位煤老板一人就拥有三辆不同颜色的劳斯莱斯。据山西一家汽车贸易公司调查，目前山西私人拥有宾利、奔驰、悍马、劳斯莱斯、宝马等典型豪华车的数量已突破1 000辆。

问题二：新富阶层汽车消费的奢侈之风难以遏制。

有些人拥有不同车型满足不同场合，商务会谈开着奔驰去，度假郊游要用保时捷吉普，拉风要用宝马Z4。汽车本来是耐用消费品，在富人的生活中却变成了短期淘汰品，需要不断更新，这里有商业广告的诱惑，也是人们在追求个人舒适和身份标榜，"购车团"更体现了生活圈子的群体性压力的强大。

问题三：私人轿车兴起造成不同城市阶层在城市里的交通权力不平等。

在大城市，私人轿车作为主要交通工具是最不合理的现象，因为私人化的交通模式使得城市交通系统不堪重负，并引起严重的空气污染，城市交通进入一种停不下来的恶性循环。而且私人轿车的发展生成了新的不平等，一方面，收入水平决定了使用这种工具的能力及其可能产生的安全问题；另一方面，使没有私人交通工具的人变成了"弱势群体"。[①] 这些问题在中等城市也越来越严重。正当欧洲许多城市开始"自行车化"时，北京这个全世界羡慕的自行车城，却变成一个狂躁的汽车城。自行车还有若干，只是骑在自行车上的已经只有工薪族了。新富们早就开上车了，而且开大越野车，相比之下，"中国人均资源占有量"已经被遗忘了。

2. 住房

在城市化的过程中，新房子平均面积在增大，而家庭规模却比原来小多了。大客厅、大厨房、大卧室，住房越来越成为一种炫耀性消费的象征。而郊区的豪宅、度假别墅实际上只是富人们偶尔去去的第二、第三居所。面向中下层的地产开发，也沿袭了富人的喜好。有一则地产广告："尊享欧洲巴洛克城堡建筑，俯瞰大型高尔夫球场、潮白河公园春光，威毕欧溪谷均价六千倾情奉送。"这处房产从价格上看显然不是给富人盖的，但是楼盘的名字和建筑风格都表现出西洋化的特征，并暗示了与富人接轨的休闲方式以及对自然景观资源的占有。

所以说，首先，富豪阶层的居所选择有强烈的文化和社会效应，那些郊区化的别墅群，也在塑造着中产阶层的奋斗理想、成功的渴求。但是这种美国郊区化的、城市低密度的蔓延模式并不适合中国人地关系高度紧张的基本国情。

而且，现在的中间阶层和年轻一代紧随其后，也都将大户型作为奋斗目标。其实，大户型的追求和家庭人口结构核心化之间是矛盾的，现代居室交际功能正在弱化，因为有越来越多社会交往空间的选择，究竟为什么还要那么大的房屋面积，应该进一步做中国人乡土意识之外的反思。为了舒适和心理满足，不惜做"房奴"。

其次，过于奢侈的居住和度假方式将造成不良的生态后果和社会不公正。比如豪宅、私人会所都会选择位置好的地方，有的不惜破坏原生的风光资源，有的甚至在严重缺水的地区大量推销人造亲水住宅，更有人独享优美的环境、甚至名

---

① 蔡禾主编. 城市社会学：理论与视野 [M]. 中山大学出版社，2003：155.

胜风景区的稀缺资源。而国务院办公厅 1995 年颁发的《国务院管理工作的通知》第二条中规定:"风景名胜资源属国家所有,必须依法保护,各地区、各部门不得以任何名义和方式出让或变相出让风景名胜资源及其景区土地。"我国的城市化是政府主导的,希望政府在推进、规划城市建设与发展上起到最主要的作用,维护好公众的权益。

四、对策

(一) 新富重塑形象,达成贫富和解

1. 引导富人合理消费

自凡勃仑的《有闲阶级论》出版后,富人的自由挥霍浪费常常遭社会讽刺。距离那个时代已过去了将近一个世纪,这期间美国资产阶级自身的素质已发生了巨大改变,造成一个人社会地位的标准也一直在改变,如今在美国的任何一个地方,财富的简单炫耀已经不再像过去一样会获得社会尊敬。现代政治家就比富翁有更特殊的社会地位,许多富翁愿意花一笔相当数目的钱去担任驻小国的大使,以获得社会地位。富人除了钱之外,必须在某些领域创下相关成就,否则根本无法获得社会尊敬。我国富人的新消费形式也已经开始与文化收藏、艺术支持或公益慈善事业相结合,这是非常值得鼓励的。

然而,内地富豪已经在一定程度上被树成抨击的靶子:钱财来路不明、奢侈挥霍浪费、社会责任缺失。除了对非法敛财的愤恨,民众反感的是富人炫富却又为富不仁。以往中国富豪们对慈善行动比较淡漠,每年的"胡润百富榜"与"胡润慈善榜"很难呼应。中华慈善总会的统计显示,其近十年募集的慈善款项,来自内地富人的捐助比例不足 15%,他们拥有的社会财富却在 80% 以上。这几年来,他们的整体慈善意识已然提高,八十六岁的余彭年三度荣登"胡润慈善榜"榜首,自 2003 年以来,已累计捐资超过 30 亿元,几乎是其个人全部的资产。[①] 第一代富人怎样过有品质的生活需要训练,他们也应该学习如何回馈社会。在要求富人转变观念、做出贡献的同时,媒体、政府和其他社会团体也应该加强正面引导和监督,完善财富回馈机制。

在美国的工业革命时,企业家们创办工厂,也经历了突然赚钱和适应的过程,20 世纪初,当钱传到下一代或者企业建成一定规模的时候,富人们产生了为社会做贡献的转变。直到今天,石油大亨洛克菲勒的慈善基金会都在发挥着重

---
① 曹林. 被舆论仇视是富人的耻辱 [N]. 中国青年报,2007 - 08 - 14.

要的作用。慷慨捐献,已经成为美国亿万富翁的不成文传统。2006年,美国首富比尔盖茨宣布急流勇退,辞去微软公司总裁的职务,专心从事慈善事业。随后,美国富豪巴菲特则表示,要把他一生中通过经营股票积累起来的大部分财富捐献给慈善事业,总额达310亿美元,而他本人的生活是非常节俭的。他们显然不打算把财富传给自己的后代。与一些欧洲国家尊崇世袭不同,美国崇尚个人奋斗、艰苦创业。富豪们并不相信财富可以传下去,认为骄纵孩子容易养成逍遥纨绔的不良习气,反而害了他们。我国一些企业之所以出现"富不过三代"的现象,也是因为没有解决好富家子弟的教育问题。给十几岁的孩子买名车招摇过市,安排子女到境外生活,导致一些年轻人生活奢靡、不思进取。

新富群体需要在财富获取的透明度、承担社会责任等方面做出努力,重新树立良好的公众形象。在获得巨额的财富之后,不应该专供私人享用,不要忽视财富与社会的共生共存的关系,要让财富发挥出更多正面的社会效益,有利于缓解社会矛盾,也能让财富更安全,让生活稳定而幸福。

2. 增加对富人的接纳度

改革开放以后,中国重新出现了富人群体,国家、社会以及富人本身都在适应这样的变化。另外,市场经济确实"让一部分人先富起来"了,财富不断地分化和集中到特殊利益集团手中,但离"最终实现共同富裕"似乎还很遥远。部分富豪成长过程中的"暴发"性,及其手段的非法性,导致了人们对社会分配方式的不满。而且先富者自顾享乐,没有表现出"带动后富"的姿态,反而让社会出现越来越大的阶层疏离,贫富之间难以互相体谅和交流沟通。

民众对新富生活的想象大都来自于媒体的煽动渲染。即使在互联网时代,富人的现实生活也是底层接触不到、不可能了解的。富豪并不都是穷奢极欲、花天酒地、荒淫无耻、无奸不商,他们中有些人和普通百姓一样精打细算、情真意切。媒体应该自觉自律,对奢侈品消费的行为不应该过分炒作,因为巨大的消费反差容易带来民众负面的情绪。而且,当代品牌奢侈品具有很强的商业性,但它们也具有一定的历史、文化和艺术内涵。当以时尚杂志为首的传媒过分浮躁地强调"奢华"时,他们也误导了大众。奢侈品消费还尚未被大众完全了解,高消费成为可视化的社会分隔工具,人们对其产生不满与反对在所难免。在我国长期物质匮乏与近年经济高度发展的迅速转变下,中国民众习惯了多年的简朴消费习惯,突然面对近乎不可思议的高额商品,超出了其能够接受的心理底限。随着人们消费观念的成熟,这种情绪应该有所缓解。富人必要的行头添置和生意往来必需的地位性消费无可厚非,他们有追求生活舒适、品位提升的权利,文化艺术品收藏和投资教育更是值得鼓励的。在不同的历史时期,某个社会阶层应该有相应的奢侈程度、消费限度和社会认可的合法性。在这个范围内,公众应该抱以平和的心态。

自古以来我国就有"不患寡而患不均"的平均主义思想，各种对富人的排斥倾向似乎从未消失过，然而"杀富"不能"济贫"。和谐社会不是没有贫富差别的社会，它的基本前提是要有比较合理的社会结构和健康的社会心态。应该相信新富群体的主流是通过劳动和智慧致富的，在市场经济条件下，各行各业的杰出人士依靠特长和本领挣大钱是正常的。其实目前富人的数量，在拥有13亿人口的中国还是太少。富人的成功之路、品位形象对社会其他群体有一定的吸引力和励志动力，会激发年轻人的激情和梦想，产生好的示范效应和辐射效应，带动和帮助更多社会成员走向富裕，推动整个社会的发展。

3. 调整财富分配不公

人们对社会公正的信念影响了社会阶层之间的感情，在某些突发事件的刺激下，已经并有可能继续发生失控的集体行为。要想从根本上调整社会不满心态，达成贫富和解，必须从调整收入分配的政策和制度入手。政府应发挥主导作用，首先，要深化改革，建立对权力的监督问责机制，减少权力控制的资源范围，遏制、惩治特殊利益集团；其次，要建立公平严明的市场环境，给各地区、各社会群体收入增长的平等发展机会；第三，要缩小贫富差距，健全税收制度、鼓励富人多做慈善，扩大中等收入者的比重，提高低收入者的收入水平，同时健全社会保障体系，保障底层生活。只有经过多方共同努力，才能营造出一个互相善待、健康和谐的社会环境。

（二）倡导可持续的消费文化

在我国发展进入新的历史阶段之时，中央明确提出要建设节约型社会，就是要在经济和社会发展中以尽可能少的资源消耗获得最大的经济效益和社会效益。具体到消费领域，则要求优化消费结构，合理引导消费，逐步形成节约型的消费方式。

1. 重建生活智慧

是非、善恶、美丑的界限不能混淆，坚持什么、反对什么、倡导什么、抵制什么，必须旗帜鲜明。"八荣八耻"中"以艰苦奋斗为荣、以骄奢淫逸为耻"，应该树立正确的荣辱观。重建消费伦理、唤起资源忧患意识、倡导可持续文化的人生观、幸福观和生活美学观念。

在全球化的浪潮下，在大众传媒的推波助澜中，我国各阶层消费者的消费心理还不成熟。想要过幸福的生活，不一定要住豪宅、开名车、挎LV①的包。重

---

① LV 是法国时尚品牌路易•威登（Louis Vuitton）的缩写，已经在中国内地开设专卖店12家，旗下产品中以旅行皮具和皮包最为畅销，国内演艺圈的女星几乎人手一只，售价从近万元到几万元人民币不等。

要的是你拥有的生活态度,我们其实不需要那么多的物质和财富,因为很多东西在以前是没有的,那时候的人们就不能快乐么,显然不是。戴尔·卡耐基深入分析了人性的缺点之后呼吁:"人们那种追求金钱、炫耀金钱的虚荣心态实在该改一改了,疯狂地攫取金钱、买一些只能说是垃圾的东西,目的就是展现给别人看,以此来显示自己的价值,而实际上却失去了生命中最为宝贵的东西:本质、自尊以及真实的生活。"①

1992 年,艾伦·杜宁在《多少算够——消费社会与地球的未来》一书中提醒人们走出消费误区,倡导持久文化运动,走可持续发展的道路,量入为出,在友谊、家庭和有意义的工作之网中寻求充实的社会。1997 年,德国社会学家贝克(Ulrich Beck)提出了第二个现代化的理论。他在其主编的《自由之子》(Kinder der Freiheit,法兰克福 1997 年版)一书中区分了两个现代化:第一个现代化就是指人们目前通常所讲的那个现代化,它的主要特征就在于经济增长、技术进步、阶级内部的团结与阶级之间的冲突,一句话,在于为了更多的收入与消费的物质资料分配上的竞争。而第二个现代化则是人类崭新的奋斗目标,它的主要特征在于整个社会都是朝着个性化的方向发展的,人们强调自己的时间、自我决定的活动、内心的情感体验以及与他人的对话和交往,一句话,在于非物质的竞争。这样一种并非以物质财富的占有为尺度来衡量人们的贫富差别的时代,被贝克称为"自我生活的时代"(Zeitalter des eigenen Lebens),它是一种更具吸引力的、使人的本质特征得以更深刻地展现的、崭新的生存方式(Daseinformen)。

英国历史学家阿诺德·汤因比研究了二十二种文化的繁荣和衰落,把自己对人类文明发展的认识总结成一条规律,即"累进简化法则":衡量一种文明的发展,要看它能否将经历和注意力从物质方面转到精神、审美、文化和艺术方面,以及这种转变能力的高低。②

从历史的观点看,过度的消费主义是异常的价值体系,终将是短暂的,其历史根基浅薄,人们完全可以摒弃消费主义,并从人类的文化遗产中寻找有着持久意义的最古老的教诲。我国的孔子曾言"过犹不及",老子也说"知足常乐"。降低我们的消费不会使我们丧失真正重要的物品和服务。改革的第一步只是让消费者认识到我们正在造成的损害以及怎样避免它。当大多数人看到一辆大汽车,首先想到的是其所导致的空气污染,而不是其所象征的社会地位时,就说明人们拥有了环境道德。③ 从这一点看,我们应该加强消费文化的建设,让消费者早点

---

① [美] 戴尔·卡耐基著. 翟文明编译. 人性的弱点 [M]. 光明日报出版社,2005:184.
② 阿诺德·汤因比. 历史研究 [M]. 上海人民出版社,1986.
③ [美] 艾伦·杜宁著. 毕聿译. 多少算够——消费社会与地球的未来 [M]. 吉林人民出版社,1997:102.

走出"价值迷失"。

2. 推广自愿简朴

美国等发达国家已进入典型的资源浪费型社会,资源供给与生产、生活的矛盾日益尖锐,因此,美国民间自发兴起节俭生活方式活动,建立了不少民间团体。这些组织向民众宣传和倡导"自愿简朴生活"理念,引导人们反思消费主义,并且介绍节俭生活的方式、方法。20世纪70年代初起,在英国、瑞典、德国、荷兰、瑞士就出现了所谓"生活方式小组"(Lebensstil - Gruppen),小组成员严格区分必要消费与享受型消费,自觉限制自己对肉类、能源、汽油、建筑物和包装物的消耗,使其节余的部分收入用于政治、社会活动。"道德的消费"这一概念是从90年代德国公众为了反对壳牌(Shell)石油公司英国分公司将报废的钻井平台"Brent Spar"沉入大西洋的计划以及法国在南太平洋 Mururoa - Atoll 岛上的核试验所掀起的禁购(壳牌的汽油,法国的葡萄酒)运动中概括出来的,它是指人们拒绝购买某种原先非常喜欢的东西,因为他们认为该商品的生产厂家或出产国存在着严重的违反人权或破坏环境的行为。而禁购等类似的操纵性的消费行动一旦成为具有广泛民众基础的社会行为,就会使当事公司或当事国因蒙受巨大的经济损失而不得不改变其计划或做法。"放弃之伦理"(Verzichtsethik)即对超出必要消费之界限的挥霍性的物质欲望与物质享受做出自愿的限制与放弃。

我们也应该借鉴西方国家经验,开展自愿节俭运动等活动,让人们在规范生活消费行为的基本原则、消费结构与水平,所采取的形式与方法,以及消费的对象、工具和技能等各个方面,都要遵循节约原则。汲取西方消费者改良生活方式的经验,比如欧洲的拼车、步行日、环保型汽车的开发和推广、租车制等,开展从社区到大学的讨论会和课程等活动,通过活动小组、基金会等多样化方式,利用传媒、政府和民间力量等多种资源,将简朴的生活方式在全社会范围内塑造成品质、精神、教养,甚至时尚的象征。

我们需要探索的还有怎样自觉地规范人们的行为,首先是政府和企业的社会责任,个人伦理层面则是简约生活方式中的局部更新。从家庭节约到社区节约,从企业节约到公务节约,需要创建激励机制,充分发挥民间团体的作用,促进我国经济社会的全面协调可持续发展。

3. 完善制度政策

今时今日,我们倡导节约型社会,并不是盲目地压制高档奢侈品消费,而是用国家的相关政策制度、法律手段来调节和约束人们对资源的占有和使用。比如针对政府部门,如果减少公款支出只是局限于减少水、电、纸等日常用品的浪费,那么这种节约就容易流于表面和形式,没有触及问题的根本。我们所说节约应该从政府部门带头做起,不仅指政府部门应该带头节水、节电,不乱花纳税人的钱，重点更在于提醒政府部门要不断深化行政体制改革，加快政府职能转变，勇于修正不合理的运行机制，减少体制性浪费。

创建节约型社会，一方面是文化和生活方式创新的命题，另一方面也是对经济制度和政治制度创新的挑战。

综上所述，改革开放以来，中国社会在短短的不到二十年中就告别了"短缺经济"下的物质匮乏而变得相对富足。出于历史和现实的种种原因，一部分通过非常规手段在短时间内迅速致富的新富阶层，通过奢侈消费的方式来刻意弥补过去的清贫生活或是凸显其社会地位。这种非理性的过度挥霍不仅对中产阶层及其他阶层有强烈的示范作用，而且也引发了一部分社会成员的仇富心理，并且造成了生态和环境的破坏。塑造什么样的生活方式和消费方式不仅是富人自己的事情，同样也是一个社会热点问题。特别是中国目前正处在一个快速城市化的阶段，占主导地位的就是城市的生活方式和消费方式的转变。整个中国历史上从未经历过的对于温饱的基本解决使得以往的价值观直面消费社会的挑战，生活基础的极大改进使人们不知所措，如何填补生活意义的空虚是最深层的论题。商业正在力争填补这样一个空白，通过推动消费营造以消费为核心的人生观。当我们反省由"新富阶层"、"成功人士"为主导话语来营销生活方式与消费选择时，从分析和解读中国新富的消费行为入手，我们看到了它背后复杂的社会和文化因素，因此对于当代新富消费现象要客观理性地认识，既要看到其必然性、合理性和一定的积极功能，又要看到其负面的社会影响和生态代价。富人的消费行为不仅对于刺激经济增长有着直接的作用，更值得关注的是他们所起到的示范作用和所应承担的社会责任。对于还处在"初级阶段"的中国新富阶层的消费模式而言，不仅需要有国家宏观政策的有效调节，也需要有文化价值观念上的合理引导。我们的社会需要的绝不仅仅只是让"一部分人先富起来"，更重要的是让这一部分"先富起来"的人先"负责任"起来！

第八章

城市弱势群体社会救助*模式探讨

——暨对深圳"关爱行动"模式的分析

任何社会在任何阶段都有一部分人处于弱势位置,造成弱势的因素可能是生理性的、自然性的,也可能是社会性的。研究普遍认为,社会性因素是我国目前弱势群体形成的重要原因,主要是源于现代化进程中的体制转型和城市化。在当下急剧城市化过程中,多数财富和资源集中于少数群体,更加反衬出弱势群体生存发展机会之弱,与资源占有者之间的差距拉大。在老、残、幼等传统弱势人群之外,城市化过程中还产生了新的社会弱势群体,主要是大规模征地带来的失地农民、在城市中流动的农民工和旧城改造产生的拆迁户,数量和所占社会人口比例都很大。他们的经济、社会、政治地位普遍都很低,欠缺利益表达途径,生存和发展的机会有限,城市化带来的发展成就很少被他们分享。本书有专门章节研究这三个群体。

对于城市弱势群体的社会救助,在改革以前,主要由政府计划主导,通过单

---

* 对弱势群体的关注,可能会出于不同考虑。一种考虑是基于社会稳定,还有一种考虑,则是出于对弱势群体本身的关怀。这两种出发点并不矛盾。不同的出发点和工作特征形成了不同的概念,比如社会保障、社会救济、社会保险、社会互助、社会救助、社会支持,等等。这些概念在使用过程中形成了一定的特殊内涵,如政策语境、学术语境中所指不同,甚至不同的学科、不同的研究者所用概念的边界也相去甚远,但使用者往往无意严格加以鉴别,所以概念之间有所冲撞,或者同一概念多种解释。限于篇幅和主题,本文无意辨析诸多概念。权衡之下,采用"社会救助"的概念,所指并非局限于社会工作话语中的政府扶危济贫行为,而是泛指政府的和非政府的、制度的和非制度的、正式的和非正式的等一切对弱势群体的帮助。

位和街居组织实现。改革过程中，城市单位和街居组织的管理体制都发生重大变化，很多社会保障功能和生活服务功能在逐渐社会化和市场化，① 目前我国的社会保障制度还不完善，很多处于救助制度边缘的人群得不到救助，比如伴随城市化产生的失地农民、农民工和拆迁户就处于体制之外，在原制度安排下，无法享受制度提供的帮助。此外，社会力量的救助非常有限，即便有社会救助资源可供利用，但是缺乏整合的途径和机构，供需断裂。随着社会经济的发展，救助需求不再仅仅限于物质救助，心理、精神需求也在增长。

一个社会对于弱势群体的有效救助，以及人们有的放矢的爱心可以切实解决弱势群体的困难，缩小社会距离，化解社会矛盾，实现社会公平，扩大社会参与，凝聚社会力量，有助于实现社会和谐。因此，面对城市化进程中弱势群体数量的增加、需求的多元化、救助供给乏力的情况，必须创新社会救助模式，寻求新的、有效的社会救助体系的建立。本章根据对深圳"关爱行动"的深入调研，具体分析城市化进程中，城市弱势群体构成和需求的变化、传统社会救助存在的问题和产生的原因，探索建立社会救助新模式的思路。

一、城市化进程中的弱势群体

（一）弱势群体的概念

对于何为弱势群体，长期以来并没有一致明确的定义。

经济学家倾向于从经济发展角度进行界定，例如董辅礽指出：城市弱势群体是指在城市中那些被排除在社会经济发展进程之外，不能享受到社会经济发展的成果，生活处于困境的人。②

社会学家除关注经济能力之外，还关注社会竞争能力和心理层面；除关注静态表现外，还关注动态的变化和相对性。例如陈成文认为：社会弱势群体是一个在社会性资源分配上具有经济利益的贫困性、生活质量的低层次性和承受力的脆弱性的特殊社会群体。③ 薛晓明认为：所谓弱势群体是指在生活物质条件方面、权力和权利方面、社会声望方面、竞争能力方面以及发展机会方面处于弱势地位的群体。郑杭生认为：弱势群体也叫社会脆弱群体、社会弱势群体，主要是一个

---

① 李培林. 社会生活支持网络从单位到社区的转变 [A]，社会转型与社区发展——社区建设研讨会论文集 [C]，2001.
② 董辅礽. 城市弱势群体的成因 [J]. 中国党政干部论坛，2002（4）.
③ 陈成文. 社会弱势群体论 [M]. 时事出版社，2000：21.

用来分析现代社会经济利益和社会权力分配不公平、社会结构不协调、不合理的概念。①

对于弱势群体的成因，多数人谈到生理性弱势群体、自然性弱势群体和社会性弱势群体。生理性弱势群体成为弱势群体，是由于明显的生理原因，如年龄、疾病等，主要包括老龄人、儿童和残障人员；自然性弱势群体是由恶劣的自然地理环境和自然灾害等自然性因素所导致的弱势群体，主要指经济上的贫困，包括生态脆弱地区人口和灾民；社会性弱势群体在我国主要指在体制转型和城市化进程中产生的下岗职工、农民工、非正规就业者、失地农民等，以及大病缺乏保障等各种原因造成的贫困群体等。

概而言之，弱势群体指由于生理的、自然的或社会的原因导致生存境遇和发展机会之弱的人群，他们凭借自身的能力已经很难实现社会生活，需要政府和社会的帮助。弱势群体不是一个一成不变的概念，它的构成在某种程度上是一定发展阶段政治经济文化综合作用的结果。②

（二）城市化对弱势群体的影响

城市化过程中伴随着体制转型，体制转型带来的制度变革和产业结构调整影响着人们的就业选择。就业是城市居民的生存基础，是基本生活状态的决定因素。随着就业模式的变革，各个社会阶层的地位、生活状况和机会都发生了变化。在城市化的过程中，财富和资源急剧高度集中于精英群体，并且趋于定型化。③ 对于弱势群体而言，总体上，则处于更加艰难的竞争地位，还使农民工、失地农民和城市拆迁户等更多的人沦为社会生活的弱势群体。

1. 恶化既有弱势群体的生存发展环境

排除城市化因素，城市中的弱势群体可以分为两部分，一是生理自然因素造成的老龄、残障等群体；二是转型过程导致的大量结构性下岗和失业人员，他们因为年龄和业务素质的局限，在就业竞争方面处于不利地位。城市化加剧了这两部分弱势群体生活机会的不利。户籍管制的弱化、经济发展的地区差异和城乡差异，以及人们观念的变化，人员和资源的流动比以前更自由了。大量外地人员，包括农村过剩劳动力涌入城市，使本来就由于年龄、身体、技能等因素处于劣势的城市居民的生存环境更加艰难。加上社会保障体制的不完善和滞后，使很多人难以获助，甚至在旧体制下获助的人因制度转型反而失助。弱势群体不仅自身的

---

① 郑杭生. 中国人民大学中国社会发展研究报告2002：弱势群体与社会支持［M］. 北京：中国人民大学出版社，2003：6.

② 薛晓明. 转型时期的弱势群体问题［M］. 中国经济出版社，2005：13.

③ 李强. 当前我国社会分层结构变化的新趋势［J］. 江苏社会科学，2004（6）.

弱势很难改变，家庭子女的流动机会也比较微弱。与农村贫困人口逐年下降的趋势相比，城市贫困问题反而表现出发展态势。据经济学家们估算，以2004年为例，城镇人口贫困发生率为6%~8%，高于同期农村。中国社科院社会学所社会政策研究中心研究员唐钧认为，中国城市中贫困群体接近3 000万。①

2. 形成新弱势群体

（1）农民工

城市发展对于劳动力的客观需要、城乡差距的客观现实和农民改善生活的主观需求使农民进城务工成为一种必然。然而，受仍在实施的户籍制度以及与此相关的就业、医疗、子女教育、养老保障等制度的限制，农民工很难真正融入城市社会，在经济上还很难得到公正的待遇，相对于城市居民而言，仍处于弱势地位。近年来，随着农业税负的减免、新农村合作医疗等新农村建设措施的开展，农村生活得到改善，相比之下，到城市打工的优势在逐渐下降，很多农民选择回乡。

（2）失地农民

城市化进程中，城市大规模发展，特别是在开发区热潮中，需要大量从农民手中征地。农民以土地为业，失去土地的同时也失业了。虽然各地都制订了一定的补偿方案，但在很多地方，农民所获经济补偿、就业安置和社会保障措施都存在问题。在体制转型的大环境下，有的失地农民在市民化过程中无法迅速适应，缺乏就业能力和机会，生活无着落，成为城市中新的弱势群体。

（3）城市拆迁户

在城市化快速发展的阶段，旧城房屋拆迁无法避免。中国近二十年正在进行世界上最大规模、最急剧的城市建设和城市改造，几乎所有的城市都只是在略有停顿后就又开始新一轮的大拆迁，问题在于对于被拆迁居民的补偿和安置要合理合法。从总体上看，城市拆迁改善了城市环境和市民的居住条件，但是，当前"在城镇房屋拆迁中存在一些突出问题：一些地方政府没有树立正确的政绩观，盲目扩大拆迁规模；有的城市拆迁补偿和安置措施不落实，人为降低补偿安置标准；有的甚至滥用行政权力，违法违规强制拆迁"。② 部分拆迁户"因拆致贫"。由于大多数居民被安置到城郊，无论是生活还是就业、交通、子女入学等都成为难题，在一些地方这些问题又没有引起政府的足够重视。弱势群体在拆迁中的弱势更加严重，他们的知情、利益表达、生存和选择的权利得不到尊重和保护。

---

① 数据来源：第一财经日报，2006-03-14.
② 国务院办公厅关于控制城镇房屋拆迁规模严格拆迁管理的通知.2004.

二、救助弱势群体有助于城市化健康良性发展

弱势群体在任何时代、任何社会都存在，关键是社会采取什么样的解决、舒缓途径。当下构建和谐社会，特别要做好对弱势群体的社会救助，使受城市化影响的城市弱势群体得到有效救助，这将有助于实现健康有序的城市化。

（一）缓和社会矛盾，体现社会公正，实现社会稳定

对弱势群体进行救助，使其实现基本的生存需求，这首先是人道精神、社会公正的体现。弱势群体的生活有所着落，将减少对社会的仇恨心理和反抗行为，从这个意义上，救助弱势群体一向被视作社会矛盾的缓冲器和减压阀。当前大规模快速城市化形式下，对弱势群体进行及时有效的救助尤其重要，城市化造成的失地农民、拆迁户等弱势群体具有同质性、大规模的特点，如果救助保障不及时、不得当，很容易激化矛盾，爆发群体性事件，危害社会稳定。近几年各地发生群体性事件的主要原因之一就是征地和拆迁的善后工作出现偏差。

（二）推动城市经济社会建设

前文提到，城市化建设势必涉及征地、拆迁，由此造成的失地农民和部分拆迁户比其他人更多承受了城市发展带来的代价，解决好他们的保障问题可以起到示范作用，将有助于将城市化推向深入。

农民工对于城市化的贡献尤其值得一提，对于他们的保障更值得关注。农民工是推动中国经济和社会结构变革的巨大力量，已成为促进城市建设与繁荣的生力军。2006年中国外出农民工数量为1.2亿人左右，如果加上在本地乡镇企业就业的农村劳动力，农民工总数大约为2亿人。[①] 根据第五次人口普查资料，农民工在第二产业从业人员中占58%，在第三产业从业人员中占52%，在加工制造业从业人员中占68%，在建筑业从业人员中占80%。数据表明，农民工已成为支撑中国工业化发展的重要力量。城市环卫工人、家政从业人员、餐饮服务人员也绝大多数是农民工。在一些大城市，一到春节农民工返乡，就会出现家政服务人员严重短缺的现象，2008年春节之后北京出现了严重的"保姆荒"，城市运行功能和居民生活都受到较严重的影响。农民工不仅是城市化要吸纳的主要群体，也是城市化建设的重要力量，他们的自身素质和生活质量直接影响城市化建设，同时也是城市化水平

---

① 中国农民工问题研究总报告起草组. 中国农民工问题研究总报告，2006.

的一个反映。因此，取消或降低人为门槛，从制度设计、日常生活等方面给予农民工这些城市建设者以公平合理的保障和帮助，终将推动城市的经济建设。

对拆迁户的补偿、失地农民的安置和补偿，以及对流动农民工的管理，都对城市社会管理体制提出挑战，政府的职能定位、管理理念和行为方式都在悄然发生变化，传统的户籍制度、劳动就业制度和社会保障制度正在发生变革。

（三）改善城市人际关系

动员整个社会力量对城市弱势群体进行有效救助，可以加强弱势群体与其他人群的沟通，促进彼此的认同，特别是农民工和城市居民之间的理解，从而减少隔膜和矛盾，形成良性互动。深圳是一个以外来移民为主的城市，总人口 1 400 多万，其中户籍人口仅 180 多万。血缘、地缘联系等人际关系比较弱，是一个"陌生人城市"，人际关系较之其他地区更加冷漠。而且来到深圳的移民以务工赚钱谋生为主，对社会生活和文化生活的态度相对淡漠，对深圳的社会性认同即"我们感"比较弱。"关爱行动"扶危帮困、关注弱势群体，解决群众密切关注的生产生活问题，在物质支持和志愿服务之外，通过举办各种文娱体育活动，改善了人际关系，营造了友善、和谐的社会氛围。它所发起的全社会不同阶层、不同群体的人与人之间的互相关心和爱护则是将各界社会力量调动起来，满足人人皆有的社交和尊重需求，创造了互相尊重、互相支持、互相信任的温馨和谐的人际关系，提高了市民的奉献意识和道德水准，增强了城市的凝聚力和归属感。据不完全统计，在首届"关爱行动"期间，深圳市义工联个人会员增加近 1 000 名，团体会员增加 30 多个；深圳血站接受的献血量是平时的 3 倍；上千市民向关爱基金捐款近 100 万元。

现在，各个城市都在争相推出自己的城市名片，城市综合竞争力越来越注重软环境。对弱势群体进行救助，既推动城市的经济建设，又体现社会公正、促进社会道德建设、密切人际联系，从整体上营造充满活力和人情味的城市氛围，这实际上就是城市品牌建设，是城市化的最终实现。深圳在改革开放之初，得益于政策、地理和人才的优势，发展迅速。随着发展的深入、政策优势的淡化、其他城市发展对于人才的吸引，深圳的综合竞争优势不再突出，甚至在一些方面还比较落后，究其原因，关键不在于物质环境，而是城市精神、对于占人口多数的外来人口的制度保障等方面的缺失。近年来"关爱行动"的影响越来越大，被媒体评价为"铸就深圳城市风格"，[①] 是深圳精神的体现，成为深圳的城市品牌。

---

① 李晓锋．关爱铸就深圳城市风格．深圳商报．深圳新闻网．2006 – 12 – 28．

（四）促进农村建设

农民外出务工已成为工业带动农业、城市带动农村、发达地区带动落后地区的有效实现形式。农民工在城市和发达地区就业获得的收入，除用于必需的生活消费支出外，大部分带回了农村。在城市也是农民工的"大学堂"，他们在城市务工过程中增长了非农产业生产经营的本领，转变了生活方式和思想观念，丰富了社会关系网络，使人力资本的价值得到提升。据专家估计，目前每100个外出农民工中有4人走上了回乡创业的道路，带回了资金、技术、市场经营观念和现代管理方式，带动了农村各行各业的繁荣和发展。[①] 在一些地区，农民工带回的资金总量超过了当地政府的财政收入，而且这批在发达地区经过市场经济洗礼的农民工返乡后，使落后地区获得了发展的外源力量和造血功能。[②]

三、既有城市弱势群体社会救助存在的问题

在计划经济体制下，城市弱势群体的社会救助主要通过三种途径实现：

一是政府统管的福利救济事业，这是最主要的一种福利保障。与城乡二元社会结构相对应，城市主要通过单位实现，在农村主要通过人民公社实现。在城市里，因为多数人归属于某一单位，所以主要靠政府组织，由单位完成，正式单位体制之外的救助由街道居委会进行。单位和街居组织一般都有专项补助款，在职工或居民发生困难时或春节等重大节日进行物质经济帮助，一般由工青妇部门组织。

二是国家发起的民间互助，比如支援受灾和困难地区群众、"学雷锋"运动。虽然庞大的社会力量参与进来，但是，整体上还是由政府主导。

三是单纯的民间互助，主要是血缘亲族内和地域内的互助，救助效果比较显著，但是不允许以独立民间组织的形式进行。

20世纪90年代以来，我国政府在养老、住房、医疗、教育、流浪乞讨人员保障和救助等方面推出了一些具体措施，以适应社会变革过程中出现的新的弱势群体和救助需求。各地根据本地区的具体情况，制定颁布了相应的救助办法。这些应变性措施在一定程度上起到了救助弱势群体的作用，但是，在救助主体、救助资源整合、救助理念和救助方式等方面还存在着很多问题。

---

① http://paper.sznews.com/szsb/20061228/ca2543211.htm.
② 中国农民工问题研究总报告起草组.中国农民工问题研究总报告，2006.

（一）救助主体：过度依赖政府救助，社会力量没有充分发挥

我国社会力量中蕴涵着巨大的扶贫济困的潜力，但由于长期以来国家对社会力量参与社会救助活动的重视度不够，没有制定出相应的政策，没能形成一定有效的激励机制，因而造成一方面政府救助负担过重、"力不从心"；另一方面社会资源大量闲置和浪费，社会组织、企业和公民个人的爱心资源没有得到充分调动。

（二）救助资源整合不利

1. 政府救助存在多头救助和各自为政的状况

一是没有统一的社会救助法律法规和完整的制度，因而在实际工作中出现标准不明确、程序不规范等一系列问题，令社会救助工作难以制度化和规范化。二是社会救助管理工作缺乏统筹和协调。主要表现在没有统一的社会救助管理部门，如一些基本救助虽统一归民政部门管理，但在其内部又各自分属不同子部门管理，另一些专项救助制度，如教育救助、就业救助、住房救助等，更是属于不同系统的部门管理，加之当前社会救助缺乏有效的联动机制，使其更加难以协调。有的弱势群体被重复救助，而有的则始终得不到救助。正如深圳市民政局局长所说，虽然各政府部门都很重视，但都只是从本系统内部各自开展帮扶工作，结果是造成了有的弱势群体受关注度高，得到多方救助，有的需要救助的群体则由于缺乏社会关注而得不到救助。这种重复救助和救助不到位的现状，使得同为弱势群体却苦乐不均。因此，需要一个"总管家"来综合协调。

2. 救助供需信息沟通低效

救助供需信息的低效主要体现在两个方面：一是缺乏沟通供需信息的平台。一方面存在大量需要帮助的人，另一方面，我国的公益意识虽然还有待培养，但是也并不缺乏富有爱心的人士。二是救助工作缺乏监督制约。很多人虚报收入以获取救助资格，而相关救助部门往往由于此类工作的繁重性，难以或者不愿花力气把好确定救助对象资格的质量关。缺乏具有公信力的救助信息鉴别机构，也缺乏监督机制。监督机制不健全、救助供给信息不公开，还导致现有救助工作效率低下，并引发腐败问题，许多地区存在自行更改救助标准、克扣挪用救助资金和利用权力、金钱获取救助资格的情况。

（三）救助内容单一、滞后于体制转型和社会结构转型，救助水平偏低

体制转型和城市化产生了新的弱势群体，弱势群体的需求也发生了变化，但是社会保障、税收等制度的调整落后于社会变化，社会保障的覆盖面还太小，比

如农民工就因"二元"社会结构被排除在城镇救助体制之外。根据2007年的统计，深圳市常住人口以外来人口为主，外来人口已达1 200多万。深圳市虽然根据实际情况制定了一些救助措施，比如对没有深圳户口的残疾人也施以救助，但是，还是受到户籍的限制，很多救助措施只是针对户籍人口，作为主要人口构成部分的外来人口无法得到有效的保障。一些城市突破城乡约束为农民工提供养老保险，但是，户籍限制使保险无法异地转移，农民工离开时，只能选择退保。今年初，深圳发生了大规模的农民工"退保潮"。① 一些社会保障、社会福利以及其他的一些扶助弱势群体的措施，往往落不到真正的弱势群体的头上，反倒是已经掌握优势资源的人群获得更多的补助，比如，住房中的公积金制度补贴的其中一部分是高收入的人群。

弱势群体不仅在经济上需要救助，在精神心理方面同样需要关注，而目前的救助尚未照顾到精神文化和心理需要，没有跟上弱势群体需求的变化。深圳作为快速成长起来的城市，其陌生人特征更为突出，人际关系淡漠。并且深圳的工作节奏快、竞争压力大，人们的心理压力比较大。据深圳市残联介绍，深圳市精神类疾病的患者比例高于其他地区。

现行社会救助制度的救助水平普遍偏低。全国许多地区的城市居民最低生活保障标准近几年有所提高，但是仍然较低。2003年全国城市居民最低生活保障金月人均支出水平仅为59元，2007年提升到182.4元。② 低水平的社会救助难以有效地改善弱势群体的生存生活状况。

（四）救助理念僵化、方法拘谨

救助对象资格的确认仅以个人或家庭的收入调查为基础，只有收入调查结果低于救助标准的人才有资格获得救助，而那些收入略高于救助标准又确实需要救助的人却失去获助的机会，导致事实上的不公平。在救助方式上存在一事一议、暂时性、运动性的特点。比如领导干部的送温暖、献爱心活动，集中在节假日前后的几天，到基层慰问，送点粮油和钱；或者是灾难发生时的临时捐款捐物活动，比如1998年华南地区水灾、2005年印度洋海啸等大型灾难、2008年雨雪霜冻自然灾害及汶川大地震时，社会上都掀起了捐献热潮；或者是集中一段时间学习某个英雄模范的先进事迹，一般采取的是短期"突击式"，宣传和学习完之后就很少再提；再有"学雷锋"活动等，每年只举行一天。这些做法，共同的缺点是短期性、临时性，缺乏公众的广泛、长期参与，无法在社会上产生持久的影

---

① 深圳农民工掀起退保潮　地方政府打开绿灯. http://www.sina.com.cn. 2008-02-03.
② 数据来源：民政部2008年1月24日发布《2007年民政事业发展统计公报》。

响和效应，未形成日常制度。导致的结果是一次性现金救助制度不但无助于贫困人群摆脱贫困，相反却可能因此助长长期维持一个最低收入阶层，阻碍激发社会活力。此外，救助是单向的，没有充分调动弱势群体自身，"授人以鱼"而非"授人以渔"，很难形成"天助"自助者的形势。

四、一个城市弱势群体救助的案例——深圳"关爱行动"模式分析

深圳是典型的在快速大规模城市化进程中成长起来的城市，城市化进程对它的作用比其他地区更为突出。它曾经是我国经济建设的特区，经济社会发展走在全国前面，正因如此，比其他地区也更早遇到问题，那么它解决问题的思路就可以作为其他城市的借鉴。在弱势群体救助问题上，深圳市自 2003 年年底以来，每年在春节前后举办"关爱行动"，其规模和社会影响越来越大，市民反响日益强烈。本课题组部分成员在 2006 年 3～8 月进行调研，走访专家、开座谈会、进行问卷调查，回收有效问卷共 1 410 份，其中义工问卷 199 份，市民问卷 1 211 份。

我们的问卷调查表明，市民认为关爱行动效果"很好"和"比较好"的达 73.8%，认为会持续下去的达 83%。通过分析，我们认为，关爱行动之所以取得比较好的社会救助效果主要在于两个方面，一是突破制度局限，采取了务实创新、有效的行动方案；二是比较充分地动员了社会各方力量。

（一）务实创新的行动方案

1. 从弱势群体的实际需求出发，突破制度限制

深圳弱势群体以外来人口为主，这与其城市化过程中形成的人口结构密切相关。自改革开放设为特区以来，深圳在二十多年里，从一个小渔村发展成为人口超过千万的城市，是城市化的一个奇迹。2003 年，在龙岗和宝安两个区的农民全都转为市民，在户籍意义上成为全国最早没有农村人口的城市，完成了城市化。但深圳城市日常运行的主体是外来人口，这种人口结构与深圳的产业结构和居住条件有关，建立特区以来，深圳市"三来一补"产业需要大量工人，原村民致富后建房出租形成城中村，为外来工人提供了栖身之地。从年龄结构看，外来人口中 93% 为 16～44 岁的青壮年，其中 16～34 岁的青年人口占了 78%，为典型的流动人口结构。深圳外来人口的文化程度偏低，初中以下占了 73%，[①] 这

---

① 查振祥. 深圳市人口现状、问题和对策研究 [J]. 特区经济, 2006 (10).

种学历条件决定了他们就业的局限性。从就业情况来看,高科技等支柱产业从业者主要是户籍人口,外来人口主要从事加工业、服务业、建筑业和无证商铺、流动摊贩等非正规职业,这些职业比较辛苦、工作环境较差、收入和保障较低。这种物质经济基础和流动性决定了他们无力选择较好的住房条件。他们抵御工伤、疾病等意外风险的能力比较弱,维护合法权益的意识和能力比较有限。相对户籍人口来说,外来人口,特别是其中的低收入、残病人员构成了深圳弱势群体的主要部分。

针对深圳弱势群体中外来人口比例较大的特点,关爱行动提出要为外来工办实事。第三届关爱行动推出"深圳关爱地图",重点介绍了深圳务工指南、法律知识、维权常识、维权电话,公布了一批政府认可的中介机构、深圳各救助站地点以及电话、深圳一些救急救紧电话等内容,在深圳各大车站、广场以及工厂社区免费发放,让每一个来深建设者一到深圳就感到温暖,深受打工者的欢迎和喜爱,在社会上引起强烈反响。外来打工者的居住条件比较差,夏天台风发生时很危险,冬天寒流来袭时很冷,2004年出台了《深圳市自然灾害预防应急联动方案》,实施对台风的避险、对严寒天气的避寒和对高温酷暑天气的避暑等措施。2007年1月,重新修订的《〈深圳经济特区企业员工社会养老保险条例〉实施规定》颁布,其中最大的突破是非深户籍员工养老门槛降低,取消了非深户籍员工退休前5年连续缴费的限制。这意味着,非深户籍员工在养老的条件上和深户籍员工平起平坐,即只要累计缴费满15年,并达到法定退休年龄就可在深圳退休,按月领取养老金。

2. 成立专门的协调机构,整合各方救助资源

目前我国社会救助的一个主要问题就是缺乏有效的、对于各救助部门职能的协调,以致发生多头救助或无人救助的情况。深圳关爱行动成立了专门的组委会,主任由市委书记和市长担任,副主任由五套班子领导、市委副书记及常务副市长担任。为落实具体工作,组委会下设了办公室(简称"关爱办"),下面又设了活动组、宣传组、综合组。关爱办的具体职责在于策划、收集、筛选、推动、协调、评比、总结关爱行动期间的各类活动和项目。由于关爱办工作人员来自市委、市政府部门和报业集团,熟悉政府和媒体的工作方式,因此既能很好地协调各政府部门的工作,同时又能利用媒体的宣传表扬功能与评比竞争功能实现对政府部门和社会的动员和激励。这样就在一定程度上克服了社会救助各自为政的弊端,避免出现重复救助和救助不到位的情况,比较充分地整合了深圳的社会弱势群体的救助资源。

民政部、劳动和社会保障部、妇联和工会等政府部门和人民团体,以及残联、红十字会、商业保险机构等都承担着一定的社会救助和社会保障职责,如果界定不清，难免会产生关爱行动与这些部门之间的矛盾。关爱行动规定，凡属于这些机构职能规定之内的工作，不得作为关爱活动项目上报并参加评比，只有那些本部门工作任务之外的活动才被认为是关爱行动。这样，一则避免了前面所述的情况，二则在关爱行动的氛围之下，各机构都会面对社会舆论和其他机构的监督，有助于激励和鞭策他们改善、创新本来就承担的保障、救助等职责，并力图完成得更好。

3. 活动策略

（1）时间规模效应。

前文提到以往救助存在短期性、临时性的缺点，救助效果难以持续。关爱行动在时间设计方面是一个突破，它每年都进行，避免了运动式的一次性效应，每年为期三个月，有足够的时间让人们了解、进而参与到其中。这样就产生了时间的规模效应，一个是时间累积效应，一个是时间周期效应，从而营造了一种社会氛围，对人们产生心理刺激作用。需要说明的是，这里所产生的时间规模效应，指与过去短期、一阵风式活动相比，关爱行动的相对长时期、周期性进行的效果更好一些，但是并不意味着时间越长、周期越频繁越好，必须把握好尺度。

（2）以活动为载体。

通过具体的活动将关爱的主旨落到实处，这样既实现了救助，又进行了宣传。在首届活动期间内，深圳市各级政府部门、各事业单位和社会团体等，共开展了500多项关爱活动，第二届开展活动1 000多项。第三届在活动征集方面，采取面向社会和市民公开征集活动项目的方式，集中了民智，扩大了影响；在活动的设计方面，更加突出互动性、参与性和体验性，调动了广大市民参与的积极性；而在活动的主体方面，则更加注重吸收各类协会、慈善组织、群众团体等社会力量的参与，突出了行动的公益性，增加了行动的实效性。比如狮子会"为'地贫儿'寻找'生命燃料'"活动不仅方式上有了创新，推出6个家庭帮助1个困难家庭的"非常6+1"新模式，同时社会影响也进一步扩大。

（3）激励机制。

关爱办本身没有考评政府部门的权力，但是它通过以媒体为途径的公开的对政府部门、企业、事业单位、社区、个人等的评优来营造氛围，进行正向激励，吸纳更多的人参与行动。通过评比爱心人物、爱心家庭、爱心社区、爱心企业和最有特色的活动，激励人们主动付出关爱。

（二）社会总动员，各尽其能

"关爱行动"尽可能广泛地动员了包括政府、企业、事业机构、各种社会公益组织、弱势群体自身以及广大公众在内的力量参与到行动当中来，形成了一个

"政府主导、全民参与"的良好氛围。

1. 政府

政府的态度至关重要,举办关爱行动的创意直接来源于深圳市委市政府,市精神文明建设委员会作为主办单位,联合15家承办单位和50多家协办单位,组成了覆盖各区和政府各主要职能部门的行动组织。并从各承办单位抽调人手,组成了关爱行动组委会办公室,协调全市的关爱活动。在活动的开始阶段,主要是政府部门参加,比如第一届主要以政府各部门"尽职责、送温暖"的活动为主。六个区委、市教育局、民政局、劳动和社会保障局、卫生局、团市委、贸易工业局、公安局、司法局、文化局、安监局、外办、总工会、妇联、残联等部门都推出了"尽职责、送温暖"活动,各级公务员走街串巷,了解百姓疾苦,解决实际问题。

2. 媒体

关爱行动和媒体的结合是媒体在政府主导下动员社会的一个成功范例。媒体作为宣传者和激励者,使人们获知并积极主动参与关爱行动。深圳广电集团、深圳报业集团、深圳关爱网等媒体通过直播、专栏、策划主题活动等形式为关爱行动宣传造势。第三届关爱行动期间,报纸、电视、电台、网站共刊发新闻稿4 000多篇。问卷结果显示,知道关爱行动的人当中63.3%是从媒体获知信息的,分别是报纸刊物(35.8%)、电视(19.3%)、网络(6.2%)和广播(2%)。公众不乏爱心,但是需要调动,媒体的这种宣传就可以起到激发人们的爱心、营造关爱氛围的作用。此外,媒体对于虚假信息还可以起到监督约束作用,可以避免个别人滥用公众的同情心,骗取社会资源的情况发生。媒体的报道使得社会资源可真正用于需要帮助的人们。

此外,媒体的桥梁纽带作用还体现在它沟通了爱心的供给方和需求方,是社会弱势群体救助事业中的信息枢纽。社会救助的现实状况不是缺乏爱心,而是缺乏有效的了解渠道和充分的信任机制。成龙在他的博客(2006年7月30日)中有这样一段话:"我希望现在传媒除了报道一些时尚的东西,多一些报道需要帮助的人的消息,给我们多点这样的信息。好像我蛮怀念那段日子,就是海啸和非典期间,我们在筹款啊,我们的医护人员如何辛劳啊。那个时间我们整个社会多和平,都是为了爱。这个事情不发生,就开始爸爸赌球,儿子赌球,那个自杀。其实传媒有非常大的号召力。"① 深圳媒体在市民中有着良好的公信力,他们所发布出来的求助信息为人们所信任。弱势群体在媒体构建的平台上找到了诉求的通道,而市民也由此发现了可靠地表达关爱的路径。

---

① http://blog.sina.com.cn/m/JackieChan#feeds_FEEDS_1234552257.

媒体还发挥了特有的创意优势，为关爱行动提供了许多新颖而富有特色的活动。同时，深圳报业集团直接为关爱办提供策划和报道人员，为推动活动开展和整合媒体资源提供了有力的保障。

3. 企业

首先企业内部开展形式多样的关爱活动，关爱好自己的员工。深圳企业员工数量庞大，多为外来劳务工，他们本身就是深圳关爱行动的重要关爱对象。企业如果做好对员工的关爱，也就初步落实了关爱行动。在此方面，深圳许多企业都进行了积极的尝试，比如组织救助特困和重大疾病员工、发放救济金、专案募集资金、举办文体活动丰富员工的生活、为员工提供工作生活方面的咨询服务等。其次，企业为关爱行动提供强大的资金保障、物质支持和人力支持。每届关爱行动都会评选出一批"最具爱心企业"，对于企业是一种荣誉激励，起到树立企业形象的作用，可以带动更多的企业参加到关爱行动当中来。深圳彭年酒店的董事长余彭年先生已累计捐款4.7亿元用于治疗中国的白内障患者。南太集团、富士康科技集团等企业都多次向社会弱势群体提供帮助，向慈善事业捐款。企业的广大员工也是关爱行动的参与者和爱心资源的提供者，为关爱行动提供了人力的支持。

4. 社会公益组织

我国目前作为第三部门的非政府、非营利组织发展还不成熟，但是率先富裕起来的深圳人比较热心社会弱势群体帮助事业，深圳的社会组织获得了较大的发展空间和条件，比如残联、红十字会这些半官方机构和狮子会、义工联这些民间机构发展都很快。然而，由于缺乏政府相关部门的指导，这些组织往往很难广泛地调动社会公众的积极性与主动性，社会影响非常有限，甚至有人对这些组织持怀疑态度。关爱行动自第三届开始，借鉴国际发达国家慈善事业发展经验，在活动的主体上，更加注重吸收各类协会、慈善组织、群众团体等社会力量的参与，使得他们有了更大的活动空间，扩大了自己的影响。

5. 公众

政府、媒体、企业、社会公益组织等起到的是组织号召、激励、信息传递的作用，真正要实现全社会的关爱与和谐，需要公众在实践层面上的积极参与。公众的参与是社会弱势群体帮助事业的源头活水。与全国其他地区相比，深圳公众参与社会弱势群体帮助活动的意识比较好，这可以从深圳社会弱势群体帮助组织的活动开展中反映出来。问卷调查也显示了公众对社会弱势群体救助活动的认识，市民参加活动的主观原因中，最主要的三项是："热心社会弱势群体救助活动"达21.8%；"这是公民应尽的义务"达21.7%；"帮助有困难的人"达21.4%。知道关爱行动的人为76.3%，参加过的人为31.1%。知道但是没参加关爱的人当中，客观原因造成的占91.1%（其中，没时间占40%、没有经济能力占28.5%和不知道怎么参加占22.6%），主观原因不参加的只有7.9%（其中，不关心占3.3%、是形式主义占2.9%、不相信主办者占1.7%）。可见深圳公众参与社会弱势群体帮助事业的意识和主观愿望都比较强烈。参加关爱行动的人当中，27.2%是自愿参加，43.6%是通过单位参加，20.8%通过社区参加，7.8%选择了"随大流"。表示不希望参加下一届关爱行动的仅为2.2%。

通过关爱行动，每个人都能够得到关爱，又都可以去帮助别人、关爱他人，将传统的富裕对贫穷的单向救助，变成了一个全社会广泛参与、互动互助的爱心行动，不只是有经济能力群体对弱势群体的救助，而是贫困者能得到关爱，富裕者也可以被关爱。大老板、普通百姓和贫困户一样都可以关爱别人，同时也都是被关爱对象，参与面非常广泛。最典型的例子是丛飞，他本身帮助170多名儿童免于失学，而在他生病期间，全社会又倾注了对他的关爱。

五、新形势下对城市弱势群体进行有效社会救助的对策建议

根据前文所讨论的当前我国城市弱势群体救助存在的问题和对深圳经验的总结，本文认为，社会弱势群体问题的解决不应拘泥于固定的模式，应该随着构成人员和具体问题的变化而更新救助方式。目前，救助既不可能由政府包办、也不可能完全由社会或弱势群体自身承担，应当走专业化、组织化道路，充分调动弱势群体的自助。因为这样做既符合未来社会发展的趋势，又符合现在城市化发展阶段的实际。

（一）救助主体：政府与社会并重

1. 符合社会发展规律——充分重视并大力发展社会力量

任何一项事业，都由所处的社会发展阶段所规定，也体现着一定社会发展阶段的特点，弱势群体救助事业也不例外。社会发展过程，从某种程度上，也就是个人、社会、国家或者说政府三者之间相互定位的变迁过程。弱势群体救助事业要做好的一个重要前提就是要处理好政府与社会的角色定位。

传统的中国社会基本处于国家的控制之下，民间组织的规模和组织化程度都很有限，被淹没于国家的力量之中，个人更是如此。在这种相对集权、社会控制较强的情况下，改革开放之前中国社会的社会弱势群体救助基本上由政府实现，民间虽然也有互助救济，但是局限在血缘、同行业或一定的地域之内，力量比较弱小。改革开放以来，市场和社会因素发展迅速，在整体社会发展中发挥着越来越重要的作用。从深圳关爱行动的实际情况中可以发现，媒体、企业、社会公益

组织以及市民大众的力量非常巨大，而且还有很大的潜力可以挖掘，只是以前缺乏调动。关爱行动通过媒体搭建平台，在发动社会因素方面发挥了重要作用。未来社会的发展，个体自主性上升，社会组织——主要是非政府组织（NGO）、政府主导的非政府组织（GONGO）和非营利组织（NPO）——在社会事务中将扮演越来越重要的角色，特别是在不需要或不适合政府承担、也无法由以盈利为目的的企业承担的非盈利事务方面将发挥重要作用，而政府对于社会事务的具体操作会逐渐减少，这是大势所趋。因此，应该充分调动市场和社会的力量发展社会事务。

2. 符合现阶段社会发展的实际——充分发挥政府的优势

虽然政府直接操作的具体事务有所减少，但是，社会力量的上升并不意味着国家力量的减弱。在中国社会，政府一直拥有最强的管理社会的力量，掌控着大量资源，在民间享有较高的公信力，人民对政府还有着较强的依赖性。同时，目前我国的社会弱势群体救助组织发展还存在许多缺陷，包括成立门槛高、数量不多且多为官方背景、质量不齐、缺乏专业性、缺乏有效的监督管理、信誉度不高等。另外，中国目前还没有形成像经济发达国家那样的社会弱势群体帮助文化，转型时期的伦理整合出现危机，社会道德多元化。在这样的社会背景下，单靠社会组织的力量很难有效完成社会弱势群体帮助事业，所以，中国的弱势群体救助事业要达到比较理想的效果，还必须由政府出面主导、协调。深圳关爱行动的经验已经让我们看到政府动员社会的力量之大，问卷调查显示，71.1%的市民认为关爱行动是政府动员社会进行社会参与的一种有效途径，充分证明了市民对政府行为的信赖和对政府力量的期待。

结合以上两个方面，走政府与社会并重的道路发展社会弱势群体帮助事业是可行之举。

3. 走相对专业的组织化道路

中国社会传统上不乏社会救助的美德，但多是宗族、地域或行业行为，缺乏规范的组织，相对来说，其规模比较小，效果比较有限。现代社会弱势群体救助成为一种社会事业源自经济发达国家，从国外社会弱势群体帮助事业本身的发展过程来看，经历了一个由个人志愿、到政府制度化管理、再到社会组织化的过程，即主要由 NGO 和 NPO[①] 等组织化比较强、专业化程度比较高的社会组织来整合社会资源实现对社会弱势群体的帮助。社会弱势群体救助组织一般采取成立基金会的方式开展活动，也有一些社会弱势群体帮助组织是营利性的。政府则主

---

① 英文"non-profit ovganization"的缩写，直译为"非营利组织"，是不以营利为目的的组织结构，这个概念的产生晚于 NGO，大致出现于 20 世纪 80 年代的美国。

要是出台保障社会弱势群体救助事业及其组织发展的法律法规，比如捐赠税收优惠等政策，以及监督、管理社会弱势群体救助组织的运作。最终落实行动的主体是社会大众和企业。非政府、非营利等组织是承担社会弱势群体帮助事业的主要力量。发育良好的民间组织作为一种独立的社会力量，是政府和公民之间的桥梁和纽带，有助于纠正政府权力的过分强大和市场力量垄断一切的倾向，调适社会矛盾；有助于扩大社会资本的规模，提高其效率，使社会管理从管制型体制向现代公共治理型体制转变，形成市场、政府和民间组织三者之间相互制约、相互促进的持续互动，达成公共秩序，增进公共利益，实现公正、效率和公平的最大化。

经济发达国家的社会弱势群体救助事业之所产形成这样一种格局，固然与其特有的社会历史文化环境相关，另外一个重要方面，就是与社会弱势群体救助事业自身的特点相关。社会弱势群体救助事业面对的是社会中的特殊困难需求，这种需求的满足常常无法带来利润，因此无法靠市场解决，即所谓"市场失灵"；很多实际发生的特殊需求变化比较大、比较快，在相对稳定、滞后的政府福利制度之外，也无法靠政府解决，即所谓"政府失灵"。在这种情况下，诞生了解决现实需求的社会组织。这些组织不由政府主管，不是企业，被称为政府和企业之外的"第三部门"。作为第三部门的社会弱势群体帮助事业组织有其特殊的运作模式，决不能靠周期性或者事件性献爱心的方式得以发展。必须成立相应的组织，由专业人士从事，这样就可以实现专业化、组织化运作带来的低成本、高效益的效果，经验得到积累和传承，为事业的长期持续发展创造条件、奠定基础。

中国的弱势群体救助发展历程和特征都与经济发达国家有所不同，但是所面对和所要解决的问题是相似的。而且在这个全球化的时代中，民族国家之间的制度分野在逐渐弱化，互相借鉴经验已成国际常态。因此，经济发达国家社会弱势群体帮助事业今天的格局——政府指导监督、非政府非营利的社会组织主要承办、公众广泛参与社会弱势群体帮助事业——也许可以看做至今为止较为长期的行之有效并且可以为我借鉴的方式。我国目前社会弱势群体救助事业不发达的原因之一就在于缺乏专业的社会弱势群体帮助组织。深圳的公益组织发展得比较突出，义工模式已经形成一种品牌，狮子会的活动也开展得较为成功，红十字会、慈善会、残联等社会弱势群体帮助组织的工作也都很有特色，是深圳开展社会弱势群体帮助事业的中坚组织力量。经关爱办的整合后，这些组织在关爱行动中发挥了巨大的作用。

综上，我们提倡政府主导下的城市弱势群体社会救助事业，政府和社会的力量并重，既发挥传统上政府整合社会资源能力强的优势，又调动社会大众，培育社会组织在弱势群体帮助事业中的能力，走专业化、组织化的道路，培育弱势群体的自助意识和能力，共同促进社会弱势群体帮助事业的发展。通过大力培育各类民间组织，建立政府、企业、社会、公民互益合作的基本框架，形成政府、企业和民间组织在城市公共治理中共同发挥作用的局面。

（二）救助机制

弱势群体问题的解决，从根本上说，是要建立一系列符合实际需求的制度安排。通过这些安排，使得弱势群体的生活状况能够随着社会的进步而不断得到改善。有文章说，弱势群体有十盼：扩大就业、帮扶技能、方便就医、廉价教育、干部下访、扩保提标、政策到位、人格尊严、改善居住环境、法律援助。[①]

借鉴深圳关爱行动的经验，从当下城市弱势群体的实际情况出发，着重解决以往社会救助存在的严重问题，本文对目前我国社会救助制度提出以下建议：

1. 建立连接供需的有效机制，特别是弱势群体的利益表达机制

弱势群体的社会政治地位之弱主要表现在他们表达和追求自己利益的能力很弱。在西方社会，强势群体可以动用自己所掌握的资源影响公共舆论、影响政治家的态度，甚至可以影响选举过程、影响政府的决策。而弱势群体，尽管可能人数众多，但他们掌握的资源很少，声音很难在社会中表达出来。涉及弱势群体的利益的时候，往往要靠政府和大众媒体来为他们说话。建立政府与弱势群体的沟通渠道，使弱势群体的利益要求能通过制度化的渠道来表达很重要。深圳经验可资借鉴，即成立一个专门协调供需各方的有能力的实体机构。增强媒体的社会责任意识，舆论宣传公益救助意识，形成救助的社会氛围。深圳经验告诉我们，媒体的作用非常之大，媒体为弱势群体发声，充当了缓解社会矛盾的"减压阀"、"缓冲器"；为市民群体提供了表达和付出关爱的途径，是社会网络中联结信息的有效节点；媒体还是沟通政府与公众之间关系的结合点，政府对群众的很多诉求并不能够大包大揽，实际情况也不允许，通过媒体的力量就可以动员更多的社会力量解决实际问题。

2. 及时调整救助政策

针对城市化带来的新的弱势群体，应当采取相应的调整措施：加快征地制度改革，提高补偿标准，探索确保农民现实利益和长期稳定收益的有效办法，解决好被征地农民的就业和社会保障；加快建立适应农民工特点的社会保障制度，包括工伤保险、养老保险、医疗保险、子女接受义务教育等方面；规范城市拆迁，制定合理合法的拆迁补偿安置办法；城市管理者树立正确的政绩观，拆迁要适度。

[①] 东方. 城市弱势群体有十盼［J］. 社区，2002（22）.

（三）目前迫切需要完善的制度、政策

1. 完善社会保障制度

政府必须从制度上为弱势群体提供最基本的生活保障，实行保障困难居民基本生活的政策，而当务之急是尽快建立起科学、完善的城乡最低生活保障制度。强化法治对弱者最基本人权——生存权的保障，其目的和出发点就是使弱者不致因失去应有的保障和机会而致贫，使强者不因其强大而非法侵害或者不公平地获得比弱者更多的机会。社会保障是政府政策的重要组成部分，政府要通过立法建立和完善以养老、失业、医疗保险为重点的社会保障制度，完善社会保险基金的统筹。改变立法滞后、基金来源渠道单一、社会化管理服务水平低的现状。现有的劳动保障法规，如《劳动保险条例》、《企业最低工资规定》等，应逐步拓宽其范围，以覆盖城市农民工这一群体。在城镇，改革单位保障体制，实现管理服务社会化，做好下岗职工基本生活保障与再就业制度向失业保险制度的并轨工作。这要求我们在完善现有制度、法规的基础上，一方面增加制度供给，建立民工平等就业和子女教育制度、廉租房供应制度；尽快出台《工资法》、《社会保障法》和统一的《劳动合同法》等，尽快填补法律空白；另一方面，应避免执法失范，建立执法人员的专业培训制度和相关的约束机制，使弱者的生存权、发展权切实地被纳入法律、制度的保护网络。①

令人欣喜的是，2008年"两会"中，劳动和社会保障部部长田成平在答记者问时说："现在我们的社会保障统筹层次比较低，并没有实现全国统筹或省级统筹。这样就妨碍了社会保障发挥全社会共济的功能。解决这个问题，首先要逐步提高统筹层次，比如养老保险，首先要实行省级统筹，不能再由各市、县各自进行统筹。我们已经制定了时间表，要在2008年、2009年，经过两年的努力，在全国各省都实现养老保险的省级统筹。这样，养老保险关系在本省内的人员流动、关系的接续和转移就可以实现了。""在实现省级统筹的基础上，要实现跨省市的人员流动的养老保险和其他保险关系的转移和接续的办法。关于这个办法，现在劳动和社会保障部正在进行调研，已经进行了一段时间。我估计在今年内这个办法就可能成熟出台。在出台了养老保险、其他保险关系跨省市转移接续办法之后，再加上全国养老保险信息网的建设，我们就有条件在全国实行社会保险卡的一卡通，我们会为此而加紧工作，早日实现。"②

2. 调整和改革税收制度

根据上海市慈善基金会的调查，现在只有1%的企业关注慈善、参与慈善活

---

① 张艳萍. 我国城市弱势群体的形成及救助对策[J]. 学术交流，2003（12）.
② 田成平. 两年内实行养老保险省级统筹. 人民网. http://www.sina.com.cn，2008 - 03 - 09.

动并捐款，仍然有 99% 的企业不知道到哪里捐款、如何享受税收优惠。课题组此次在深圳的调研也表明，虽然有彭年酒店、富士康集团、瑞记手袋厂等一批爱心企业，但是企业的捐赠热情和积极性并不高。2005 年 12 月 29 日，上海市地方税务局下发《关于向上海市慈善基金会的捐赠所得税税前扣除问题的通知》，规定企业、事业单位、社会团体和个人等社会力量，向上海市慈善基金会的捐赠，准予在缴纳企业所得税和个人所得税前全额扣除。2006 年 7 月，财政部、国家税务总局发文，对五种捐助免征所得税。这五种捐助包括企业、事业单位、社会团体和个人等社会力量向公益性、非营利性慈善组织的捐赠。另外，包括向一些公益性基金进行的捐赠，向教育事业、红十字事业、福利性老年服务机构以及公益性青少年活动场所的捐赠等都在减免税收的项目之列。这些与国际接轨的条例和政策的出台，势必会调动企业、社会团体、个人等社会力量的捐赠意愿和热情，促进国家和地方公益事业的发展。

3. 解决就业问题，增加教育投入

弱势群体的生存状态要得到有效的改善，迫切需要以政府为主导，通过调整改革模式、保护新生的产业军、开辟边缘就业新渠道以及对制度进行重新安排等政策组合来保障弱者的基本生存权、发展权。要创造让弱势群体摆脱困境的各种有利条件，包括政策指导、技术服务和组织管理等。要制定和维护竞争规则，保证弱势群体平等参与市场竞争，并采取措施提高弱势群体的参与能力，使各个利益群体在获取信息的手段、方式、途径和能力等方面机会均等；政府要采取扩大公共投资的行为和鼓励扩大就业的政策，广开就业渠道；大力扶持和发展劳动密集型产业、个体私营企业等非公有制经济组织；加强再就业培训，提高劳动者就业能力；加强劳动力市场建设和信息网络建设；废除对进城农民工在就业岗位、劳动报酬上的歧视政策，帮助农民工组织工会，建设起农民工制度化的政策表达渠道。

4. 进行社区救助

对新生弱势群体的支持必须发动全社会的力量，包括企业支持、志愿者团体支持、社区服务支持、民间慈善支持、媒体舆论支持和公民个人支持。随着保障体制的改革，单位保障逐步转变为社会保障。对弱势群体的帮助和扶持，也要从以单位为主体的支持体系转变为以社区为主体的支持网络。现有的由街道委员会和居民委员会构成的社区组织网络，遍布基层，他们熟悉千家万户的情况，便于监督和管理，而且成本较低。要通过制度化的措施，将社会保障机构与社区组织和各种社会中介机构密切衔接，建立广泛的弱势群体的社会支持网，使社区组织成为中国新型社会支持网的基础。

人人都可以奉献爱心，但是公益意识的培养不是一件容易的事情，它需要政府、媒体、企业、非政府组织、非营利组织、学校、社区等多方面力量的共同努力。这是一种价值观的塑造，尤其是要从青少年学生开始培养，强化家庭示范和学校的引导作用，努力塑造他们关爱他人的价值观。作为日常生活的社区，其关爱氛围建设非常重要，深圳调研发现，有 17.9% 的人是从社区知道关爱行动的。在社区组织常规性的公益活动，不仅可以改善邻里关系，而且可以促发人们关心、关注他人的意识，进而将这种观念由己及人，推广到全社会。因此，通过给予社区活动一定的资金支持以及媒体的关注，多报道和宣传各社区的捐助、爱心事迹、文体活动等，让市民从关注身边的人和事做起，从生活中养成关爱意识，逐渐塑造以参加公益为荣的观念。

（四）救助内容：关注精神文化需求

弱势群体的物质困乏并不意味着精神无所求，精神文化需求也是弱势群体自立自强的需要。一部分弱势群体由于长期生活在底层贫困当中，形成了一套特定的生活方式、行为规范和价值观念，即"贫困亚文化"。这种亚文化一旦形成，不但影响自己，还影响周围的人，特别是后代。还有一些弱势群体，因在长期的奋斗抗争中屡屡失败，未免灰心丧气、情绪低沉、自怨自艾、丧失自信，但是他们还是有着隐性的精神需求，只是需要有力量给予帮助。有的弱势群体，虽然精神上不是"贫困亚文化"状态，但是由于文化程度较低，只能重复简单的劳动再生产，无力改变生存状况，需要文化的提升、认识的提高。

随着现代化和城市化的深入，为了生活更美好而创造的城市生活给人们带来愉悦的同时，苦恼也相伴而生，人们的工作效率因各种机器产生的便利而日益提高，但是工作节奏和总量却并没有因此而减缓、下降，人们更加忙碌，压力越来越大。城市中聚集了越来越多的人口，但是，日益缩小的空间距离却没有拉近人们之间的心理距离，陌生、冷漠、焦虑成为中外城市的通病。现在人们对休闲生活、幸福指数、宜居城市的讨论其实也是对城市生活的一种反思，主张人们注重生活的本身，重视内心的主观感受。这提醒我们，不仅要关注弱势群体的物质和精神需求，也要关注所有人的精神心理需求，而在这个方面，其实，弱势群体本身也可以有所作为，比如，深圳的残疾人朱沙就开设了一条心理热线，为面临困难的人提供精神支持。

概而言之，我们主张形成政府与社会并重的多元救助主体；建立有效的救助供需、协调机制；及时推出完善的合乎实际的救助制度；关怀弱势群体的心理需求。

第九章

城市中低收入群体的住房问题及其保障政策建议

从远古时代的石穴巢居到今天舒适宽敞的住宅，住房作为人们最基本的生活资料之一，是一个人、一个家庭安身立命的基础，是保障人类生存权的最基本的物质条件。

在市场经济条件下，住房分配上的差距成为居民贫富分化扩大的重要原因。首先，因为住房不仅是消费品，还是人们持有的一种最主要的实物形式的财富。其次，住房的社会属性体现在其分配上的贫富分化还会引发一些社会问题，如居住环境差异反映出的社会公正性问题，不良的居住条件会带来疾病、犯罪、低教育水平等一系列社会问题。因为，住房与其他生活必需的日用品（如食物）相比，还体现出特殊的价值派生功能。它并非一个独立要素，而是创造、联系和维持其他使用价值和既得权利（如对于学校、朋友、工作地、商店等场所的可达性）的网络核心。因此，保障全体公民享有获得适当和足够住房的权利，成为世界各国政府责无旁贷的重要职责。当这种权利无法依靠市场的力量得以实现时，政府就有必要干预。

改革开放以来，我国经济快速增长和城市化进程的持续推进，成为城镇住房建设的主要推动力。1999年以来，我国城乡住宅建筑面积的年竣工总量连续超过12亿平方米。根据建设部统计数据，到2006年末，全国城市居民人均住房面积达到27平方米（按户籍人口计算），是1978年的人均6.7平方米的4倍多。但在平均水平增长的背后，全国城市低收入家庭中至少还有1 000万户的人均居住面积尚不足 10 平方米。① 因此，要使得每个城镇居民都能享受到改革开放的成果，构建和谐社会，政府有责任帮助住房比较困难的低收入群体改善居住条件，满足其基本的居住需求。

随着 20 世纪 80 年代中后期开始推行的住房制度改革的不断深入，我国逐步形成了主要面向城镇中低收入群体的住房保障制度，主要包括经济适用住房、廉租住房和住房公积金制度。但是在改革过程中也出现了一系列的问题，包括如中低收入群体的范围确定，如何避免在新的住房保障制度下出现新的社会不公平等。本章在回顾中国住房保障制度发展历程的基础上，针对制度实施过程中出现的诸多问题进行详细分析，并将其置于当前特定的城市化发展背景下，有针对性地提出探索性的解决方案。

一、城市中低收入群体的居住状况和住房保障问题的凸显

（一）城市中低收入群体的居住状况

1. 中低收入群体范畴尚缺乏明确界定

1998 年的《国务院关于进一步深化城镇住房制度改革，加快住房建设的通知》中规定，经济适用房政策的购买对象是中低收入家庭。那么，如何界定适应中国国情、各城市特定情况的中低收入群体范畴成为关键。

中低收入群体这个概念范畴，长期以来不论是在学术界还是在行政管理领域都缺乏一个统一明确的界定。按照国家统计局和国际的通用做法，一般将居民家庭收入等分划为高、中等偏高、中等、中等偏低、低五个档次，各档次社会成员规模均占总体的 20%。这是一种依据人均收入相对标准的测量方法。此外，还有依据人均收入的绝对标准、收入来源和职业位置分类、收入水平与生活水平相联系（如以最低工资标准和最低生活费收入标准）等界定方法。仅关于"中等收入群体"的界定国内外就有不下十种研究方法。②

即使按照国家统计局的分类方法，那么 1998 年经济适用房政策中的目标群体，究竟是指高收入以外的其他阶层，还是指中等偏低加低收入阶层，政府仍没有明确的界定。就整个社会来说，目前也没有一个权威部门来判定家庭的收入标

---

① 建设部. 全国城市居民人均住房面积达 27 平方米. 新华网，2007 - 09 - 01.
② 顾纪瑞. 界定中等收入群体的概念、方法和标准之比较 [J]. 现代经济探讨，2005（10）；樊平. 中国城镇的低收入群体——对城镇在业贫困者的社会学考察. 中国扶贫信息网. http://www.help-poverty.org.cn/helpweb2/fpwz/w10 - 1.htm.

准,而金融机制的不完善又难以准确界定个人经济收入的多少,这在很大程度上为住房保障政策的执行带来了难度。

2. 城市中低收入群体的社会构成及其居住状况

从社会学的视角关注中低收入群体的住房问题,需要不仅限于统计意义上的收入水平的界定,更应深入了解这部分群体的生活状态。前者界定出这部分群体的保障需求有多少,应主要根据政府当前的保障水平和能力来决定,后者则切实关系到需要保障的是哪些人,直接影响到保障政策的内容制定和保障效果。因此,本章将主要聚焦于后一个问题,从社会阶层的视角来分析当前中国城市中几类典型的中低收入群体的社会构成及其居住状况。

随着中国社会的变迁,中国的社会分层体系也发生了巨大的变化。按照中国当代学者的研究,大体可以分为十大阶层[1]:国家与社会管理者、经理人员、私营企业主、专业技术人员、办事人员、个体工商户、商业服务业人员、产业工人、农业劳动者、城乡无业/失业/半失业者。根据这个分层体系,中低收入群体主要指商业服务业人员、产业工人、农业劳动者、城市无业/失业/半失业者。

但从城市住房的角度观察,中低收入这几个群体情况又有所不同:农业劳动者基本生活在农村,不是城市住房的消费群体;40岁以上的产业工人、商业服务业人员相当部分在过去的住房分配体系中获得了住房,因此不存在迫切的购房需求,并随着子女的成长,部分家庭的住房改善需求被迫进一步延迟。

因此当前的住房问题,主要集中在以下几类人群:

(1) 新旧体制转换过程中的各类企业人群:如国企下岗职工、登记失业人口、被拖欠工资的职工、被拖欠退休金的退休人员。这部分人群社会经济地位较低、收入微薄、年龄较大、多居住在旧城地区,住房主要包括自有住房和公房,居住质量较差。在当前的住房市场化条件下很难通过购买新房而改善自己的居住条件。一旦面临旧城改造,则只有依靠住房拆迁款购买住房,但收入水平却难以承担居住成本的上升。

特别值得注意的是,年龄偏大、文化素质低、技能单一的劳动者,可能沉淀为中低收入群体的固定一族。他们的市场竞争能力较弱、谋生渠道狭窄、择业观念陈旧、对国家和企业有明显的依赖性、普遍怀有经济上的被剥夺感和对未来的恐慌感,从居住状况上来看,三代同房、两代同床的现象相当普遍(见表9-1)。

---

[1] 陆学艺. 当代中国社会流动 [M]. 社会科学文献出版社,2004.

表9-1　　　　　　白米斜街社区居民居住困难情况

住房困难的情况	比重（%）
没有以下困难情况	42.9
住在非正式住房里	28.6
12岁以上的子女与父母同住一室	21.0
有的床晚上架起白天拆掉	11.4
老少三代同住一室	7.6
已婚子女与父母同住一室	6.7
其他	4.8
12岁以上的异性子女同住一室	2.9

根据2004年9月清华大学社会学系在北京市西城区厂桥街道白米斜街社区关于居民生活调查的抽样调研数据（1 059户家庭中等距抽样112户），可以看出，国有和集体企业改革造成的企业效益下降甚至破产，以及工人的下岗失业现象是旧城日益衰败的深刻时代背景，而旧城居民人口老龄化，社会经济地位偏低（表现在教育程度、就业结构和收入等方面）则是旧城内缺乏自我更新能力的内在原因（见图9-1、图9-2）。

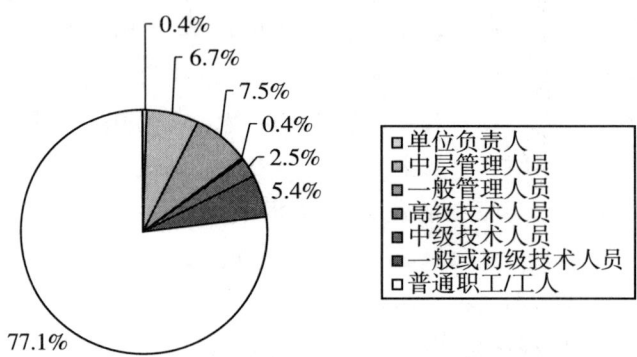

图9-1　白米斜街社区居民职业分布图

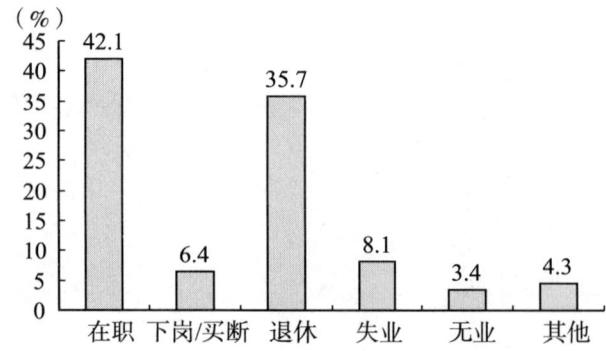

图9-2　白米斜街社区成年居民工作状态分布图

（2）城市新增人口中的中低收入者：例如年轻产业工人、商业服务业人员等。他们由于收入较低，没有什么积累，因此在相当一段时期内都无法购买价格高昂的商品房。据国家统计局的年报，到 2002 年底，中国的城镇人口为 5.0212 亿，城镇人口占全国总人口的 39.1%。而到了 2006 年底，全国的城镇人口已增长到 5.7706 亿，已占全国总人口的 43.9%。也就是说，4 年时间全国的城镇人口增加了 7 494 万。从构成上来看，这些新增的城镇人口又由以下几个方面的群体构成：城镇人口中的自然增长部分、毕业后留在城市工作的大中专毕业生、向城市迁移和定居（获得城镇户口）的农村人口、由于纯粹行政调整导致的农转非人口等。而在这 7 494 万的新增人口中，不仅基本上没人可以"享受"福利分房，而且，买得起商品住房的也只是其中极少数。

（3）低文化素质和缺乏技能的外来群体：例如农民工、个体经营、拾荒者等。他们收入较低且没有城市户籍，难以购买住房，以租住为主，居住水平很差。例如，目前成都市的进城务工人员主要来自成都市周边地区和四川各地农村，进城务工人员解决居住问题的主要方式是租房和住单位提供的集体宿舍；人均居住面积小，超过 1/4 的务工人员人均居住面积在 5 平方米以下，1/3 的务工人员人均居住面积为 5～10 平方米，远远低于成都市划定的人均 16 平方米的居住困难户标准，并且配套设施相对严重缺乏。① 而这部分外来人口的住房保障问题较长时期以来一直未进入城市政府的视线。

当前中国城市化的特殊性之一体现在进城农民工主要的住房需求是过渡性住房。现有的农村土地制度使得进城务工农民仍然保留农村自留地和宅基地，在城市只是一个阶段性的流动务工过程。9 800 万农民工，4 000 多万家眷，共 1.3 亿农民进城，导致在城市中的住房需求更多体现为跟随工作地点的流动性特征，在城市只需要短期的容身之处。赚钱回家的心理使得对进城务工农民来说，低水平的居住空间即可。但值得重视的是，大多数的第二代农民工和第一代农民工的子女更倾向于成为未来的城市常住人口，从而大大增加未来的城镇住房需求。

3. 中低收入群体居住空间分布特征

从居住的角度而言，住房的空间分布很大程度上决定了居住者对于城市资源的享有和使用情况，进而直接影响到其生活状况和居住品质。

纵观我国目前大部分城市中低收入群体的空间分布，主要受到住房分配制度变革的影响。

在计划经济时期，各个企业事业单位通常都形成了相对封闭的居住区。随着

---

① 四川房地产网. 成都五城区住房状况及需求调查报告. http://www.scfdc.cn/.

经济体制的改革和住房分配制度的变化，新建商品房住宅成为居民获得住房的主要途径。由于新建商品住房相对品质好、户型面积大、适应新的生活方式的需求，但价位高，因此主要吸引了收入相对较高的群体购买居住。如在北京，这些住房通常分布于三环以外、四环与五环之间的区域，并向外扩展。

在传统小区，经济收入高的群体逐渐向外迁移，许多1990年以前的居住小区主要为中老年群体和中低收入群体居住。在旧城地区，由于市政设施落后、居住条件较差，高收入群体外迁尤其明显，大部分城市旧城中的许多地区都成为中低收入群体的聚集区域。北京城市是一个典型代表。由图9-3可见，作为北京传统商业中心的内城地区成为商业、服务业人员主要分布地，另一个外来经商人员密集区则是市区边缘地带。

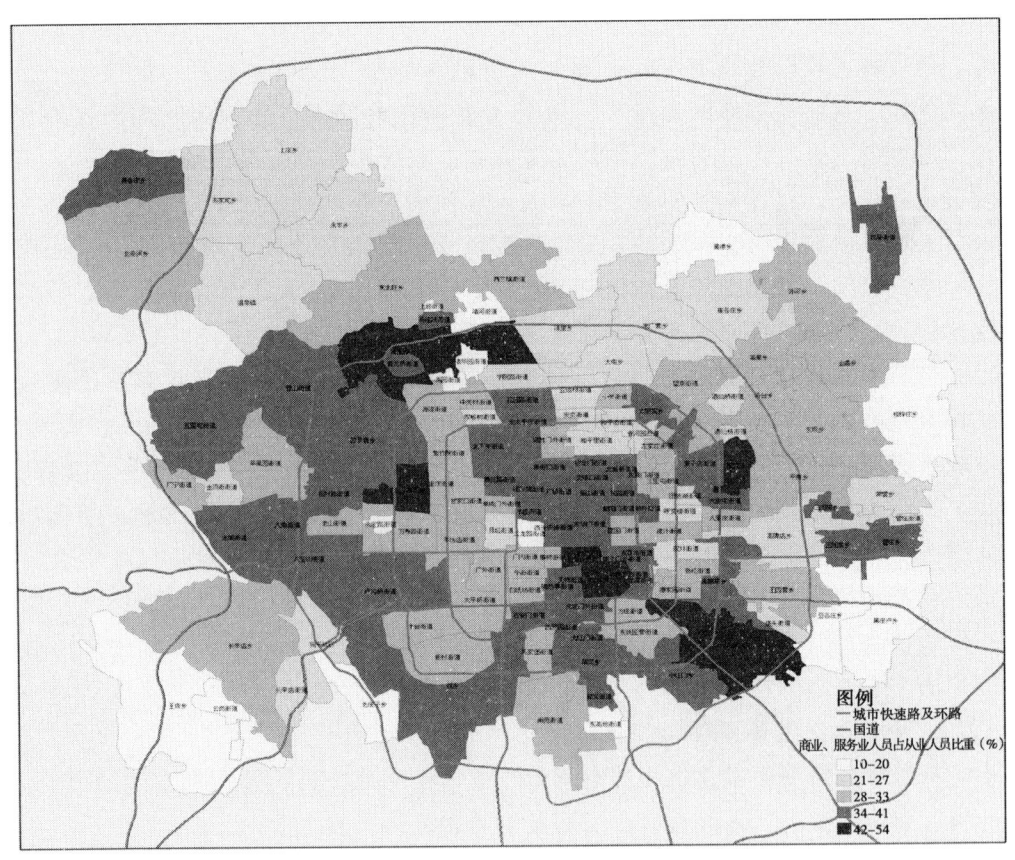

图9-3　北京市商业、服务业人口空间分布图

数据来源：2000年北京市第五次人口普查。

根据2002年首都经济社会发展研究所与首都城市环境综合整治办关于北京"城市村庄"基本情况的调研数据，北京市城八区范围内共有城市村庄332个，共占地 1 700 万平方米，住户超过 10 万户，总人口 30 万人。人口密度大、住房拥挤、住房质量差、环境脏乱、设施不足、治安环境差等成为这些地区的共同特点。同时，随着开发商对旧城地区的商业开发，一部分中低收入群体被迫迁往郊区居住，在郊区所谓的"经济适用房"区，也成为中低收入群体比例较高的区域。由于不同时期建设住房的质量、户型、风格差异很大，因此户型面积、建设年代往往成为识别社会群体的重要参考指标。

图 9-4 是根据 2000 年北京市第五次人口普查资料所作的人均住房面积低于 30 平方米的比例分布图①。

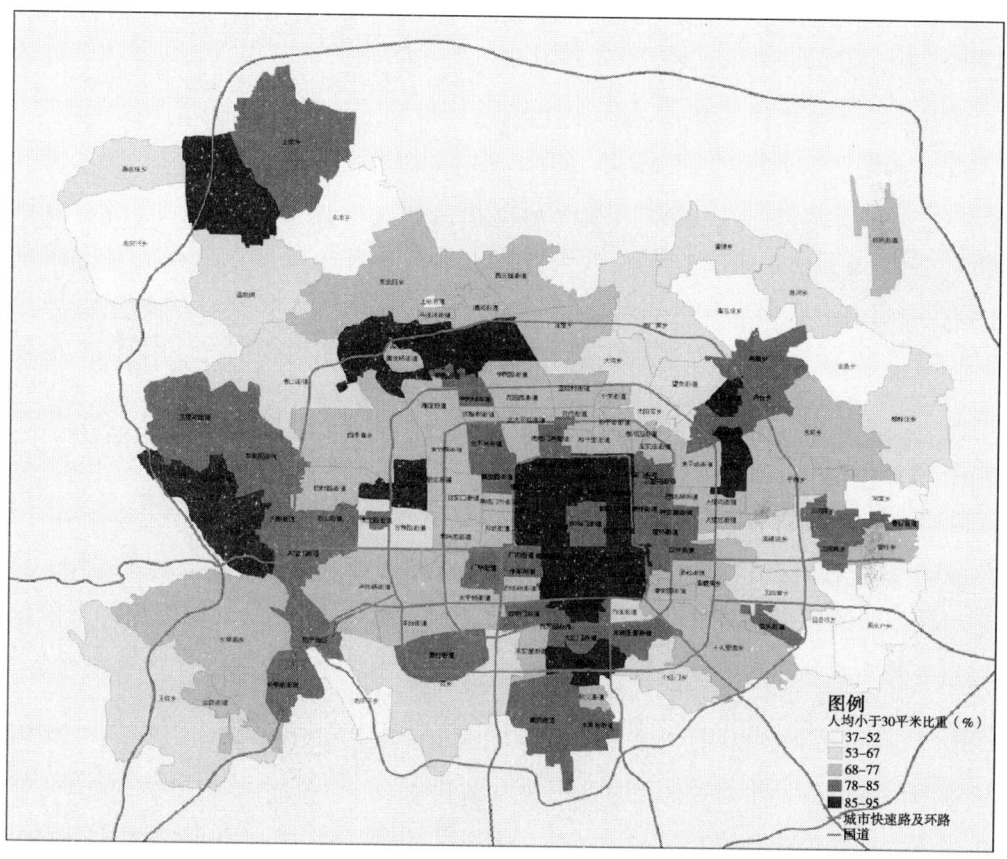

图 9-4 北京市人均住房面积低于 30 平方米的住房分布

数据来源：2000 年北京市第五次人口普查。

---

① 由于没有直接的居民收入指标，我们采用"人均住房面积"这一指标。一般而言，人均住房面积低于 30 平方米，意味着户型面积低于 90 平方米，这类住宅基本上是 1995 年以前所建。

（二）城市中低收入群体的住房保障问题成为社会关注焦点

1. 中低收入群体住房保障问题的若干表现

目前尚缺乏全国范围内的城市中低收入家庭住房现状的数据。我们只能从部分地区的统计数据中窥见一斑。

（1）仍有大量家庭的基本居住状况有待改善。

到 2005 年底，安徽省最低生活保障家庭中还有一定数量的住房不能满足基本居住需求。从居住面积看，全省城镇低保户中，人均住房建筑面积在 8 平方米以下的有 5 万多户，8~16 平方米的有 9 万多户，从居住状况看，租住房屋的有 3 万多户，临时搭建的房屋有 5 000 多户。福建省最低收入家庭 6.87 万户中，人均建筑面积 16 平方米以下的有 3.5 万多户，人均建筑面积 8 平方米以下的有 1.24 万户。[1]

另据 2006 年 8 月成都市一项大规模住房调查数据显示（1.5 万份有效样卷），成都市五城区中家庭年收入 4 万元以下的中等偏低及以下收入家庭共计 61.64 万户，占成都市总户数的 52.5%，其中，最低收入家庭（低保家庭）为 0.4516 万户。其中，中等偏低及以下收入家庭中人均面积在 16 平方米以下家庭为 7.29 万户，占中等偏低及以下收入家庭总户数的 11.83%。从居住状况指标来看，中等偏低及以下收入家庭户均面积 68.21 平方米，户均套数 0.80 套，人均居住面积 23.09 平方米。[2]

（2）在被动性住房改善中被边缘化。

中低收入群体改善住房条件的途径包括两种：被动性改善和主动性改善。

被动性改善往往通过旧城拆迁改造的过程实现。进入 21 世纪以来，全国各城市普遍掀起拆迁热潮。建设部报告显示，2003 年全国城市房屋拆迁量约为 1.4 亿平方米，占当年房地产竣工量的 28% 左右。[3] 国家统计局数据显示，2003 年南京市的拆迁量为 400 万平方米，上海 10 个中心城区拆迁面积为 584.93 万平方米。而同期，南京市房屋竣工面积 390.9 万平方米，上海房屋竣工面积 2 491.8 万平方米。如果按普遍意义上的"拆一建三"来算，这些新建房屋远远不能满足拆迁造成的购房需求，上海全市竣工房屋面积的约 50% 被中心城区的拆迁户

---

[1] 张伟，陈酿. 安徽省经济适用房有望向低收入者出租. 中安网，2006-12-25. http://news.sohu.com/20061225/n247231600.shtml.

[2] 李凌翌. 我市居民住房状况及需求调查报告出炉 [N]. 成都日报，2006-10-24. http://news.qq.com/a/20061024/000314.htm.

[3] 建设部报告：怎样认识当前房地产市场形势. 新浪网，2004-10-29. 资料来源：建设部网站. http://house.sina.com.cn/2004-10-29/51091.html.

所消化。2002年6月《北京日报》披露的信息显示，被拆迁居民对商品住房的需求量已约占北京市场全年住宅销售总面积的1/3，"已经成为市场中重要而且比较稳定的有效需求量"。

在拆迁经济带来巨大房地产推动力的同时，居住在这些旧城地区的大部分中低收入群体却被无情地推向市场，因为政府没有建造足够多的中低价住宅（包括经济适用房），大部分拆迁户只能转而租房或买二手房。而受到支付能力的限制，他们只能选择位于城市边缘区的廉价住房，从而在空间上和经济社会地位上被双重边缘化。

如果说被拆迁住房的房主至少还获得一定程度的货币补偿或房屋产权调换，那么其中的租户却不得不承受更大的损失，他们需要重新寻找低成本、低价位的居住环境，重建社会生活网络和邻里关系。

（3）缺乏主动性住房改善渠道。

主动性住房改善主要包括三种途径：提高购买力、申请住房保障和住房的更新维护。

对于大部分中低收入群体而言，第一种途径存在很大难度。许多研究表明，我国社会阶层间的边界正在逐步强化和固定化，城市贫困群体开始出现长期化和相对固定化的趋势，难以在市场竞争中获得向上流动的机会和自主改善住房条件的能力。

而在申请租、购公共住房的途径中，由于政府提供廉租房和经济适用房的数量极其有限，形成大量"夹心层"群体，既无力购买经济适用住房，又不属于廉租房供应对象，处于"两不管"的夹缝中，难以享受国家住房保障福利。而住房公积金制度的不完善，导致相当规模的中低收入群体，不仅根本不可能向公积金申请贷款反而必须承担强制性的低利息存款，而且其公积金储户只能封存不能提取。

至于在欧美国家政府普遍推行的住房维护计划或支持性的金融政策，在我国却基本没有。而仅凭自身家庭积蓄进行房屋维修，大多数中低收入群体是无力承担也缺乏自主动力的。

2. 原因分析

为什么现阶段中低收入群体的住房问题成为社会关注焦点？主要有以下几点原因：

（1）中低收入群体的市场购买力低下，被排挤出主流的购房市场。

我国现今的购房市场是"卖方"主导，中低收入人群因其购买力低下，在买方群体中处于弱势地位，往往被市场规律自然淘汰。而我国政府对于房地产开发和价格控制方面又缺乏具体有效的措施，间接助长了我国现阶段房地产市场的不正常发展，进一步加剧了中低收入群体的利益流失。

（2）城市的改造和扩张，直接受到影响的是中低收入群体，进一步激化了住房矛盾。

在许多大中城市中心区，20世纪50~70年代修建的一批简易楼、筒子楼都面临功能、格局不合理、设施老化等问题，急需进行危旧房拆迁和更新重建。与此同时，随着市场经济体制下城市土地资源价值凸现，很多城市形成开发导向下的空间扩展模式，通过持续大规模的旧城拆迁和新区扩展，拉动商品房开发建设和土地价值的升值。

然而，这些改造项目中的拆迁群体往往是国有企业职工（包括下岗职工和退休职工）、做小买卖的市民和城中村的农民等，他们收入水平较低，却常常需要同时肩负赡养老人和抚养下一代的重任，承受教育、医疗等支出的负担，更难以支付郊区住宅的较高生活成本，从而出现有钱买不起房，或有房住不起的尴尬局面。

（3）社会福利制度不完善，进一步抑制中低收入家庭的消费支出。

在我国社会福利制度改革中，政府福利职能缩减到十分狭窄的保障领域，导致家庭和个人不得不承担着绝大部分的经济改革成本和社会保障任务。对于大部分家庭，尤其是中低收入家庭，不得不通过大量储蓄以应对未来各种预期和不可预期的生活开支。随着家庭理财以抗风险为目的的自助式储蓄的不断增长，相应抑制了这些家庭的消费支出，尤其体现在大额的住房消费上。

（4）许多新增中低收入群体被排斥在保障体系之外。

包括住房保障在内的社会保障，集中于补偿或解决从计划经济向市场经济转变过程中部分社会成员的传统权益受损的问题（如国企下岗职工、军烈家属等），而将如大规模进城务工者、跨城市工作的新移民，以及刚毕业工作的学生等新增中低收入群体排斥在外。由于这些群体对于住房的需求往往是关系其生存和发展的直接实体需求，因此呼声最大，更应当受到住房保障系统的关注。

（5）住房水平（包括价格和品质）的不断提升，就其现状来看，主要迎合了高收入人群的要求，但中低收入群体的居住状况没有明显改善。

自从1998年提出了取消福利分房，代之以货币分房之后，我国人均住房水平确实得到了显著的提高。此外，在住房的产品类型、建设管理的技术手段、物业服务等方面都呈现日新月异、丰富多样的发展局面。

然而，与此形成鲜明对比的是，住在旧城和城中村的大部分居民住房条件却没有发生很大的变化；而应当面向中低收入群体的经济适用房越来越变成了专为富人设计的小区。可见，在开发商追逐市场利益的同时，中低收入群体逐步被市场划出考虑的范围。

综上所述，可见，目前我国城市中低收入群体的住房困难问题不容忽视。这些问题既是前些年住房体制改革、土地制度改革和城市化进程难以避免的伴生产物,也不可能寄希望于完全通过市场手段得以解决,而必然成为政府不可推卸的保障重任。

二、我国住房保障制度的发展历程和成果评价

(一) 发展历程回顾

1. 改革开放以前的福利住房制度

从新中国成立后到社会主义改造之前,中国城镇的土地和房屋是以私有制为主体的。1955年,私房仍然占有很高的比重,其中北京的私房比例为53.85%。[①] 为此,政府首先对城镇私有出租房产实行租金管制,其次通过"国家经租、以租定租"为主,"公私合营、以产定息"为辅的方式对私房进行改造,逐步确立了国家或单位所有、实物形式分配、低租金近乎无偿使用的住房制度,在这种制度下国家和单位统包职工住房的投资、建设、分配。这种福利性的住房分配方式建立在国家对城市居民住房需求的无限供给上,房源除了在私房改造中获得的之外,还有一批由国家出资兴建的新房源,而租金也只是象征性地缴纳。由此,逐步形成了低货币工资、高实物福利和低价基本消费品配给的格局。1958年,北京市执行新的《民用公房租金标准》后,租金水平为每平方米使用面积平均月租0.22元,房租支出仅占职工平均工资收入的6.15%。[②] 但是,随着人口的增长、工业化和城市化进程的加快,仅仅依靠公有投入的住房供给模式已经很难满足人们的需要,出现了严重的住房短缺问题,住房问题日益成为国家财政和企业的沉重负担。到1978年,全国城镇人均居住面积不仅没有增长,反而从新中国成立初期的4.5平方米下降到3.6平方米。城镇缺房户869万户,占当时城镇总户数的47.5%。[③] 随着国家经济发展战略的调整和经济体制改革的深入,针对传统住房制度的改革迫在眉睫。

2. 改革开放后的城市住房制度改革

1980年邓小平同志关于住房制度改革问题的讲话拉开了住房改革的序幕。

---

① 云至平,白伊宏,谭春林.中国住房制度改革的探索[M].中国财政经济出版社,1991.

② 此时期房租水平之低,在世界实属罕见。世界其他国家房租占家庭总支出的比重通常是15%~20%,即使在香港专为低收入居民盖的廉租屋,也达到6.95%。资料来源:谢志强.突破重围:中国房改大行动[M].社会科学文献出版社,1999:37.

③ 侯淅珉,应红,张亚平等.为有广厦千万间——中国城镇住房制度的重大突破[M].广西师范大学出版社,1999:19.

发展至今，中国的城市住房制度改革已经走过了二十多个年头，从房改的深度和广度上看，改革大约经历了以下四个阶段：①

一是试点售房阶段（1979～1985年）。刚开始是全价出售住房，但是由于房价相当于当年家庭收入的4～5倍，所以很难推广，不久就代之以补贴售房，由政府、单位、个人各负担房价的1/3。补贴售房受到购房者的欢迎，却为政府和企业增添了难以承受的负担。但由于观念问题，很多居民并不认可购房的好处，觉得还是租房比购房划算。

二是提租补贴阶段（1986～1990年）。试图通过提高公房租金来推进以住房私有化为主导的住房改革。这个政策确实起到了改变传统住房观念、增大私人拥有住房的吸引力的作用。但由于没有考虑到如何从长期确立住房融资的发展，如何培育个人的支付能力，提租政策受到通货膨胀的影响不得不搁置。

三是以售代租阶段（1991～1993年）。1991年，国务院住房制度改革领导小组的《关于全面推进城镇住房制度改革的意见》中正式提出了住房商品化、分配货币化、租金市场化的改革方向。实行新房新政策和老房老政策。一方面继续逐步提高公房租金，控制房租补贴；另一方面优惠出售住房。此外，提出从实物分房转向货币分房。

四是全面推进阶段（1994～1998年）。在经过一定时间的试点之后，1994年的改革有所突破，开始了住房公积金的建设。虽然在改革初期并没有得到普遍的认同，甚至带有强制性的特点，但是经过十几年的运转，住房公积金已经能够在补充个人的购买能力，特别是中等收入阶层的购买力方面起到一定的作用。

五是深化改革阶段（1998年至今）。以国务院1998年23号文件的出台为标志，提出了取消福利分房，代之以货币分房，同时确立了住房供给的多个层次，对不同收入家庭实行不同住房供应政策：高收入者在市场中购买或租用住房，中低收入者购买经济适用住房，最低收入者租用廉租住房。可以说，这一时期的改革从真正意义上实现了住房改革在各个方面的全面推进。

发展至今，我国已形成以经济适用住房、廉租住房和住房公积金为主体的社会住房保障体系。

（二）发展成果评价

1. 作为市场机制改革的重要环节，促进住房市场供需双方发展

改革开放以前，由于福利性住房制度的实施，城市住房的供需之间维持着一

---

① 洪亚敏. 中国城镇住房制度改革回顾. 摘自：成思危. 中国城镇住房制度改革：目标模式与实施难点 [M]. 民主与建设出版社，1999.

种脆弱的平衡关系。随着居民居住需求的扩展，再加上国家负担的加重，住房消费成为市场机制改革中重要的经济增长点和拉动内需的有效手段。城市住房制度改革一方面有效启动了居民的住房消费需求，激发了整体社会为追求更好的居住水平的奋斗动力；另一方面打破了原有的单位供给的单一模式，大力挖掘市场和社会的住房供给能力，住房投资和供应的社会化程度不断提高，住房商品选择日益多样化，人均住房水平普遍得到迅速提高。

2002年，城镇居民购买新旧住房和建房支出总额（不含居民租赁住房支出）达到8 000亿元左右，占城镇居民最终消费支出的29.4%。个人购买商品住宅占商品住宅销售面积的95%，推动了商品住宅建设的高速增长，带动了城镇住宅建设的发展。①

2. 通过提高居民住房支付能力，推动中高收入家庭的住房消费

目前中国的住房改革政策主要是从住房支付能力着手，通过强制储蓄改变个人消费结构，并与贷款和抵押贷款的融资手段相结合，提高中高收入家庭的购买力。这是住房市场化的核心部分。从相当意义上看，这方面的改革经过多年的积累，已经取得了重要成效。但是居民住房支付能力的提高，主要体现在城市中高收入阶层的稳定增长，这一阶层收入的持续性极大地刺激了住房消费市场的活跃，私人拥有住房的比率大大提高，启动了中等收入以上群体住房供应和消费的循环。

3. 平均居住水平提高的背后，是发展的不平衡

随着住房制度改革的深入，城市居民的居住水平得到显著提升。2006年末，我国城镇居民人均住房建筑面积达到27平方米，约为1978年平均水平的4倍。此外，在住房的产品类型、建设管理的技术手段、物业服务等方面都呈现日新月异、丰富多样的发展局面。

但是，由于在住房体制转轨过程中住房双轨制的存在以及城市居民收入差距的拉大，使得私有住房主要集中于效益好、地位高、资源多的企事业单位的工作人员和中高收入家庭，即改革成果主要集中在收入可持续增长的、在市场改革中处于优势地位的群体。在房改初期，住房价格机制没有到位的时候，很多住房都是以大大低于当时市场价格的水平转到个人手里的，而在住房市场中，中高收入群体则进行投资性购房，出现较高的住房空置率。中高收入群体的平均住房面积和居住质量得到显著提升，与此形成鲜明对比的是，还有大规模的生活困难群体住在狭小、拥挤的住房中。

4. 住房保障政策过多定位于经济拉动，而忽视了社会保障功能

我国住房制度改革的一条主线就是对居民住房购买力的提高，无论是开始的

---

① 贾康. 我国住房改革与住房保障问题研究（一）. 国务院发展研究中心信息网. 2008 – 05 – 23.

"三三制"、提租补贴，还是后来的住房公积金，都是为了在打破原有的住房制度的同时能够保持居民的住房购买力，不至于使居民的生活惯性在住房配给的突然缺失时没有应对的能力，其最终的目的是在住房领域里寻找一条能够向规范化的市场经济过渡的渠道。作为住房改革历程中的一个重要转折期，20世纪90年代初期经济过热引发的宏观调控，到1997年亚洲金融危机的爆发，1998年国家推出扩大内需、拉动经济增长的决策，都不可避免地带来房地产业的快速发展，成为国民经济重要支柱产业之一。在此背景下的住房保障政策，很大程度上也是基于刺激国内消费、拉动经济增长的考虑。

但是，住房既是经济问题，又是社会问题。在我国的房改过程中，过多的偏重经济层面，而忽视了住房的社会意义，即住房作为社会个体的生活必需品，对于社会低收入群体而言，却是无力购置的，需要政府提供相应的住房保障措施。而我国的住房保障制度，在近十余年的发展历程中，在政策目标的定位、措施的完善性等方面仍然暴露出诸多问题，住房保障的初衷并没有完全实现。

三、中低收入群体的住房问题来自城市化进程中的结构性困境

（一）住房问题是城市发展的永恒话题

现在，任何一个国家都不敢说自己解决了住房问题。目前，全世界还有10多亿人处在不同程度的住房紧缺和居住条件极为恶劣的环境中，既存在于经济高度发达的美国，有上百万人无家可归，也包括发展中国家，约30%的居民住在简陋、破旧的房屋中。

参考陈光庭等人[①]对于西方城市住宅建设的发展研究，归纳现代化城市发展进程中，住宅短缺的现象普遍集中发生在以下不同背景的发展阶段：

（1）快速城市化背景下对住房需求的增加。第一次工业革命之后到19世纪末，欧洲处于产业革命带来的城市化外延阶段，大量农村人口涌入城市造成城市住房紧张。

（2）经济发展背景下需求标准的提高。经济发展带来人们生活水平提升、住宅需求标准提高、要求新式优质住宅，造成旧房废弃、新房不足。

（3）社会结构变化背景下需求单元的增加。从20世纪初到二战前，社会家庭结构出现规模小型化趋势，导致家庭户数增加。

---

① 陈光庭. 外国城市住宅问题研究 [M]. 北京科学技术出版社，1991.

(4) 战争等大规模事件导致住房供应量的严重不足。二战毁坏了大量房屋。德国约 75% 的城市住宅被毁坏，日本约 30% 的人口无房。大部分国家经历了三十年左右的努力，才基本解决或大大缓解了住宅数量短缺的问题。

此外，即使在发达国家，当城市发展进入稳定期后，城市人口规模和城市化水平基本维持一定的前提下，城市土地需求仍不断增长，包括城市公共空间与配套设施建设的不断扩展，以及旧城中心区的集中改造，由此带来不断提升的居住空间需求和相对有限的城市建设用地之间的矛盾。

（二）我国特定城市化发展阶段的结构性困境

当前，我国城市居民的住房问题成为社会关注的焦点话题，集中体现为住房短缺、房价高涨、分配不公以及寻租等现象，又尤以城市中低收入群体买不起房、住不上房的问题最为突出。应该看到，城市中低收入群体的住房问题并不是简单的由政策失误或操作不当所导致，而有其复杂的存在背景。

目前我国大部分大中城市正处于特定的城市化发展阶段，快速的城市化进程与工业化、郊区化同步推进，并伴随以经济社会的急剧转型。上文中总结的不同城市发展阶段的数项影响因素在这里几乎处于集中爆发的状态，从而导致住房问题作为当前众多大中城市发展过程中难以避免的伴生性问题，并将在相当长的一段时间内存在。

归纳这一困境主要来自以下原因：

(1) 经济体制转轨带来城市贫富差距扩大和住房问题的凸显。

由于向以市场经济为导向的经济体制急剧转轨和企业改革逐步深化，贫困问题开始由改革开放之初的农村地区转移到城市。国家统计局城市社会经济调查总队 2005 年对全国 54 000 多户城镇居民家庭抽样调查资料显示，当年我国城镇居民收入差距最高达 10.7 倍。在城市经济产业结构调整和更新过程中，由于缺乏对旧经济结构下从业者的妥善安置，在短短的几年中，就在城市中迅速形成了以失业人员、下岗职工、停产半停产企业的职工和一部分被拖欠养老金的退休人员以及以他们的赡养人口为主体的城市贫困群体。相对弱势的市场竞争能力和购买能力，使得这部分群体面对不断上涨的物价和房价，望"房"兴叹。

(2) 社会发展和转型带来新的住房需求。

2006 年，我国人均 GDP 已超过 1 000 美元，进入了由低收入到中等收入的经济转型期。由此带来人们住房需求的拓展，不仅体现在量的方面，还包括质的提升。城市人均住宅建筑面积由 1978 年的 6.7 平方米增至 2006 年的 27 平方米，[①] 而

---

① 建设部. 全国城市居民人均住房面积达 27 平方米. 新华网，2007 - 09 - 01.

在住房上对于新型居住空间设计（如客厅与餐厅的分离、多个独立卫生间）和配套设施使用（如儿童游戏场、停车场库）上也提出了新的需求。

此外，20世纪80年代"第三次人口生育高峰"中出生的人口陆续进入婚龄期。一方面，小型化的家庭结构特点使其需要更多的住房套数；另一方面，他们体现出更注重个人价值和生活享乐的特点，购置新房成为结婚成家的首要条件。"债台高筑也要买房"的超前消费观，使得一大批数量可观的超前购房需求被持续不断地激发出来。

（3）快速城市化进程下城市新移民的阶段性住房短缺问题。

随着快速城市化进程的推进和社会流动性的加强，城市住房需求群体中出现一个持续稳定增长的特殊群体，既包括谋生技能低下的进城农民工，也包括技术移民的白领和刚毕业的大学生等。由于城市户籍制度的障碍和社会保障制度的不完善，其中大部分群体基于地域转移出现的阶段性住房问题，并未被纳入城市住房保障体系的关注范畴内，他们不得不寄生于阴暗的地下室，或脏乱的城中村，其居住品质和城市居住环境都受到严重影响。

从2002年底到2005年底，根据国家统计局《中国统计年鉴》的统计，全国的城镇人口净增6 000万，可同期的城镇商品房供应只有10亿平方米，经济适用住房1亿平方米。如果按建设部公布的2005年我国城镇人均住宅建筑面积26平方米的居住水平计算，总共也只能满足4 230万人口。就是说，即使将这部分群体全部纳入住房保障体系，有限的住房供应量也严重短缺。

（4）大规模拆迁拉动中低收入群体被动性的住房需求。

按经验数字，旧房拆迁将带来超过三倍的被动性住房需求。然而，很多拆迁群体是国有企业职工（包括下岗职工和退休职工）、做小买卖的市民和城中村的农民，收入水平较低，几代同堂的情况比较多，同时面对赡养老人和抚养下一代的重任，肩负教育、医疗等支出的负担，难以支付郊区住宅的较高生活成本，从而出现有钱买不起房，或有房住不起的尴尬局面。

（5）住房体制改革转型时期房地产结构的严重失衡。

由于我国目前尚处于从计划分配到市场供给住房制度的转型时期，市场化主导下的房地产供给和需求出现结构性失衡的问题。一方面，体现为商品住宅价格上涨过快，房地产价格与居民的实际收入水平差距过大，北京市场上一套90平方米的普通住房，按2006年全市商品房平均销售价格8 792元/平方米计算，也需要年收入4万元的普通家庭不吃不喝积攒20年[①]才买得起；另一方面，住房供应面积出现一味追求大面积的不合理倾向，住宅中高端产品供应过量，而可供

---

① 国际上通常采用家庭收入与房价比为1∶6作为合理范围。

中低收入人群购买的小户型、低配置、低总价的住宅供应量过小,甚至没有,从而将大多数的中低收入群体排除在外。

(6) 单中心城市发展策略致使土地级差地租成为影响城市社会空间结构的主导因素。

由于受到发展阶段和设施投入的限制,我国大部分大中城市仍然采取单中心的城市发展策略,城市中心区成为聚集人力、财力、物力等优势资源的核心,导致缺乏购买能力的中低收入群体被排斥于级差地租决定的城市生活中心圈之外。

在一圈又一圈的往外"挤出"效应中,城市的贫富分区现象得到不断的强化和固化,极大地增加了城市的交通压力、出行成本,同时限制、阻碍了城市穷人与富人之间的文化与经济融合,致使城市社会空间分化现象日益严重,而穷人的郊区化和被边缘化生存又进一步提高了其改变命运的成本,贫民窟高比重的失业、贫困和犯罪问题成为社会痼疾。

综观上述问题,其中的部分困境可以随着城市社会保障制度的改善,集中消费期(例如退休职工的住房和医疗消费,婚龄群体的结婚购置新房)过去后,逐步得到缓解,但也有部分属于城市发展特定历史时期的结构性困境,需要结合我国城市自身发展特点,多管齐下,力求从根本上予以预防和缓解。

四、住房保障制度建设的发展概况和主要问题

(一) 经济适用住房制度

1. 发展概况

1994 年 7 月 18 日,国务院发布《关于深化城镇住房制度改革的决定》,首次提出了对新的住房供应体系改革方向的设想,明确了中低收入家庭住房问题解决需要通过经济适用住房。1994 年 12 月 5 日,建设部、国务院住房制度改革领导小组、财政部发布《城镇经济适用住房建设管理办法》,提出了经济适用住房的供应对象、资金来源以及建设成本构成。1998 年 7 月 3 日,国务院颁布了《关于进一步深化城镇住房制度改革,加快住房建设的通知》,进一步明确了我国城镇居民的住房供应政策框架,即"最低收入家庭租赁由政府或单位提供的廉租住房;中低收入家庭购买经济适用住房;高收入家庭购买、租赁市场价商品住房",正式确立经济适用住房在我国住房供应体系中的重要地位。

2004 年 5 月 30 日国家建设部、发改委、国土资源部、中国人民银行出台的《经济适用住房管理办法》,比较全面地对经济适用住房的定义、优惠政策、开发建设、价格确定、交易和售后管理、集资合作建房以及监督管理等做出了明确

的规定,至此,经济适用住房管理政策已较完善形成。根据《办法》中的定义,经济适用住房是指政府提供政策优惠,限定建设标准、供应对象和销售价格,具有保障性质的政策性商品住房。申请购买或承租一套经济适用住房的家庭条件是:具有城镇户口、无房或现住房面积低于市、县人民政府规定标准的住房困难家庭,收入条件根据各省市规定收入线标准。

根据国家统计局数据,2004 年全部房地产开发投资中,住宅投资 8 837 亿元,比上一年增长 28.7%。其中,经济适用住房投资 606 亿元,比 2003 年减少 2.5%,是 2002 年以来的首次负增长。① 以北京为例,从 1998 年到 2005 年北京市批准建设的经济适用住房项目 54 个,总建设规模达到 2 690 万平方米,累计竣工 1 437 万平方米,解决了 10 万余人的住房问题,特别是对于危改区的居民,一定程度上稳定了居民住房消费的信心。② 然而从总体投资量来看,经济适用住房投资在政策提出前期有所增加,但后期逐年减少,2004 年以后下降较为明显(见表 9-2)。北京 2004 年经济适用住房投资仅占住宅总投资的 10% 左右,2005 年 1~5 月份更只占 7% 多一点。③

表 9-2　　1999~2006 年北京市经济适用住房供给状况

年份 项目	1999	2000	2001	2002	2003	2004	2005	2006
投资额 (亿元)						98.0	65.8	44.7
竣工面积 (万平方米)	122.9	176.0	234.3	228.4	322.8	298.8	325.6	270.1
竣工套数 (套)	4 995	14 924	16 630	19 810	27 533	28 054		
销售面积 (万平方米)	45.8	168.2	185.2	220.7	320.0	306.3	304.0	176.3
价格(元)	2 435		3 040	2 864	2 864	3 378		

资料来源:北京市统计年鉴,北京统计信息网。

截至 2006 年底,全国经济适用住房竣工面积累计超过 13 亿平方米,解决了约 1 650 万户中低收入家庭的住房问题,占全国城镇居民家庭总数的 9%。④

2007 年 8 月 1 日,国务院常务会议讨论并原则通过《国务院关于解决城市

---

① 国家统计局投资司. 2004 年全国房地产开发投资增长 28.1%. 国务院发展研究中心信息网. 2005-03-04.
②③ 李杰. 北京市中低收入家庭住房保障研究 [D]. 首都经贸大学硕士论文,2006 (12).
④ 13 亿平米经适房让 1 650 万户中低收入家庭"安居". 新华网,2007-08-29.

低收入家庭住房困难的若干意见》（以下简称《意见》），8月7日正式颁布。《意见》要求改进和规范经济适用住房制度。经济适用住房供应对象为城市低收入住房困难家庭，并与廉租住房保障对象衔接。经济适用住房套型标准根据经济发展水平和群众生活水平，建筑面积控制在60平方米左右。各地要根据实际情况，每年安排建设一定规模的经济适用住房。房价较高、住房结构性矛盾突出的城市，要增加经济适用住房供应。严格经济适用住房上市交易管理。

2007年11月30日，建设部、国家发展和改革委员会、监察部、财政部、国土资源部、中国人民银行、国家税务总局等七部委联合发布新的《经济适用住房管理办法》，为贯彻国务院《意见》精神，就经济适用住房建设和购置的优惠和支持政策、建设管理、价格管理、准入和退出管理、单位集资合作建房、监督管理等方面制定更为详尽和严格的规定。

2. 主要问题

总结近年来经济适用住房政策实施过程中的绝大部分问题，其根源都可以追溯到经济适用住房的特殊属性构成方面：兼具"福利品"和"商品"双重属性，使得政府、市场和社会三方主体在参与过程中体现出不同的利益诉求和相互制约，从而暴露出种种矛盾与冲突。

（1）福利对象界定过泛。

以北京市的规定为例，根据2000年颁布的《北京市城镇居民购买经济适用住房有关问题的暂行规定》，除在校就读的本科以下（含本科）学生以外，家庭年收入在6万元（含）以下，具有完全民事行为能力的本市城镇居民具备购买资格，需要进行收入审核。而夫妇双方为公务员或教师的家庭、重点拆迁户、危改户等具有购买资格，且不需核定家庭收入。来京创业工作的留学人员凭北京市人事局核发的《北京市工作居住证》（留学人员）也可购买一套经济适用住房。

一方面，6万元的家庭年收入标准使得可享受经济适用住房优惠政策的群体比重超过60%，再加上一些特殊身份群体的优惠准入，使得福利需求方的规模远远超出当前政府十分有限的土地资源和建设能力所能承载的范围，造成各地普遍出现"经济适用住房难买"以及"排号、抢号、炒号"等现象，增加了监管过程的工作量和难度；另一方面，在此供需失衡的状况下，能够走关系、用权力和有钱买号等占据优势资源的群体在这场准市场化的竞争中胜出，而真正最迫切需要住房的核心福利对象却被排斥在外。

（2）福利传递和监管机制不健全。

经济适用住房作为一种群体性、规模化的实物补贴方式，超出了政府的直接操作能力，政府只好通过划拨土地及减免征收基础设施建设费和住房建设经营税等费用，让利给开发商，再由开发商以低价出售给低收入群体，间接让利给老百姓，通过市场经营完成补贴过程。然而在这个非封闭系统中，市场手段和力量的介入，使得经济效益和公平很难同时实现。

一方面，开发商作为经济适用住房的实际操作主体，虽然在参与之初默认了一种"让利"的姿态，然而在具体操作过程中，必然再次受到市场逐利的吸引，借助政府监管机制的不健全，变相获取利益。主要途径一是抬高价格①（见表9-3），二是扩大户型面积，② 如此不仅把部分社会福利变成了开发商的利润，更将大部分中低收入者拦在了住房市场的门外。

表 9-3　　1998~2004 年北京市商品住房与经济适用住房价格对比

年份 项目	1998	1999	2000	2001	2002	2003	2004
商品住宅平均价格（元/平方米）	5 500	5 647	5 637	5 062	4 764	4 737	5 053
经济适用住房价格（元/平方米）	2 395	2 435	2 687	3 040	2 864	2 864	3 378
价格优惠程度（%）	56.45	56.88	52.33	39.94	39.88	39.54	33.15

资料来源：李杰，《北京市中低收入家庭住房保障研究》，首都经贸大学硕士论文，2006 (12)。

另外，经济适用住房交易向市场的开放，使其成为一个非封闭系统，加上对于购买者收入水平、转让资格等政策监管的不严格，导致了社会上违规行为和投机行为的猖獗。经济适用住房作为沉淀政府福利的稀缺资源，在市场争夺中必然大部分为中高收入家庭所占据，并且在不断的"囤积倒卖出租"过程中，导致社会福利流向的错位和流失。

（3）一次性实物补贴形式缺乏可持续性。

作为福利政策，政府让利是通过土地的无偿划拨实现的，然而作为商品，又必然受到成本的制约，因此经济适用住房的地理位置往往只能选择偏远的郊区，

---

① 按规定，经济适用住房的价格以保本微利为原则，利润应不高于3%。然而现实情况是，大量经济适用住房开发的定价仍受开发商的逐利行为主导，近几年来北京市经济适用住房的平均价格上涨幅度远超商品房价格。

② 《管理办法》规定，经济适用住房要严格控制在中小套型，中套住房面积控制在80平方米左右，小套住房面积控制在60平方米左右。然而现实的经济适用住房开发项目却很少有低收入者需要的小户型，反而出现了以上百平方米为主打户型的经济适用住房开发项目，住房交易市场上甚至出现200余平方米、总房价上百万元的跃层豪华装修的经济适用住房转售房。通过对住房面积和标准的突破，开发商在开发之初就把经济适用住房的销售对象定位在了高收入及中上等收入水平的人群，导致社会福利流向的错位。

无形中增加了低收入者的通勤成本。同时，与原来的生活网络的断裂，也使得很多低收入群体面对更多的生活困难。北京市回龙观、天通苑等超大型经济适用住房小区的建设，因为区位过分集中，伴随而来的是交通拥堵，教育、医疗、卫生、社区管理等各方面配套设施建设滞后，加上一次性的福利供给，往往缺乏对后期维修和物业管理的考虑，影响了居民的长期生活质量。

3. 主要争论和观点

基于对经济适用住房的弊端和问题的反思，有人认为应当取消这一制度。对这些观点的争论，很长时间来也无法达成共识，主要集中在以下几个方面：

（1）经济适用住房政策是历史契机下的"速成品"。

中国房地产协会秘书长顾云昌回忆，在全国各地开始陆续推出经济适用住房的1998年，中央政府的深一层用意是希望把住宅建设作为新的经济增长点，肩负拉动内需的重任。而经济适用住房一下子在住宅建设中起到了主导的作用，"面对这种势头，市里的建委根本没法管，项目太大太多了，也根本没能力管"，[①] 从而导致了较长时期以来经济适用住房建设和管理的失控。

历史原因引发的另一个问题则体现为经济适用住房政策目标人群的界定不明确。1998年，国务院刚刚发布改革纲领性文件的时候，就存在人群界定模糊的问题。顾云昌回忆说："当时没有明确的一个概念，即中低收入家庭包不包括中等收入家庭没有划清楚，而大部分老百姓都觉得自己是中低收入。"这种模糊性在政策执行过程中引发了争论。政府一方面大力宣传经济适用住房政策，鼓励大家踊跃购房；另一方面在2001年前放开了购买门槛，让有能力买经济适用住房的人都能进入市场。2004年建设部等出台的《经济适用住房管理办法》，明确了许多过去经济适用住房规定中模糊不清的地方，如面积、利润、购房资质等等。但各地购房标准并没有相应做出改变，监管机构对资格的甄别仍比较宽松。这导致了经济适用住房在较长一段时间内始终处于供不应求和备受争议的状态。

2007年11月30日，建设部、国家发展和改革委员会、监察部、财政部、国土资源部、中国人民银行、国家税务总局等七部委联合发布新的《经济适用住房管理办法》，明确提出经济适用住房是指"政府提供政策优惠，限定套型面积和销售价格，按照合理标准建设，面向城市低收入住房困难家庭供应，具有保障性质的政策性住房"。这一政策将经济适用住房的保障对象收缩为城市低收入家庭，能较好应对当前地方政府的保障能力，有助于实现与廉租住房保障对象的无缝衔接。然而，伴之而来的"夹心层"群体的住房保障短缺问题，又成为新一轮社会关注和争议的焦点。

---

① 王晨波等. 透视经济适用住房的不适之症 [N]. 广东建设报，2005-07-19.

（2）关于是否取消经济适用住房政策的争论。

对于是否取消经济适用住房政策，各专家学者所持观点各不相同。持取消观点的专家认为经济适用住房政策违背了市场规律，只是一种过渡性产品，将社会保障与公共福利混为一谈，因此出现了国家流失利益，人们未得福利的后果。他们认为应当用货币补贴的方式代替经济适用住房。而持不能取消观点的专家认为经济适用住房制度中的问题可以通过改革加以完善，断然终止是情绪化言论，还会引起社会不稳定因素，同时无形中助长了房价的非理性上涨，对于民众也不利，应当进行制度细化处理，将解决办法落实到点上。①

（3）关于经济适用住房回购的讨论。

2006年9月30日公布的《北京住房建设规划（2006~2010年）》征求意见稿中，提出"在经济适用住房的流转环节上，探索建立'内循环'的流转模式。"这一规定是针对经济适用住房房源紧缺，又存在"富人投机"等现象提出的，目的是为了消除经济适用住房交易中的寻租谋利现象。随后，在2007年8月出台的《国务院关于解决城市低收入家庭住房困难的若干意见》，以及北京等地后续颁布的《经济适用住房管理办法》中，都明确提出了经济适用住房上市交易情况下由政府回购的政策要求，但政府回购的具体办法和价格定位等操作性问题，仍有待相关部门研究确定后，才予以公布实施。

相关的讨论还包括"共有产权"的讨论，政策建议政府按其在经济适用住房建设中的财政性支出（主要是减免的土地出让收益和税费）比例拥有房屋产权和相应权利。然而部分专家指出，此项政策的可操作性还值得商榷。因为国家入股参与支配产权，使个人不再可以随意支配，在一定程度上减弱了房产拥有者的权利，在做出任何决策时还必须受牵制于参股的政府，这对于为了房子奋斗大半辈子的百姓来说，无疑是吃亏的。在产权不明的情况下，这项政策可能会制造新的矛盾。②

（二）廉租住房制度

1. 发展概况

我国廉租住房制度始于1998年。当年，国务院在《关于进一步深化住房制度改革加快住房建设的通知》中正式以文件形式提出了廉租住房问题，要求各级政府对不同收入家庭，政府实行不同的住房供应政策，最低收入家庭租用由政府或单位提供的廉租住房。1999年建设部出台了《城镇廉租住房管理办法》，不

---

① 章剑锋. 经济适用住房取消之争［N］. 中国经济时报，2005-09-07.
② 杨丽萍. 政府酝酿"共持"经济适用住房［N］. 21世纪经济报道，2007-01-01.

仅实现了廉租住房政策的规范化,而且大大地促进了廉租住房政策的实施。2003年12月31日,建设部、财政部、民政部、国土资源部和国家税务总局联合发布了《城镇最低收入家庭廉租住房管理办法》,并于2004年3月1日开始施行。这一新办法与1999年建设部第70号令《城镇廉租住房管理办法》相比,强化了中央和地方政府的住宅保障职能,"单位"不再是解决职工住宅问题的主要责任者,同时,对于廉租住房的实施对象、运作程序、保障面积标准、房屋和资金来源、保障方式等都提出了更为具体和严格的规定。根据此办法规定,城镇最低收入家庭廉租住房保障方式应当以发放租赁住房补贴为主,实物配租、租金核减为辅。① 廉租住房的资金来源主要以财政预算安排为主,也包括其他筹措渠道,如住房公积金增值收益中按规定提取的城市廉租住房补充资金、社会捐赠的资金等。实物配租的廉租住房来源应当以收购现有旧住房(直管公房和单位自主房)为主,限制集中兴建廉租住房;实物配租应面向孤、老、病、残等特殊困难家庭及其他急需救助的家庭。对按政府规定价格出租的公有住房和廉租住房,暂免征收房产税、营业税。各地方政府在国家统一政策指导下,结合当地经济社会发展的实际情况,因地制宜地建立城镇最低收入家庭廉租住房制度。

2005年,《国务院办公厅转发建设部等部门关于做好稳定住房价格工作意见的通知》,对完善城镇廉租住房制度的工作进一步提出了要求:各地结合实际情况,抓紧开展城镇最低收入家庭住房困难情况的调查,全面掌握本地区廉租住房需求情况,并建立保障对象档案;要根据廉租住房需求,切实落实以财政预算安排为主、多渠道筹措廉租住房资金,着力扩大廉租住房制度覆盖面等。

根据建设部通报,截至2005年底,全国有291个地级以上城市实施了廉租住房制度,累计用于最低收入家庭住房保障的资金为47.4亿元,有32.9万户最低收入家庭被纳入廉租住房保障范围。② 到2006年底,全国有512个城市建立了廉租住房制度,已经开工建设和收购廉租住房5.3万套,建筑面积293.68万平方米,累计54.7万户低收入家庭被纳入廉租住房保障范围。其中,领取租赁补贴的家庭16.7万户,实物配租的家庭7.7万户,租金核减的家庭27.9万户,其他方式改善居住条件的家庭2.4万户(见图9-5)。在廉租住房保障的资金来源上,以政府财政预算为主(见图9-6)。③

---

① 租赁住房补贴,是指市、县人民政府向符合条件的申请对象发放补贴,由其到市场上租赁住房;实物配租,是指市、县人民政府向符合条件的申请对象直接提供住房,并按照廉租住房租金标准收取租金;租金核减,是指产权单位按照当地市、县人民政府的规定,在一定时期内对现已承租公有住房的城镇最低收入家庭给予租金减免。
② 建设部. 关于城镇廉租住房制度建设和实施情况的通报.
③ 建设部. 建设部通报2006年城镇廉租住房制度建设情况,2007.

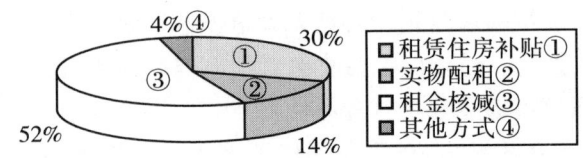

图 9-5　2006 年我国廉租住房保障方式比例分布图

资料来源：建设部通报 2006 年城镇廉租住房制度建设情况，2007。

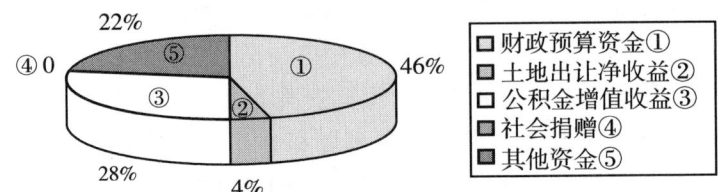

图 9-6　2006 年我国廉租住房资金来源比例分布图

资料来源：建设部通报 2006 年城镇廉租住房制度建设情况，2007。

2007 年《国务院关于解决城市低收入家庭住房困难的若干意见》的发布，以及作为补充的《廉租住房保障办法》、《廉租住房保障资金管理办法》相继出台，推动全国廉租住房建设速度显著加快。2007 年，全国廉租住房投入近 94 亿元，超过了历年累计安排资金的总和。当年，全国新增保障户数 68 万户，对城市低保家庭中的住房困难户基本做到了应保尽保。[①]

2. 主要问题

（1）有效房源不足。

从建设部公布的《城市廉租住房管理办法》的有关规定来看，廉租住房的房源主要是依靠旧有的公房，但目前的现实情况却出现偏差。因为，随着城市化进程的加快，很多单位已经没有闲置的公有住房，再加上各地危改拆迁不断推进，平房、简易楼房数量不断减少，使得租赁市场上低价位房源的供给减少，加上大量拆迁居民家庭需要租赁住房来解决他们的临时周转问题，进一步加剧了市场供需矛盾，造成政府能够回收的旧住房的范围和数量缩小。可以说，房源缺乏已经成为制约推广廉租住房消费保障体系的一大瓶颈，一些地区不得不采取摇号的方式来进行分配。

缺少建设资金是廉租住房房源不足的另一个原因。2005 年，虽然国家为廉租住房保障制度投入了 47.4 亿元，但是估算新建廉租住房资金缺口至少为 650 亿元。[②] 现有的廉租住房资金来源主要还是政府财政，其他渠道筹集的作用并不

---

① 阳光洒进百万家——2008 年廉租住房建设全速推进. 建设部网站，2008-08-06.
② 张轶楠. 解决我国廉租住房建设发展的政策和资金建议. 审计署网站. http://www.gutianxia.com/news/gncj/432029.htm，2006-12-22.

明显。这就意味着以现有政府财政为主的模式必将面临较大的挑战。

（2）资金不足。

2005 年，根据国家财政的统计，国家为廉租住房保障制度投入了 47.4 亿元，① 相比于同年全国财政支出 33 930.28 亿元，比重仅占总支出的 0.14%。而在英国地方公共财政支出中，住房及社区环境支出 1995 年占到 21.2%。在美国，1991 年环境和住房支出也占到地方政府经常支出的 11.%。②

造成廉租住房建设资金不足的主要障碍包括以下三个方面。首先，政府参与不够积极。廉租住房在经济利益上无利于地方财政，因而也无利于政府政绩方面的评估。而且由于廉租住房自身福利性的特点，决定其不可能获得高利润回报。2006 年，建设部通报全国城镇廉租住房制度建设和实施情况，尚有 70 多个地级市因未实施廉租住房制被点名。其次，信贷结构不合理，金融工具缺失。从国际经验来看，贷款是廉租住房建设融资的重要组成部分。与普通住宅开发不同，廉租住房的开发基本上是不能获得正常投资回报的，同时它所需要的资金却与开发普通住宅一样——数量庞大、占用周期长。这使得银行间接融资、滚动开发的模式无法适应廉租住房的建设。再次，融资渠道单一。从已经开展廉租住房试点的城市看，目前的资金来源渠道主要包括政府财政和住房公积金增值收益。2007 年的《国务院关于解决城市低收入家庭住房困难若干意见》，进一步要求将土地出让金净收益中 10% 以上的资金用于廉租住房建设。但是，即使如此，目前我国廉租住房建设融资的渠道仍比较单一，必须调动一切可以利用的资金，才能为廉租住房的发展带来更大的活力。

（3）覆盖面有限。

虽然北京、上海、河北等地已经基本实现了对符合条件的最低收入家庭的应保尽保，但是根据建设部 2006 年城镇廉租住房制度建设通报，2006 年全国仍有 145 个城市（4 个地级市，141 个县级市）尚未建立廉租住房制度。而且，绝大部分城市的廉租住房政策中，申请对象都必须具有当地城镇常住户口、家庭收入水平高于本市城镇最低生活保障标准，这就将大部分无户人口和收入处于夹心层的中低收入群体排除在外。即使在北京市，至 2006 年，享受政府廉租住房政策的居民仅有 2.5 万户，占全市城镇家庭比重不足 1%，其中享受实物配租的仅 349 户。③ 当时全市建成的仅有广渠门北里廉租住房 1 个项目、400 多套住宅，小区居民并非普通社会低保人群，大多为伤残军人、军烈属、劳模等优抚对象，

---

① 中国累计投入 47.4 亿元用于最低收入家庭住房保障. 中国网. 2006 – 04 – 03.
② 齐志宏. 多级政府间事权划分与财政支出职能结构的国际比较分析 [J]. 中央财经大学学报，2001（11）.
③ 建设部. 建设部通报 2006 年城镇廉租住房制度建设情况，2007.

其中北京市劳模 28 户。保障住房的国际经验告诉我们，通常是政府向低收入家庭提供公共住房，而且这些住房一般占总住房套数的 5% ~ 20% 之间，多数在 10% ~ 15% 之间。与此相比，我国的廉租住房惠及面十分有限。

（4）房源信息获取渠道不畅。

受廉租住房数量有限的限制，大部分廉租房住户需通过市场选择符合自身条件以及廉租住房标准的房源。在目前中介组织不规范、租赁市场不发达、房源信息交流机制缺乏的情况下，住户的市场交易成本较高，这一成本包括寻找出租房源、进行交易谈判、实现交割等各个环节的成本耗费。而部分城市尝试采用已有的商业房地产中介组织为社会福利救助性质的廉租住房提供无偿信息平台，但缺乏有效的利益激励机制，是否可行还有待进一步观察。

另外，个人身份地位的不同、社会资源的多少，都影响着信息量的多少和资源的获得。课题组实地调研发现，不少来自效益好、规模大的企事业单位的优抚对象，其房源信息和住房的获得基本全部得益于单位协助。相对而言，还有大量的双困家庭，要从社会途径公开公正地获得住房信息存在诸多制约。如何在更为广泛的范围内发布相关信息，保证信息的获得的相对公平，是需要相关部门考虑的。

（5）退出机制的可操作性问题。

对廉租住房应该实行动态管理，即当入住家庭的生活条件或家庭人口发生变化，而不符合资格标准后，就应该退出廉租住房。由于目前我国廉租住房面临的最大问题是"杯水车薪"，国家虽然已经投入了大量的资金扩大廉租住房的房源，但仍然难以满足住房困难家庭对廉租住房的需求。加上廉租住房制度刚刚起步，一套有效的监管机制还没有建立起来，从而导致在一些城市出现低收入群体虽已摆脱贫困，但仍占房不退的情况。北京市规定每年复核两次租户资格，符合条件者才能续租，不符合条件者限 12 个月内搬出或改按市场租金计租。但事实上，如果不符合条件者坚持不搬，政府也难以找到恰当的处置办法。而且，与租金补贴的方式相比，实物配租的退出机制在操作层面的实施难度更大。因此，需要在廉租住房退出机制的制定中，更多关注实践层面的可操作性问题，实现在政府控制下的合理内部循环，才能保证廉租住房制度福利功能的正常发挥。

3. 主要争论和观点

（1）关于扩大廉租住房资金来源途径的探讨。

国务院发展研究中心金融研究所巴曙松认为，廉租住房的融资方式单一以及融资渠道不畅已成为我国廉租住房制度建设的金融方面的"瓶颈"，如何解决廉租住房资金来源是推动廉租住房制度进一步发展的关键。①

目前,社会上关于如何解决廉租住房资金来源的问题的共识是廉租住房建设、经营的多元化,采取多元化的融资渠道。一部分专家学者建议将土地出让金更多地用于廉租住房的建设和经营中。② 一些人也建议,可以从直管公房产权转移的收入中提取一定比例用于廉租住房建设。而根据日本、新加坡和中国香港等地的经验,政府主要通过有效的优惠政策(金融、土地、税收等方面的优惠)吸引民间资金参与公共住房建设,也成为一种普遍趋势。征收社会保障税,尤其是向购买、居住别墅、高档商品房的高收入群体征收住宅保障税专门用于廉租住房建设、修缮和廉租住房租金补贴,也是普遍推行的有效手段。另外,经营城市与BOT模式③相结合也是值得探索的一种途径。

(2) 关于廉租住房建设是否有利于房地产市场健康发展的争论。

一种观点认为,廉租住房的加快建设将有助于平抑房价。从国际经验来看,建设廉租住房是西方发达国家政府控制房价、调整住房结构的重要手段之一。从我国的情况来看,现阶段房地产市场的供不应求和供给结构的严重不合理成为房价飞涨的主要原因。2005年和2006年,国家相继出台了"国八条"和"国六条"来控制房价,其中"国六条"的第一条就是调整房地产供应结构。通过加快廉租住房建设,不仅能够直接增加住房的市场供给,还可有效抑制住房需求的超前释放,有利于均衡和稳定市场价格,同时通过政府广泛的市场收购行为,将进一步吸收大量空置房屋进入租房市场,促进租房市场的长期稳定发展。

同时也有意见认为,廉租住房的实物配租方式有可能会影响到房屋租赁市场的健康发展。针对我国住房私有化率不断提高的现状,④ 越来越多的讨论开始集中于我国房改政策中租售比重不合理的问题,认为政府应尽快培育租房产业以抑制房价,将租房市场作为未来国家对房地产进行宏观调控的重要手段。随着国家

---

① 巴曙松. "廉租住房"资金来源应多样化. 新华网. http://news3.xinhuanet.com/house/2006-09/18/content_5104198.htm,2006-09-18.

② 如中央可能在今年通过将25%的土地出让金收入用于廉租住房和经济适用住房的建设(《第一财经日报》3月31日);全国人大常委会副委员长成思危建议,由本级财政从土地出让金中提取不低于20%的专项资金用于解决廉租住房建设(《京华时报》3月14日);建设部希望能把更多的土地出让金用于廉租住房建设,至少15%的比例(《21世纪经济报道》5月30日);财政部会同建设部、国土资源部发出通知,土地出让金净收益中的部分资金(5%左右),被纳入廉租住房建设资金之中(《上海证券报》7月17日)。

③ 英文 Build-Operate-Transfer 的缩写,通常直译为"建设—经营—转让"。
BOT 实质上是基础设施投资、建设和经营的一种方式,以政府和私人机构之间达成协议为前提,由政府向私人机构颁布特许,允许其在一定时期内筹集资金建设某一基础设施并管理和经营该设施及其相应的产品与服务。

④ 根据建设部公布的"2005年城镇房屋概况统计公报",我国住房的私有化率已经达到了81.6%,远远高于发达国家。

对廉租住房建设重视程度和政策执行监督力度的不断加大，一些大中城市都计划在未来几年内集中建设相当数量的廉租住房。例如，北京市 2008 年住房建设计划公布，2008 年全市计划新建住房 2 750 万平方米。其中，保障性住房和限价房新建面积为 850 万平方米，占到总量的四成。①② 也有学者表示担忧，这批廉租住房的集中兴建，将可能对现有房屋租赁市场带来不可忽视的消极影响。作为处于临近甚至同一地段的两种不同性质的出租房，廉租住房和市场租赁房之间存在极大的租金差别，会给租户心理带来负面影响，尤其对于无法享受廉租住房待遇而被迫承担高额市场租金的夹心层群体而言，更是如此。

（三）住房公积金制度

1. 发展概况

住房公积金制度作为政府为解决职工家庭住房问题的政策性融资渠道，体现为一种强制性的储蓄。住房公积金由国家机关、事业单位、各种类型企业、社会团体和民办非企业单位及其在职职工各按职工工资的一定比例逐月缴存，归职工个人所有。住房公积金专户存储，专项用于职工购买、建造、大修自住住房，并可以向职工个人发放住房贷款，具有义务性、互助性和保障性特点。新加坡是最早实行该制度的国家。

1991 年上海学习和借鉴新加坡中央公积金的成功经验，率先实行住房公积金制度，随后在北京、天津等城市进行试点工作，逐步推广到全国范围。1999 年 4 月，国务院颁布《住房公积金管理条例》。之后，各地相继修订各自的《公积金条例》，形成一些创新措施。在 2002 年的《条例》修订中，将一些成功的创新措施正式合法化，同时进一步强化了管理与监督，特别是相关组织机构权力与职责。从此，住房公积金制度逐步纳入法制化和规范化轨道。

目前，我国已基本建立起住房公积金管理委员会决策、住房公积金管理中心运作、银行专户存储、财政监督的管理体制。住房公积金按规定可以享受列入企业成本、免交个人所得税等税收政策，存贷款利率实行低进低出原则，体现政策优惠。截至 2006 年末，全国实际缴存职工达 6 916.87 万人，缴存总额为 12 687.37 亿元，累计为 695.24 万户职工发放个人住房贷款 6 364.33 亿元。③

2. 主要问题

（1）公积金利用率低下。

据中国人民银行的《2004 年中国房地产金融报告》，截止到 2004 年底，全

---

① 2008 年度各大城市住房建设计划. 人民网. 2008 – 02 – 15.
② 例如北京市 2007 年计划建设 2 000 套廉租住房；昆明市也计划在 2007 年新建 1 768 套廉租住房。
③ 建设部. 住房公积金制度将覆盖农民工. 新华网. 2007 – 03 – 18.

国住房公积金缴存余额为 4 893.5 亿元。除去个人住房贷款和购买国债外，全国仍有沉淀资金 2 086.3 亿元，占缴存余额的 42.6%。截止到 2005 年底，全国住房公积金使用率仅为 35.9%，居民购房使用公积金贷款（包括组合贷款方式）仅为商业性贷款的 1/3。可以看出，虽然全国各地住房公积金的归集额总体呈逐年上升态势，但利用率始终较低。原因主要来自以下方面：

一是公积金贷款的门槛过多。公积金贷款的缴纳时间和贷款额度都受到较大限制，加上审批手续烦琐，办理时间长，过多的门槛大大削弱了公积金支持住房消费的作用。

二是部分开发商的抵制。房地产开发商取得商业银行的贷款时，往往和银行达成一定协议，即在商品房销售中推荐商业银行贷款。更有甚者，在一些楼盘销售中，开发商拒绝购房者使用公积金贷款。

（2）公积金覆盖率有限。

根据住房与城乡建设部房地产行政主管部门近年来的统计数据，我国住房公积金覆盖率始终徘徊在 60% 左右。参与单位多为党政机关、效益好的国有企业和集体企业，即那些有稳定工作且其单位和个人能够缴得起费的职工才能真正享受公积金带来的优惠。而那些单位效益较差或没有单位的城市贫困家庭却被排除在外，如很多"在职"但不"在编"的下岗再就业人员和进城务工者等。

（3）公积金缴存比例不规范，差异大。

各地执行的住房公积金占职工工资收入的比例从 5%～30% 不等，有的甚至还要高。在一个城市中，不同收入职工的公积金数额可以相差几倍乃至十几倍。部分经济效益好的大企业，千方百计提高住房公积金缴存比例和缴存额作为合理避税的一大途径，许多省、市不得不限制住房公积金最高缴存额；与之对应的是，许多经济效益一般的企业，只能按照较低的比例缴存住房公积金；还有更多的小企业和私营企业，根本就没有为职工缴存住房公积金。

3. 主要争论和观点

目前，在关于公积金政策的争议中，最根本的差异体现在对其政策定位的不同理解上，由此形成以下两种截然不同的主要观点。

（1）对公积金政策保障功能定位的质疑。

住房公积金被视为当前我国住房保障政策的重要组成部分，但其实施手段却是一种针对个人的强制性储蓄方式，公积金本息最终要全部退还给职工个人，仍然属于第一次分配范畴。并且，由于企业单位负担的公积金和个人获得的相应资助收入，都不计入应缴所得税，因此缴纳高额公积金甚至成为很多大企业和效益较好的单位及其员工合理避税的"黑洞"，反而进一步扩大了国民收入初次分配的比重。

另外，由于我国住房公积金采取"低存低贷"的办法，那些没有能力从住房公积金取得贷款的储户，许多是中低收入群体；相反，能充分利用公积金低息贷款的人，常常是社会中的中高收入者，这样就形成了大多数中、低收入者用自己的低息住房储蓄，补贴少数高收入者获得低息购房贷款的扭曲格局，进一步拉大不同群体的收入差距，违背了社会保障的公正原则。

基于此观点，住房公积金不但没有很好发挥预想的社会住房保障功能，反而可能导致"劫贫济富"。其唯一的实际意义，在于使职工在贷款购房时能得到1%左右的利息优惠，其他则仅仅是管理机构的增值渠道，并且还需另行支付这种全社会、全额集中管理带来的高额成本和管理机构的运行经费。甚至大量闲置沉淀的公积金被一些人违规挪用谋取私利。因此，其问题在于制度本身的不合理，有建议提出取消此制度，或进行调整，如向实行住房低息贷款的住房银行职能转移。

（2）增加公积金缴纳和使用的自由度。

该观点更多倾向于发挥市场调节的能动性，认为当前出现的问题在于统一化的缴存比重缺乏灵活调控机制，难以协调不同地区、不同阶层之间的住房消费差异，以及住房这种高额而单一的支付渠道限制了低收入群体的使用途径。

主要建议在于探讨如何实现不同收入群体进入的公平，并能从中受益。其一，增加住房公积金缴存的弹性，允许经济效益较好的单位或职工在全市统一规定的缴存比例基础上，自行确定住房公积金缴存比例，对经济效益较差的单位或职工允许降低公积金的缴存率，从而吸引各种形式的雇工和雇员都纳入缴交范围。或者根据不同经济发展时期个人收入水平和对公积金贷款实际需求的差异，适当调整公积金的缴存率。其二，将单一用途的住房公积金扩大为多用途的社会储蓄计划，涵盖范围可以广泛涉及储蓄者及其家属相关的教育、重大疾病治疗等领域。这样，通过灵活弹性的选择机制，一方面扩大了公积金的覆盖面；另一方面扩大了公积金的归集额，从而尽可能扩大公积金的规模，满足城镇中低收入群体购房的基本要求，同时还可为政府保障住房的建设提供更多的资金来源。

五、完善住房保障制度的若干建议

（一）强化政府主导职能，设立专职机构

各国的发展实践都证明，社会贫富差距下出现的住房条件，是不可能在单纯的市场机制中得以解决，因而都需要中央和地方政府发挥绝对的主导职能，担当保障社会中低收入群体住房需求的重任。

长期以来我国住房保障制度的实施涉及多个部门的若干行政职能，例如公房和住房产权交易由各城市的房管局管理，住房公积金由公积金管理中心管理，住房建设归属建设部门，此外还涉及民政、国土资源、税务等部门。由于住房问题的复杂性，容易造成多部门多头管理、无人负责的状况。借鉴国外经验，很多国家设立专门机构负责住房社会保障，通过一元化领导，减少许多部门间的扯皮。例如，瑞典由城镇政府直接负责，新加坡由建屋发展局负责，美国由联邦住房与城市发展部负责等。建议国家成立专门的住房保障机构，全权负责公共住房的土地供应、规划、设计、建造、管理等环节，资金列入国家预算。

2007年12月，根据中央编办《关于调整建设部机构编制的批复》，[①] 建设部内部机构做出调整，正式设置住房保障与公积金监督管理司（住房制度改革办公室）。其主要职责为：贯彻国家关于推进城镇住房制度改革的方针、政策和措施并组织实施；指导城镇住房制度改革工作；拟定住房保障的政策法规并监督执行，指导经济适用住房制度和廉租住房制度建设；拟定住房公积金决策和管理机构的管理规则；拟定住房公积金的归集、管理、使用和监督制度，建立健全住房公积金监督网络，建立并管理住房公积金信息系统，负责对住房公积金和保障性资金管理和使用情况的监督管理；建立并管理住房公积金监督举报系统，受理投诉举报，查处住房公积金管理的重大违纪案件。由此，我国专门的住房保障机构得以成立，相信将在不断发展中完善，对推进政府主导的住房保障体系建设发挥积极作用。

（二）明确住房保障对象，提供差异化保障手段

关于中低收入群体一直没有一个统一明确的界定。如上所述，按照国际通用做法，一般居民家庭收入划分为高、中等偏高、中等、中等偏低、低五个档次。其中高收入阶层与低收入阶层都只占有极小的部分，中等偏高、中等、中等偏低收入阶层占绝大部分。根据1998年国发23号文件的通知，我国将中低收入群体作为住房保障的对象，仅经济适用住房的覆盖群体就几乎占到城市人口的60%～70%，这是和当时低工资、低收入的发展背景密切相关的。但随着住房市场化的不断深化，与这一保障对象庞大规模形成鲜明对比的是，国内现阶段较低的社会生产力发展水平和公共住房的有限投入，住房保障暴露出严重的供不应求现象，并由此伴生一系列寻租腐败和对象错位等问题。

当前，国内房地产市场很多学习中国香港和新加坡模式，但这种高房价、高地价、高公屋的住房分配模式，其先决条件是区域面积和人口规模小、土地公有

---

① 高层要闻. http://www.jxjst.gov.cn/showarticle.php?id=4993.

及资源十分稀缺、经济高度繁荣、法律体系健全。国内市场在追求高房价、高地价的同时，却无力保障高福利房或公屋的供应。

因此，考虑到当前政府用于住房保障资金的有限性，加上保障对象的住房支付能力千差万别，住房保障的水平也必须具有层次性。首先，应该明确政府住房保障的核心对象是无力购买，甚至无力支付私人房租的低收入家庭，同时，应该是那些现实居住条件困难的居民（而不包括原国有企业公房出售时买到了优惠住房，但现在待岗的低收入者，或继承父辈的产权住房但自己仅靠领取城镇最低生活保障费生活的居民等）。政府的立足点应当是保障户户有房住，而不是保障户户有房产。其次，对于大范围的中等收入群体和现有住房条件基本良好的低收入群体，政府更多应通过土地、税收、金融等政策手段，引导市场提供适宜和可支付的中小户型住房，以及多渠道提高这部分群体的购买能力。

（三）完善多层次住房保障体系

1. 明确经济适用住房的福利属性和封闭式管理

基于前文的分析，经济适用住房制度运行中的很多问题，都来自其福利属性与商品属性的双重属性，以及开发各环节中政府和市场的责权利交叉。为了避免政府补贴福利的流失和错位，应将经济适用住房的属性明确界定为"福利品"，由政府拥有产权，并由政府统一规划，并对其建筑面积、质量、户型、设施配套等标准实行严格监管，其市场化运作只是存在于建设阶段（如采用代建制）。通过立法，限制经济适用住房的用地不允许盖商品房，经济适用住房不准进入市场流通，不能转让，不可以继承。由此确保经济适用住房供应量能始终维持一个较为稳定的增长规模，逐步缩小与现实需求之间的巨大差距。

2007年的《国务院关于解决城市低收入家庭住房困难若干意见》明确提出要改进和规范经济适用住房制度。11月出台的新的《经济适用住房管理办法》中，进一步对经济适用住房的土地供应、建设面积和户型、价格管理、准入和退出机制等方面做出了严格要求，如严禁以经济适用住房名义取得划拨土地后，以补交土地出让金等方式变相进行商品房开发，经济适用住房单套的建筑面积控制在60平方米左右，经济适用住房供应实行申请、审核、公示和轮候制度，购买经济适用住房不满5年不得直接上市交易等。

2. 扩大廉租住房供应规模和覆盖范围

按照国际通行的判断标准，应将城镇人口20%的低收入群体纳入廉租住房制度的适用范围，但我国现有的廉租住房政策只是覆盖了低保户中的住房困难家庭，且仅占低保户的约5%。但是，移植低保线作为廉租住房对象审核标准是否合理，尚有待商榷。首先，最低生活保障制度考察的是生活支出水平，而当前过高的房价与居民低收入水平之间的矛盾，决定了还有大量的低收入者超过低保标准而又无力购置住房，成为目前住房体系中被忽略的夹心层；其次，保障对象限于持有非农户口的城市居民，而排斥了城市打工者、进城民工、城乡结合部土地被征后的农民等不可忽略的新的住房弱势群体。这个群体的形成不但有历史的因素，而且在中国二元结构的社会中，随着城市化进程的加快，这部分群体规模还将不断地扩大。①

作为解决策略，政府一方面应积极拓展廉租住房房源，制定对提供廉租住房房源的社会机构或个人的鼓励政策，对单位或个人的住房用于廉租住房的，享受出租的税收优惠，或给房东以适当补贴，此外，政府应集中兴建和收购少量住房作为廉租住房源的补充。与此同时，租房对象要逐步扩展到面向更多住房有困难的群体，收入审核标准应在低保线基础上根据各地实际情况适当提升。

2007年8月颁布的《国务院关于解决城市低收入家庭住房困难若干意见》，在很大程度上关注并强调改善廉租住房制度建设相对滞后的问题。其中的一个重要内容就是提出要"逐步扩大廉租住房制度的保障范围。城市廉租住房制度是解决低收入家庭住房困难的主要途径。……十一五期末，全国廉租住房制度保障范围要由城市最低收入住房困难家庭扩大到低收入住房困难家庭"。此外，还提出鼓励通过政府、社会和房地产企业多渠道增加廉租住房房源，以及确保廉租住房保障资金来源，地方财政要将廉租住房保障资金纳入年度预算安排，土地出让净收益用于廉租住房保障资金的比例不得低于10%等。

上述新政策的落实，将能在很大程度上改善当前廉租住房保障不足的问题，关键就是具体的实施办法和监管机制。另外，户籍制度的限制，仍然将大量的外来人群阻隔在廉租住房政策的门槛之外。配合全球化背景下人口与资本流动的发展趋势，户籍制度改革和社会福利体系的调整势在必行，住房保障制度面向外来群体的放开，应以租赁性的廉租住房为优先考虑途径，为拥有正式纳税证明等为城市贡献劳动的外来双困群体提供没有产权归属的居住福利。

3. 转变公积金管理机构属性，扩大公积金使用范围和发挥市场选择机制

据《住房公积金管理条例》，公积金管理中心被定位于"不以盈利为目的的事业单位"，隶属于地方政府部门。但在实践中，住房公积金管理中心既不是独立的金融企业，也不是政府机构，既无法人资产，又无其他独立经济利益的束缚，其无论是建房、购房贷款还是国债投资，都是储户的住房缴存款，一旦出现资不抵债的现象，损失的将是储户的资产。这种模糊定位和商业化运作，导致两种倾向。其一，中心职能偏重行政管理，缺乏成本效益观念和经营渠道，很多地

---

① 郑杭生. 中国人民大学中国社会发展研究报告2002：弱势群体与社会支持［M］. 中国人民大学出版社，2003：198.

方管理涣散，服务不善；其二，必然造成管理者追求利益和其福利的最大化，例如，近年来全国连续出现多起公积金挪用案件。因此，建议设立政策性的住房银行，以专项职能的金融机构取代住房公积金管理中心，既有利于明确职权，解决当前公积金支用手续烦琐、审批时间长等问题，又有助于减少管理成本，还可以避免公积金贷款受开发商和银行排挤的问题。

同时，扩大住房公积金的使用范围，实现与子女教育、医疗、养老金等保障领域的灵活对接，使得低收入群体即使无力购房，也能充分享受到公积金作为社会保障储蓄的福利。

此外，还可通过设定差别化的公积金贷款利率（贷款额与贷款利率呈正相关）和缴纳住房公积金的工资起缴点（工资水平超过起缴点的强制性参加储蓄，低于起缴点的可自愿选择）等手段，借助市场手段和选择机制进一步细分收入群体，并帮助中低收入群体获得自己认为最适宜的政策支持。

六、探索中国特色的城市化道路下的住房发展模式

我国人多地少的特定发展背景决定了需要探索符合自身特点和发展阶段的城市化道路。如何在保证有限资源可持续利用和合理公正分配的前提下，尽可能改善人们的居住条件，提高居住品质，成为政府必须正视的一个重要难题。对于城市这个复杂的系统，住房问题绝不是仅仅依靠大规模的住房建设或全面的社会福利就能得以解决，而需要站在城市整体协调发展的模式基础上，进行新的探索。

（一）探索良性城市化道路，避免过度的城市人口增长和土地蔓延

提到城市化，人们脑海中往往浮现出以美国纽约、洛杉矶为代表的大都市形象。中国当前绝大多数城市的建设模式都演变为一种持续的城市扩张，城市建设高速蔓延，不断侵占乡村和农田。然而，美国城市蔓延的背后，是地广人稀的资源优势，是发达的高速公路和各项基础设施建设的充分支撑。这些是我国基本条件和现状发展水平所远远不可达到的，而且现在美国和其他发达国家社会在经历了对城市扩张所带来的弊端反思之后，已经普遍开始倡导重塑人文尺度的社区生活和追求紧凑型城市发展模式，值得我们深入思考和借鉴。

良性的城市化应该体现在对城市资源的充分尊重和合理预期上，体现在生产方式向社会分工化、集约化、科技化的先进模式的转化，人们生活方式向高品质、社会化的城市模式的转变重在质的提升，而不是一味扩张城市建设用地，或简单地让数亿的农民都进入城市，因为后者对于中国目前十分脆弱的城市生态资源、薄弱的设施建设和社会服务能力而言，都意味着无法承受的重负。拉美国家的城市化

"陷阱"就是一个典型的教训,过度集聚化的城市发展模式使得大量农民进城后,由于收入低或者长期失业,租用不起城市一般的住宅,只好强占山头或公共用地,用废旧砖瓦搭建起简易住房,形成大规模脏乱破败、滋生犯罪的贫民窟。

(二)深入认识土地的稀缺性和唯一性特征,协调城市建设与住房发展

住房商品的核心价值,也是其不同于其他商品的一大特点,在于其依附的用地具有稀缺性和区位的唯一性特征。我国通过市场经济体制改革,引入市场竞争机制,让各种短缺产品都得到充分供应,以及通过地域间的资源流动(如异地生产、异地消费),实现供需平衡,从而使价格能够保持在较平稳状态。然而,住房作为依附于特定用地位置的不动产,是无法再生或异地替代的。因此,认识土地的稀缺性,不是说通过扩大土地供应量就能打击土地囤积和起到稳定房价的作用。

这种土地稀缺性的价值来自于城市空间布局的外部性,即外部资源要素的可获取性和不利影响的接近度。在城市建设中,影响居住用地外部性的资源要素主要体现在就业、教育、医疗、休闲娱乐等工作和生活配套设施的可达性和可获取性,以及交通成本和便捷度(如出行时间、方便度、舒适性)等方面。在我国,大部分城市单中心的发展模式使得城市中心区因集中了各种资源要素而成为所有人选择安家的首选,由此形成中国特色的郊区化现象。而生活网络和居住地点的分离所带来的通勤成本及其引发的交通问题,进一步推进了市中心地价的高涨。

由此可见,城市的建设模式很大程度上将直接影响和限制到社会住房的选择,因此要根本上解决住房问题,需要从城市规划和建设层面入手进行探讨。可借鉴的措施包括:在城市规划阶段增加对居住问题的考虑,如加强城市混合功能区的设置,减少职住分离的城市布局;完善配套设施的均衡布局,发展自给自足的新城建设,疏解中心城区和核心功能区的部分住房需求,平抑房价;大力发展城市公共交通,为全体市民尤其是中低收入群体出行提供便利;制定中长期住房建设规划,优先考虑公共住房布局,合理分配居住密度等,从而实现城市建设与住房建设的协调发展。

(三)引导合理的住房投入方式,追求积极的城市发展状态

我国每年巨额的住房建设投入(单以北京为例,2006年房地产投资累计达1 719.9亿元,比2005年增长12.8%),[①] 其中大量资金用于拆除旧有房屋,建

---

① 北京统计信息网,http://www.bjstats.gov.cn/sjfb/bssj/jdsj/2006/200701/t20070125_84299.htm.

设新居,但是否城市新房的增多和居住面积的扩大,就一定能代表整体社会成员生活品质的提升?对居民来说,当一个普通家庭耗尽毕生收入仅购置了住房,却被迫丧失了生活网络;当投机性购房者通过消极占有住房的同时也丧失了巨额资金的流动性,导致其他生活消费的大幅压缩,无疑都是不健康的住房投入。对于整个社会而言,大规模的拆建支出给政府财政带来了巨大压力,而以房地产为龙头的城市扩张,也导致政府在管理范围的扩大中只能疲于应付基础设施的投放,无力也无暇承担社会保障职能和建设良好的城市公共空间。可见,从促进城市综合发展角度重新审视住房投入,不应局限于不断的拆房建房,而应当提倡城市整体居住品质的提升。

一方面政府应转变观念,增加对存量住房的开发和现有住房的维护,以减少对土地等资源的侵占和浪费,保护社会成员的生活网络,同时鼓励政府和居民共同增加对非正式住房的管理和居住环境改善的投入,尤其是对旧区的基础设施的完善和居住环境的整理,从而使得改善范围能够覆盖更多的低收入群体。例如在旧城保护项目中探讨的关于居民与政府共同改善房屋的做法,以及借鉴国外专项住房维护资金的计划等。另一方面应通过税收或住房储蓄等融资手段,抑制住房投机行为,同时激励社会成员为拥有或使用城市土地价值的升值做贡献。例如现在关于征收不动产税(council tax)的讨论,正是试图探讨一种利益再分配的动态发展过程。

(四)提倡健康的居住消费理念,创造宜居空间

居住品质的提升包括几个层次,一是作为生存需求的物质空间提升,二是作为心理需求的交往空间的提升。由于基本条件的差异,不同的人对居住品质的预期不同,一些个别追求豪华和舒适的居住观念也无可厚非,然而若社会主流的居住消费观念出现盲目追求大户型和不切合实际需求等问题,则确实需要给予重视和引导。

住房的舒适性应当与适宜的尺度挂钩,过小的尺度会导致生活品质的压缩(如房间面积太小而不便使用,或厕所等私密空间的公共化等),然而面积无止境扩大的"豪宅"也并非真正的理想目标。社会心理学和行为学研究显示,私人空间的单纯无限度扩大将可能带来居者心理的孤寂和不安全感,甚至生活的不便。现阶段商品房市场中出现的盲目追求大户型和配置过度奢华等不合理现象,多来自市场经济下的利益驱动,却在一定程度上误导了社会主流的居住消费观念。在我国人地紧张的现实约束背景下,亟须政府倡导适宜的、节地型的居住空间规模和健康合理的居住消费理念。

另外,宜人的居住空间还包括便利的生活网络和良好的社会空间,这取决

于完善的公共设施建设与和谐的社区居住环境营造。政府应当通过控制合理、适宜的个人居住空间，节约出更多土地用于完善城市公共空间和设施建设，以及提升居住社区的社会资本上。这对于中低收入群体尤为重要，既能有效弥补他们个人居住空间的不足，还有助于为其努力创造更好的生活品质提供发展机会和信心。

第十章

城市拆迁问题及其化解途径

当代中国城市已经进入一个快速城市化阶段，城市面貌获得日新月异的改变。然而，随着当代中国大规模城市更新和开发建设，因城市拆迁问题而引发的冲突，也上升为当前城市主要的社会矛盾类型，非常值得关注。

一、拆迁矛盾的凸显

(一) 宏观数字

一些宏观的统计数据表明城镇拆迁引起的社会矛盾的严重性。2002年9月召开的全国城市房屋拆迁工作座谈会上建设部副部长透露，建设部2001年1~8月份受理来信共4 820件次，其中涉及拆迁问题的占28%；上访1 730批次，其中反映拆迁问题的占70%；在集体上访的123批次中，拆迁问题占83.7%。《瞭望》杂志提供了这样的数字：从1992年起，有关北京城建问题的群众上访事件骤然增加。以1995年为例，1~7月有163批，3 151人次，占那一时期上访批数和人数的46.5%和43.2%。①

---

① 转引自《南方周末》，2003年9月5日。针对这类问题，2004年6月6日《国务院办公厅关于控制城镇房屋拆迁规模、严格拆迁管理的通知》指出，一些地方政府没有树立正确的政绩观，盲目扩大拆迁规模；有的城市拆迁补偿和安置措施不落实，人为降低补偿安置标准；有的甚至滥用行政权力，违法违规强制拆迁。这些现象不仅严重侵害城镇居民的合法权益，引发群众大量上访，影响社会稳定，也造成一些地区和行业过度投资。通知中规定了各级政府部门要端正城镇房屋拆迁指导思想，维护群众合法权益；严格制订拆迁计划，合理控制拆迁规模；严格拆迁程序，确保拆迁公开、公正、公平；加强对拆迁单位和人员的管理，规范拆迁行为；加强拆迁补偿资金监管，落实拆迁安置；切实做好拆迁信访工作，维护社会稳定；等等。参见：http://www.gov.cn/ztzl/2006-06/30/content_323724.htm。

根据有关统计数据，从 1993 年到 2003 年间，中国"群体性事件"数量已由 1 万起增加到 6 万起，参与人数也由约 73 万增加到约 307 万。其中，城市拆迁已经成为各地"群体性事件"的主要来源之一。① 2006 年 4 月 6 日中国社会科学院出版的《2005 年中国房地产市场发展报告》中指出，据建设部有关部门统计，目前全国房地产市场中有 50% 左右来自于拆迁所产生的被动需求。这种过度的人为增加的被动需求改变了正常的供求格局，增大了购房需求的压力，同时也使房屋拆迁成为城市社会矛盾最尖锐的领域之一。主要表现：一是安置补偿不合理，政策不到位，导致拆迁户利益受损失，严重的甚至造成因拆致贫。这是引发拆迁矛盾的最直接的原因。二是拆迁户得不到有效的行政与法律保护，往往与拆迁人、行政部门、司法部门处于对立位置。这是制度上的最根本的问题。三是一些地方政府部门规划不周，造成居民不能回迁。这是造成社会问题的重要原因。② 从全国的情况看，2004 年上半年因征地拆迁而引发的到建设部上访的人数有 4 026 批、18 620 人。其中集体上访 905 批、13 223 人，个体上访 3 121 批、5 397 人，半年就超过 2003 年 3 929 批、18 071 人的全年上访总量。③ 浙江省政法委调查表明，最近几年因旧城改造、拆迁安置、城市规划、城市房屋登记管理等引发的矛盾急剧增多，由此引起的"民告官"案已占全省行政诉讼案的 1/4。④

（二）体制背景

从宏观上来看，拆迁成为城市社会热点问题固然和当代中国城市建设进入了一个快速发展的阶段有关，也有其深刻的制度性背景。

随着市场化改革的深入，城市土地纳入了一个商品化、资本化的过程，城市土地价值凸现，成为地方政府掌握的最大的资本形式。在中央、地方分税制改革的制度安排下，尤其是在实行"经营性土地使用权招标拍卖挂牌出让"政策之后，土地出让金构成地方政府重要的财政来源。根据中国人大副委员长盛华仁提供的数据，1990 年至 2003 年期间，政府出让土地收入累计高达 10 500 亿元。而在 1988 年，这个数据不过 67 亿元。可供比较的是，在实施积极财政政策的 1998 ~ 2003 年五年间，全国发行国债则仅 9 300 亿元。⑤ 正如有批评者指出的那样，"经营城市"的概念，已经异化为"以地生财、与民争利"。在此激励下，各地兴

---

① 汝信，陆学艺主编. 社会蓝皮书——2005 年中国社会形势分析与预测 [M]. 社会科学文献出版社，2004.
② 牛凤瑞主编. 中国房地产发展报告 No.3——房地产蓝皮书 [M]. 社会科学文献出版社，2006（4）.
③ 建设部. 今年上半年征地拆迁上访超过去年总量 [N]. 新京报，2004 – 07 – 05.
④ 宋振远，周国洪，崔砺金. 拆迁之痛痛彻民心，记者五省市调查揭露惊人黑幕. 新华网"新华视点". http：//www.southcn.com/news/china/china04/chaigian/sj/200311130724.htm.
⑤ 转引自巴曙松. 政府介入房地产的三条边界 [J]. 发展，2005（10）.

起了拆迁征地的热潮。在现行土地供给制度下，地方政府垄断土地一级市场，可以利用行政手段从一级市场得到土地，在二级市场上以高价出让。而现行的土地出让金往往是几十年一次性收取，不仅抬高了地价，而且助长了地方政府行为的短期化。

国务院发展研究中心"中国土地政策改革"课题组的调查和测算发现，全国土地一年卖9 000亿元，土地出让金收入成为地方政府预算外收入的主要来源。在发达地区，土地出让金数额巨大，成为地方政府财政预算外收入的最主要来源。土地已经变成地方政府名副其实的"第二财政"，有的地方土地批租达到财政收入的一半。① 土地出让占地方财政预算外收入60%以上，个别市县达90%左右。② 土地收入除了增加政府预算内和预算外收入，各个部门可以借此征收土地规费，也提高了部门的积极性。受经济利益和政绩驱动，某些地方政府在城市拆迁和征地问题上，往往采取强硬的措施。近些年来在城市拆迁和农村征地问题上出现了一些极端事件，如见诸报端的南京邓府巷被拆迁户自焚③、湖南嘉禾县政府推出的"四包两停"的强制政策,④ 等等。

现有城市土地管理体制和城市开发模式从根本上改变了空间资源配置的方式，极大地改变了城市空间结构，但同时也激发了由此带来的各种因拆迁而起的各种矛盾和冲突。部分居民抵制土地的交换价值对使用价值的取代，部分利益受损的市民开始提出土地使用权的诉求，部分私房主开始要求明确对土地使用权的界定，并追求在房产问题上对历史问题的解决，业主与开发商和物业矛盾重重，集体维权事件层出不穷，这些构成了当代中国城市发展中主要的社会矛盾形式。而其中最突出的，无疑当属拆迁问题。从有关政府部门来讲，"拆迁难"也已经成为地方政府部门工作中的一个棘手问题。由于涉及居住权和根本利益问题，拆迁引起的矛盾具有"涉及面宽、上访率高、调处难度大"的特点。这些矛盾冲突阻碍了城市健康发展，影响了社会的稳定，为和谐社会的建立埋下巨大隐患。⑤ 这些

---

① 杭州是国内城市房价上涨最快的城市之一。土地批租收入成为当地政府财政收入的重要来源。据估算，在2002年杭州市政府160亿元财政收入中，土地出让金上缴就占1/4左右，而且这几年每年以56%的比例在递增。另据有关方面数字显示，2000年到2004年五年时间全国的土地批租收入高达9千亿元以上，相当于五年内全部地方政府财政收入的1/4。

② 全国土地一年卖9 000亿，地方政府靠吃地为生 [N]. 南方都市报，2008-03-15.

③ 南京拆迁户"自焚"事件调查 [N]. 新民周刊，2003-09-02.

④ 湖南嘉禾县拆迁引发一对姐妹同日离婚 [N]. 新京报，2004-05-08，及后续报道。

⑤ 这方面的问题已经引起中央的高度重视。2006年3月14日温家宝总理在十届全国人大四次会议记者招待会上答中外记者问中谈到了拆迁问题："我们国家正处在经济快速发展时期，也是各类矛盾集中凸显的时期。造成这些矛盾的原因是多方面的，其中很重要的就是一些地方违反法律法规，侵害群众的切身利益，比如说在土地征用、房屋拆迁、企业改制等方面侵害了群众的利益。处理新时期的社会矛盾，我想强调两点：第一，要采取有力的措施保护群众的切身利益，依法维护群众的合法权益。第二，要教育和引导群众，合理的诉求要通过合法的形式来表达。"温总理的这段话中，包含了两个方面的意思，一方面指出了在征地拆迁问题上一些地方存在违反法律法规的问题，另一方面指出了在此方面，群众的利益表达应依法进行。

问题是城市建设过程中必须考虑的社会成本问题。

二、拆迁中的矛盾形式与被拆迁户的利益表达

(一) 个体形式

从微观上来看,拆迁中的矛盾有多种具体的起因和形式,如对拆迁带来的生活工作方式改变感到不便、对拆迁补偿标准有疑义、对拆迁安置方案不满,等等。就形式而言,拆迁户维权行动也有个体和集体的不同形式。大多数情况,针对被拆迁人个体性的维权行动,实际中某些拆迁问题,拆迁部门也遵循个别化问题、个别化应对的方式加以解决,如个别地提高补偿,以及针对"钉子户"的强制拆迁。然而,在拆迁问题上,由于缺乏有效的制度化表达渠道,拆迁以及强迁往往导致一些极端、激烈的表达方式,形成所谓"群体性事件"。另外,从拆迁户的利益诉求来看,也存在着不同的层次。这种复杂的情况表明,由于拆迁引起的矛盾并不是一个简单的利益问题,而是有着深刻的社会意涵。

从表述上来看,大部分的诉求集中在具体的物质补偿方面。我们可以通过一些个案来说明这一点。比如,P市某城区一位遭到"非法强迁"的居民这样表述遭遇的拆迁经历和自身的利益诉求。①

我们家独门独院,十间房,四间在册,六间自建。2002年1月10日,没有一裁两审、没有房地局判决、政府通告,连白条都没打,也没有对我家院落进行评估,开发公司就出动大批流氓、打手,把我妈妈从屋子里架出去,扔到马路上,房子就给推平了,所有东西都捂里面了,什么东西也没拿出来。这个家就没有了。我们当时都有工作,都没在家。我这是祖产,我有蓝图的。我们家的老宅子被他们抢走了,现在变成名烟名酒专营店。出租了,没我们什么事儿了。全都完事儿以后,什么都不给。

1月12日拆完,4月12日给我一张评估单。我们家这些房子值三万两千六百元。到现在为止,都没有拆房条,不管你是顺迁、强迁,应该有本主签字,拆房人签字,拆房队签字,都没有。别人搬进新居欢天喜地,称为乔迁之喜。可我们搬家却只有无穷无尽的痛苦。想当初:我们家独门独院,十间居室,永久产权,出租房屋尚有收入,老少三代四户十口人,欢聚一起其乐融融。看现在:我们家的祖业被开发公司抢了去,开起了公司,却把我们残害得家破人亡、四分五裂,父母卧床不起、生活不能自理,永久产权房换成了只有几十年居住权的房,不仅失掉了收入,还得日日、月月、年年往里贴钱,子子孙孙贴下去,不知何时能够还得清呀?

由于拆迁中存在的种种不规范行为,损害了该居民的利益,该居民开始了旷

---

① 此案例素材来自作者田野调查访谈资料。

日持久的上访。该居民的要求是对原来的私有房产进行合理的补偿,"拿走什么还给什么。……咱们以后就是评理的问题,盐从哪儿咸,醋从哪儿酸"。"咱老百姓没什么要求,大事儿咱管不了,得让老百姓活下去。我有 300 平方米院子的房产,我现在倒成困难户了,拆迁拆得我一贫如洗。我现在欠 40 多万元。没有办法。现在什么事情也没做,因为我要把这个状告下来。我有这么大的冤,我一定要告下来,不管历时多长时间。现在我专职告他们,现在每天早起起来,给我父母碗洗了,中午饭搁在这儿,我就去 P 市政府、国务院信访办、中纪委、建设部……所有能让我申冤的地方我都去。"

由于当前拆迁问题的普遍性,因拆迁问题而上访或走诉讼渠道的案例非常多见,在某些地方出现了规模相当可观的维权"专业户",时间旷日持久,而且他们在维权过程中的遭到拘捕等经历有时更加激发了维权的决心。这些问题如果无法通过体制的渠道解决,势必会有损社会公正,破坏社会稳定。

(二) 群体形式

大部分的拆迁维权都采取了个体的表达形式,采取个体信访的方式寻求认为合理的拆迁补偿。不过,在因城市拆迁而起的各种维权中,也出现了一些以法律为依据的集体性的维权行动。这已经成为当前因城市拆迁问题而引起的矛盾的一个新的动向,值得关注。

在这方面一个典型的案例是"P 市被拆迁居民行政诉讼集团"案。该案例是因拆迁问题引起的新中国成立以来规模最大的民间自发性的维权行动,至今已有数年的时间。该案起源于部分被拆迁户面对拆迁学法和普法的过程。至 1999 年底,形成约四千户、总数万人的规模。1999 年 12 月 27 日,该集团诉讼代表向 P 市房屋土地管理局递交了一份申请书。申请书中首先根据《宪法》、《土地管理法》、《城镇国有土地使用权出让和转让暂行条例》、《房地产管理法》等法律,提出 P 市房屋土地管理局在土地批租中依法行政、履行保护公民财产的法定职责;指出房屋及其所占范围国有土地使用权是公民的合法财产,受宪法和国家法律的保护;主张公民在 P 市房地局划拨、出让国有土地使用权时得到的城镇拆迁费是公民的合法财产;指出 P 市房地局在土地批租时没有依法履行保护公民财产权(土地使用和城镇拆迁费)的法定职责,而且违反法律规定,侵犯了公民财产权。

申请书中着重指出,八届人大常委会第八次会议在对《城市房地产管理法》的草案审议过程中,由于城市私有房屋用地情况复杂,存在争议,删去了"本法实施前城市国有土地上的私有房屋用地,其土地使用权视同划拨取得"的规定。依据此法律,国家土地管理局在 1995 年 3 月修订的《确定土地所有权和使用权若干规定》中规定,"土地公有制之前,通过购买房屋或土地及租赁土地方式使用私有的土地,土地转为国有后迄今仍继续使用的,可确定现使用者国有土地使用权"。确定国有土地使用权的方式除了划拨、出让以外,还有公有制之前,通过购买、转让、继承房屋或土地等方式。1998年宪法修正案第十条规定,"任何组织或者个人不得侵占、买卖、出租或者以其他形式非法转让土地。土地使用权可以依照法律的规定转让"。但是,申请书指出,P市房地局对此的解释则是"城市土地属于国家所有","私人房屋土地使用权是国家无偿划拨的,拆迁时无偿收回",甚至写入文件。①

申请书还列举了其他一些违宪的规定。如1997年9月29日在答复市人大代表的质询时市房地局提出:"根据我国1982年《宪法》规定,所有城镇土地归国家所有,私房主只拥有房屋所有权。"申请书指出,市房地局将宪法第十条土地所有权公有化解释为土地财产权国有化,没有根据《土地管理法》中的规定对私房主城市土地所有权权属变更,实现所有权和土地权分离,进行土地使用权权属初始登记,颁发国有土地使用权证书,而且在划拨或者出让国有土地使用权时,不承认公民享有的土地使用权,不经权属变更登记,没有任何法律程序,不经评估补偿,就将公民合法财产——土地使用权划拨或者出让给新的土地使用者。因此,申请书得出结论认为,市房地局篡改宪法,将土地所有权公有化解释为土地财产权公有化,即按现行宪法没收了公民的土地财产。同时,申请书指出,拆迁过程中,市房地局批准的安置方案将新的土地使用权向公民支付城镇拆迁费变成了到指定地点去租房住,违反了有关法律,侵犯了公民财产权。

由于在法定30日内房地局没有答复,2000年2月22日上午,诉讼代表7人来到P市第二中级人民法院递交了行政诉状。案由是原告申请被告履行保护公民财产权的法定职责,被告不予答复,属于"行政不作为"。诉讼请求有两条:一是判令被告对原告的申请做出书面答复;二是诉讼费由被告承担。事实和案由基本同申请书提出的几点要求吻合。行政诉讼状的附件中包括申请书、434号文件、被拆迁公民签名簿、推举、授权诉讼代表人书、接受推举授权书,等等。

法院没有受理,也没有做出裁定。其后,诉讼集团多次向人大提交公开信"强烈要求P市人大行使强有力的监督权","保障下发赋予公民的基本诉权"。2003年9月10日,诉讼集团向党中央、中纪委和全国人大递交了一份针对"违法土地批租暴力侵权跨世纪腐败大案"的举报材料。此次举报主要针对地方政府和法院在拆迁和相关诉讼方面出台的"两规、一文"。"两规"指的是"P市实施

---

① 1995年P市房地局局长签发的《关于拆迁城市私有房屋国有土地使用权是否补偿问题的请示》中写到:"根据我国1982年宪法第十条,城市土地属于国家所有……现城市私有房屋所有人拥有的国有土地使用权不是通过出让(即有偿有期限)方式取得,当属国家无偿划拨,当城市建设需要时,国家有权对上述国有土地使用权无偿收回。……在城市建设拆迁私有房屋时,只对私房主的正式房屋及附属物予以补偿,对私有房屋国有土地使用权不能给予补偿。"

《城市房屋拆迁管理条例》细则"和"P市城市房屋拆迁管理办法","一文"即"1995〔106〕号文件"。举报信指出,两个地方规章的核心是"不经依法取得土地使用权、不经依法调整财产关系、不经依法支付城镇拆迁安置费"就违法批租、强制拆迁的行为;106号文的核心是"凡因城市建设(即土地批租强拆强迁)提起行政诉讼"一律不予立案,剥夺了广大公民的基本民诉权。举报材料中研究了"建国以后国家和公民土地的取得,土地管理制度从所有权私有制到所有权公有化,所有权和使用权分离的转变,以及所有权公有化以后公民土地财产从所有权形式到使用权形式的转变"。以及"宪法和国家基本法律对公民依法享有的土地使用权保护,P市是如何违反宪法,另搞一套用地方规章替代国家法律剥夺公民财产权,非法占有公民财产(土地使用权和城镇拆迁费)等一系列问题"。①

---

① 以法律的方式确认城市土地归国家所有是1982年的事情。按照1982年宪法修正案,城市国有土地所有权归国家所有,但并没有将使用权也宣布收归国有。实际上,这样形成了一个所有权与使用权相分离的制度。直到1988年之前,有居民还向房地局缴纳土地使用权税。1988年宪法修正案将1982年宪法所确立"任何组织或者个人不得侵占、买卖、出租或者以其他形式非法转让土地"的城市土地管理原则调整为,"任何组织或个人不得侵占、买卖或者以其他形式非法转让土地。土地的使用权可以依照法律的规定转让",以国家基本法的形式奠定了城市国有土地所有权和使用权适当分离的宪法基础。在《城市房地产管理法》立法过程中,全国人大常委会对"城市国有土地上的私有房屋用地,其土地使用权视同划拨方式取得"的法律草案,实施否决。1990年国家土地局在《关于城市宅基地所有权使用权等问题的复函》中明确指出,"我国1982年宪法规定城市土地归国家所有以后,公民对原属自己所有的城市土地应当自然享有使用权。"1995年5月1日实施的原国土局《关于确定土地所有权和使用权的若干规定》中,明文规定,"土地使用者经国家依法划拨、出让或解放初期接收、沿用,或通过依法转让、继承、接受地上建筑物等方式使用国有土地的,可确定其国有土地使用权。土地公有制之前,通过购买房屋或土地及租赁土地方式使用私有的土地,土地转为国有后迄今仍继续使用的,可确定现使用者国有土地使用权。"1991年实施的《城市房屋拆迁管理条例》里有一条,"拆迁房屋需要变更、处理主权的,必须依法取得土地使用权,才能批准拆迁。"然而,正如部分拆迁居民所指出的那样,在这方面的某些地方政策没有贯彻中央的精神和上位法律。P市有关部门在1995年434号文请示中称,"我市城市建设拆迁严格按照1991年国务院《城市房屋拆迁管理条例》和本市拆迁细则实施的。"《P市实施〈城市房屋拆迁管理条例〉细则》(1991年)、《P市城市房屋拆迁管理办法》(2001年)是两项规范拆迁行为的地方法规。两项法规基本按照《城市房屋拆迁条例》制定,但正如集团诉讼代表所发现的,不论是《细则》还是《条例》,都不包括"必须依法取得土地使用权"的条款。P市有关部门在1995年7月21日签发的《关于拆迁城市私有房屋国有土地使用权是否补偿问题的请示》中称:"现城市私有房屋所有人拥有的国有土地使用权不是通过出让(即有偿有期限)方式取得,当属国家无偿划拨,当城市建设需要时,国家有权对上述国有土地使用权无偿收回。"P市有关部门1997年9月29日在给市人大代表的《P市第十届人大五次会议平类第1529号建议的办理报告(A3)》中称:"根据我国1982年《宪法》规定,所有城镇土地归国有。私房主只有房屋所有权。拆迁时依照《P市房屋估价办法》对私有房屋作价,并予以补偿。"1998年12月1日正式实施的《P市城市房屋拆迁管理办法》就城市房屋拆迁的补偿,对原《P市实施〈城市房屋拆迁管理条例〉细则》、《P市实施〈城市房屋管理条例〉细则的补充规定》进行了调整,包括不再按户籍人口考虑拆迁安置,以居住面积补偿改为按建筑面积补偿,由过去主要采用房屋补偿改为现在主要以货币补偿,并考虑到区位因素。但是,其中依然没有对城市私有用地使用权做出明确规定。虽然1982年《宪法》规定城镇土地全部归国家所有,但土地使用权仍然归房产所有人所有并允许转让、抵押、租赁。综合考虑以上因素,人大删去了草案中的这条规定,并在《审议报告》建议:"如果需要,可先由国务院制定行政法规,区分不同情况区别处理。"然而,国务院在此方面一直未出台任何规定。法理上,这意味着国家并没有以法律法规的形式确定城镇私房用地属于划拨方式取得。不过,这样一来,实践中有关拆迁政策某种角度利用了这一空白,地方政府实际上将私房用地视为划拨处理。虽然逐渐考虑了区位因素差异,但对这一财产权形式从未承认。

举报材料中指出，P市政府所制定的《实施细则》和《城市房屋拆迁管理办法》删去了国务院《条例》第八条"必须依法取得土地使用权"的规定，在土地批租中就可以以地方规章替代依法取得土地使用权（即开发商和新的土地使用者依法取得国家享有和公民享有的土地使用权）的法律，剥夺公民财产权，将公民依法享有的土地使用权出让或划拨给开发商或新的土地使用者，并批准拆迁；将与公民依法调整财产关系（房屋和所占范围的土地使用权）这一法律关系和程序，变为根据地方规章中所规定的，只对公民房屋作价补偿和到政府指定的地方去租房居住；将在土地批租中开发商和新的土地使用者与公民依法定程序协商，向每户居民签订支付城镇拆迁费合同这一法律关系和程序，变为根据两个地方规章的规定，剥夺公民的财产权，不支付城镇拆迁费，并批准拆迁，公民只能按时搬迁到政府指定的地方去租房居住。

举报信提出根据《宪法》和《民法》等法律，"国家无权出让和划拨公民依法享有的国有土地使用权"。土地使用权是一种特殊形式的财产，可以依照法律的规定转让。谁依法享有了土地使用权，谁就拥有了该土地使用权的占有、使用、收益和处分的权利。所以，在土地批租中，国家只能处分其享有的所有权能的使用权，实行两权分离，对分离出来的土地使用权实施出让或者划拨，无权出让或者划拨公民依法享有的土地使用权，不得侵犯公民财产权，必须履行保护公民财产的法定职责，保障公民对其依法享有的土地使用权的民事权利。

对于财产权，举报信还提出了"强迫公民服从违法土地批租中剥夺财产权和非法占有公民产权的决定（即拆迁许可证）"的问题。举报信认为，对于拆迁人不是拆迁范围内的房地产权利人，国家法律规定依法登记的房屋所有权和土地使用权受法律保护，未经依法取得土地使用权不得进行地上建设，所以拆迁人必须依法取得拆迁范围房地产权利人依法享有的土地使用权以后申请拆迁，在拆迁时按照国务院《条例》的规定取得房地产权利人的房屋所有权，完成与原房地产权利人依法调整财产关系，变更权属登记，实现拆迁人与原房地产权利人（国家和公民）之间的房地产权利同时转移。而地方政府在土地批租中已经剥夺了公民的财产权（土地使用权和城镇拆迁费），开发商或新的土地使用者并未依法取得国家和公民依法享有的土地使用权。实际中，在批准的拆迁安置补偿方案中，用指定公民到指定地点去租房，替代拆迁人出让或者划拨土地方式取得国家享有的土地使用权时向居民支付城镇拆迁费，由公民选择租房或者买房的法律规定；用只对房地产权利人房屋进行补偿替代与公民依法调整财产关系的法律规定（即依法取得公民的房屋所有权和所占范围的土地使用权）。

（三）小结

从以上案例可以看到，对于因拆迁问题而引发的社会矛盾和维权行动，已经不仅仅限于简单的补偿、安置等具体物质利益冲突，而是上升到财产权、公民权高度，进入法律和司法的领域。对于这样的维权行动，简单的行政处理方式显然已经不够，需要从法律上对有关问题进行澄清，纳入法律的框架加以解决。

然而，现有的体制框架显然对于容纳和解决这样的矛盾冲突没有提供必要的空间，反而是起到了积累矛盾的作用。随着在城市建设问题上，市民越来越以法律为主要维权方式（所谓"以法维权"），相关法律存在的问题必将成为今后一个争论的焦点。

三、拆迁矛盾形成与解决过程中的体制障碍

拆迁涉及地方政府、开发商和被拆迁人三方利益主体。在此博弈中，地方政府和开发商之间存在天然的合作关系，而作为弱势一方的被拆迁人缺乏表达利益诉求的机会。这种力量不均衡的局面是造成当前拆迁问题上许多冲突长期存在的主要根源。

让我们从一则出自拆迁户的文本来分析这样一个体制环境的若干特点。这是一篇发表在公共媒体上面的短文，署名"老石"，正像其标题"一个拆迁百姓的心里话"[①]所显示的那样，反映了部分被拆迁户的一些想法。这里通过对这个文本分析来说明拆迁矛盾形成与解决过程中的体制障碍问题，通过一位涉及拆迁的居民之口，表达了面对拆迁时人们普遍的迷惑和无助，具有一定的典型意义。在"建设国际大都市"的主导话语和宏大叙事之下，这充其量只能构成边缘的声音，但是非常具体而有条理地表述了当前城市拆迁中存在的几个方面的重要问题和维权面临的制度困境。

（一）拆迁中行政原则与市场原则的混淆

首先，正如许多维权文本，在开头的部分一般都要给出一个与主流话语保持一致的基调。"我家住P市黄城区花市大街，有一间10余平方米的平房，属私产。今年政府进行危房改造，本应是利国利民的好事，可是我却觉得受到伤害。"老石在开始的时候，强调了危改是利国利民的好事，表明了自己对危改的立场不是反对，尽管对拆迁提出了以下质疑，但强调这一点为以下的发言树立了一个必要的合法性前提。也与以后自己感受到的"伤害"形成一种反差。为什么一个利国利民的好事在实践之中却给被拆迁居民带来伤害呢？

首先，作为产权人，我对自己的房屋有完全的处置权，受法律的保护。开发

---

① 老石.一个拆迁百姓的心里话［N］.中国青年报，2003-07-02.

商与我完全是一种平等主体之间的交易关系，应遵循民法中"自愿、公平、等价有偿、诚实信用"的原则。可实际上完全是开发商说了算，根本没讨价还价的余地。按照 P 市拆迁规定，我的私房补偿款为每平方米 5 950 元，离我家不远处是市政、文物修复工程拆迁，却补偿每平方米 8 200 元。我不明白：我的房为什么要由买方定价？

在第一点中，老石诉之于一个市场的原则，并且首先明确面临拆迁的房屋属于私产。老石首先把这个问题置于一个法律的解释框架之内。按照法律的规定，产权受法律保护，自己对房屋拥有完全的处置权。这样就获得了一个有利于自身对拆迁中问题质疑的合法基础。由此，老石确切提出，按照法律的原则，被拆迁居民与开发商之间的关系应该是一种交易关系，居民与开发商是平等的民事主体。既然属于民法的调节范畴，那么，就应该遵守民法的基本原则和精神。按照《中华人民共和国民法通则》第四条规定，民事活动应当遵循"自愿、公平、等价有偿、诚实信用"的原则。按照法学的解释，这几条原则，贯穿民法始终，集中体现了民事立法的目的和方针，对各项民法制度和民法规范起统帅和指导作用，被称为民法的基本原则。这既是民事立法的基本准则，也是法院解释法律、补充法律漏洞的基本依据。因此，在进行各项民事活动时，不仅要遵守具体的民法规范，还要遵守民法的基本原则。虽然民法没有具体把拆迁列入管辖的范围，但既然属于民事活动，就要受到民法的调节，遵守这几项基本的民法原则。然而，实际的情况却并非如此。平等的民事主体关系变成了开发商一方主导，平等交易变成了买方定价。市场关系的特点在于平等交易，双方可以讨价还价，究竟交易能否达成，完全取决于双方的意愿。但是，在拆迁问题上，拆迁之前，实际上补偿的标准就已经由拆迁方决定下来，基本上没有讨价还价的余地了。如果说有，也是实际当中，被拆迁户通过各种手段与拆迁方私下达成的交易。用开发商的话来说，就是"放水"。平等的市场交易关系为什么变成了买方的一口价？老石说自己不明白，其实是用受法律保护的民事主体之间的平等交易关系的法律原则来质疑拆迁当中的强制行为的不正当性。

拆迁补偿低与城市房价高企之间的反差往往是拆迁户反对拆迁的一个直接原因。一般来说，旧城居民中虽然有相当比例的私房户，但是住房面积相对来说都比较小。由于补偿标准同时过低，造成补偿款太少，被拆迁户无法在相当的地段购买同等条件的住房，即使到郊区购房，也相当困难。要想居住条件改善，还须自己掏更多的钱。

我的 10 余平方米冬暖夏凉的北房，独家小院，加奖励才 11 万元，谁能在市区黄金地段花同样的钱再买到同等条件的平房？拿 11 万元在郊区买一居室都不够，更别说装修，交维修基金、契税了。本地居民大多是下岗职工，收入有限，让他们再添上几万元到郊区买房根本没钱,也不敢贷款,穷人平日糊口尚可,何谈置业?

拆迁居民往往从一种道义伦理的意义上提出对拆迁中这个问题的质疑。此地下岗职工较多,收入有限,平时只够维持,掏出大笔的钱购房置业谈何容易?为什么国家没有体谅到这一点呢?对旧城内部分居民而言,拆迁已经直接危及到本质性的生存问题。如果说其他几点涉及的是依据法律来积极地架构自身权利的合法和拆迁的不合法,那么这一点则是诉之于一种"生存伦理"。

"拆迁补偿太少,这是开发商特权的必然结果。"在拆迁居民看来,造成这种结果的直接原因是由于开发商在本来属自由交易的民事关系中拥有特权,可以单方面定价,被拆迁户只能被动接受。

我不知道面对的是开发商还是政府。所有拆迁公告、文件署名都是区危改办公室,而拆迁协议上签字的却是开发商。如果是政府,为什么开发商给补偿、订合同?如果是开发商,他哪儿来的权力定价强买我私产?即使是政府,难道它有权力随意强买?这种有特色的"开发",使一系列有利于开发商的措施十分到位:补偿款太少;回迁房根本难有质量保证,已经出现"豆腐渣工程";开发商为省钱,连搬家费、空调电话移机费等许多应予补偿的费用一律不予补偿……

进一步,拆迁户已经对所谓"拆迁"究竟属于一种什么性质的行为表示质疑。被拆迁居民与拆迁方发生政策层面和日常层面的接触,却不知道面对的究竟是开发商还是政府。在他们看来,拆迁背后,是一个向开发商倾斜的不平衡的权利结构。

(二) 利益受损者诉求表达渠道不畅

社会矛盾与冲突一旦形成,为了保证问题的公正解决,行政与司法救济尤为必要。但是,在当前的体制环境下,拆迁居民利益表达渠道不畅甚至缺失,这是当前拆迁问题突出的另一个重要的因素。

面对种种不公平,根本没有诉求渠道。如果你对开发商的拆迁补偿不满意,政府按市《危改办法》"先腾地,后处置"的原则处理,这意味着不管你同不同意,必须先走人。如果不走就强制拆迁,虽然你可以向法院起诉,但这不影响拆迁。官司没打,拆迁户失败的命运就注定了。即使你官司打赢了,可房子已经拆了,还上哪儿恢复去?

为了空间生产总体规划的大局,拆迁的过程中遇有争议,实行的是"先腾地,后处置"的原则,走司法途径并不影响规划方案的执行。而且,这个政策确确实实是在实际的拆迁过程中发挥着其巨大的效力。实际上,从实践来看,法院对拆迁的问题也基本上不受理,即使受理,被拆迁者打赢官司的案例也非常少见。然而,更关键的问题是,即使打赢官司,住房早已从物质形态上灭失。

面对权益受损的问题,通过向法院的诉讼要求得到公正解决,无疑是一条重要的利益诉求的渠道。但是,荒谬之处在于,这却是一条"知其不可为而为之的无奈之举"。

据我所知,法院受理拆迁官司极难,受理的危改官司,百姓均是败诉,开发商"百战百胜"。更有甚者,有些部门的少数政府官员竟把数千名百姓起诉开发商作为有人操纵的"故意闹事"。……通过法律渠道根本无法解决拆迁百姓的不公遭遇,起诉是知其不可为而为之的无奈之举。从法律上讲,任何人、任何组织不能强制剥夺别人财产,可是为什么《危改办法》授予开发商这样无法无天的权力?为什么司法机关不能秉公执法呢?①

所谓《危改办法》指的是《加快城市危旧房改造实施办法》。在其中规定,"对在规定期限内未搬出的,应按照先腾地、后处置的原则处理。"这体现的是在"加快城市危旧房改造"的背景之下,行政主体赋予拆迁以优先的地位的考量。在拆迁居民看来,这项在实践中指导着拆迁政策的法律依据也显然有失公正。

我找来有关条文,才知道法规还真的赋予开发商强迫拆迁的权力。只要政府和开发商(其实都是一家,立场利益完全一致)看上了哪块地方,让你走人你必须得走,如果你认为拆迁补偿太少,可以到法院去告,但是开发商仍然可以继续强行拆你的房,因为按照国务院《城市房屋拆迁管理条例》(2001年11月1日实施)规定"诉讼期间不停止拆迁的执行"(新华社2001年6月20日电);按照P市《加快城市危旧房改造实施办法(试行)》规定,"对在规定期限内未搬出的,应按照先腾地、后处置的原则处理"(北京日报2001年11月5日)。一句话,开发商做的是霸王买卖:让老百姓多时走就得多时走,给你多钱就是多钱,不同意就强制拆迁。②

这条"先腾地,后处置"的政策规定显失公平,而且实际之中,在这个问题上,对被拆迁者来说,司法途径只是一条死胡同。老石直接指出了设定这些政策规定的目的和本质。老石从法理的角度说明,这是行政权对司法权的粗暴干涉,违反了现代法治社会的基准原则。而且,拆迁行为违反了"保护公民私有财产"的原则。"按照法治原则,官司打到法院,拆迁执行与否,要由法院说了算,政府行政措施再合理正当,也不能超越于法律之上,这是现代法治社会的基本特点。从法理上讲,这是行政权对司法权的粗暴干预。因为只有法院才有权下

---

① 拆迁凭什么开发商说了算 [N]. 检察日报, 2003-08-06.
② 老石. 面对强拆,人大代表应挺身而出. 中国人大新闻, 2003-10-15.

达强拆令,政府取得强拆令后才能强拆。谁赋予政府这么大权力?想拆谁的房,就拆谁的房,这符合宪法'保护公民私有财产'吗?"

可是对于这样的规定,尽管存在违背宪法的问题,而且在实际中引发了诸种社会矛盾。但是,政府自身不纠正,人大也保持沉默。当事者在他的文中呼吁人大代表在此问题上要行使监督职能。但"人大监督制度是一项成本不高又切实有效的监督措施,关键是落实不好,在实践中往往不能实现法定权利。现在别说制度创新、扩大监督力度,就是原有制度设计的监督资源都没有很好利用,实在令人遗憾"。

(三) 小结

在部分拆迁居民看来,拆迁的具体政策规定有悖于宪法和民法的精神,导致实际拆迁过程中对公民的侵权行为,但是在行政和司法高度不分化的结构下,诉诸法律途径反对拆迁的行动往往是无效的。另外,面对自身权益遭受的侵害,维权者总是求诸于宪法、民法等法律文本对财产权的规定、市场机制下平等交换关系的基本原则,以此论证拆迁行为及相关政策的不合法性。虽然某些生存伦理和道义的主张也构成维权的一个理由,但普遍而言,维权者的话语主要嵌入了一个法治的制度环境之中。

另外,归根结底,法律是调节社会矛盾的最终和最根本手段。但在此问题上,法律和司法问题、相关法律存在模糊性,拆迁户的利益表达渠道十分不畅。由于各种制度障碍,公力救济缺乏有效性,被拆迁人往往求助于私力救济,从而容易出现各种极端化的行为,也使得矛盾无法得到根本的化解。

四、化解拆迁矛盾的总体性建议

在当代中国,城市化进程和城市建设的热潮无疑不会因为遭遇拆迁问题而停止,由此引发的问题也在所难免,但这里的问题关键不在于是不是要让拆迁持续下去,而是如何加以规范,如何建立起均衡的利益表达机制,保护弱势群体的合法权益,防止因拆迁而产生的矛盾扩大化,损害社会公平,影响社会安定。这是构建和谐社会的必然要求。

总的来讲,从公共治理的角度来看,化解拆迁的矛盾,还有赖于从体制政策和法律法规两个方面努力。

(一) 政策与体制方面的调整

从根本上来讲,城市拆迁属于民事行为,应主要以市场和法律的方式加以解决,但在现阶段,地方政府过多地介入到该领域,往往导致寻租行为和行政权力的滥用。地方政府应区分公共利益和商业利益,将地方政府介入和强制拆迁限制在公益拆迁的范围之内,地方政府应从商业拆迁活动中退出,把提供公共服务和维护社会公正作为主要的城市治理内容。

从目前来讲,解决拆迁中的社会矛盾,需要具体做好如下工作:一是从中央—地方财税制度设计上进行调整,进行有关土地出让金的财政体制改革,终结"卖地财政"的体制,减小地方政府的冲动和激励,合理确定拆迁规模,严格控制经营性开发的土地供应总量,倡导小规模、渐进式改造。二是规范地方政府土地审批行为,增加拆迁项目审批中的公开性和透明度,在规划、拆迁立项等环节引入社区公共参与和协商机制。发挥政府职能,增加拆迁各个环节的监督力度,依法严厉打击非法拆迁、涉黑拆迁等暴力行为,维护社会公正和社会稳定。

(二) 法律司法方面的调整

由拆迁引起的各种矛盾冲突涉及权利法律规定的根本问题。从一些被拆迁居民的维权诉求中可以看到,当前拆迁问题最本质、最核心的方面是"国有土地使用权的问题",其他补偿、安置等都属于其次的问题,因此需要在立法和司法等方面进行根本性的调整。然而,就目前的房屋拆迁条例来说,只涉及到被拆迁人的房屋所有权,而忽视了被拆迁人的土地使用权。从法律上讲,土地使用权是具有对抗土地所有权的一种物权,拆迁补偿中忽视原住居民依法享有的土地使用权,无疑给被拆迁人造成巨大损失,由此也引发各种深层次的矛盾。因此,需要通过立法的方式,切实保障被拆迁人的房屋所有权和土地使用权,明确规定对被拆迁人的土地使用权按市场价值实施补偿。

正如有研究者指出的,鉴于目前地方拆迁条例中存在的问题,有必要在立法方面,启动对有关拆迁问题的地方政策文件的合宪性和合法性审查,废止和修改违反上位法的有关文件,确保国家法制的统一。目前规范拆迁活动的法律依据,大多是地方政府的政策文件和规章。有些规章从单纯的城市建设出发,与国务院《城市房屋拆迁管理条例》和其他相关法律等上位法有关规定相抵触,需要进行全面的审查。从总体上,为了减少目前拆迁中存在的矛盾冲突,保证公平公正,还有必要修改拆迁条例,废除商业拆迁领域的房屋拆迁许可证制度、补偿安置协议的行政裁决制度和拆迁的强制执行制度,制定符合宪法精神和市场经济发展要求的新的城市房屋拆迁法。

在程序方面,在涉及被拆迁人财产权益的拆迁活动中,特别是立项、规划等环节,引入和落实信息公开和听证会制度,充分保障被拆迁人的参与权利。必须寻求稳妥的方式,建立制度化的渠道,让被拆迁人有机会表达自身的利益诉求。

在司法方面，将拆迁问题纳入司法调节的制度渠道，发挥法律和司法再调解社会矛盾方面的基础性作用，而不是像现在，对于拆迁问题绝大多数不予立案，或者严重受制于行政力量，影响法院对有关案件的依法独立判决。

总之，在利益主体已经多元化的今天，利益表达的问题，特别是弱势群体的利益表达问题，已经是一个无法回避的问题。建立起相应的利益表达机制，是建构和谐社会的重要环节。就城市拆迁问题来说，只有建立起各方均衡的利益表达机制，保持利益表达渠道畅通，才能有效地维护社会公正，防止拆迁问题上更多矛盾的发生，促进城市和谐、持续和健康发展。

第十一章

城市化进程中失地农民的安置与保障问题

城市化在中国的发展虽然起步晚,但是推进的速度快,在非常短的时期内城市向外扩张,挤占了大量的农村土地,进而形成了大批的失地农民群体。这种由城市化进程的推进而导致农村社会的巨大变化,从某种意义上对于失地农民来讲,无疑是一个"地震式"的变迁。因为土地是农民生活的根本,这个群体不仅仅面临着谋生手段的丧失,还面临着生活保障的不确定性、传统邻里社区关系的断裂、消费与生活方式的城镇化等巨大的变迁。在城市化的进程中,这种强力将农村的土地和村民纳入城市空间,自然也会影响到城市和谐发展的全局,所谓"牵一发动全身"。失地农民失去了土地,为城镇发展牺牲了自己的利益,只有为他们提供融入城市的可能和方便,并与之分享城市化的成果,才能够促进社会的均衡发展,和谐进步。

与主动地进入城市化的过程不同,在征地过程中被卷入城市化的失地农民往往是被动失地的,其自身缺少进入城市化的精神和技能准备,如果不能够积极、有预见性地处理失地农民问题,城市化带来的"地震式"变迁,就有可能会演变成整个社会动荡不安的"大地震"。因此妥善处理失地农民的安置保障问题,实现失地农民生计的可持续发展,既是关乎社会公平、社会资源合理分配的大事,也是影响社会和谐发展、国家长治久安的大计。如何让这种"地震式"的变迁实现平稳的过渡,而不造成失地农民的生活水平下降、社会地位不被认可、社会矛盾不断激化等不良情况,是急需考虑和解决的问题。本文结合对北京市朝阳区的实地考察与访谈,试从社会学的角度来考察探析失地农民安置与保障的原则和出路。

一、我国失地农民的生活困境

(一) 我国失地农民生活困境

目前全国完全失去土地或者人均耕地在 0.3 亩以下的农民多达 4 000 万~5 000 万人,每年增加的数量以两三百万计。① 随着城市化、工业化加速,越来越多的失地农民沦为"三无农民":"种地无田,做工无岗,社保无份"。长期以来,农民的社会保障实质上就是以土地为中心的非正规保障,特别是那些收入来源中农业所占份额比较大的农民更是如此。而随着土地被征用,农民永久地失去了土地,这就意味着土地本身的保障功能逐步弱化或丧失。可以这样说,失去土地的农民将丧失传统的、以土地为中心的基本保障,面临着土地保障功能缺失和社会保障制度不健全的两难境地。

1. 经济困境

在对失地农民征地补偿的早期阶段,往往采用一次性货币安置补偿的形式。根据我国现行的《中华人民共和国土地管理法》第四十七条规定:"征用耕地的补偿费用包括土地补偿费、安置补助费以及地上附着物和青苗的补偿费。征用耕地的补偿费为该耕地被征用前 3 年平均产值的 6~10 倍"。上述征地补偿费用远远不足以使失地农民保持以前的收入水平,不足以弥补失地农民因失去土地而带来的经济损失,更不足以解决失地人员的长远生计(见表 11-1)。

表 11-1　部分省区失地农民人均年纯收入变化情况 (2003~2004 年)

(单位:元)

项　目	广东	辽宁	河南	江西	云南	宁夏
失地前	3 399	3 338	1 301	2 549	1 528	2 361
失地后	3 623	3 515	1 045	2 409	1 131	2 156
增减比例 (%)	6.59	5.3	-25	-5.5	-26	-6.29
减收户数 (户)	39	36		75	80	
所占比例 (%)	39	36		75	64	

资料来源:李小云、左停、叶敬忠:《2003~2004 年中国农村情况报告》,社会科学文献出版社,2004 年。

---

① 王梦奎. 把握城市化的适当进度 [N]. 北京日报,2005-06-06.

某地失地村民们算了一笔细账：以一个五口之家为例，一年至少要 3 000 斤粮食约 3 000 元；100 斤食用油约 300 多元；最低的蔬菜支出一年就得 600 元。这三项开支，对于有承包地的农民来说，粮食、蔬菜和油都是地里长的，不需花钱。失去土地后，这 3 900 元就变成了硬性支出，这只是最低生活标准。如果失地以后，又没有稳定的收入来源，恐怕连最低的生活都无法保证。即使是在经济比较发达、就业比较充分的地区，失地农民的生活也不可避免地出现下降情况。①

这种情况引发了失地农民的不满和大量的上访事件，因为地方政府先把集体土地变成国有土地，然后再按照市场价格拍卖出让，而征地时的价格只是市场价格的极小部分，因此最终农民实际到手的利益少得可怜。如果不算上层层截留和腐败的影响，即使补偿费全额到户，也仅够农民全家几年的生活费用，绝无长远生计可言，等到"坐吃山空"就出现了很多"失地返贫"的现象。

2. 就业困境

失地农民就业安置难且下岗、失业问题突出。失地农民在被迫与土地分离后，面临职业与劳动方式的转变，他们中的大多数将转向二、三产业，但由于其自身条件、文化素质、职业技能等原因，普遍存在就业门路少、寻找工作难的问题。因为市场竞争力较强的企业对用工人员的劳动素质和技能要求也较高，而普通农民在这方面不具备竞争力，往往最先被淘汰。即使有的企业录用了他们，一旦企业在市场竞争中破产，他们也将重新被置于"一无所有"的境地。尤其是对于一些年龄大、文化程度低又没有一技之长的农民来讲，失去了土地就等于失去了最根本的就业岗位，从而直接导致生活水平的下降。

以北京为例，据北京市政协常委张嘉兴统计，截止到 2001 年底，北京近郊区土地被征用而造成的"农转非"人员共计 20.5 万人，其中劳动年龄人口为 11.4 万人，获得就业安置的为 5.3 万人，仅占 46.49%。北京市因征地农转非自谋职业人员大概在十万左右，目前绝大多数处于失业状态。②

为了鼓励单位吸纳农转非劳动力，政府往往会对用人单位雇用失地农民给予补贴，如在《北京市建设征地补偿安置办法》（北京 148 号令）第二十六条中就规定"转非劳动力在征地时被单位招用的，征地单位应当从征地补偿款中支付招用单位一次性就业补助费"。但现实中，一些单位骗取政策补贴的现象也层出不穷，最终的受害者还是失地人员。一些别有用心的单位会先行招收一批失地农民，拿到补贴后，不久就宣布破产，结果失地农民就成了失业人员，在失去土地

---

① 李新安. 城市化、土地"农转非"与失地农民的保障问题 [J]. 宁夏社会科学，2005（9）.
② 康钧，张时飞. 京郊失地农民生存状况调查报告 [J]. 中国改革，2005（5）.

之后，又成为失业工人，生活没有了保障。或者是，进入单位的失地农民实际上处于离岗状态，不发工资或者工资微乎其微。而往往即使是安排了部分被征地人员的就业，其所占失地农民的总数也是微不足道的（见表11-2）。

表11-2　　　部分省区失地农民失业情况（2003~2004年）　　　单位：万人

项目	广东	辽宁	河南	云南	宁夏
安置就业人数	5	10	1	9	1
所占比例（%）	1.6	4.5	0.4	2.5	0.4
赋闲人数	26	24	27	88	103
所占比例（%）	8.4	11.4	11.5	24.6	43

资料来源：李小云、左停、叶敬忠：《2003~2004年中国农村情况报告》，社会科学文献出版社，2004年。

3. 医疗、养老困境

首先，城市社会保障系统中的医疗和养老的成本比较高，超出了失地人员的原有承受力。在城市医疗保障系统下，通常一次大病的住院医疗，少则几千元，多则几万元甚至几十万元。如此高额的医疗费用支出，对失地人员来讲，很有可能就走上了"因病致穷"的道路。传统的家庭养老模式在农村社区中是主要的养老方式，与土地分离以后，老年人不再具有收入来源或收入明显减少，更没有退路去种地来"自给自足"，由此失地人员的养老问题也是一大难题。

其次，政策安排上对于征地的农转非劳动力人员转入城市社会保障系统的对接不当。例如，在农村社会保障体系中，主要由集体、企业、个人三方共同投入，但是如果村民在征地过程中被转居，则只能够取出个人投入的部分，这显然有失公平。在超转人员（男60岁以上，女50岁以上转为居民）办理医疗、养老保险时，虽然土地并非按照市场价格征用，但需要按城市的标准补交15年的个人统筹金，才能享受退休费和医疗保险，所以对于失地农民来说负担沉重。

4. 生活适应困境

长期以来，我国实行的是城乡分割的二元化政策。在这种政策的牵引下，城市居民和农村居民有着显著的区别，他们的生产方式和生活方式都有着明显的差异。失地人员由于长期生活在农村，其生产方式和生活方式都带有明显的农村色彩。离开原有的农村社区，打破了失地人员原有的社会关系结构，缺少各种精神和情感的支持。进城后，失地人员难以在短期内融入城市生活和生产之中，而城市对其融入也有较大的排斥力，甚至产生了歧视的现象。因此在城市中，失地人员面临着被边缘化的困境。

5. 组织归依困境

失地农民在原有社区中的属地归依被打破，使得他们缺乏必要的组织来代表整体的利益，进而在与其他各利益群体的博弈中提高自身的谈判能力，在融入城市的过程中获得更强的支持和指导。这与失地农民通常文化素质、知识技能相对较低、组织意识较差有很大关系。由于没有从整体上形成真正意义上的农民自己的组织，组织资源的极度缺乏使我国失地农民在权益受到侵害时，没有能力与政府进行有效谈判，而且被排除在土地征用政策制定和执行过程之外。在失去土地，原有的传统农业社区被打破之后，失地农民更多的时候是以单个个体或家庭进入城市中，缺少一个能反映农民利益的、平衡的政治组织结构，使得单个农民在面对现代城市生活时感觉永远是渺小的。在后文中我们将看到的高碑店的例子，就很好地佐证了此点，他们就是依靠村集体的智慧和力量，争取了政策的支持，固守了集体利益。

（二）解决失地农民生活困境的紧迫性

在安置补偿后，随着失地农民生活境遇的变迁，还出现了很多新的情况和问题。这些问题暴露了在解决失地农民问题初期单一化、一次性做法的缺陷，也反映了失地农民自身的一些弊端，使得解决失地农民安置与保障的任务更加艰巨、紧迫，也更加复杂化。

一是失地农民在主观意愿上，逐渐趋于不愿意被征地，同以往征地公告一出，农民都欢天喜地准备搬迁和拿到补偿很不一样。造成这种情况，一方面，由于城市生活成本同农村生活成本的差距比较大，他们担心日后生计；另一方面，便捷的交通和越来越多的"农民工"缩短了农村与城市的距离感和神秘感。

二是对补偿款不合理的支配，造成"一夜暴富"、"一夜返贫"现象。补偿款一步到位后，一些农民很快把钱吃光、喝光，甚至赌光、吸（毒）光。把补偿款折腾得分文不剩。然后很快返贫，自觉补偿不合理，又开始上访向政府"找后账"。稍好一些的，就留作娶媳妇、嫁女儿等用途，但总体上缺少投资的支出，使得补偿款不能够增值。

三是再就业后很快重新失业。在接受简单就业培训安置上岗以后，由于技能有限和竞争上岗等要求，很多失地农民重新失业或者不能充分就业。当然，这其中也许有企业的原因，比如缺少企业责任感，在拿到接受失地农民的相关优惠政策后，就急于想甩包袱等。

四是失地农民承受的心理压力逐渐加大。面对的喧嚣的城市生活，过惯了农村生活的失地农民在角色转变上会存在一定程度的障碍，一些传统的思想观念常常显得不合时宜，与城市生活格格不入，不能积极主动地投入到对自己角色转变中,失地农民的心理压力开始显现。

"过去计划经济时代的安置政策之所以成功,心理上的安全感起了很大作用,核心在于被征地或被迁移者得到了国家保障,解决了后顾之忧。今天的征地和移民之所以会激化矛盾,是因为被征地者或被迁移者心理上总没有安全感,总感到未来有不测风云,担心没有经济负担能力","而我们的一些管理者,不能够适应新的形势,总想简单化地处理问题,如采取'一笔买断'的方式处理问题,总想付一笔钱了事,使得被征地者或被迁移者产生被欺骗、被抛弃的感觉。"①

二、失地农民安置与保障问题的主要制约因素

我国的城市化是政府主导的,所谓政府主导就是说,政府在推进、规划城市建设与发展上起着最主要的作用。因此,城市化的动员能力强,推进有力,一旦下决心,就一定能完成。政策对于失地农民的安置与保障的安排是否到位,是否具有可持续性和生产性,都对失地农民的生活产生至关重要的影响,从某种意义上讲,决定着失地农民的未来。也正是因为这个特点,我国失地农民的安置与保障问题的主要制约因素也是政策性的因素。

当然,除了政策性的因素,还有其他的影响因素。比如经济方面,资金是否充足,经济发展与社会发展是否平衡;失地农民自身方面,是否能够摒弃落后的观念,摆脱"依赖"思想,积极融入城市生活,谋求自身的发展等。这些情况都将在本章的案例中有所涉及。

(一)土地流转存在"剪刀差"

地方政府和有关部门在出让土地所获的巨额利益诱惑下,利用垄断一级市场的权力,以低价征收农民的土地,而又利用经营二级市场的权力,以高价出让土地给房地产开发商和企业,② 从中赚取高额利润"剪刀差"。这种利益驱动,是造成政府与农民"争利"的最根本原因,其结果是各种名目的"圈地"不止,农民的集体利益受到严重损害。下面的一串数字也许可以呈现出这种巨额利益有多么可观,对失地农民的剥夺又是多么严重。

据国土资源部统计,地方政府土地出让金每年平均达 450 亿元以上,而同期征地补偿费只有 91 亿元,到 2002 年上半年,全国累计收取土地出让金达到

---

① 李强. 正视和化解社会矛盾 [J]. 前沿,2007 (1).
② 郭书田. 和谐社会需破解土地难题 [J]. 人民论坛,2006 (12).

6 000 亿元。压低征地补偿费标准，高价出让，成为地方政府财政收入的一个重要来源。据专家估计，在全国范围内，1953~1978 年计划经济时期的 25 年，通过"剪刀差"使农民损失约 3 000 亿元。而改革开放之后的 23 年（到 2001 年）中，通过征地从农民手中剥夺的利益超过 2 万亿元。①

（二）征地补偿缺乏可持续性

"授人以鱼"不如"授人以渔"，不保就业与发展的补偿是缺乏可持续性的补偿。正由于制度没有为解决失地农民的可持续生计和发展问题留下足够的政策空间，因此无法妥善解决农民失地后的发展问题，使农民被征地之后生活水平下降，甚至产生"征地返贫"的现象。目前，大部分针对失地农民的征地补偿只顾眼前、忽略长远。按照农村的生活水平给予补偿安置，却忽视了失地农民被动卷入城市化当中，逐渐成为城镇人，需要与城市居民一起争取工作机会、供给子女上学，还有消费的事实。按照中国东部地区一般耕地年产值 800 元/亩计算，土地补偿费和安置补助费两项之和不过 8 000~12 800 元，就是达到法定的"不超过 30 倍"，也不过每亩 2 万多元，仅相当于普通公务员一两年的工资收入。

也有专家指出，"现行的补偿标准是与市场无关的政策性价格，确定征地补偿费用没有与被征收土地所处的区位、区域经济发展状况及区域基础设施条件等紧密联系，也没有考虑土地增值因素和农民的经济预期。补偿的范围仅仅限于直接损失，没有包括间接损失，尤其是没有包括农民的择业成本和从事新职业的风险。"这都一针见血地指出了征地补偿缺乏可持续性的弊端。

（三）安置办法相对滞后

安置保障对接体制不健全，加入城市社会保障体制有门槛。政策转居人员，虽然户口是城市户口，但却既享受不了城市居民社会保障，又享受不了农村社会保障。且城市居民享受的"低保"政策是由国家财政支持的，而对失地农民实施的社会保险，完全由农民自身和乡镇企业来承担，这部分村民的生活和养老都没有稳定的着落。土地换保障的失地农民，既不能延续农村集体的保障系统，也不能一步跨越到城市社会保障系统中，这其中需要失地农民自己按照城市社会保障的水平偿付"差额"，这显然是不合适的。同时，政策滞后还造成了很多安置工作的历史遗留问题。比如，由于没有对招工安置的日后可能性进行充分估计，当年通过招工安置的失地农民被安置在企业，由于缺乏技能或年龄偏大等原因，

---

① 刘海云. 征地补偿制度与失地农民边缘化关系研究 [J]. 东北大学学报，2006（9）.

在企业改制或破产时率先下岗,又成为了"种地无田,做工无岗,社保无份"的"三无人员"。

(四) 新老政策衔接不当

新老政策缺少对接、衔接不当。本应是实行"新人新政策,老人老政策"原则,但是新旧政策颁布前后相隔时间不长,这造成了失地农民的利益不平衡,对新政策颁布前的失地农民,政策缺少必要的解释和给予适当生活补贴或采取适当的补救措施,因而引发了失地农民的不满情绪,甚至激化了矛盾冲突。

以北京市朝阳区小红门征地情况为例,小红门四环路以内的地区按照7号文①安置农民,四环路以外地区按照20号文②安置农民。按照北京市出台的7号文,可以实行开发征地,实现村民转居,同时绿化带地区可以给予3%~5%的产业用地。因此绿化隔离带建设是两部分内容,一部分是绿化建设,另一部分是新村建设。但是按照20号文,该村四环路以外的地区的村民则不征地,盖完农民新村之后,土地还是集体所有,农民也还是农村户口。农民虽然住上了楼房,但是没有配套政策保障他们的后续生活,形成了所谓的"空转"。这就造成了"同地不同价",村民开始上访讨说法。

针对上述这些制约因素,需要不断创新途径来解决和突破,换句话说,已有的保障安置模式也不能是一成不变的,需要进行必要的完善和健全。我们在北京走访的以下两个案例中,他们依托自身的实际情况,尝试新的安置与保障的模式,坚持因地制宜,坚持固守集体利益,坚持可持续发展,真正地考虑农民长远利益,探索出自己的卓有成效的一套解决模式。虽然这两个案例中的保障安置模式不是"放之四海皆准"的,但是却可以从他们"对症下药"的过程中,看出可圈可点、值得借鉴的地方。

三、对北京市朝阳区两个案例的解析

课题组通过实地走访北京市朝阳区的奥运村和高碑店,了解到当地安置失地农民的具体情况。之所以选取这两个案例,是因为它们分别代表了两种比较典型的安置方式,奥运村走的是政策性安置道路,高碑店走的是发展产业安置失地农民的路子。

---

① 指《北京市人民政府批转首都规划委办公室关于实施市区规划绿化隔离地区绿化请示的通知》。
② 指北京市人民政府办公厅印发市绿化隔离地区建设领导小组《关于加快本市绿化隔离地区建设暂行办法》的通知。

朝阳区城乡结合部，地处京东，总面积 480 平方公里，285 万常住人口。其特点在于城乡结合，既有国际化的一面，也有较落后的一部分。农村的面积在 370 平方公里，占全区 65% 以上的面积。15.5 万农民，劳动力 9.4 万人。朝阳区城市化进程很快。根据国家统计局 2005 年底的测算，朝阳区城市化水平达到 91%，比全市的平均水平高出了 2~3 个百分点。朝阳区划入绿化隔离地区的范围占整个北京总绿化范围的 50%，需要搬迁的人口也是占 50% 以上。北京市绿化隔离带建设、重大工程项目的建设征地，是造成农民失地的主要原因。

解决失地农民问题，资金才是"硬道理"，没有经济的发展，缺少足够的资金支持，就谈不上为失地农民提供保障。朝阳区地处北京的 CBD，又是 2008 年奥运会主会场的所在地和首都北京对外开放的重要窗口，人口众多、交通便利、文化教育发达，具备发展经济和产业的区位优势。首先，大力促进再就业工程，再就业是解决失地农民保障问题的关键环节。从 2004 年起，朝阳区就启动了农村劳动力转移就业培训工程，累计培训 4 万多农村劳动力，转移就业 2 万多人。其次，完善农村社会保障体系，从 20 世纪 90 年代开始朝阳区政府就非常重视农村社会保障体系的建立。随着城市化的不断发展，"转居转工"成为解决农民保障的一种途径。农民实现身份转变之后，直接被纳入到城市保障体系之中。从 1992 年至今，实现了 4.5 万人转居。对于还是农村户口的农民，通过完善农村社会保障体系或是通过就业促保障的方式，可以提高农民社会保障水平。①

（一）案例一：政策性安置

北京奥林匹克公园是为举办第 29 届奥运会而规划的一处大型体育、文化、会议和商业设施集中建设场地。奥林匹克公园建设项目分为场馆区和森林公园两部分，课题组走访的是奥运森林公园区的失地农民安置情况。在奥运这个特殊的历史背景下，通过强有力的政策保障，奥运森林公园区的失地农民安置工作得以顺利进行。

奥运森林公园占地 680 公顷，作为奥运重点建设工程，其占地面积、拆迁、劳动力安置、投资总额，数量之大，在朝阳区历史上是前所未有的。奥运森林公园于 2003 年 9 月开始征地和拆迁。拆迁涉及四个自然村，即洼里村、洼边村、龙王堂村和关西庄村。朝阳区委区政府成立了"奥运森林公园建设委员会"，专门负责协调从规划、立项、融资到征地、拆迁、劳动力安置等各个阶段的工作。在市、区有关部门的协调下，贷款 2 000 万注册资金，于 2003 年成立"北京世奥森林公园开发经营有限公司"，由世奥公司来具体实施失地农民的各项安置工

---

① 北京新型农民培养信息网：http://www.ncldl.gov.cn/Default.aspx?TabID=555.

作。世奥公司前期的主要工作是融资，以世奥公司为贷款主体，获得31亿元中长期低息贷款用于拆迁补偿，后期的主要工作是安置农转工人员。

通过奥运森林建设管理委员会的协调以及世奥公司的具体运作，仅用半个月时间就平稳完成了2 745户农（居）民的拆迁工作，实现了国家重点工程市区两级无一群众越级上访、确保地区稳定的目标。征地拆迁的人员全部实现了转居转工，一共转居4 990人，其中包括转工安置2 553人，自谋安置341人，超转人员1 091人（含老年人及残疾人），学生及未成年人，等等。拆迁农民群众被分散到了15个区县。

具体的安置工作可以总结为以下几个方面：

1. 争取政策保障

奥运工程时间紧、拆迁量大，涉及洼里乡广大农民群众的实际利益。管委会履行政府职责，先后组织了九次不同层次的代表座谈会，针对居民提出的意见和问题，进行归纳和汇总，把握农民群众的实际需求。通过了解发现，群众强烈要求森林公园拆迁安置政策要和场馆区保持一致。场馆区和森林公园区相邻，如果实行不同的安置政策，会造成群众的不满，势必阻碍工程项目的顺利实施。为了保证当地的稳定、工程建设的顺利实施，管委会通过协调各政府职能部门，争取到相关的政策保障：

一是争取到与场馆区一致的征地拆迁安置政策。北京市人民政府出台56号令《北京市人民政府关于奥林匹克公园建设区征地农转居安置补助办法的批复》，拆迁安置工作严格按照《奥运公园建设区征用土地农转居安置补助办法》和《奥运森林公园建设征地农转居人员安置工作方案》去实施。

二是争取到森林公园拆迁农民购买经济适用房、拆迁户子女就近入学方面的政策。区建委配合管理委员会协调市建委，获得了公园拆迁农民购买经济适用房的批复，解决了农民的住房问题。同时区教委配合管理委员会，对于在本区内购房的，立即解决子女入学问题，对于在外区买房的，请市教委协调有关区县，妥善解决了拆迁户子女就近上学问题。

三是争取到森林公园市政设施建设与场馆区大市政建设同步进行的政策。保证供暖、供电等基础设施的管理及使用，保证居民正常生活。

对于争取到的这些政策，管委会进行了广泛的宣传，让农民群众了解政策的内容、掌握政策。同时还编写了《奥运森林公园征地拆迁有关问题的解答》宣传材料，发放到乡、村、户及拆迁、评估单位。

2. 多渠道解决就业问题

对于农转工人员的安置本着多元化安置的原则，首先，鼓励农转工人员自谋职业。自谋职业人员提出书面申请，按规定程序经公证机关公证后，将安置补助费 5 万元/人，一次性全额支付给本人。本人持协议书到户口所在地的劳动部门办理求职登记，由劳动行政部门按有关规定进行管理。其次，鼓励用工单位与农转工人员通过双向选择进行安置。农转工人员可以自己联系用工单位，在征得用工单位同意接收的前提下，由世奥公司向该单位支付安置补助费 5 万元/人。再次，按照《奥运森林公园建设征地农转居人员安置工作方案》规定，除自谋或者自找工作之外的农转工人员，其他需要安置的农转工人员，由世奥公司负责接收安置。最后，对于无人赡养的孤寡老人和无劳动能力的病残人员、超转人员由民政部门接收，妥善安置。

首先，由世奥公司负责安置的转工人员，在待安置期间（2004 年 4 月到 2005 年 4 月），由世奥公司按照每人每月 500 元的标准，逐月支付基本生活费，并按照市劳动和社会保障局规定的标准，向朝阳区社会保险基金管理中心缴纳各项国家规定的社会保险，同时建立个人补充医疗保险。2005 年 4 月，世奥公司与 2 553 名农转工人员签订无固定期劳动合同，吸纳他们进入公司就业，按照相关安置办法领取工资，并由公司为其缴纳"五险一金"，解决他们的社会保障问题。

其次，世奥公司为了转化劳动力，成立了三个分公司：保洁公司、保安公司和绿化公司。虽然这三个公司都在实际运作，但是吸纳劳动力的能力是有限的。同时，转工安置的这些农民中，存在文化素质低、劳动技能差、身体健康欠佳等客观缺陷，导致他们在一定程度上无法胜任公司的工作。世奥公司为了解决这部分人的就业问题，通过与区劳动局等部门的沟通协商，争取到一些优惠政策，例如"内部退养政策"，男满 50 周岁以上，女满 40 周岁以上，便可以申请办理内退，经相关程序审批，取得资格者便可享受最低工资待遇。最低工资待遇与北京市最低生活保障水平挂钩。内部退养人员的"五险一金"也由世奥公司负责缴纳。解决了他们的社保问题。再如"离岗休养政策"，对于身体健康不佳的人员，只要有三级以上医院出具的证明，经严格审批之后，取得资格者便可办理离岗休养。在离岗休养阶段工资待遇不低于北京市最低工资水平，同时世奥公司负责缴纳"五险一金"，等其恢复健康之后继续上岗工作。

最后，世奥公司本着多渠道安置转工人员的思路，与乡里集体企业进行沟通，积极争取工作岗位来安置转工人员，通过这种"委托安置"的方式，使 250 多人在集体企业上岗。现在他们享受每月不低于 900 元的工资水平。

3. 案例一的局限性

奥运森林公园区的拆迁安置工作之所以完成得如此顺利，被拆迁农民全部转居转工，得到较好的安置，是因为奥运会这个特殊的背景。在这个特殊的历史机遇下，政府给予了特殊的政策扶持，因此案例一是具有特殊性、不可复制性的。

为了顺利举办第 29 届奥运会，市政府和相关部门全力保证各项奥运工程得以顺利实施、按时完工。而奥运森林公园又是重点奥运工程建设项目，因此市委区委给予高度重视，并从资金和政策上给予大力支持。这才使得奥运森林公园区的安置工作如此顺利实施。如果没有这个特殊的奥运背景，没有各级政府的政策支持和行政干预，如此大规模的征地拆迁是得不到妥善安置的。

对于转工人员的就业问题，案例一是依托公司实体来解决就业问题。由世奥公司接纳转工人员，靠贷款为转工人员支付工资，为其缴纳"五险一金"，这样做具有明显的局限性。如何偿还贷款？2008 年奥运会结束后公司该如何靠经营运作，来养活这些转工人员？这些问题都需要进一步思考。世奥公司按照区政府制定的奥运森林公园要坚持"赛前建设、赛中利用、赛后可持续发展"的原则，研究起草了《奥运森林公园市场化运作方式和相关政策措施》，广泛听取专家学者的意见，多次组织专家论证会和森林公园项目策划会，研究奥运森林公园的功能定位、规划设计理念及市场化运作方式。虽然公司在尝试市场化的运作，考虑公司的可持续发展，但是公司生存的潜在风险依然存在。如果一旦公司垮掉了，这些转工人员又将面临严峻的生存问题。

同时世奥公司在安置农转工人员过程中，也深切感受到农民自身素质亟待提高的现实。如果不能使其转变观念、提高劳动技能，公司也无法长期保证他们的就业问题。尽管世奥公司对农转工人员都进行了岗前培训，试图初步达到这一目标。但是要深入转变农转工人员的思想观念，提高他们的专业技能，从而提高农转工人员的整体素质，仍需一个较长的过程。

（二）案例二：依托产业发展安置失地农民

高碑店村地处通业河的南岸，在长安街的东延长线上，离天安门仅八公里。总占地面积为 2.37 平方公里，人口 5 822 人，流动人口超过一万多人。该村还有农民近 910 人，其余人口全已转成居民。随着城市快速发展，高碑店村的耕地被京通快速路、四环路、五环路、华能电厂、污水处理厂等工程征占。而大部分工程转居不转工，失去了耕地的农民也失去了谋生的手段，全村农民和转居自谋职业者 1 592 人，待岗的村民有 500 余人。①

随着城市化的推进，在国家征地农民转居之后，又全部转入了自谋职业。五环路两侧百米绿化带建设，又拆迁企业 26 家，损失 180 余万元，全村的经济陷入困境。原先拥有 2 000 多亩耕地的高碑店村成为了"三无村"：虽然称其为农村，但是又没有农业；称其为农民，但是又没有耕地；称之为农转工，但是又没

---

① 北京新型农民培养信息网：http://www.ncldl.gov.cn/Default.aspx? TabID=1.

有工作。失地农民和自谋人员靠什么吃饭,村庄靠什么发展,成为了高碑店村的头等难题。高碑店村凭借其自身的区位优势和产业优势,摸索出一条民俗文化产业之路,依托产业的发展,解决了失地农民的就业问题;同时经济发展又为安置失地农民提供了充足的资金保障。

1. 发展特色产业

发展特色产业,是高碑店村解决失地农民问题的根本举措。高碑店村具有厚重的历史底蕴,是历史文化悠久的千年古村。以古典家具为其产业龙头,发展民俗文化产业,形成了产业链,并初具规模。在朝阳区的总体规划中,也把高碑店定位在民俗文化产业的发展层面。在没有失地之前,村里就有经营古典家具的传统,有十几户商户已经有着十几年的经营历史。高碑店村抓住了自发形成的古典家具市场这一特色产业,举办了古典家具展示会。通过举办高碑店村古典家具展示会,提高了高碑店古典家具的知名度,古典家具市场销售额一路上升,吸引了许多商户云集高碑店村。高碑店打造出一条长约1 500米的专门经营古典家具的特色商业街区,产品远销东南亚和欧美地区。现今,在占地10万平方米的古旧家具一条街上,聚集着157家古典家具商,拥有100多个海外固定客户,从散装单件家具,到集装箱装运,流入几十个国家,2004年古典家具的销售收入已超过1.2亿元,比2003年增加了3 500万元,近几年销售收入稳步增长。同时,仅土地租赁一项一年就给高碑店村带来1 200万元收入。村民们也获得了实惠,古典家具街上一半的房屋都是村民住宅,60户村民把自家院子直接租给外来商户,每年租金最高的有7万元。

为拓展古典家具这一特色产业,村委会带领村民将村里历史遗留的垃圾场进行了清理整治,变废为宝,按明清风格修建成民俗园。民俗园建筑与绿化面积、各占2万平方米,能容纳208个商户。通过打造,现在古典家具民俗园已经被确定为"华夏非物质遗产教育基地"。经过三年的努力发展,基本形成高碑店以古典家具产业为龙头的民俗文化产业链,建成了"三街、两区、一园"。"三街"指古典家具街、水乡茶楼餐饮街和古典艺术新街,其中古典艺术新街是2006年为了提升文化产业的创新性才新建的;"两区"指国家民族礼仪接待区和医药物流区,两区为老百姓提供了自主创业的平台和空间,也搭建了一个民族乡村旅游与商业化运作对接的平台;"一园"指华夏民俗园。

高碑店村经济发展的负责人深有感触地说道:"农民失去土地之后,生活是非常困难的。那么我们高碑店村该怎么发展呢?经济发展是解决失地农民问题的关键!那我们该发展什么产业呢?经过我们的艰苦摸索,我们把产业定位在古典家具经营上,发展民俗文化产业!实践证明我们的选择是正确的!"在关于高碑店经济发展的历程,负责人也提到"农民必须自己走过一段适应的过程,这样农民才能真正明白什么是市场经济，才能适应市场经济。尤其是在产业结构的发展过程中，没有几年的发展是不可能成功的！"

2. 依托产业发展，解决就业问题

高碑店村的古典家具产业得到发展的同时，也带动了村民再就业。村委会投入400万元，组织800多名待安置的村民，相继成立了联防队、绿化队、保洁队、水电专业队、市场管理队、物业管理队、医疗队、清运队等8个专业队伍，进行内部消化安置。这些队伍不但安置了村里424名失业人员就业，而且通过专业服务，使村里脏乱的环境彻底改观。村里垃圾做到了每日打扫、每日清理，联防队日夜巡逻。高碑店村不仅街道整洁了，治安也好了，良好的环境吸引了大批商户，壮大了古典家具产业的发展，也使得农民的收益增多了。在村里垃圾场上建起的华夏民俗园里的明清家具园，如今成为京城规模最大、功能最齐全的古典家具销售市场，内设古家具制作样板厅、拍卖大厅等。仅这一个园区，就能为200多名村民提供就业岗位。

高碑店村正在筹划把村里的专业队，从服务性运作转变为经营性的运作，把高碑店村的大物业管理纳入到专业队管理当中去。探索农村如何从管理上运作经济的发展，从而真正融入城市发展。

同时还组建劳务派遣组织，加大对外输送劳动力的力度，为农民寻找新的就业岗位，使得村民以农民工的身份走上工作岗位，进入城镇社会保障体系。按照最低工资标准的60%缴纳保险金，享受城镇社会保障。因此村委会鼓励劳动力到社会单位就业。假如以农民工身份在城市工作了10年，缴纳了10年的城镇保险，在第11年户口转成了城市居民，那么该农民工就有了10年的城镇保险，并可继续累计下去。

3. 案例二面临的难题

尽管高碑店村通过发展特色产业，促进了当地经济发展，由特色产业所形成的产业链解决了一部分失地农民的就业问题。可以说为失地农民的安置提供了可供借鉴的实践经验。但是由于受1996年乡镇的控规和北京市绿化隔离带政策的制约，高碑店特色经济的进一步发展受到制约。在一定程度上限制了失地农民生活的可持续发展。该乡镇1996年的控规是按照当时的人口数量做的，但是10年以来人口的自然增长、地区的变化等因素导致了现今的人口数量已经远远超出当时控规所预测的人口规模。并且控规没有根据实际情况予以相应的调整，致使增加人口的住房需求得不到满足，没有相应的土地予以划拨。农民不得不私建房屋或是加高住房。高碑店村委会为了便于村里管理，曾规定3年内不许村民盖房。但是村民迫于住房压力，对此举措非常不满。另外，按照绿隔政策的限制，高碑店村的土地在功能划分上属于城市绿地，不能开发利用。虽然高碑店村在产业发展和经济振兴上取得了一定的成绩，但是这些成绩一定意义上是"违规"的。高碑店民俗产业链仍需进一步发展，就需要更多的土地支持，可是控规和绿化隔离带政策至今尚未进行调整，这将影响高碑店村未来的发展。

（三）对两个案例的反思

对比这两个案例，可以得到以下几点认识：

1. 政策保障的重要性

实践证明，政策是协调各种利益关系的规范和准则，是确保国家重点工程建设顺利进行，维护大多数群众利益的关键环节。这一点在奥运森林公园的拆迁安置中得到了充分的体现。为了保证北京成功举办2008年奥运会，实现中华民族的百年梦想，各级政府都把工作中心调整到为奥运服务、确保奥运工程项目的顺利实施上。对于因奥运建设的征地拆迁，提供了大力的政策支持，出台了很多针对性和可行性都很强的政策，目的就在于化解矛盾、提高施工进度、确保工程顺利按时完工。假如把奥运森林公园区的拆迁安置作为一个典范，从一定程度上讲，它的经验是不具备推广价值的。因为它的成功是靠强有力的政策保障支撑起来的。

在高碑店村的案例中，我们既看到政策对于推进城市化进程的积极作用，也发现一些政策的缺憾。例如京沪铁路改线之后，却未能及时调整规划，没有及时转变因京沪铁路建设而征用的那部分土地的功能，以及1996年制定的控规到现在还没有及时调整，从而影响高碑店村特色经济的进一步发展。有关安置失地农民的政策，由于缺乏配套政策和具体执行细节，导致在安置失地农民的过程中问题重重。这说明，必须要对政策进行反思，用前瞻性的眼光制定政策，保证政策与实际情况一致，拓宽政策口径，避免因政策之间的不对接造成的政策失灵。

2. 资金的重要性

通过前文有关分析可以得出，资金也是失地农民安置问题的瓶颈所在。如果安置资金充足，补偿标准够高，那么安置工作就能顺利进行，后续矛盾也就相应减少。就如奥运森林公园区拆迁安置，在政府强有力的保证下，充足的资金保证了安置工作的顺利进行，拆迁农民得到了很好的安置。但是这是个特例。高碑店村的情况则反映出较为普遍的现象，面对资金的缺漏，只有充分利用当地的经济资源，算好三笔账：土地账、人口账和产业发展账，做好自己的村级规划，抓好产业发展和规划，才能依托经济发展带来的利润，妥善安置失地农民，让他们分享土地的增益。

3. 产业发展的重要性

为了解决资金问题,很多地方的做法是发展当地产业经济,形成产业链。这样在拉动当地经济发展的同时,还能解决一部分失地农民的就业问题。高碑店村在产业发展方面为我们提供了一定的参考经验。值得强调的是,产业的发展一定要符合当地的实际情况。高碑店之所以能发展古典家具产业、民俗文化产业,是其挖掘自身所具有的历史文化底蕴的结果。但是就目前情况来看,古典家具产业和民俗文化产业中"瓦片经济"的色彩较多一些。按照高碑店村的说法是,正处在"资本的原始积累阶段","瓦片经济"正是发展必经的初级阶段,但是随着产业的进一步发展,如果不能很好地把握经营方向,开辟新的经济增长点,那么该产业的发展潜力就得不到更深入的挖掘,高碑店村的经济发展将重新陷入困境。

4. 农民的市民化

在实际走访过程中,两个案例都遇到农民市民化的问题。虽然城市化进程不断加快,大批大批的农民通过转居转工获得了城市户口身份,但是农民真正融入城市生活还需要一个"城市化"的过程。失地农民要想真正成为市民,不仅仅意味着获得与城市居民相同的城市身份和社会保障,更重要的是要实现身份、地位、价值观以及生活方式等多方面向市民转化,从而实现城市文明的社会变迁过程。现实情况是,农民自身的文化素质水平较差,无法满足现代城市生活的要求。他们的生活方式和思维方式也都和城市生活有一定的差距,都需要进行一个城市化的转变。转工转居只是迈出了失地农民市民化进程的第一步。比如朝阳区在对农民转工人员开展的岗前培训中,试图培养转工农民的市民意识,转变他们的观念,提升他们的工作技能。这些都是必要的基础性工作。同时要真正实现失地农民的市民化,还需失地农民个人发挥主观能动性,积极参与到市民化进程中。

四、解决失地农民问题的对策研究综述

综合实地考察的经验和相关文献的梳理,现对解决失地农民问题的对策提出以下建议。

(一) 统筹城乡发展是根本出路

城乡二元结构严重地制约了城市和农村的发展平衡。城市化进程的不断推进,为城市带来了发展与兴旺,但是却牺牲了农村的利益,使得农村的发展远滞后于城市的脚步。因此只有统筹城乡发展,才能从根本上解决失地农民的保障问题,让失地农民分享社会发展所带来的收益。从根本上讲,要依靠经济产业的发展来促进失地农民的就业,因地制宜发挥本地的自然资源优势,深入挖掘本土产

业定位，培育新兴产业，形成产业链，依靠经济能力的提升，来提高失地农民的社会保障水平和生活水平，最终使得失地农民融入城市生活。

（二）提高政策设计的可行性和可操作性

现行的政策制度具有严重的滞后性，以及政策之间的无法实现顺利对接，造成了在安置失地农民过程中矛盾重重，无法真正保证失地农民的权益。失地农民安置与保障的相关政策，不光关系到失地农民的切身利益，更是关系到国民经济的建设、城市化的推进和整个社会的发展。在失地农民为城市化发展做出贡献的同时，切实维护其自身权益、为他们的生存和发展着想，是制定相关政策过程中应坚持的一项基本原则。因此需要相关政府部门和人员，转变思想理念，依照科学和实用原则，用前瞻性的眼光来制定政策。少制定一些"书呆子"政策，多出台一些符合实际需求的政策和措施，为妥善安置失地农民提供强有力的政策保障。

（三）为失地农民建立系统的社会保障体系

土地对农民意味着生活保障、就业保障、养老保障和社会福利保障。没有了土地，就没有了一切保障。建立失地农民的社会保障体系就是实现从土地保障向社会保障的过渡，最终实现城乡社会保障体系的对接。在失地农民保障体系的内容选择上，要从失地农民的切实需求和现实的环境出发，选择那些可行的保障项目。采取以土地换社保的办法，实行低保障、广覆盖，是一种比较被认可的做法。对于解决失地农民问题，要逐步建立"经济补偿、社会保障、就业服务""三位一体"模式，实施征用土地与劳动力安置、失业保险同步进行，让失地农民分享城镇化带来的现代文明成果。要进一步完善市场化的征地安置制度，实施征地主体与失地农民间的利益结合，建立合理的征地补偿制度与利益分享机制。

（四）为失地农民提供法律援助

"物质财富的拥有，可以有先后之分；司法正义的获得，不能有先后之别！"[①] 失地农民本来就是社会的一个弱势群体。由于其文化素质相对较低，在自身合法权益受到侵害时，往往没有能力拿起法律武器来维护自身权益。因此要建立失地农民的法律救助体系，为他们提供法律援助。引导失地农民采用合理、合法的方式来维护自己的权益，保证社会的稳定团结。可以通过举办"法律宣

---

① 鲍海君，吴次芳. 论失地农民社会保障体系建设［J］. 管理世界，2002（10）.

讲进农村活动",用通俗易懂的形式和内容让失地农民了解重要的法律内容和含义,增强他们的法律常识,提高他们的法律素质,强化他们依法办事的意识。

(五) 反思与追问

在城市化进程当中,失地农民是为城市发展做出贡献,甚至是牺牲的一个群体。土地对于农民本身是一种可持续生计,只要农民手中有土地,在通常情况下他们就可以自给自足。因此,当土地被征用以后,仅仅凭借一次性货币补偿或者单纯的身份转变是不够的,我们的政策着眼点应该是以一种新的可持续生计来取而代之。

首先,政府应该做"有责任的政府",将失地农民一下子推向"市场"去"竞争"是不负责任的。[①] 在追赶城市化的潮流中,政府应该不停地"挤泡沫",为失地农民的安置做好充分的配套工作,如提供与城市市民的社会保障对接的政策,为他们的子女提供入学的方便政策,等等。

其次,在高碑店的案例当中,我们看到村民积极走"自救"的道路发展本村的经济,挖掘本土的潜力,利用自身经济的发展为失地农民寻找出路和发展。在这一过程中,我们看到了失地农民"自助"意识的觉醒,也看到了失地农民与政府相关部门博弈过程的艰难。政策的前瞻性在这里又表现得特别重要,高碑店的进一步发展受到控规及绿隔政策限制,他们没有放弃奔走呼告,不论是否成功,他们的主体意识在不断增强,自助能力也不断地被验证。也许,正如高碑店的陈社长所说"只有土生土长的经济才是最具有生命力的,才是最被村民们认可和接受,并会从中获益的……"。

最后,回到一个社会公平与公正的问题上,城市或者说市民能为"反哺"农村、失地农民做些什么呢?城市资源是有限的,但城市的发展离不开农村、农民的贡献,城市发展的成果理应共同分享。转变城市居民的传统观念,抛弃歧视、嫌弃的观念,以平等的眼光对待失去土地、正在市民化的失地农民,我们的大众教育责无旁贷要负担起这个任务。因为只有这样,才能使得农村群众真正融入城市生活,顺利实现城市化的均衡和谐发展。

---

① 康钧,张时飞.京郊失地农民生存状况调查报告 [J].中国改革,2005 (5).

第十二章

城市农民工非正规就业与城市管理

自改革开放以来,中国城镇快速城市化,在经济发展同时,也带动庞大的农村人口往大小城市移动。这些流动人口,有一大部分,就如西方国家的农村移民般,或受其人力资本和社会网络的限制,或出于自愿,只能从事非正规经济活动。根据一项估计,中国城镇非正规就业人口大概有1.7亿,[①] 其中主要人员是外来农民工。一些学者也认为中国越是城市化,非正规就业的比例就越高。[②]

随着城市需求层次的日益细化,中国城市中的非正规就业也越来越多元化,当中包括了非正规的微型"小企业",摆地摊、修车配钥匙、搬运、黑车、送货,等等。庞大的民工在城市中从事各种非正规经济活动是市场改革后一个存在已久的现象。非正规经济绕过及回避各种法规,不注册、不纳税,没有所谓的商业执照、劳资双方也不签订劳动合同等,这些活动不受法律承认,同时也不受法律保护。在中国迅速城市化的过程中,非正规经济活动一方面为外来人口提供在城市生存的渠道;另一方面也为城市管理带来了新问题。国家是立法者、执法者及税收者,而为确保公共利益得以进行,所有的人就必须根据法律生活并缴纳税费,也就是说非正规就业者和国家的冲突是无可避免的。[③]

---

① http://www.dajun.com.cn/jiuyewt.htm.
② http://finance.sina.com.cn/economist/xueshulunheng/20071221/16404323043.shtml.
③ MIGUEL ANGEL CENTENO and ALENJANDRO PORTES. The Informal Economy in the Shadow of the State [M] //. PATRICIA FERNANDEA-KELLY and JON SHEFNER. Out of the Shadows: Political Action and the Informal Economy in Latin America. Pennsylvania University Press, 2006: 23-48.

近年来，非正规就业者与城管之间的冲突，时而发生流血，甚至伤及人命[①]的事件，使得非正规经济活动逐渐成为城市管理中一个相当突出的矛盾点。本文分析的范围主要在于论证城市农民工长期在非正规部门就业，因为制度导致社会流动的障碍，因此衍生出不同层面的社会问题，同时反思政府在管理城市非正规就业活动中的有效性，并提出政策上的建议。

一、非正规就业与发展中国家

（一）非正规经济不等同非法活动

非正规就业是经济人类学者哈特（Hart）在研究非洲经济时提出的，在他提交国际劳工组织（ILO）的报告中，主要根据工资雇用（wage employment）和自我雇用（self-employment）两种不同的方式，对城市劳动力的收入机会提出了一个二元的模型。非正规式经济的概念主要被用于解释人们在自我雇用中所获得的非正式收入。哈特强调这些活动显著的活力机制和多样性，在他看来，这些活动大大超出了"擦皮鞋的男孩和卖火柴的人"。[②]

1972年国际劳工组织一份关于肯尼亚的经济发展的报告中首次正式使用了这一术语，它认为非正规部门的特征是：（1）在技术、资本和组织方面，进入的门槛低；（2）为企业的家庭所有；（3）规模小；（4）用落后的技术进行劳动密集型生产；（5）没有规范的竞争性市场。[③]

哈特提出非正规经济最大意义在于改变对城市过剩人口问题的讨论，这些在之前被描述为绝望或没有自主性的社会边缘化城市群体，转换成了一个比较有活力的大众化的企业性格，这些群体的创造力和动力弥补了资本的缺乏。更重要的是，这些激增的非正规小型企业，回答了一个之前理论所留下的一个困惑，那就是贫穷的边缘团体如何在城市中适应和生存。[④]

---

① 2006年8月11日，海淀城管监察大队海淀分队在中关村科贸电子商城北侧查抄无照商贩时，副队长李志强被商贩崔英杰持刀刺中颈部身亡，这一事件，引起了各方舆论的关注。http://news.163.com/06/0813/23/2 OELN7AC0001124K.html.

② HART, KEITH. Informal Income Opportunities and Urban Employment in Ghana [J]. Journal of Modern African Studies II, 1973: 61-89.

③ PORTES, ALEJANDRO. The Informal Economy and Its Paradoxes [M] //SMESLER, NEIL and RICHARD SWEBERG. The Handbook of Economic sociology. Princeton: Princeton University Press, 1994: 426-446.

④ PORTERS A. and SCHAUFFLER R. Competing Perspectives on the Latin American Informal Sector [J]. Population and Development Review, 1993 (March): 33-60.

非正规就业、非正规经济或非正规就业部门提出来之后，定义和范围都有很大的模糊性与争议性。例如申杜拉曼（Sethuraman）就认为：非正式部门财货服务生产的主要目标，在于创造参与者的就业，而非极大化利润。①

国际劳工组织的一份文件认为："非正规经济"一词是指由（在法律或在实践中）未被正规安排覆盖或覆盖不足的工人和经济单位从事的所有经济活动。这些活动未被列入法律，这意味着它们是在法律的正式管辖范围之外进行运作；或是它们在实践中未被覆盖，这意味着——尽管它们是在法律的正式管辖范围内运作，但是法律却未被实施或未予以执行；或是法律不便于遵守，因为它不适宜、负担过重，或是强加过多的费用。②

一些人把非正规就业和非法经济活动混淆了，在这一点上，美国学者波特斯等人尝试作了一些说明：非正规经济活动的最终产品是合法的，可是它生产和交换的过程有别于正规经济活动，它逃避了法律的各种规范。而非法经济活动，其过程和最终产品都是非法的。③ 他们也把非正规就业者分成三种类型：生存型（survival）、依赖的剥削型（dependent exploitation）和成长型（growth）。

中国国家劳动和社会保障部课题组对于中国非正规部门总结了如下特点：一是小，二是不固定，三是不稳定，四是灵活，五是许多经营活动处在法律法规的边缘。④ 原全国总工会副主席薛昭鋆也曾经提出过中国"非正规就业"的定义："在我国的非正规就业，主要是指广泛存在于非正规部门和正规部门中的，有别于传统典型的就业形式。这包括：1）非正规部门里的各种就业门类；2）正规部门里的短期临时就业、非全日制就业、劳务派遣就业、分包生产或服务项目的外部工人等，即"正规部门里的非正规就业"。⑤

我们综合一下各方的意见，对非正规经济活动可以有以下的界定（见表 12-1）：

---

① SETHURAMAN, S. V. The Urban Informal Sector in Developing Countries: Employment, Poverty and Environment [M]. Geneva, International Labour Office. 1981.
② 国际劳工局理事会，落实国际劳工大会在其第 90 届会议（2002 年）上通过的决议，第 285 届会议，2002 年 11 月，日内瓦，GB. 285/7/2.
③ 详情请参考 PORTES, ALEJANDRO. The Informal Economy and Its Paradoxes [M] // SMESLER, NEIL and RICHARD SWEBERG. The Handbook of Economic sociology. Princeton: Princeton University Press, 1994: 426-446.
④ 劳动和社会保障部课题组. 中国的城市扶贫与非正规部门就业 [J]. 劳动和社会保障部："非正规部门就业研讨会"论文, 2000: 10.
⑤ 薛昭鋆. 对我国发展非正规部门和鼓励非正规就业的几点认识和建议 [J]. 劳动和社会保障部："非正规部门就业研讨会"论文, 2000.

表 12-1　　　　　　　　非正规经济活动的界定

法　律	生产或交易的环境	产　品
1. 交易过程和生产过程是属于非法的 2. 未申报收入或逃避税收 3. 活动受到限制或未登记注册	1. 生存型的劳动力市场，一般是缺乏社会保障、低工资、工作环境恶劣、生产关系不稳定 2. 有小资本的非正规部门则是自我雇用、家庭工人、劳动密集型生产	合法，在品质上可能没有达到一定的法规标准需求

无论是学术界还是政策研究上，各方对非正规经济活动的认知和定义都没有达致一个共识，不过大多都肯定非正规经济活动是城市化过程中一个很重要的领域，并造成影响广泛的社会效果。实际上要截然清楚地划分"非法"和"非正规"不是没有问题的。不过讨论这两者，正可以指出法规和执行上的一些问题。首先，它指出了"非正规"会有正面社会效益的可能性，所以政策分析者对它比较宽容。非正规部门可以被视为是源自正式法规而形成的场域，因为它涉及了无法负担遵行正式法规的成本。两者区分也带出了对正式法规本身功能的新兴趣，以及正规政策在满足一些特定社会群体的要求上是否能胜任，尤其是贫困群体的需求，他们作为企业家和工人是被正规制度排斥的。①

（二）非正规就业在城市化过程中必然出现却不必然消失

无论是马克思主义或新自由主义都将小型工厂或家庭工厂，也就是非正规的生产活动视为一种过渡的性质。前者认为在资本帝国主义中，这些非正规的生产活动会被吞并，而后者则乐观地认为当现代市场制度成熟时，非正规的生产活动会逐渐改善，被引入正规市场的经济制度和行政管理中，并且得到更好的回酬。然而波斯特等人的研究显然否定非正规经济作为一种"过渡"经济活动的假设，② 同时，国际劳工组织也否定了非正规就业会随着现代化过程发展而消失的预期（见表 12-2），该组织在 1991 年指出，"与先前的观点相反，非正规就业不会随着经济增长而自动消失。相反在以后，它会与城市贫困、拥挤一同增长"。哈特根据他在非洲的经验，将其称为"难以抑制的市场"，并且宣称在范围上这种活动正在变成全球性的。③

---

① Risk and Regulation. in informal and illegal markets. John C. Cross and Sergio Pena. P. 51.
② PORTES, ALEJANDRO and S. SASSEN-KOOB. Making it underground: comparative material on the informal sector in Western market economies [J]. American Journal of Sociology, 1987, 93 (1): 30-61.
③ HART, KEITH. The Idea of Economy: Six Modern Dissenters [M]. R. FRIEDLAND and A. F. ROBERTSON. Beyond the Marketplace: Rethinking Economy and Society, New York: Aldine de Gruyter, 1990: 158.

表 12-2　　　　　非正规就业在新增就业中所占比重　　　　单位：%

国　家	英国	荷兰	拉丁美洲	撒哈拉以南非洲
年份	1992～1997	1992～1995	1990～1993	1980～1985
比例	68.5	93.6	83	75

资料来源：Notes on Trade Unions and the informal sector, International labor office, 1999, 转引自孙剑平、江竹兵,《非正规就业在市场化进程中的拓展》,南京理工大学学报（社会科学版）,第15卷第3期,2002年6月。

在中国发展的过程中，非正规就业也越来越重要，表 12-3 为上海职工人数的一项统计，显示了在中国大城市中，非正规就业者的人数也呈增加的趋势。

表 12-3　　上海市主要年份从业人员和职工人数统计
（2000～2006 年）　　　　　单位：万人

类　别	2000 年	2005 年	2006 年
从业人员	745.24	863.32	885.51
国有	180.99	141.59	138.92
集体	282.18	219.33	214.77
港澳台及外商投资企业	51.77	89.83	92.41
其他	230.3	412.57	439.41
有限责任公司	25.77	43.93	47.39
股份有限公司	22.34	33.35	33.74
城镇私营	58.23	221.5	240.76
城镇个体	9.27	19.8	21.18
非正规就业及自由职业	19.9	45.31	51.44
职工人数	390.14	420.12	500.94
国有	229.24	155.47	146.38
集体	47.45	20.95	18.11
港澳台及外商投资企业	54.97	73.31	75.6
其他	58.48	170.39	260.85
有限责任公司	27.99	38.29	42.95
股份有限公司	21.86	30.57	30.34

注：摘编自《上海统计年鉴（2007）》。

为什么非正规经济活动没有随着工业发展而消失，在不同的国家有着不同的解释。以拉丁美洲和非洲的例子，这些国家出现过度城市化的现象，城市涌现大量的新移民，可是工业化的程度却跟不上城市化，无法吸纳大量的城市人口，于是，大批的新移民就制造了高比重的非正规经济活动。另一些解释则认为这些地区过于苛刻的法律规范导致了非正规经济活动在更大范围中延伸。在发达国家如意大利，非正规经济活动的增长，被视为是在全球化竞争下的一种策略。大企业的垂直式的产业组织结构渐渐失去主导作用，社会经济活动开始用水平的平行网络联结起来；上下游之间的经济关系由交易合同取代而不再是行政式的企业内部关系，非正规的转包合同（subcontract）是新的交易关系的主要形式，这使得生产的成本更低廉和更具弹性。①

国际上对非正规经济活动的研究对中国城市非正规就业的研究具有一定的影响和启发。这些研究都指出了如何管理城市的非正规就业，是发展中国家城市化过程中一个很重要的挑战。

二、中国城市中的农民工：从流动人口到非正规就业者

在中国城市化过程中，城市政府也注意到提供非正规就业机会作为社会底层寻找生计的渠道，不过，他们所关注的社会底层只是拥有户籍身份的"市民"。

1996年，上海市首次引入"非正规就业"的概念，提出非正规劳动组织就业，是指下岗、失业人员个人或组织起来开展的社区家政、洗理、维修、配送、代办等服务，市政市容建设及社区管理中的公益性劳动，为企事业单位提供的各种临时性、突击性劳务及以家庭手工业、工艺作坊等形式进行生产自救的服务经营项目，经营规模均为小型的便民利民性质的网点组织。② 随后，中国部分地方政府仿效上海市的做法，对非正规就业进行了各自的界定。城市政府一般均未考虑流动人口等群体的非正规就业，其可操作性限于城市下岗失业人员，因而界定范围较窄。③

由于城市政府的政策首先要照顾有户籍身份的市民，这使得非正规就业的流动人口一直没有得到大力的关注。以从事摊贩生计为例，由于进入的门槛低，无须特定的专业技能，是许多待业或失业人口一个经常考虑的谋生方式。从事摊贩

---

① PORTES, ALEJANDRO and S. SASSEN-KOOB. Making it underground: comparative material on the informal sector in Western market economies [J]. American Journal of Sociology, 1987, 93 (1): 30-61.

② http://www.shanghai.gov.cn/shanghai/node2314/node2319/node11615/node11616/node11771/node11774/node11775/userobject18ai6645.html.

③ 江竹兵. 南京城镇非正规就业 [D]. 南京理工大学硕士论文, 2003: 20.

生计，其中最先面对的就是摊位租金。在大城市人流多的地点，摊位租金每月上千或上万显然是一般的价位。在一些事业单位如大学，当然也有便宜的固定摊位，不过，一般都是预留给城市下岗工人。在笔者对北京摊贩的田野调查中，某大学一个固定摊位的摊主说："要在这里摆摊位，要么在这里有关系，要么你得能够折腾"。这个摊主之所以在该大学能有个摊位，是因为他的爱人在该校工作合约满后不被续聘，所以就安排这个摊位。一个在天桥卖本子的外来人口小贩则说："我们卖本子的，也想到学校去，不过，都已经三年了，还是在这里。"

朱农利用1990年人口普查及1995年1%人口调查的资料，分析中国人口迁移的影响，发现对农村迁出人而言，从1985年至1990年，城市非正式部门对农村劳动力的吸收作用并不显著，但从1990年至1995年间，非正式部门对农村劳动力的吸收日益重要。[①] 这意味着除了城市的下岗失业人员，非正规就业对城市农民工的重要性越来越突出。当城市政府对非正规经济活动"支持"的主要对象是城市居民，那么，外来农民工从事非正规经济活动，则被视为一种特定的社会阶层的经济活动，甚至是一种社会问题。农民工从事就业的非正规部门，主要是指两种情况：一是临时工，农民工所在的单位是正规单位，不过农民工的工作是临时性质的，与正式职工相比，在收入、福利上有明显差别，如建筑工人；二是农民工所处的就是一种非正规经济如修车、擦鞋、摆地摊或黑车。这些非正规经济一般是工作环境差、危险、时间长、收入低，没有任何的社会保障如医疗福利或保险等。劳资关系因为没有正式的契约合同，经常出现不发薪水或拖欠农民工的薪水等问题。

（一）农民工长期在非正规部门的滞留

一些研究者根据经济活动目的，对非正规就业的类型进行功能分类，可以分为三类：创业型、就业型、逃生型。创业型有一定的优势，有扩张和上升为正规就业的空间；就业型不具备那么好的创业优势，不过就业者愿意参加各类培训，等待机会跃迁到更好的非正规就业岗位或正规部门。而逃生型一般是长期失业者、劳动力市场的弱势竞争者，需要出来工作以贴补家用，一旦遇到其他因素，如年老、疾病、家庭经济改善、就业市场的竞争等，可能自我淘汰，退出劳动力市场。相当一部分非正规就业者抱有这样的从业意愿："谋生—发展—扩张"，即"非正式—过渡—正式"的上升过程。[②] 不过如果从事者为外来的民工，其境遇可能是上述三种类型无法完全加以解释的。从事非正规就业的外来民工，要从

---

① 朱农. 中国四元经济下的人口迁移理论、现状和实证分析 [J]. 人口经济，2001（1）：44~52.
② 冷熙亮，丁金宏. 城市非正规就业发展及其问题——以上海为例的探讨 [J]. 社会，2000（11）：16.

非正规部门进入正规部门是相当困难的,由此,只好长期滞留在非正规部门。

在非正规经济活动的文献研究中,非正规经济活动往往是发展中国家城市新移民的普遍性经济行为。无论在欧洲的历史上或 20 世纪的发展中国家,现代化的过程包含了劳动力由第一产业向二、三级产业转移的现象,随之而来的是大量的农村人口向城市迁移。在传统的或然率迁移模型(probabilistic migration models)中,迁移被视为是两个阶段的现象:移民为城市正式部门的工作机会吸引而迁移,但到达都市后,开始时会有一段失业或在非正式部门就业的经验,之后再转往正式部门,因而非正式部门的就业成为移民在找寻正式部门工作期间的中继站。不过一些研究也发现如果城市内部存在着劳动力市场的分割(segmented),会导致即使具有人力资本条件的移民,一旦进入非正式部门就业后就很难再移动,正式部门与非正式部门间的流动率很低。①

在户籍制度下,中国城市内部存在着劳动力市场的分割,国内劳动力流动首先表现为身份的流动,其次才表现为职业的流动,② 所以中国的农民工不但在刚进入城市劳动市场时从事非正规就业,而且如果无法改变其身份户口,城市农民工的职业要由非正规部门流向正规部门也不容易。这一种不是干预经济活动而是干预行政所产生的非正规就业群体,是中国和其他国家不一样的地方。

由于行政干预导致城市农民工长期滞留于非正规部门,就这个群体而言,产生了一种在生活各方面出现短期行为的社会现象,对城市管理而言,在社会秩序的管理中出现了紧张的关系,在执法过程出现不同立场的冲突现象。

李强透过一项对实证调查数据和材料的分析,证明农民工的初次职业流动实现了职业地位的较大上升,然而农民工的再次职业流动却基本上是水平流动,没有地位上升。农民工再次职业流动地位未能上升的主要原因在于,他们缺少地位积累、地位继承和社会资源。该研究有四项结论:第一,城市农民工的职业流动、工作变动是比较频繁的;第二,农民工通过初次职业流动,实现了地位的明显上升;第三,城市农民工的再次职业流动地位变化微小,尽管频繁更换工作,但地位的总分值只有微小上升;第四,无论是初次职业流动还是再次职业流动,城市市民的地位上升都高于农民工。③ 李强的分析认为,农民工不是单位的正式职工,即使是在单位工作,在身份和利益上却与工作单位没有明显关系,这是城市农民工再次职业流动地位变化微小的主要原因。

王春光的分析也指出"农村流动人口只能在相近的职业之间流动,他们的

---

① 吴德美. 中国大陆都市非正式部门就业中的城乡差异 [J]. 中国大陆研究, 2003 (9~10), 46 (5): 139~140.
② 李强. 中国大陆城市农民工的职业流动 [J]. 社会学研究, 1999 (3): 93.
③ 李强. 中国大陆城市农民工的职业流动 [J]. 社会学研究, 1999 (3): 99.

空间流动（从农村向城市流动）和产业之间的流动（从农业向非农流动），并不意味着是职业地位的大幅改变和提升。最多的可能是从农业劳动者或工人向工人、个体工商户和商业服务业人员的流动，向专业技术人员、办事人员和党政企事业单位领导的流动就非常之少"，农村流动人口在城市从事的非正规劳动，主要集中在服务业、建筑业、零售、餐饮、制造业、交通运输等劳动密集、低技术水平的行业。王春光认为原因不完全在于这些行业的特点，而在于农村流动人口的身份，农村户口身份的人不容易进入城市正规就业领域，他指出农民工即使在正规部门工作，也不属于正规就业，而是非正规就业。换句话说，不论是正规部门还是非正规部门，农村流动人口从事的大部分工作属于非正规就业。①

如果从非正规就业角度分析，李强和王春光的研究结论都指出了城市农民工长期滞留在非正规部门，无法进入正规就业的市场，因此非正规就业经常是城市农民工的长期的生存之道，而非只是过渡部门。

城市农民工难以进入正规就业市场，其中一个障碍可能是因为户籍制度行政管理所导致的人力市场分隔。户籍制度使得中国城市管理没有真正从制度上去接纳外来人口。

1994年，劳动部发布了《农村劳动跨省流动就业管理暂行规定》，规定就业机会需优先满足当地劳动力的需求，如仍短缺，用人单位才可跨省招用农村劳动力。之后为避免农民和下岗职工竞争就业机会，各地方政府纷纷推出"行业分类管理"政策。② 为了保护本地市民的就业优先权，一些大城市在就业政策中明确规定了外来工允许和限制的行业和工种。就如第五章提到的北京、上海的有关规定。除了对外来人员就业的明确限制外，为了进一步保障城市居民的就业，许多城市政府还规定，对于未经明确的行业、工种，必须首先招用本市常住户口的劳动力，在未招到本市人员的，需到管理部门办理招聘外地人员的手续，经批准后方可招用外地人员。

实证研究和政策分析显示了基于农民工身份所遭受的差别待遇，制度上的限制使得农民工的职业长期在非正规部门流动，劳动关系脆弱，没有稳定的收入来源和社会保障，生活状况处于脆弱和紧张的状态。由于生活常常处于不稳定状态，这些非正规就业人口无法和整体城市社会产生长期稳定的关系，从而出现了各种短期的社会行为。

孙立平曾经如此分析过短期行为和制度的关系："一套相对完整的'短期行

---

① 王春光. 我国城市就业制度对进城农村流动人口、生存和发展的影响 [J]. 浙江大学学报（人文社会科学版），2006（9）36（5）：5~15.

② 吴德美. 中国大陆都市非正式部门就业中的城乡差异 [J]. 中国大陆研究，2003（9~10），46（5）：139~140.

为文化'的形成，根源在于制度或体制本身。而造就普遍性短期行为的制度，至少具备两个特征：一是缺少鼓励长期行为的有关行为安排，相反却会为短期行为提供较为优厚的报酬；二是制度处于不稳定状态，即使它想为鼓励长期行为做出一些安排，但由于其不稳定性，会大大加大长期行为的风险成本，而这恰恰是我们目前这个社会的特点"。①

长期从事非正规就业的农民工，由于户口身份和经济单位在城市生活中都无法受到正规行政制度的接受，经济行为和生活方式出现了以下现象：一是短暂的市场交易行为；二是农民工成了城市中不受承认的群体，从而衍生了法律边缘外的社会行为。

1. 短暂的市场交易行为

社会生活网络的形成必须建立于一种长期、频密的交往的基础上，才有可能产生合作和信任的关系，持久的合作关系能够为交换的双方提供利益。当交易双方由互相防范阶段进入互相合作阶段后，买者和卖者在交易中都会承受较少风险。没有信任，交易必然受到极大限制。据魏安妮的一项研究，她发现南京食品市场中明显缺乏信任。几乎所有的食品购买者都对出售水果、蔬菜、肉类和其他产品的男女摊贩持有疑虑，其中一个因素是食品商贩的暂时性。食品商贩通常将自己的工作当做临时性的。许多商贩来自安徽，计划只待上几个月，赚点小钱，然后回家。这种状况妨碍了关系交换的最终形成。一些消费者说，他们对商贩一个都不认识，因为他看起来经常换人。与之形成对比的是，在拉丁美洲，市场上的许多商贩就出生在商贩世家中。②

王春光也指出由于生活和就业受到各种限制，一些农村流动人口就不得不采取与管理人员打游击的方式，所谓路边摆小摊的"非法经营"就这样在城市中流行起来。没被抓住，是流动人口的本事；被抓住了，是流动人口倒霉。在这种经营状况下，农村流动人口不可能做到积少成多，逐渐做大，恰恰相反，他们都是短期行为，"能赚就赚一点，不能赚只好另想办法"。③

城市非正规经济的活动者如果无法和城市社会发展出长期的互赖交易关系，就会出现短暂的市场交易行为，使得这些非正规部门充斥了不规范、危险、欺骗等行为。

农民工就业的许多生产经营单位没有长期的发展目标，在日益激烈的市场竞

---

① 孙立平. 短期行为与社会制度的安排 [J]. 东方观察, 1996 (4).
② 魏安妮（Ann Veeck）. 市场的再生：南京的食品市场. 戴慧思, 卢汉思译著. 中国城市的消费革命 [M]. 上海社会科学院出版社, 2003：131～133.
③ 王春光. 我国城市就业制度对进城农村流动人口、生存和发展的影响 [J]. 浙江大学学报（人文社会科学版），2006 (9), 36 (5)：5～15.

争环境下,许多单位和从业人员选择一种短期行为,什么赚钱就干什么,出现不诚实的经营行为,骗一次算一次。许多消费者表示不愿到流动的商贩那里购物,因为他们常常缺斤少两。流动摊贩所销售的用品,特别是食品、饮料,质量难以保证。有的食品是由低劣原料加工而成,无厂名、厂址、无合格证;大多零售摊销售的饮料无准产证、无生产许可证,经常为劣质产品。在沿海城市一带,非正规部门集中从事的许多行业,如皮革加工"金属冶炼"及加工"木炭生产"、"电镀"、"印染"、"干洗"、"染料生产"、"砖瓦生产"、"食品加工"等都是环境污染密集型工业,都是以牺牲环境和健康来换取眼前利益的行业。恶质的产品及服务背后,经常都是基于一种短暂的社会行为。

城市农民工在非正规部门短暂交易的市场行为一方面使得这些经济活动难以向专业化的方向发展;另一方面也破坏了非正规经济在消费者心目中的形象,从而不利于非正规经济的长远发展。

2. 不受承认的城市群体的社会生活

西方国家处于社会底层的城市移民经常在经济上被视为边缘团体,可是在政治行政上,其基本公民身份是受到承认的。然而,在中国非正规部门就业的农民工,无论是职业或是身份,都处于一种不容易受到承认的位置。这种状况造成农民工和城市无法有长期依赖及全面的关系。

江竹兵在南京的调查显示外来劳工"倾向"于非正规就业,其极端表现是大量非法劳务"黑市"的存在。2001年,南京仅依法取缔的非法劳务市场就达34个。① 职业或身份在城市生活皆不受承认的农民,除了工作在"黑市",其他生活各方面,也是经常在法律的边缘的地带。例如在遇到劳资纠纷、工伤致残、敲诈勒索等问题的时候,他们很难维护自己的合法权益。仅以拖欠工资为例,海淀外管工作总结中也发现建筑工程中存在不同程度的拖欠工资现象。权益得不到维护的打工者,有寻求保护和寻找归属感的需求,他们有一种"抱团"的自发愿望。老乡会甚至帮会就是这种需求的替代供给者。不少研究表明,"流动帮会"大都是从一些老乡性的小团伙演变、"进化"而成的。有一个庞大的弱势群体需要"保护",并且这种"保护"可以产生收益,这是导致"流动帮会"产生和成长的一个重要原因。一些流动帮会在替老乡"讨钱"等行为中不断壮大,一些帮会已开始涉足组织卖淫等"地下产业",实力和规模越来越大。②

清华大学社会学系的一项研究发现,城市社会的消费市场出现了另一种主要为农民工生活服务的衍生经济,包括小诊所、小饭馆、小浴室、小发廊、民工子

---

① 江竹兵. 南京城镇非正规就业 [D]. 南京理工大学硕士论文, 2003: 35.
② 清华大学社会学系课题组. 北京市流动人口管理调研报告. 2003.

弟学校,等等。这种衍生经济往往因没有取得合法的资格,存在质量差、不规范、影响环境市容等一系列问题而成为城市管理部门的管理重点。①

这个群体的长期存在不利于城市长远发展,同时也有违社会公平正义的原则。

(二) 城市社会秩序管理的紧张

中国城市政府部门对非正规就业的管理,长期以来一直处于两难的情境。政府虽然也明白非正规就业的正面功能,不过政府的职能更多是从非正规从业群体对城市环境、市容、卫生、安全等影响的角度来考虑,因此,一般的,中国城市政府对非正规从业者的立场都是整顿与控制。

中国城市中的城管大队在某个程度上,可以说是城市管理者因应对城市非正规经济活动的产物。1997年4月,经国务院批准,北京市政府向宣武区人民政府发出《关于在宣武区开展城市综合执法试点工作的通知》,原则上同意宣武区开展城市管理"综合执法"的试点工作,并要求城市规划、工商行政管理、园林、公安、市政管理、环卫和环保等部门积极支持、全力配合。一个月后,北京市宣武区城市管理监察大队正式成立,这是全国第一个经国务院法制局批准的综合行政执法试点单位。这一试点很快在北京和全国推广开。在全国,至今已有80多个城市建立了城管队伍。②

城市管理旨在维持城市生活的秩序,而非正规就业者为求在大城市生存,则无法完全依照法规进行其经济活动,流动摊贩为其中一例,于是城管和非正规就业者必然站在对立的立场,如果无法妥善疏导,城市管理就会出现结构紧张的状态。结构紧张(structural strain),也可以称做"社会结构紧张",是指由于社会结构的不协调,而使得社会群体之间的关系处在一种对立的、矛盾的或冲突的状态下,或者说,社会关系处于一种很强的张力之中。在这样一种状态之下,社会矛盾比较容易激化,社会问题和社会危机比较容易发生。③

外来农民长期滞留在非正规就业部门,从事城里人不愿意从事的领域,以接受较低的工资和没有相应的保险为条件找到工作;尚未完成且困难重重的城市福利体制改革,使得外来劳动力更难以合理的价格获得必要的住房、医疗、子女教育等社会服务;他们仍然被现存的体制作为外地人对待,这些生活压力造成了一个心理紧张的社会群体。城管站在执法的立场,而非正规就业者则为维持生计,在没有适当的机制协调之下,两者的社会关系处于张力之中。

---

① 清华大学社会学系课题组. 北京市流动人口管理调研报告. 2003.
② 张耘. 暴力执法与暴力抗法的博弈 [J]. 城乡建设, 2006 (10): 51.
③ 李强. "丁字型"社会结构与"结构紧张" [J]. 社会学研究, 2005 (2): 66.

三、管理秩序与生计:以流动摊贩为例

农民工非正规就业涉及了复杂的政治及经济变迁、庞大的就业人口、社会的稳定,同时非正规就业已经成为城市整体经济活动中重要的一环,因此,城市管理者不能单纯从"非法"的角度去处理非正规经济活动,必须从更广泛的社会去考量非正规就业存在的意义。由于非正规就业的内容广泛,以下我们以城市无证流动摊贩为例,具体地检视政府对非正规经济活动管理的有效性。

所谓无证流动摊贩,是指无固定经营场所、无营业执照、无注册资金,也没有合法摊位证、流动性大的摊贩。其经营内容品种多、种类广,应有尽有,以日常生活用品、水果、蔬菜、早点、熟食、油炸食品为主。经营工具多以自制手推车、自行车和人力三轮车为主。流动摊贩对市场的需求变化有极强的应变性,能根据市场的变化快速地调整自己的经营内容,以迎合消费者的需求,如冬天卖烤红薯,夏天卖水果,就是一种很典型的经营模式。

相对于其他的行业,一般进入摊贩市场的壁垒较低,即使是极小规模也可以经营,技术含量低,对年龄、知识、体力、资金等的要求弹性比较高,主要的投入就是时间和劳力。成本低而见效快。在需求方面,摊贩直接面对市场,能够有效地满足现代社会多元化的要求,通常价格较一般商店便宜,同时在地点上方便市民接触,因此在城市社会中创造了一定规模的市场。在供给和需求都兼备的条件下,街头无证流动摊贩的存在,是中国各大城市一个广泛存在的现象。

无证摊贩为城市管理所带来的问题,包括制造不公平的商业市场、堵塞交通、污染空气、制造垃圾、缺斤短两、货物品质低劣及食物不干净等,因此即使无证摊贩看似一种寻找生计的"正当"方式,却由于无合法执照和在不被允许摆摊的地点进行交易,而被视为一种城市问题。中国城市现在一般禁止街道摊贩出售商品,主要的论述理由在于妨碍交通、社区治安秩序、城市整洁、货物或食物的卫生与质量。

世界各国政府对非正规经济活动,如街道摊贩的态度大概可以分为以下几种,须注意的是中央或地方政府所采取的可能是混合的方针或有所调整:一是视而不见:忽视有关问题(例:希望街道摊贩将会自行离开);二是处罚:消除(例:驱逐街道摊贩);三是限制:控制性质(例:发出有限数额的执照及限制摆摊的场合);四是鼓励:支持或保护(例:给予摊贩贷款和仓库设施)。[1]

---

[1] MARTHA ALTER CHEN, RENANA JHABVALA, FRANCES LUND. Supporting Workers in the Informal Economy, A Policy Framework [C], Working Paper on the Informal Economy, Employment Sector 2002/2.

我们观察目前各个城市对街道摊贩所持的态度，可以说中国所采取的方针是属于处罚和限制这两种。在限制方面主要是以申请各种执照、证件等作为进入市场的门槛，并且只允许在特定时间和空间中摆卖，在处罚方面，则成立各种城管协管队伍以取缔各种无照摊贩。

（一）中国城市对街头摊贩的管理

中国城市政府现在对街头摊贩的管理显然因地方而异。就目前而言，北京与广州是明言禁止。[①] 北京崇文区革新西里社区曾尝试由居委会牵头，在人行道划出固定区域供商贩经营，不过这一尝试最终不了了之，因为革新西里所在的崇文区永定门外街道办事处和城管都不认同。[②] 上海市政府曾在 2007 年上半年宣布将设"城市设摊导则"，不再一律封杀，摊主只要在上海居住半年以上，获得社区居民的同意，即可申请临时设摊。可是有关导则至 2007 年底仍没有一个明确的说法。而其他城市如重庆、无锡、河北的石家庄、山西的太原、浙江杭州、陕西西安甚至边远的新疆乌鲁木齐也都曾经表示"有序疏导"街头摊贩，不过，至今仍没有一个城市有着很明确的政策如何去管理，大多都是因时因地因事变通的松懈的管理底线。

街头摊贩被视为非法，一是因为无商业执照；二是在不被允许的地点营业。按照国家工商部门的规定，所有摊贩都必须注册登记，包括：开业登记、变更登记、停业申请、复业申请、歇业登记、执照遗失补领和换照、验照等，并且每个事项都规定了相当复杂的办理程序。根据有关规定，公安、土地、建设、城管、文化、卫生、质检、环保、安全生产监督管理等部门都可对摊贩的经营活动进行查处。按照注册登记的收费标准，个体工商户开业登记费为 20 元，发放营业执照不另收费，并对换发、变更、补发营业执照的收费标准做了规定。

在执法取缔摊贩方面，主力主要是城管大队。以北京为例，目前，北京市城市管理综合行政执法机关集中行使行政处罚权的范围包括市容环境卫生、城市规划管理（无证违法建设处罚）、工商行政管理（无照经营处罚）、市政管理、公用事业管理、城市节水管理、停车管理、园林绿化管理、环境保护管理、施工现场管理（含拆迁工地管理）、城市河湖管理、黑车、黑导游等 13 个方面。[③] 除正

[①] 有关报道见广州市长称对待非法摊贩不应宽容 http：//www.sina.com.cn 2007 年 03 月 05 日 15：22 金羊网－羊城晚报；北京肯定城管执法权　暂不立法解禁路边摊贩 http：//www.sina.com.cn 2007 年 03 月 24 日 02：52 中国青年报。

[②] 王毅．"商贩自治"尝试不该浅尝辄止［N］．北京青年报，2007－04－22．

[③] http：//www.bjcg.gov.cn/cgzn/index.htm 2007－1－28，11：35pm．

式城管之外，一般上还有一支协管员的队伍，属于各区和各街道管理。

在法律上，到目前为止，全国仍然没有一部专门针对城市管理综合执法的独立的法律文件产生。1996年我国颁布的《行政处罚法》是最早肯定综合执法的法律文件。其第十六条规定：国务院或者经国务院授权的省、自治区、直辖市人民政府可以决定一个行政机关行使有关行政机关的行政处罚权，但限制人身自由的行政处罚权只能由公安机关行使。也就是说，城管只有对"物"的处理权，没有对人身进行限制的权力。他们的执法方式，主要是罚款和没收财物。而协管队员，并没有真正的执法权，只能协助城管队员执法。①

城管查抄之后，对于那些没收的物资都怎么处理，法律上也没有规定。与法律规范缺失相对应的，却是城管执法范围的不断扩大。1997年北京市宣武区城管监察大队成立时，只有5项职能，但是9年过去，历经3次职能扩张，到2002年时，扩大为8项职能、105项行政处罚权，到现在，已经包括了13大类、共285项行政处罚权。涉及范围之广，从市容环境到工商管理，从城市节水到公安交通，几乎无所不包。井盖丢失、下水道排水口堵塞、燃气管线漏气、违法停车、毁坏绿地、施工现场扬尘和遗洒、黑导游等各种杂事，都在城管的管辖职责之内。每当城市发展中出现了新的问题，城管管辖的范围就有可能扩大一次。②

无论是明文注册登记或城管抄查，都无法很好地治理城市摊贩的问题。在注册登记方面，烦琐的手续和一定的费用，使得大多数的农民工不愿去承担时间和金钱的成本。不过，在目前，最主要的问题是所有注册登记的商业交易都必须是合法的地点，而这个合法地点费用之昂贵，是一般民工不可能负担的。北京的人气较多的摊位——动物园服装批发市场，一个摊位租金一个月在1万~2万元之间，而即将迁入金马大厦的五道口服装市场，摊位租金每平方米一个月也接近一千元左右。如果不租摊位，在民宅是不可办营业的。在2006年6月，北京市工商局发布第十四号文件规定，即日起暂停为登记地址是民用住宅的企业办理营业执照，据报道，文件实施首日，就有超过70%的申请者被挡在了创业门外。工商部门为此类登记不予办照的理由是"住所使用用途为'住宅'，不具备从事经营活动的条件"。③先要有合法的地点才能有合法的营业执照，这是农民工进入不了正规商业贸易的主要原因之一。

另外，城管抄查无照摊贩，基本上是"猫逮耗子"的游戏，没有办法根本解决问题。在北京，市内有30万无证摊贩，而城管仅有5 000人。④在抄查过程

---

①② 张耘. 暴力执法与暴力抗法的博弈［J］. 城乡建设，2006（10）：51.
③ 韩玲梅. 今天还有个体户吗？［J］. 中国社会导刊，2007（7）.
④ http://view.news.qq.com/a/20060910/000025_1.htm.

中，一旦伤及人命，其代价就太高了。而摊贩作为一种社会生计，在大多数时候，都相当受到舆论的支持，而城管的执法则经常受到社会的责难。

城市中存在的摊贩管理的难题，是现代国家城市化过程中一个相当普遍的问题，我们可以参考其他国家或地区的管理政策是如何制定及执行的。

（二）印度和中国香港的摊贩管理：社会自治及国家法治

我们以印度及中国香港的街头小贩为例，比较这两个地区在摊贩管理上，有哪些值得我们反思及借鉴的地方。

1. 印度街头小贩管理

在目前，印度的新德里也是正处于高速城市化的发展阶段，同时也面对庞大的人口压力，2001 年的人口有 1 385 万。在 1991 年，街道小贩为 11.9 万人，到了 2004 年，则是 25 万人左右，从业者主要是农村移民。[①] 这些人数庞大的街道小贩，对城市的安全、秩序、清洁卫生和交通造成了影响，因此执法者以各种法规或行政政策加以控制。然而，这仍然无法缓解街头摊贩数量的增加。同时，由于官僚腐败及贪污，街头摊贩本身也面对来自行政官僚，如警察的各种压迫。

在 1998 年 9 月，印度的自主就业妇女协会（Self Employed Women's Association）就已经意识到街头摊贩处境艰难，因此将原本散落在印度各地的街头小贩、相关的民间组织联合在一起，成立了"印度国家街头小贩联盟"，意欲向政府争取宏观环境的改善。随着联盟的社会影响力不断提高，2003 年 11 月，联盟正式注册成为独立的非政府组织（NGO），印度 20 个州的 276 个民间组织代表168 278 名街头小贩，以缴纳会费的形式，成为联盟的正式会员。2004 年 1 月 20日，印度政府通过了《关于城市街头小贩的国家政策》（National Policy For Urban Street Vendors）。政策要求民众重新认识街头小贩，理解他们的存在对城市发展的重要意义；同时也希望用"法规"的有序化管理来取代"禁令"。该政策也被印度政府视为城市扶贫的一项重要计划。[②]

在组织、市场区域规划等方面，《关于城市街头小贩的国家政策》虽然给予了非常好的图像，如城市不同地点应该设置的小贩摊位数，具体列出的最低标准（见表 12-4），但实际上，这项国家政策却很少被执行。[③]

[①][③] DOLF TE LINTELO. Struggling for space: street vendors in policy and market arenas in New Delhi, India [C]. Presentation for Researching Contemporary Cities e-Conference, November 2006.

[②] 印度街头小贩的管理，供稿人：施雯　供稿时间：2006-11-29, http：//www.istis.sh.cn/list/list.asp?id=4105. 也可以参考 http：//mhupa.gov.in/w_new/sug_npusv.pdf, www.mhupa.gov.in/policies/natpol.htm.

表 12-4　城市不同地点对固定小贩摊位的设置标准

地　　　点	标　　　准
CBD 中央商务区	每 10 家正式商店 3~4 个摊位
副中央商务区	视具体情况而定
政府办公室和商业写字楼	每 1 000 名职员 5~6 个摊位
医院	每 100 个床位 3~4 个摊位
公共汽车车站	每 2 个车站 1 个摊位
高中	3~4 个摊位
初中	5~6 个摊位
城市公园	每个主要入口处 8~10 个摊位
街区公园	2~3 个摊位
居住区内	每 1 000 人 1 个摊位
产业园区内	每 1 000 名职员 5~6 个摊位

根据多尔夫·德·林特洛（Dolf te Lintelo），新德里城市街头小贩管理比较成功的典范显然不是来自国家对街头小贩的政策管理，而是非政府组织（主要是曼努什协会（Manushi Sangathan））和新德里市政府（Municipal Corporation of Delhi）合作之下的试点计划茜沃纳伽市场（Sewa Nagar market）。市场中的小贩被集中于一个集贸市场，这一计划主要是为了防止警察及官僚贪污的问题。他们主要是自我管理，无须营业执照，由非政府组织付有限的税额给市政府。[①]

2. 香港街头小贩管理

除了印度，我们参考的另一个地方是中国香港。香港当局自 1970 年开始在一般情况下不再签发新的小贩牌照，借以逐步减少街头贩卖活动，不过，在一定的条件之下旧的小贩牌照可以继承或转让。街道小贩的事务由香港食物环境卫生署负责管理，目标在于：一是采取执法行动，减少街上的非法贩卖活动；二是安排合格的小贩迁入新建的公众街市，并执行不再签发新小贩牌照的指引，从而减少持牌小贩在街头的贩卖活动；三是采取执法行动，尽量减低小贩在街头贩卖和

[①] 参考 DOLF TE LINTELO. Struggling for space: street vendors in policy and market arenas in New Delhi, India [C]. Presentation for Researching Contemporary Cities e-Conference, November 2006. http://www.manushi-india.org/pdfs_issues/PDF%20ISSUE%20127（31.3）/2.%20Jadhu%20Pooja%20in%20Sewa%20Nagar.pdf.

店铺把营业范围非法扩展至街上所造成的滋扰。①

香港地区的街头小贩分为两类：第一类，固定摊位小贩牌照。持牌人在食环署所划定的固定摊位内贩卖。固定摊位小贩牌照分为擦鞋、熟食或小食、报纸、工匠、理发、靠墙摊档及其他类别共七项。第二类，流动小贩牌照。持牌人以流动方式贩卖，但食环署署长可限定持牌人被允许贩卖的范围。流动小贩牌照共分为工匠、报纸、冰冻甜点、流动车以及其他类别共五项。

中国香港食物环境卫生署191支小贩事务队遍布港九新界，均配备对讲机和车辆，在主要街道以及街市一带执法。队员会定期巡查持牌固定小贩摊档，并整顿在街头贩卖的流动小贩，以确保持牌小贩按其牌照所订的条件合法经营。

在香港地区，管制小贩完全在法律的框架下进行，执法者可依据的法例包括《公众卫生及市政条例》、《小贩规例》、《食物业规例》和《简易程序治罪条例》等。对于无牌小贩，食环署队员会以流动巡逻等方式加以阻吓。假如无牌小贩不肯散去，小贩事务队人员会采取拘捕行动，把违例者及货物带往警署落案。而有关货物只能在法庭定罪后，由法庭下令充公。执法行动必须保证所有人的安全，根据食环署内部指引，追捕行动如可能导致路人、小贩或食环署人员受伤，就应停止追捕。②

通过比较印度和香港地区对摊贩的管理方法，都有值得我们反省之处。印度政府表面上虽有很好的政策管理，可是却无法落实，反而是非政府组织协助摊贩自治的管理有较好的效果。而香港，在法治严明之下，无论是政策的落实或执法抄查，各个环节明确，有法可循，也是另一种模式。

四、对城市农民工非正规就业政策的建议

非正规就业普遍地存在于世界各国的社会角落。发展中国家如印度和中国，正处于高度城市化的阶段，有着庞大的人口压力，非正规就业经常是农村移民的谋生之道，这些就业者在完全不受任何制度的保护之下，自我生存。

在中国城市，由于户籍所造成的劳动力市场分隔，使得从事非正规就业的农民工，长期滞留在非正规部门，职业和身份都没有被纳入正规的行政系统，因而引发了各种社会问题，因此有必要拟定各种政策加以解决。

---

① http://www.gmcg.gov.cn/bbs/dispbbs.asp? BoardID = 8&replyID = 33&id = 20&skin = 1.
② 刘韬. 街头小贩，香港怎么管. http://bbs.cctv.com/book/9036441/1.html.

（一）户籍改革

在解决农民工在城市的就业机会上，户籍改革是最根本的问题。目前在就业政策、保障体制和社会服务供给等方面对外地人的差异对待，主要都根源于户籍制度。唯有户籍问题得到解决，才可能改善对流入城市农民工设置的过多的行为和经济方面的限制，打破城乡劳动力市场的分割，使得农民工在城市的生活有一定法律承认。由于户籍制度，绝大多数农村劳动力和他们的家属不能得到城市永久居住的法律认可，他们的迁移预期只能是暂时的或流动的。唯有流动人口对城市未来生活有一定的预期，才能够和城市社会产生长期的网络经济关系，在其所从事的行业中有更积极的交易或服务行为，即使是从事非正规经济活动，也才可能会有创业和就业的积极性。

2006年3月27日，国务院正式发布了《国务院关于解决农民工问题的若干意见》，其中第十一项措施规定，要"逐步实行城乡平等的就业制度。各地区、各部门要进一步清理和取消各种针对农民工进城就业的歧视性规定和不合理限制，清理对企业使用农民工的行政审批和行政收费，不得以解决城镇劳动力就业为由清退和排斥农民工"。

虽然国家不断努力提高农民工在城市生活的条件，偏向城市政策的许多方面都已经或正在进行改革。不过，研究者也指出，只要户籍制度存在，就存在着政策反复的可能性。如在20世纪90年代中期以后，已经有所松动的城市就业政策又再次复归到城市偏向的轨道上。①

（二）对非正规就业的引导

由于非正规就业对缓解城市就业压力有一定的正面效益，也提供了农民工生存的渠道，因此，在政策上应该更多考量如何"规范化"和引导非正规经济的发展，而不是把非正规等同非法，完全禁止。实际上要完全"禁止"城市的非正规经济，目前也没有哪一个国家有成功的例子。

政府对非正规就业的引导，可以分成两个层次：一是鼓励中小规模的企业发展；二是为非正规经济部门创造相对宽松的经营环境。

1. 鼓励中小规模的企业发展

在正规市场中，应该简化小企业创业的各种手续、检验及登记。实证研究证明，正规中小企业越多，就可以减少非正规企业，市场秩序就可以更规范化。世界银行曾经对100多个国家作过研究调查，发现劳动力就业市场的法规越烦琐，

---

① 蔡昉. 劳动力迁移的两个过程及其制度障碍 [J]. 社会学研究, 2001 (4): 48.

就会衍生更多的非正规经济，而创业的程序越多，非正规经济的规模也就越大。

2. 为非正规经济部门创造相对宽松的经营环境

为非正规经济部门创造相对宽松的经营环境，首先必须简化农民工进城就业和开始营业的各种手续，如注册登记、领取许可证等。

在市场经济国家，都容忍自由职业者和非登记企业存在。这些小企业不必注册登记，只要依法经营、依法纳税即可，印度非政府组织对非正规就业者的规范也在朝这个方向发展。在许多国家和地区，尤其是发展中国家如泰国和马来西亚，都普遍容忍街头摊贩的存在，这些措施和态度使得非正规经济活动可以更为规范化。

制定非正规经济部门的法规必须考虑到非正规就业者的实际承受能力，比如避免过重的税费。非正规经济部门的一些合法权益应得到法律法规的保障，同时修改有关规范信贷、税收、培训、信息和技术等法规以促进非正规经济的发展。把非正规经济纳入信贷计划中，为非正规经济开辟培训、信息和技术服务渠道，确保非正规经济和就业者的可持续发展。[①]

（三）城市管理政策与规划

农民工非正规就业涉及面广，同时非正规就业已经成为城市整体经济活动中重要的一环，因此，城市管理者在城市规划中，必须考虑到这些非正规就业者所需要的空间。

目前中国城市都热衷于追求国际化的形象，在城市规划过程中，人们遵循自上而下、以发展蓝图为基础的价值导向，力图将城市打造成经济、金融、工业、旅游、商贸中心以及国际化大都市，而对于如何保障城市弱势群体的生活及就业，则往往被城市规划过程所忽略。在这一趋势之下，许多城市搞现代化建设，将小商小贩、人力车、街头摊点、小店小铺等或拆迁或整顿，一扫而光，代之起来的是现代化的百货商店等。有的政府部门为了便于管理，急于将集市贸易改变为超市和连锁店。在这一趋势之下，缺乏各种资本的底层人士失去了生存空间。

城市管理除了要求秩序和整洁，也应该给予底层人士生存空间，容许可以容纳摊贩和各类小企业的空间。例如，韩国政府对路边小摊的管理总体上采用区域管理的办法。即政府将市区划分为三类：第一类是"绝对禁止区域"，指摆摊造成通行不便，严重影响市容的地区。主要包括主干道、火车站、汽车站、广场人行道等区域。第二类是"相对禁止区域"，指妨碍城市美观等危害程度较小的地

---

① 柴定红，赖亦明. 农民工非正规就业的困境与对策研究 [J]. 江西社会科学，2005（10）.

区，在这里对摊位的规模、摆摊的时间和经营范围有一定的限制，对申请在此摆摊要严加管理。第三类是"诱导区域"，一般包括和住宅区分离的城市中心外围的空地、车辆通行很少的河溪两侧道路、经过长时间形成的传统市场内的道路。政府一般允许在这些地方摆摊设点，但对营业时间和经营范围也有限制。区域和时间划分清楚不仅有利于执法部门区别对待，也有利于摆摊设点者的自觉遵守。[1]

---

[1] 木子. 国外如何管理小摊贩[J]. 东北之窗，2006（22）.

第十三章

城市流动人口管理的问题与对策

城市化的一个最基本方面就是大量农村富余劳动力向非农产业和城市转移。据估计,目前全国约有1.4亿的流动人口,其中1.2亿是农民工,这其中约60%,即约7 200万的农民工进入大中城市就业,另外约2 400万农民工流入小城市,其余的2 400万农民工主要分布于东南沿海地区已工业化或半都市化的乡村地区。①

在从农村到城市工作和生活的流动人口中,大致包括以下三种类型:一小部分已经在城市中长期生活,并逐步融入城市成为新移民,他们与农村的联系已经比较薄弱,更认同城市生活,其归属也在城市;大部分人"亦城亦乡",从职业上看基本上已经非农化,但工作并不稳定,因而在较长时间内仍处于城乡两栖状态或在不同地区之间不断奔走,是比较典型的"流动"人口;还有一小部分则是"亦工亦农",在农闲季节才外出打工,挣到钱后仍然将回到农村定居。

大量农村流动人口进入城市务工经商,他们一方面为城市的建设和市民的生活做出了很大的贡献;同时另一方面也给城市管理带来了相当大的难度和挑战。对于流动人口而言,来到陌生的城市中谋生意味着经历一个再社会化的过程:不仅面临着劳动就业、居住生活、子女就学等一系列的现实问题,还需要去逐步适应城市的制度和文化。对于城市当局而言,如何在市场经济的条件下,有效缓解流动人口大量涌入所带来的治安、交通、环境卫生、计划生育等压力,这是一件非常棘手的问题,处理不好还有可能激化社会矛盾。

---

① 李春玲. 城乡移民与社会流动 [J]. 江苏社会科学,2007 (2).

传统上城市当局对于流动人口的态度是希望"招之即来，挥之即去"，既需要外来人口填补在制造业、城市建设和服务等方面的劳动力短缺，又害怕其与本地人竞争就业岗位等社会资源；管理理念上明显存在着城市人对农村人的偏见甚至歧视；管理方式上也大多采取简单粗暴的行政化手段，带有一定计划经济年代的烙印，"堵"、"赶"成为各大城市在希望减轻压力或进行地方保护时惯用的手法。以 2003 年轰动全国的"孙志刚事件"① 及其后国务院随即取消实施多年的强制性收容遣送办法作为分水岭，中央和地方对于流动人口的政策环境都宽松和平等了许多。本章正是在这样的背景之下，以北京这样一个拥有数百万外来流动人口的特大型城市为例，经过对市区两级的公安、工商、劳动、房屋、综合治理等各部门，以及基层街道、劳务输出机构、就业中介机构等全方位的走访和座谈，从而对于北京过去的流动人口管理体制、理念和手段进行了详细的考察和反思，并为新形势下对流动人口如何改善管理、完善服务提出了若干政策建议。

一、北京市流动人口现状、趋势及困境

（一）北京市流动人口的现状和趋势

从全国的范围来看，流动人口群体（农民工）近年来发生了重要的变化，这是相关制度安排和政策设计所必须尊重的客观前提。国务院研究室 2006 年发布的《中国农民工调研报告》表明，我国农民工正在发生三大转变：（1）由"亦工亦农"向"全职非农"转变，据统计，2004 年外出务工 6 个月以上的农民工占 81.3%，比上年提高了 3.7 个百分点，比 2002 年提高 6.4 个百分点；（2）由城乡流动向融入城市转变，农民工在城镇定居的将逐渐增多，据统计，近年来举家外出的农民工持续增加，2004 年达到 2 470 万人；（3）由谋求生存向追求平等转变，这是伴随着农民工的代际转换而发生的，新一代的农民工（主要是 20 世纪 80 年代生育高峰时出生的农村人口）进城务工，不仅是为了挣钱，他们更向往现代化的生活方式，对尊重、平等和社会承认有更多的企盼。

北京市作为全国政治、文化中心，是人口高度密集的巨型城市。随着社会经济的迅速发展，城市建设步伐的加快，大量流动人口涌入，其中相当一部分人已经融入社会经济生活的方方面面，成为没有常住户口的本市居民。当前北京市流动人口呈现如下特点：

---

① 事件是一名叫孙志刚的大学生被强制送进深圳某收容站，并间接因此而致死。此事件的报道在当时轰动全国，并引发人们对国家的收容制度的质疑。——编者注

一是，规模庞大、增长迅速。根据北京市人口动态监测数据，1997年北京市流动人口181.0万人，2000年第五次人口普查308.4万人，2001年328.1万人，2002年386.6万人，2003年"非典"期间统计386万人。在我们调查的几个地点中，实际流动人口总数高出当地登记流动人口总数约18%~40%。

二是，流动人口分布集中在近郊区和城乡结合部，并随着城市化的进程而向外扩散。2000年"五普"统计表明，朝阳、丰台、石景山、海淀四个近郊区的流动人口占全市流动人口61.25%。流动人口在城市北部和东部，主要聚集在四环以外，例如上地周围、望京、三元桥周边、朝阳门外等；在南城，主要聚集在三环与四环之间大红门、六里桥等。随着城市开发不断进行，流动人口逐渐向城市外围迁移，形成了许多新的聚居点。例如随着中关村的开发建设，前些年流动人口由巴沟村向东北旺地区转移，而近年随着上地信息城的建设，东北旺地区流动人口又逐渐向唐家岭村迁移。

三是，流动人口职业以体力劳动和传统服务业为主。流动人口的分布与城市产业具有高度相关性。第五次人口普查的数据表明，在全市流动就业人口中，从事第一产业的占4.1%，第二产业的占38.8%，第三产业的占57.1%。在第二产业中，制造业和建筑业分别占20.9%和16.3%，在第三产业中，批发零售餐饮业和社会服务业分别占34.1%和13.0%。各区的流动人口在文化程度、职业上具有较强的地域特征，并具有按职业和籍贯聚集的特点。例如海淀区中关村、上地周围流动人口主要是从事IT产品研发、销售为主；而望京地区、朝阳门外地区则主要从事服务业为主，如清洁、保卫等，主要是为写字楼服务；丰台区大红门地区、六里桥地区则主要以服装、各种加工业为主；朝阳东风乡大部分流动人口以从事建筑装修为主。

四是，北京市流动人口由两种差别很大的人群构成。其中大部分是来自农村地区的低学历人口；另一小部分是具有高学历或具有一定经济实力的人员，这部分流动人口为北京市发展所急需人才，对户籍改革和相关权益要求很高。

五是，居住时间延长，家庭户人口不断增加。流动人口来京半年以上的人数占总人数的比例由1997年的30.6%上升到2001年的80.1%。另外，近年来北京市流动人口的家庭化趋势十分明显，女性和儿童的比例均有所提高，夫妻二人同时在京流动或夫妇携子女在京流动已成为当前北京市流动人口的主要特点。

六是，流动人口整体文化素质虽然明显低于北京市民，但有提高的趋势。2000年流动人口与全市受教育程度的平均水平相比，大专以上文化程度的低7.6个百分点，高中文化程度的低7.3个百分点。在京流动人口中，新一代农民工比例在增加，很多来自农村的年轻劳动力在离开学校后没有从事过农业生产，而是立即投入到外出打工的队伍中。

七是，流动人口居住以平房居多，私搭乱建现象严重，管理混乱。近些年楼房和地下空间出租有上升趋势，而楼房的私蔽性强更增加了管理工作的难度。

随着城市流动人口的增加，城市管理部门日益面临着两难的境地。一方面，流动人口给城市的承载能力、治安、市容环境等都带来了很大的压力，对流动人口必须进行必要的管理；另一方面，城市流动人口已经成为不可阻挡的趋势，无论是市场经济的发展，还是整个社会的发展都要求城市尽可能地敞开大门，加强对流动人口的服务。

（二）新阶段的流动人口管理面临的挑战

1. 流动人口管理进入一个新的阶段

（1）中央对流动人口（农民工）政策做出重大调整

从十六大到十六届三中全会，中央制定一系列方针、政策，从全局的高度推进城市化进程，降低了农民进城打工的门槛。

党的十六大报告提出：要"消除不利于城镇化发展的体制和政策障碍"。2003年1月中央农村工作会议提出"公平对待、合理引导、完善管理、搞好服务"新的十六字方针，特别强调了"公平对待"，以区别于此前的"政策引导、有序流动、加强管理、改善服务"。2003年1月15日国务院办公厅下发《关于做好农民进城务工就业管理和服务工作的通知》要求各地区各部门按照中央的十六字方针，采取有效措施，全面做好农民进城务工就业管理和服务的各项工作。这个文件的核心内容是：取消对企业使用农民工的行政审批，取消对农民进城务工就业的职业工种限制，取消专为农民工设置的登记项目，逐步实行暂住证一证管理。这是一个体现市场经济和城市化发展方向的重要文件，标志着农民流动就业政策的重大转折。

2003年10月，十六届三中全会进一步提出：要改善农村富余劳动力转移就业的环境。取消对农民进城就业的限制性规定，为农民创造更多就业机会。逐步统一城乡劳动力市场，加强引导和管理，形成城乡劳动者平等就业的制度。深化户籍制度改革，完善流动人口管理，引导农村富余劳动力平稳有序转移。加快城镇化进程，在城市有稳定职业和住所的农业人口，可按当地规定在就业地或居住地登记户籍，并依法享有当地居民应有的权利，承担应尽的义务。2004年底，国务院办公厅又发布了《关于进一步做好改善农民进城就业环境工作的通知》。

2006年1月，国务院颁布《国务院关于解决农民工问题的若干意见》，这是对2003年国务院办公厅1号文件内容的深化发展。《意见》涉及农民工工资、就业、技能培训、劳动保护、社会保障、公共管理和服务、户籍管理制度改革、土地承包权益等各个方面。这个文件的出台，标志着解决农民工问题已经到了系统操作和全面启动阶段。

（2）国家相关法律法规做出重大修改

2003年6月，国务院废止《城市流浪乞讨人员收容遣送办法》，改为《城市生活无着的流浪乞讨人员救助管理办法》，这是在法规层面公平对待农民工的重大进步。仅从管理的角度来说，使得过去在流动人口管理中所借助的人身强制手段失去法律依据，暂住证制度也因此面临新的考验。

同时，十届全国人大三次会议通过了新的《居民身份证法》，施行了17年的《居民身份证条例》即将退出历史舞台。新法确定了有限查验、禁止随意扣押等原则。身份证法出台后，流动人员是否携带身份证不再是被检查的重点，对流动人口的检查重点也从身份证转移到暂住证上，因为《居民身份证法》将警察查验居民身份证的范围进行了详细界定，警察不能随意检查居民的身份证，没有携带身份证的人员也不再被视为"三无人员"。

（3）许多流出地政府把劳动力输出当作支柱产业来抓

一些拥有大量农村剩余劳动力的大省纷纷把组织、鼓励农民进城打工作为一项促进当地经济发展的重要产业来抓，积极动员社会力量，为外出就业拓展信息渠道，提供交通方便，维护外出农民工合法权益等。与流入地城市政府相比，流出地政府并不认同种种以限制农民流动为主要目标的政策安排。以北京情况为例，河北、河南、山东、安徽等十多个省份的劳动部门都在北京设立了劳务管理处，负责劳务输出以及后续的服务工作。

总的来说，降低准入门槛、简化办证手续、清除不合理收费、依法行政、保护公民合法权益等一系列的方针、法律和政策都将为农民进城打工创造有利的宏观政策环境，这势必进一步加大北京市流动人口的增长速度和规模。

2. 北京市面临的困境与挑战

北京市迅速扩张的人口规模与有限的承载力之间存在矛盾，一个城市由于各种自然和社会因素的限制，并出于自身可持续发展的需要，存在一个合理的人口规模是多少的问题。一个地方合理的人口规模主要取决于当地最薄弱的资源因素。

在人口学的研究中，一个比较有效的分析工具是"木桶原理"或"短边原理"。所谓"短边原理"，形象的比喻就是一只盛水的木桶，桶边由若干条长短不齐的木条组成，其最大盛水量只能由最短木条的高度来决定。把这一原理运用于对北京市人口容量的分析，就意味着尽管影响人口容量的因素有很多，但其中一定具有决定最小人口容量的因素，这个因素即相当于木桶中的短边。即使其他制约因素再多，但因其对人口容量的限定都高于决定最小人口容量的因素，所以都不构成事实上对人口容量的决定性制约作用。我们可以把限制城市人口规模的因素大致分为自然因素和社会因素两大类。

首先，短缺的水资源构成了城市合理人口规模的重要制约因素。流动人口的大量涌入在促进了城市的经济增长和市场繁荣的同时，也给流入地政府在交通、基础设施、自然资源等方面带来了很大的压力。在制约城市人口规模的众多自然因素中，如土地资源、能源、环境因素，特别是，作为北方缺水型特大城市的北京，有限的水资源成为最为关键的一个因素。

其次，北京市作为首都的特殊地位对数以百万计并不断增长的流动人口数量也有着很强的敏感性。在众多社会因素中，政治稳定和社会安定构成了制约人口容量的最短边，这是由北京作为首都的政治功能所决定的。一方面，流动人口中的绝大多数遵纪守法，为首都的发展做出了自己的贡献。但由于流动人口平均受教育程度低、对城市文明规范缺乏了解、就业层次不高且不稳定、缺乏必要社会约束、缺乏劳动和社会保障、受到歧视和排斥等种种原因，流动人口中的农民工往往成为城市经济和社会生活中的"边缘群体"，这些都给城市管理增加了压力。另一方面，一小部分流动人口的违法犯罪活动也确实严重干扰了正常的经济、社会秩序，影响到首都的社会治安。据北京市公安局统计，流动人口犯罪占到北京市犯罪案件总数的 70%。[①] 但同时，流动人口也是各类嫌疑人的侵害主体。这对城市管理者在管理思路、管理体制和管理手段上提出了更高的要求。

1990～2000 年 10 年间，北京市常住人口增加了 257 万，其中户籍迁移人口和流动人口占 90%。2004 年在北京市居住半年以上的流动人口达 330 万，比 2000 年增加 80 余万。[②] 而据北京市统计局、国家统计局北京市调查总队最近提供的数据显示，2007 年末北京市常住人口达到 1 633 万人，其中外来（常住）人口 419.7 万人。[③] 可见近些年来进京的外来人口数量一直保持着比较高的增长速度。因此，如何应对日益增多的流动人口就成为一项事关首都社会稳定和经济发展的重大课题。

二、新阶段流动人口管理问题及其分析

（一）《收容遣送办法》取消后，暂住证制度面临的困境

1. 办证率的下降导致管理范围的收缩

我们的调研发现，一些地方的流动人口办证率已经开始明显下降。一些流动

---

① 北京登记办理暂住证人口超过 520 万．http：//www.sina.com.cn.2007-11-29．
② 马小红．新城市规划下的北京市迁移流动人口 [J]．中国人口科学，2005（S1）．
③ 北京晚报，2008-01-21．

人口觉得不办暂住证也不会像以前那样受到被遣送的潜在威胁。那些目前仍然办理暂住证的流动人口也仅仅出于习惯性的担心或不了解信息，或者是在生活的某些方面仍然需要暂住证。考虑到法律变动的延时效应，可以预见今后一段时间内，暂住证的办理率将会有比较明显的下降。这必然导致流动人口的信息缺失和管理范围的收缩，暂住证的原有管理职能失去效力，在一定程度上出现了管理真空。

2. 强制力的丧失加大了管理（尤其是治安管理）的难度

调研中发现的另一个突出问题是流动人口中一些从事非法活动（如制假贩假、街头卖淫等）的人员认识到执法力度的弱化而变得无所顾忌。对于这些违法活动，执法人员也普遍感到有些束手无策，很不适应，甚至对过去的强制性手段产生了"怀念"之情。

（二）"管理主体缺位"和管理体制混乱

所谓"管理主体缺位"、管理体制混乱表现为以下几个方面：

1. 多头管理相互脱节、缺乏协调

流动人口管理是个相当复杂的问题，几乎与城市所有的职能部门发生了联系。在城市的日常管理工作中，很多部门都不同程度地参与到流动人口的管理工作中，因为缺乏有力的协调而导致了管理相互脱节问题。

比如在房屋这个管理环节上，根据现行管理条例规定，管理的主体为房地部门和公安部门。由于作为行政审批项目清理之一的房屋租赁治安许可证已经被取消，公安部门的管理力度随之减弱；而实际上房地部门没有足够的能力来管理数量庞大的出租房屋；税务部门理应负责房屋出租税的征收和督察，但实际效果却不理想；基层社区虽然直接掌握一些信息，但却缺乏相应的法律权限，并且多忙于应付繁多琐碎的各项日常工作，因此，这些职能部门在日常管理工作中横向协调不足。

另外，在流动人口就业这一方面，不同的流动人口群体往往分属不同的部门管理。例如，成建制的建筑工人，归建委管；在许多正规企业部门就业的，归劳动局管理；零散来京务工经商人员，归工商部门管理。

2. 公安机关一家难以协调多个相关部门

北京市现行的流动人口管理体制建立于1995年。市政府成立了由市政府法制办、公安、建委、劳动、工商、规划、房地、卫生、计生等17个部门领导组成的外来人口管理领导小组，下设办公室。各区县街乡也成立了相应的管理机构，日常工作由设在各级公安部门的流动人口管理办公室负责统筹协调。

从市级层面来看，由"二级处"地位的市公安局人口管理处外来人口管理处来协调市级相关职能局（办）时常出现困难局面。囿于工作性质和行政权限，市外管办的协调工作只能局限在会议的召集、年度总结、规划等内容。

从区一级的层面来看，各区县流动人口管理机构的设立往往又有很大差别，例如同样是流动人口大区，海淀区外管办一直设在公安系统内。而丰台区和朝阳区则改为设立在区政法委下面的综合治理办公室，相对独立（有财政拨款和正式人员编制）。即便这样，也还是处于"常设临时机构"的地位，也同样缺乏协调各个部门的必要权威。

从自身的治安管理职能定位看，由公安部门负责流动人口的综合管理也难免带有部门局限而难以适应流动人口管理综合性很强的特点。因此，公安部门管理流动人口时常感到力不从心。外管办是当时城市政府在"条块分割"管理体制下无法对流动人口实施综合管理的"应急"产物，随着政府职能的重新定位和流动人口管理任务的加重，现行管理体制的缺陷也日趋凸显而亟待调整。

这样的行政体制会导致两个弊端：一是使得综合性很强的行政管理往往主要成为比较单一的治安管理；二是牵头、协调作用难以很好发挥，许多职能部门只是被动参与，事实上管理不到位。

3. 条块分割、责权利不统一

条块分割的体制特征，促使"条专块统"这一管理思路在现实的工作中难以贯彻执行。主要表现为基层组织管理的责权利关系不清，一方面职能部门如房地局没有足够的人力、物力对流动人口的房屋租赁行为进行监督管理；另一方面，基层组织在具体监督管理过程中缺乏职能部门的相关权力，行政执法上缺少法律依据，其行为不具有法律效力，因此在日常的管理中往往工作并不能到位，发现问题难以及时解决。而一旦发生问题，基层的责任总被追究。部分信息沟通渠道不通畅的地区，条块切割、各行其是的现象更为严重。但是职能部门与基层组织（街、乡）之间往往又缺乏必要的沟通与协调，有的职能部门在基层有相应的下属机构还比较好，有的则完全没有，导致职能部门对流动人口的管理进一步虚化。

4. 基层缺乏必要的执法权，"属地管理"难以落实

近年来，有关部门也提出过"属地管理"的思路，许多职能部门也试图将日常管理委托给街、乡。但是在实践中，基层往往没有必要的执法权，实际上也难以落实"属地管理"原则。

街道、社区缺乏执法权有三方面原因：一是相关职能部门没有完全授予权力；二是街道是政府的派出机构，也缺乏相应的行政权力；三是我国行政部门目前没有行政强制权，导致执法也非常困难，需要经常借助于一个部门牵头，多个部门参与的所谓"联合执法"来完成行政执法任务，但联合执法往往在短时间内效果比较显著,但时间一长又回到了原来的状态。

5. 行政执法成本高、效率低

在具体的执法过程中,由于执法成本高,行政效率比较低。例如,调研过程中职能部门反映,对于违规出租房屋行为的处理程序复杂,房地部门没有能力追究行政责任,即使房东不服从处罚也没有任何相关的处理办法。

(三) 城乡结合部地区成为管理的重点和难点

大多数外来流动人口来京后居住地选择在近郊区,特别是城乡结合部地区。2000 年全国第五次人口普查长表抽样数据表明,1996~2000 年五年内由外省市来京的流动人口有 61.9% 居住在近郊区。到 2000 年为止,在全市 8 155 个居/村委会中,外来人口数量在千人以上的有 483 个,其中万人以上的达到 6 个,5 000~10 000 人的有 29 个。[①] 这些居/村委会绝大多数是在朝阳、海淀、丰台、石景山四个近郊区的城乡结合部地区。这些地区流动人口与常住人口的比例大都接近 1:1,有些地区暂住人口还超过常住人口。我们调查发现,在一些居/村委会流动人口与常住人口的比例甚至高达 5:1,成为名副其实的流动人口聚居点。流动人口比例过大给社会治安、环境卫生、工商管理、计划生育等都造成了很大压力,因此城乡结合部地区成为流动人口管理的重点和难点。

1. 同一地域上的交叉管理带来管理真空、权责不清

由于人口管理按照户籍进行,城市居民由城市组织(街道、居委会)进行管理,农村居民由农村组织(乡、村委会)进行管理,这就在城乡结合部存在着非常复杂和混乱的管理。最典型的如丰台区的南苑乡,在地理上与大红门、东高地、马家堡等九个街道办事处高度交叉重叠。城市居民和农民混合居住,"你中有我,我中有你",出现这一户归街道/居委会管理,相邻的一户即属于乡/村管理的现象,甚至出现"一家两制",导致管理上非常混乱,出现管理上的真空地带。

与此形成鲜明对比的是,朝阳区比较好地处理了地域上的行政管理交叉重叠的问题。例如,大屯、太阳宫、东风等地区均是挂乡政府和地区办事处两块牌子,一套人马。不仅村委会,而且社区居委会和新型物业小区也由乡政府统一管理。随着这些地区城市化进程的发展,乡政府将过渡到街道办事处,而村委会也过渡为社区居委会。

2. 部分基层组织和个体的利益局限削弱了管理力度

流动人口在城乡结合部的长期驻留是他们与该地区彼此选择、共同受益的结果,是两种利益需求的联姻。流动人口为当地农民、村、乡等基层管理组织带来

---

① 张铁军. 外来流动人口知多少 [J]. 北京统计,2002 (6).

了许多利益，例如巨大的出租收入、消费量和各种管理费用等。他们在各自谋求生存和发展的过程中，由于相互需要和相互适应，已经形成了深刻的利益共享和相互依赖的关系。在城乡结合部地区形成了公众利益、小地方利益、私人利益三种利益诉求，其中：城市政府管理部门追求城市社会公众利益；基层管理组织在流动人口管理中存在着小地方利益；用人组织、房东等关心私人利益。这三种利益诉求之矛盾在流动人口管理问题上很容易产生管理链条的断裂。

其一，管理政策措施难以有效传递。

由于公众利益与地方利益之矛盾，人口管理政策、措施难以通过现有社会管理系统得到有效传递。基层组织在处理流动人口管理上存在着两难：社区管理组织一方面作为政府职能的延伸，追求城市公共利益；另一方面乡村由于土地、房屋的经营也追求地方的经济利益。不可否认，在调查的城乡结合部地区，对于流动人口管理工作，基层组织也投入了大量的人力、物力，工作成绩非常显著。但与此同时，部分基层组织在经济利益驱使之下，失去了自我约束力，在管理流动人口的同时也同样非法占地、非法盖房出租。然而，在街道、居委会等基层社区中由于不存在乡村一样的地方利益，往往工作动力不足，工作效果不佳。

其二，许多微观层面操作无法到位。

由于私人利益与公众利益之间存在着矛盾，"以房管人"、"劳动保障"等微观层面操作无法实施到位。利益共同体内的相互包庇行为大量产生，房东们对日常的管理、登记不主动配合，有些房东在有关部门查抄时，窝藏房客的赃物和违法违禁物品，帮助房客盗电，协助流动人口找关系、找门路从事违法经营，有些与流动人口合谋行贿，从中渔利……类似现象在城乡结合部颇为常见。

3. 土地无序开发导致房屋出租的混乱状况

随着北京市的城市化进程不断向周边地区扩展，北京周边城乡结合部地区的农村土地越来越成为开发的焦点。一方面，城市规划先于开发，促使城乡结合部地区的规划用地在短期内处于无人管理的境地，农村在批租土地的过程中往往缺乏必要的审批环节，从而使得投机者能够利用批租来的土地搭建非法房屋作为市场或民宅出租给流动人口；另一方面，80%以上的居（农）民都是房租的直接受益者，许多农民的土地被国家征用为城市建设用地，而补偿往往非常低，失去土地的农民实际上失去了收入来源，而这些农民往往素质比较低，缺乏必要的资金和技术，难以进入城市职业体系。因此只好依靠房屋出租来弥补生活所需。在这种情况下各种违章建筑极其容易产生。

4. "取缔—再生"的衍生经济

调研中基层同志反映："真正给城市管理造成负担的是衍生出来的部分"，即"衍生经济"。这主要是为流动人口自身提供服务的那部分经济活动，包括小诊所、小饭馆、小浴室、小发廊、民工子弟学校和"马路经济"。由于流动人口的主体是农民工，他们的消费水平普遍比较低，很难享受到或承受不起城市现有的正规经济部门所提供的各项服务。因此，主要为他们服务的衍生经济就应运而生。这种衍生经济往往没有取得合法的资格，存在质量差、不规范、存在安全隐患、影响环境市容等一系列问题，而成为城市管理部门的管理重点。但目前的管理往往采取取缔的办法，效果不佳。"取缔—再生"的现象非常普遍。

应该看到，这种"衍生经济"由于有着支撑其存在的市场需求而具有顽强的生命力。它一方面为流动人口自身服务；另一方面也为北京市低收入居民提供了可以承受的商品和服务。工商、城管等部门往往花费较大的力气对它进行清理、取缔，但成效却始终很有限，而且造成了这部分流动人口对城市管理当局的抵触甚至对立情绪。"衍生经济"或非正规经济是发展中国家大城市中一个带有普遍性的问题，处理不当会有激化矛盾的可能。因此，如何规范，并引导好流动人口的非正规经济是值得城市管理部门深入研究的问题。

（四）管理方式落后

1. 单纯强调"严格管理"，大大提高了管理成本

在对流动人口的管理中，单纯强调"严格管理"。而"严格管理"被简化为"严格办证"，并可能进一步被扭曲为"收费经济"。政府为流动人口设置的门槛反过来却成了自己的管理门槛，大大提高了管理成本，同时也为相关部门和小群体不正当利益的获取行为提供了借口。

"严格管理"是总量控制思路的必然反映。在以往出租房屋的管理上，实行的是"两证一牌"的管理办法。对出租房屋产权证的要求使得大量违章建设的出租房无法被纳入到管理视线之中。无论是出租房屋许可证、还是流动人口的就业证、个体户工商营业执照都出现流动人口办证难的问题，但更为重要的是，政府管得住证件数量，却管不住市场需求。于是便出现"无照也出租、无照也经营、无证也务工"的情况。一方面，出现经济学中"劣币驱逐良币"[①]的问题：管理者疲于清查数量庞大无照/证者，由于法不责众而导致有照无照一个样，既损伤了一部分人的办照积极性，也导致另一部分人的投机心理；另一方面，一些非法造假证件/执照者乘虚而入，"缓和"了证件市场上的供求矛盾。

由此可见，"门槛"的高度与无照的数量之间存在着一定的正向关系："合法"的门槛越高，流动人口的办证成本也就越高，"非法"的数量也越大，最终使得政

---

① 是经济学中一个古老的原理，意为在铸币流通年代，消费者愿意保留、储存成色高的货币，使用成色低的货币进行市场交易、流通。——编者注

府的管理成本也越高。我们不妨将这种规律称为"行政门槛的双向效应"。

2. "严格管理"反而管不严格,造成依赖"突击管理"的局面

由于非法出租、非法经营/务工现象的普遍存在,同时也由于各职能部门人数的有限,使得有限的人力、物力无法应对大量"非法"活动的日常监管,这就必然造成对流动人口的管理只能是"运动式"、"突击式"的。突击管理的效果也限于一时,一段时间之后各种原有问题又会重新反弹。这种"乱—治—再乱—再治"的怪圈必须打破。

(五)不公平对待导致流动人口的对立心态

长期以来城市管理部门主要通过清查"暂住证"、收容遣送等强制办法来管理流动人口。当收容遣送的办法失去法律依据以后,城市管理部门的管理困境就迅速凸显出来。

这种困境的一个主要原因可以说就是流动人口与城市管理部门和管理体制的对立状态。造成流动人口与城市管理体制对立的原因是多方面的。

首先,流动人口的个体利益与城市利益不一致。流动人口进入城市,享受了城市的公共设施,给城市带来了环境、市容等多方面的压力,包括管理上的成本。由此出发,流动人口缴纳相应的税收、费用是合理且必要的,但必须明确哪些是流动人口已经向城市缴纳了的(如通过雇主/房东的税收),哪些是可以合理收取的(如某些社区为其提供的额外服务)。个体利益和社会利益的不一致决定了流动人口倾向于尽可能地逃避这些义务。

其次,长期以来,流动人口缺乏平等的权益保障,特别是农民工,在收容遣送办法废除以前,可以说连基本的人身权利都得不到保障。这种情况下,流动人口自然不愿意承担相应的义务。

再次,流动人口中农民工群体收入低下、经济承担能力有限,他们在城市尽可能维持比较低成本的生活,而以往对于流动人口的收费存在着不透明和乱收费的现象,有时甚至相当严重,因此,低收入却要面对着高收费,这就促使他们尽可能逃避城市管理部门的管理和可能让他们承担的种种义务。

三、对以往流动人口管理工作的反思

1995 年制定并于 1997 年修改的《北京市外地来京务工经商人员管理条例》[①]提出了十六字方针:"规模控制,严格管理,加强服务,依法保护。"毫无疑问,

---

① 该条例已于 2005 年 3 月由北京市十二届人大常委会第十九次会议决定废止。

这十六字方针对于这些年来的流动人口管理曾发挥重要的作用，成为依法行政的基础。但随着国家改革大局的发展，其思路上的弊端和不适应之处也日益暴露出来。这使得我们有必要从整体上对这一方针进行再认识，以利于流动人口管理思路和体制的改革及创新。

（一）"总量控制"有悖于劳动力供求关系的市场规律

1. "总量"控制目标的制定缺乏客观的依据

在1993年经国务院批复的《北京城市总体规划（1991～2010年）》预测，2010年北京常住人口1 250万，流动人口只有250万。2000年年初，北京市提出全市流动人口总量控制的目标规模，要求把全市流动人口由原来的300万左右减少到215.8万人以内。而根据2002年流动人口动态监测数据，在京居住一天以上的为386.6万，其中居住半年以上的为286.9万人。截至2007年6月底，北京市全市总人口数突破1 700万，其中户籍人口已达到1 204万人，流动人口总量为510.7万，约占总人口数的三分之一。而2004年修订的《北京城市总体规划（2004～2020年）》提出，到2020年北京总人口规模控制在1 800万左右，而如果按照前10年平均增长率2.2%的速度，2020年人口将达2 100万，这将严重影响北京的可持续发展。由此可见，一方面，实际的发展已经远远超过上述的规划和预测指标；另一方面，也反映出过去对人口的规划和预测存在着明显的不足和缺陷，把城市人口规模这一综合性因素极强的问题考虑得过于简单。

在实际调研中也发现，过去由市里到各区县，再到街乡层层下达控制指标的做法早已形同虚设并且难以为继。总量控制的思路带有明显的计划经济下行政管理的色彩，政府的计划管理思路与市场经济的自身规律构成了一对基本矛盾。

2. 总量控制的思路易掩盖矛盾的主要方面

上述对两难困境的分析指出，城市资源容纳能力与人口总量存在着一个主要矛盾。毋庸置疑，迅速增长的流动人口数量确实对城市的自然资源（如水资源、土地等）、基础设施、住房以至于城市管理能力和社会治安构成了巨大的压力。过去往往过于强调城市的容纳能力是有限的，并以此成为控制流动人口规模的客观依据。但仔细分析，总量控制的提法容易掩盖矛盾的主要方面，造成城市管理者对这些方面进行改革和创新的忽视。

以水资源为例，北京是缺水型大城市，确实存在水资源过度开采的问题。但造成目前局面的根本原因是原来的不合理用水格局和体制，解决问题的根本出路在于建立起水资源的准市场机制，通过调整产业布局限制耗水工业的发展、发展节水技术并调整水价、改革管水体制、建立合理的城乡水有偿交换等一系列措施来改变目前低效率的用水局面。以限制流动人口的做法来缓解水资源紧张的矛盾，不仅难以奏效，而且容易掩盖矛盾的主要方面。

类似地，对于人口增长所造成的城市基础设施、城市管理能力滞后等问题，北京市不仅与发达国家的大城市如巴黎、纽约、东京等相比还有很大的差距，就是和亚洲的一些大城市如汉城、香港相比，也还存在着很大的提升空间。过于强调通过对流动人口规模的行政限制不仅会造成改革城市建设和管理体制的主观障碍，而且在客观上对流动人口也有失公正。

3. 以"堵"、"轰"为主的控制手段既有失公正，也缺乏效率

为了达到总量控制的要求，过去政府主要采取"堵"和"轰"的行政性手段。"堵"就是对流动人口设置重重行政门槛，从入口处控制规模；"轰"就是通过清理、收容遣送从"出口"处减少数量。"堵"是依靠各种歧视性政策（特别是就业方面）和办证、收费管理来实现，"轰"则是靠限制人身自由的强制手段来完成。

然而，"堵"的结果是，非但没有限制大量的民工涌入城市，反而在一定程度上造成了办证率的低下。而"轰"的效果更不理想，往往是遣送人员前脚返回北京，被遣送的民工后脚又重新踏上这片土地寻找工作。

随着国家取消各种行政性的收费、要求采取"一证式"管理来降低农民进城打工的门槛，以及收容遣送办法的废除，既扩大了行政性的"进口"，同时又关闭了行政性的"出口"，使得"堵"和"轰"的手段都部分或完全地失效。这就使得北京市必然要对总量控制的思路和手段进行改革和创新。

（二）城市人口管理的目标不能简化为治安管理

以往对流动人口管理的目标和手段都反映出城市管理部门对于流动人口，尤其是对农民工群体的不信任。无论是暂住证，还是收容遣送都服从于城市治安这个目标。

不可否认，流动人口中犯罪率确实相对比较高。统计表明，流动人口犯罪率比常住居民明显要高。[①] 但是也应该看到，即使如此，北京市流动人口中犯罪人口所占比重也不到1%。为了防范这1%的违法犯罪分子而对整个流动人口群体采取区别性政策，并不是最有效率的办法。并且还应看到，许多违法和犯罪正是因为城市管理部门没有给予流动人口平等的权益而导致的。

事实上，对流动人口管理的目标不应该仅仅局限于治安管理，因为如果这

---

① 犯罪率的比较往往忽视了流动人口是以男性、中青年劳动力为主的结构，而本地居民则是年龄、性别都比较均衡的正常人口结构，因此容易高估（夸大）流动人口的犯罪率。

样，管理就既无经济效益也无社会效益。流动人口的管理应该为整个城市的综合管理提供基础和服务。明确这一点，才能真正划分流动人口管理的权限、经费来源和责任划分。

当然，不可否认，治安管理是城市管理的一项重要任务，对北京这样的城市尤其应是如此。但是治安管理也应该通过整个城市管理水平提高，也包括城市治安管理方式和手段的更新来实现。

(三) 政府部门重管理、轻服务

目前对流动人口的服务工作主要表现在政府重管理、轻服务造成的服务"缺位"，以及由此引起的非法社会服务的"替代效应"两方面：

1. 政府部门重管理和控制，轻服务和保护

在1995年制定并于1997年修改的《北京市外地来京务工经商人员管理条例》中，对于流动人口的管理与服务地位的规定很不对称。对"管理和检查"的规定有十七条之多，不仅严格而且具体；而对于"服务和保护"则只有笼统的五条。十个配套规定也存在着同样的问题。

从实践中看，流入地政府不仅对流动人口住房、就业等信息的掌握还很欠缺，就是对他们基本权益的保障和维护也远远不够。民工的合法权益在城市里受到严重侵害的情况层出不穷，例如恶意拖欠工资、缺乏必要的劳动保护、拒绝工伤赔偿、人身强制和超负荷劳动、工作和居住条件恶劣等现象，这些客观现象的存在不能不说政府在提供依法保护和服务方面做得还远远不够。

调研中也发现一些职能部门和基层政府的同志把服务做简单化、片面化的理解，没有给予服务以足够的重视。针对管理与服务的关系存在两个认识上的偏差。

其一，错误地把服务简单地与管理相对立，把提供服务等同于放弃管理。在提出流动人口工作要从管理向服务转变的方针时，很多相关部门的具体办事人员反映："都去给流动人口服务了，还有什么权力去管理？流动人口谁还听你的？"反映出目前流动人口管理工作中最典型的一个问题：把服务简单地与管理相对立，把提供服务等同于放弃管理。

其二，错误地认为原有的管理就是服务，没有必要提供另外的服务。这种观念仍然是长期以来将流动人口管理等同于治安管理的延续，是将流动人口视为二等公民，从而忽视其社会贡献与综合需求的一种歧视。

造成这些认识偏差的最主要原因就是以往的流动人口管理是一种单纯的治安管理。在以治安为重点的防范式管理模式下，过于强调了流动人口造成的治安问题而忽视了其对社会的贡献，也忽视了流动人口作为平等意义上的国家公民对社会服务的综合需要。

其结果便是使流动人口产生强烈的受歧视感和自卑感,难以与居住的社区、所在的城市产生认同感,从而使其本来就边缘化的社会身份进一步被排斥。诚然,流动人口的犯罪率的确远远高于当地居民的犯罪率,然而在这些数字的背后,也反映出由于对流动人口合法权益的保护还远远不到位,致使少数流动人口在城市这个陌生而不公正的环境中不得不采取一些违法犯罪的过激手段来实现"自我保护"和"自我救济"。

2. 政府供给"缺位"导致非法"补位",影响社会稳定大局

流动人口来京务工经商必然产生一系列的需求。不仅包括对于工作岗位、居住经营场地等主要由市场供给的需求,也包括对权益维护、公共安全、就医、子女入学等主要依靠政府供给的公共物品的需求。如果政府不能有效地满足流动人口的这些合理需求,那么必然会有非法的"补位者"来提供替代品的供给。

流入城镇的农民工,或者住在雇主提供的集体宿舍、简易工棚,或者租住在城郊破旧民房,城市政府几乎很少考虑到城市农民工的住房问题。此外,政府取缔的非法民工子弟学校确实在师资力量、办学条件甚至安全隐患上存在种种问题,但流动人口在无法获得本地教育资源或者获取成本很高的情况下,不得不依赖它们的存在。尤其值得重视的是,在遇到劳资纠纷、工伤致残、敲诈勒索等问题的时候,他们很难维护自己的合法权益。权益得不到维护的打工者,有寻求保护和寻找归属感的需求,他们有一种"抱团"的自发愿望。老乡会甚至帮会就是这种需求的替代供给者。不少研究表明,"流动帮会"大都是从一些老乡性的小团伙演变、进化而成。有一个庞大的弱势群体需要"保护",并且这种"保护"可以产生收益,这是导致"流动帮会"产生和成长的一个重要原因。一些流动帮会在替老乡"讨钱"等行为中不断壮大,一些帮会已开始涉足组织卖淫等"地下产业",实力和规模越来越大。

针对目前相关流动人口管理部门中"管理就是服务"的旧思想、旧观念,要大力组织教育培训,使广大管理人员逐渐适应"管理向服务转变"、"寓管理于服务中"的新思想、新思路,服务并不意味着放弃管理。

需要注重流动人口权益的保障,更应该在日常的人口管理、服务中注重流动人口的各种社会需求,最主要的表现为:劳动权益、司法权益和教育权益(将在后文中详细论述)。服务的具体形式表现为为流动人口在劳动、住房、法律和教育等方面提供信息咨询、正确引导以及必要的政策支持。只有转变原有工作思路,在加强管理的同时完善服务,实现对流动人口综合、全面的社会管理,才能更好地实现社会的长治久安。

四、流动人口管理的对策与建议

(一) 调整指导方针

我们认为新阶段北京市流动人口的指导方针需要调整,可改为:"合理引导,科学管理,加强服务,依法保护。"

1. 变"总量控制"为"合理引导"

总量控制的思路带有明显的计划经济下行政管理的色彩,政府的计划管理思路与市场经济的自身规律构成了一对基本矛盾。在实际调研中也发现,过去由市里到各区县再到街乡层层下达控制指标的做法早已形同虚设、难以为继。矛盾的主要方面不是用行政性手段直接控制人口规模的增长,而是使已有的流动人口在产业、空间和素质上的分布上更为合理。

(1) 通过产业政策和城市规划优化城市人口的空间分布。

相当一部分流动人口在京从事的是生活服务业,是"附着性人口"。随着周边卫星城的发展和人口的增多以及北京城区人口的减少,北京的大量吸附人口也会随之迁移。在这一点上可以充分借鉴法国巴黎 20 世纪 60 年代的领土整治和工业分散计划的经验,采取一些措施,包括:按照城市总体规划将过于集中的中央行政部门向外分散;政府通过制定产业政策和城市规划引导市场和企业,再由企业引导流动人口由中心城区和近郊区县的城乡结合部向远郊区县扩散、疏导,间接调控流动人口规模和分布;通过建设大北京都市圈和发展周边卫星城城市(镇)吸引北京城市人口和流动人口,达到缓解人口在城区过度集中所导致的压力。

从全国的宏观角度来看,在鼓励农民跨地区流动、进入大中城市就业的同时,必须大力发展乡镇企业,不断壮大县域经济,努力扩大农村富余劳动力的就地转移。考虑到大城市生活成本高、农民工收入低,今后真正能够吸引农民到城市定居的还是各类中小城市和小城镇。为了促进农民向城镇有序转移,必须进一步深化对城镇化一般规律和中国特色城镇化道路的认识,坚持大中小城市和小城镇协调发展,逐步形成合理的城镇体系,引导农民向大中小城市和小城镇渐次转移。

(2) 更多地运用经济杠杆优化流动人口的素质结构。

北京是我国的首都,是全国的政治中心和文化中心。根据首都城市性质和功能定位,北京对自然环境和社会秩序的要求远比其他城市要高。"五普"统计表明,在 6 岁及以上流动人口中,未上过学或扫盲班的、接受过小学教育的和接受过初中教育的合计有175.7万人，占了总数的73.3%。流动人口整体文化素质仍然偏低，这与建设现代化国际大都市的要求有一定差距。

引导流动人口（劳动力）流动的关键是引导资本的流动，因此需要由注重设置"个人门槛"向注重设置"行业/企业门槛"转变，限制和鼓励措施并举。此外，需要运用经济杠杆提高流动人口在城市中的生活成本，调节人口的分布和流向。

2. 变"严格管理"为"科学管理"

（1）由分立并行、多头的管理向统一管理转变。

所谓"统一管理"有两层含义：一是改变过去二元分割的人口管理体制，将户籍人口和流动人口统一纳入社会常住人口的管理；二是由政府设立常设的流动人口管理部门，统一协调各职能部门的管理工作。

（2）由以控制为主的治安管理向城市综合管理转变。

对流动人口的管理已经不再局限于以原先的治安管理为主，除了住房、就业、计划生育等管理工作需要扩大管理内涵，劳动和社会保障、权益维护、子女就学、法律宣传和教育、精神和文化生活建设等方面的工作也扩大了管理的外延。与之相适应的是，对流动人口各项管理工作的统一协调就不再适合由某一个职能部门来承担，而应该在政府中建立专门的流动人口管理服务机构进行统筹规划和协调管理。

（3）由以"条"为主的管理向以"块"为主的管理转变。

这要求做到权、责、利的统一，将更多的管理权限下放到街/乡以下，对承担大量日常工作的基层要保障其人、财、物的制度安排，并结合城市居改社和城市化过程中村改居的工作，处理好"条"与"块"的关系。

（4）由直接（行政）管理向与间接（社会化）管理相结合转变。

"间接"管理有两层含义：首先，依赖社区自治组织发挥直接管理作用；其次，利用行业协会、非政府组织、社会团体进行间接管理。形成政府管社团，社团管流动人口的间接/社会化管理机制。充分发挥社会力量参与管理的积极性和优势，对政府的管理可以起到很好的补充作用。需要说明的是，政府利用社团组织进行间接管理其实是利大于弊的。其好处在于：第一，可以大大降低政府的管理成本，"拿起一个瓷瓶远比捧起一堆碎瓷片来得容易"；第二，可以充分发挥流动人口中成功人士的积极性，利用其社会影响在流动人口中形成遵纪守法的自我约束力，减少违法犯罪。

（5）由突击管理向日常管理转变。

这一转变与落实"属地原则"和调整条块关系密切相关，一方面只有把管理权限下放到街道和社区才能真正保障日常管理的实现；另一方面，职能部门要从过去的注重办证、设门槛的入口式管理转变到更加注重日常的监管上来。

我们认为流动人口的管理是一项系统性很强的综合性管理工作，只有实现了上述相互联系的五个方面转变，才能是对流动人口实现科学的、有效的管理。

3. 加强服务和依法保护，促进流动人口对城市的认同

流动人口管理中的问题从管理部门的角度来看，本质上是条块之间责权利不统一的问题。同样，从被管理者的角度来看，本质上是流动人口的责权利不统一的问题。在新的阶段，必须改变过去重管理、轻服务的思路和做法，对流动人口的服务工作和依法保护必须由"虚"变"实"。为此应该：

（1）在新修改的法规中明确规定流动人口所应享有的各项权利。

（2）按照迫切程度的不同，逐步制定和完善针对流动人口的就业、医疗和养老保障的相关法律法规，发挥社会"稳定器"作用。

（3）应该将对流动人口服务的工作纳入到对各级政府和职能部门的目标责任考核中。只有这样，"加强服务"才不会沦为一纸空谈。

（4）利用现有渠道和资源，建立以政府牵头、社会相关方面共同参与的流动人口的教育体系、服务体系。

（二）"两个核心转变"

1. 从以治安管理为主向城市综合管理转变，落实属地管理原则

在上述的五个转变中，我们认为最核心的是前面两个转变。

（1）在市区两级政府建立有力的综合协调机制，明确牵头机构的权责。

要做好各个职能部门对流动人口管理的综合协调工作，必须改变目前由公安机关作为外管办的协调地位，而由政府出面。在市一级可以考虑成立有综合协调能力的流动人口管理办公室，[①] 明确相应的编制、机构和人员，制定北京市进城农民工的发展政策，综合协调各个部门的管理力量，为完善管理与服务创造必要的组织保障。在区一级，特别是朝阳、海淀、丰台、石景山等流动人口大区，应该加强政府作为统一协调者的地位，将外管办设在区政府下。因为在区政府的位置上，比公安部门更适合协调劳动、工商、房地等职能部门的工作，克服"多头管理"的弊端，也能更好地对下属街乡的流动人口管理工作进行监督和考核。

[①] 2007年1月，北京市流动人口和出租房屋管理委员会（简称"市流管委"）及其下设办公室成立，将现有的流动人口、出租房屋管理体制合一。今后，建立由党委政府统一领导，专门机构统一协调，各部门分工负责，条块结合、以块为主的属地管理工作体制，形成市、区（县）、街道（乡镇）、社区（村）四级流动人口和出租房屋管理服务组织体系。市流管委主任由市政法委书记兼任，副主任由市公安局长兼任，可见仍然是侧重于治安的防范式管理。

（2）推行街道管理体制改革，实现管理重心的下移。

1998 年北京市委、市政府制定了《北京市街道管理体制改革方案》，提出的改革目标是："把街道办事处建设成为责权统一、行为规范，能够有效履行辖区综合管理职能的行政主体"，从而推进管理重心下移，确立街道在城市管理中的基础地位。目前流动人口管理上存在的一些问题更突出暴露了城市基层管理体制的弊端。

关于城市基层管理体制，有两种选择：一种是承认街道目前发挥着基层政权功能的现状，赋予其足够的权力，使之成为一级政权，将其改设为区政府下的分区政府，成为强有力的基层政府；另一种是撤销街道或回归其"派出机构"的原来性质，同时扩大社区，赋予社区广泛的社区事务处理权和对政府派出机构的监督权，在居民选举和自治的基础上，实现"议行分离"，使社区成为强有力的基层自治组织。这两种改革思路的一个共同特征就是管理者（政府）与被管理者的距离必须缩短，当管理者成为被管理者的利益代表时，管理的合法性和效率都必将大为增加。

为了理顺"条"、"块"关系，将管理重心放在基层，需要从以下着手：

一是在条块关系上，首先应明确"条"、"块"职责和权力，真正落实"以块为主"的原则，强化属地管理，宜将管理重心落在街、乡一级，明确街、乡在流动人口管理中的主体地位，使管理权限得以集中，减少管理的协调点或结合部。

二是应有相应的体制保证，街、乡不仅有负责流动人口管理的组织协调权，还应赋予街、乡必要的执法权，包括一定的处罚权，对有关部门无力管理的出租房屋和违法建筑，可以委托的形式交由街、乡管理。

三是改变条条多头管理局面，职能部门的角色主要是对街、乡进行日常管理的业务指导，对执法进行监督，对执法效果进行检查。

四是针对快速城市化所造成的城乡结合部地区交叉管理、主体和责任不清的问题，要推动体制改革，在保留乡建制的同时，建立地区办事处，实行两块牌子、一套人马，作为区政府的派出机构，统一行使有关城市管理的职权。待条件和时机成熟时，取消混合建制，建立街道办事处。

（3）通过权力下放，增强社区自治能力，发挥社区整合功能。

改革城市管理体制，通过下放权力和社区自治建立高效的人口管理机制。如前所述，政府管理重心下移的目标不应该仅仅是"条专块统"，解决"条块分割"，不仅包括管理权力和管理责任的下移，也应该包括给予基层社区在社会事务管理方面更大的权限，包括给予社区适当的财政权限。这种基层权力的强化应该通过社区自治来加以监督。这样有几方面的益处：

首先，基层社区对流动人口管理成本低、管理链条短、权责明确，能够最有效地实现对流动人口的管理，从而解决了职能部门管理链条过长、缺乏必要人力、物力，实现有效管理的矛盾。其次，赋予基层社区治安、市政、环境方面更大的财政权限，有利于让流动人口感受到接受管理与享用城市公共设施的关系，"取之于民，用之于民"，从而减少管理阻力。基层社区拥有相应的社会事务管理权以后，才能更好地代表辖区内所有居住者的利益，并且更好地为居民（包括流动人口）提供服务，从而确立自己的合法性和管理权威。再次，基层政府具有较强的动力对辖区居住人口征收合理税费，而在基层自治社区和所有居住人口的监督下，这种对税费征收和使用才能确保效率和公正的统一。

另外，特别要通过赋予流动人口在社区这一基层自治组织中平等的成员资格，促使其参与社区管理和服务以及进行自我管理和服务，增强其作为社区主人的意识和活力，培育其互信互助、共存发展、团结合作的社区精神。在流动人口聚居区，一方面，社区居民委员会、社区党组织、社区居民代表会议、议事协商会等组织的成员应具有广泛的代表性，要给予外来人口一定比例的配额；[①] 另一方面，应鼓励增建各具特色的群众性自发组织，成立类似同乡联谊会、同业协会等组织，将外来人口的个人行为与集体利益整合起来。这样，通过充分发挥社区的社会融合功能，使之成为促进农民工与城市原有居民平等相处的熔炉，成为加速农民工融入城市并成为新市民的桥梁，避免出现农民工被边缘化和与外界绝缘的"孤岛"现象。

2. 由"分立并行"的管理模式向实有人口的一体化管理模式转变

行政体制改革的基本思路是改变传统的政府将流动人口、户籍人口分开管理的模式，将流动人口统一纳入城市人口管理体系。

（1）以人口居住登记制度为核心，建立统一的城市人口管理体系。

建立户籍准入与居住登记相结合的人口管理制度；暂住证应该成为市民待遇凭证，由此实现流动人口权利与义务的统一。

根据以上分析，我们认为从当前国情出发，应该建立户籍准入与居住登记相结合的人口管理制度，[②] 暂住证应该成为市民待遇凭证，与广泛的社会生活权利

[①] 有关部门正在对1989年的《城市居委会组织法》进行修改，修改稿草案中明确指出：在城市的某一社区内，凡是有固定住所和居住权的自然人，皆是该法所称的"居民"；并且规定，在某一社区年满18岁，居住权在3年以上的居民，不受户籍限制，都拥有选举与被选举的权利。例如，在2004年北京石景山区鲁谷社区的试点中，在北京经商18年的重庆人向志高被推选为居民代表，而且成为社区的核心管理组织之一——社区委员会的委员。在207名代表中，有2名流动人口代表。

[②] 近年来，一些地方政府在解决农民工问题上积极探索创新，如明确取消暂住证，实行居住证，享受同城待遇。2006年9月，浙江省省政府正式提出，"改革农民工登记管理办法，加快相关立法修改，逐步在全省范围内取消暂住证制度，转而实行居住证制度"。根据2007年11月新近发布的《浙江省居住证申领办法（征求意见稿）》，居住证将与社保、就业、教育、居住等挂钩，使持证者享受与同城市民一样的服务，而且还在子女就读、计划生育、劳动保障方面享受到与浙江省内市民一样的优惠政策。此外，有若干地方把农民工改称"新市民"，如无锡、青岛、西安雁塔区等。

联系起来,例如子女就近入托和入学、办理市区公园年票、车辆注册登记、报考驾驶证、边境通行证和申请赴港澳商务活动等。而在固定社区居住一定时限的流动人口即可享有对居住社区的选举和被选举权、参政权。

当暂住证成为流动人口免费办理的市民待遇凭证时,城市管理部门对于流动人口的信息掌握无疑将非常容易和高效。给予流动人口广泛的权益保障,在此基础上才有可能消除流动人口与城市管理部门的对立,进而让流动人口承担相应的义务,实现流动人口权利与义务的统一。在暂住证的基础上,可以推行"积分制"等,使得持有暂住证一定年限、达到一定标准的流动人口能够迁入户籍。

此外,按照实际居住人口的属地化管理,就需要把农民工纳入城市公共服务体系。输入地政府需要在编制城市发展规划、制定公共政策、建设公用设施等方面,统筹考虑长期在城市就业、生活和居住的农民工对公共服务的需要,提高城市综合承载能力。要增加公共财政支出,逐步健全覆盖农民工的城市公共服务体系。

(2)积极稳妥地推进户籍制度改革,促进流动人口与所在城市的融合。

在城市流动人口中,有少部分人已经长期稳定地在该城市工作和生活,他们对所在城市也有了比较高的认同感,已经成为事实上的常住居民或准市民,无论是称其为"流动人口"、"外来人口"还是"暂住人口"都不太符合实际。

需要积极稳妥地推进户籍制度改革,对于满足一定条件的流动人口,应该解决其户籍问题或提供一定的市民福利待遇。这里的条件应该综合考虑,例如居住达到一定年限并有固定工作和住所、掌握一定水平以上的劳动技能(如技师、高级技工)、劳动模范或工作中有特殊贡献,甚至是道德楷模等。逐步解决这些农民工的户籍问题会对其他进城务工的流动人口产生积极的示范作用。需要注意的是,户籍制度改革也要从实际出发,避免"欲速则不达"。有的城市给流动人口普遍提供户籍和福利,不仅在公共财政上是难以承受的,而且实际上并非所有的外来人口都需要这些福利。稳妥的办法是根据我国人口流动所具有的非定居性移民的特点,逐步地将流动人口纳入城市体系。流动人口完全可以根据居留时间阶段性地得到更多的福利,最终完成与农民身份的脱钩,实现完整的市民化。

(三) 三个操作环节: 房屋、劳动就业、服务教育

1. 落实"以房管人",积极探索流动人口房屋出租管理的新模式

2004年7月1日,《行政许可法》实施以后,北京市出台的一系列针对进城农民工的政策法规被取消了,流动人口管理办公室在进行具体工作时,没有政策依据,出现无法可依的现象。例如对出租房屋的管理,以前的《北京市外地来京人员租赁房屋管理规定》已经被取消了,"加强出租房屋管理"的要求就成了

一句空话，无法落实。应该及时出台相关的政策法规，使相关部门在工作中做到有法可依。

落实"以房管人"工作思路，强化以出租房屋为重点的流动人口落脚点管理。全面实行出租房屋登记制度，按照"谁出租、谁负责"的原则，落实房主对承租人违法行为的责任制度和监督报告制度，依法履行纳税义务。具体来说，对于流动人口的房屋管理，建议围绕以下几个方面来开展。

（1）尽可能地将出租房屋"纳入视线"，建立和完善相应法律法规，明确租房行为各方相应的法律权利和义务。

"纳入视线"，获得关于出租房屋信息的一个前提条件是日常管理工作中需要有一套完整的法律法规工作依据。在这方面需要解决的两个突出问题是：

其一，无产权房屋和违章建筑如何纳入视线？一方面对无产权的房屋进行房屋产权确认，产权明晰是管理工作正常进行的基础，有了明确的产权才能够明确责任和落实房东的责任。另一方面对于违章建筑，由于城市建设规划等诸多经济原因，采用简单的拆除的办法实际上没有办法达到完全、准确掌握人口信息的作用；因此，一个可行的方案是在确认现行居住情况的前提下，根据房屋质量进行分类给予出租房屋许可证，但是需在政策上明确其不具有产权性质。

其二，物业管理小区中的商品房出租的人口信息如何登记？这是近些年来所暴露出来的新情况，现行的流动人口管理条例并没有做出明确的法律规定。在这个问题上，需要明晰产权人在配合日常管理中的法律义务。

（2）租房管理重心向基层倾斜，强化属地管理原则，条块之间加强沟通和协调。

房屋管理是基层流动人口管理工作中的一个环节，其面临着共同的体制性的障碍，在此仅就"以房管人"的具体工作提出对策。在房屋管理这个环节上，一些房管、工商等部门的管理工作可以通过社区的环节完成，比如，出租房屋审核、营业资质审核、房屋出租税征缴等职能部门可以将权力适当下放，根据其他城市和国外的经验，社区在日常管理中有一定的权力方才有制约房东、流动人口的机制，也才可以提高基层社区的工作动力。

与此同时，当前北京市房屋出租管理方面，基层、房管、工商等部门之间缺乏下情上达和横向协调机制。社区掌握着详细的信息，但是平常却没有通畅的渠道反映到相关职能部门，或者发现问题没有办法及时处理。为此，可考虑电子政务、信息化管理等科技手段实现部门之间的协调。

（3）城乡结合部地区推进城市化进程中，须考虑综合的社会经济影响，杜绝各类违章出租出现，对现有的违章房屋或清除，或规范管理。

城乡结合部地区对于流动人口管理有两层意义：其一，城乡结合部地区是当前流动人口管理工作的重点和难点；其二，随着城市扩张和发展，城乡结合部地区将长期发展，势必吸引更多的流动人口进入，解决好城乡结合部地区的流动人口管理问题具有长远的战略意义。而从房屋管理来看，城乡结合部地区所出现的违章房屋存在存量住房管理和增量住房管理两部分内容。

对于住房"存量"部分的管理由于产生了诸多利益，采取强硬的措施实际上收效甚微，可行的途径可能有两方面：一方面，承认居住事实的基础上将出租房屋纳入视线管理；另一方面，对于危险房屋和不符合居住标准的房屋，该拆除的拆除。对于住房"增量"部分，在进行规划设计的时候需要充分考虑开发所可能导致的综合的社会经济影响，减少和杜绝各类违章建筑的出现。

（4）建立房屋分类租借登记备案体系，对租赁行为进行等级评估，奖惩结合以规范房屋出租行为。

微观操作上所要解决的一个核心任务是建立房屋租借登记备案体系，通过房屋租借登记备案配合人口登记，及时掌握实际人口居住情况。具体包括：

出租房屋分类登记：可以依据产权、用途等对出租房屋进行分类。这种分类登记体系须考虑政策与法律在产权问题上可能存在的矛盾。

租赁行为良好等级评估：建立租赁行为登记评估体系，对于租赁行为表现良好、无违法、违规、治安、卫生等问题的房东给予奖励，对于有不良表现的，依法追究房东法律责任。

明确房东的法律责任、义务：房东有协助管理流动人口和提供租借人口的信息的义务。通过法规形式明确房东的责任，包括税收、协同管理、承租人信息提供等，用可行的手段通过房屋委托管理方式实现房屋租赁管理，通过教育宣传方式进行鼓励，通过行政处罚与法律责任方式来落实。

（5）将流动人口的住房需求纳入城市政府的公共规划中，多种渠道改善农民工住房条件。

总体来看，流动人口的居住问题相当突出，特别是在违章建筑集中的城乡结合部和城中村，不仅普遍居住拥挤，而且缺乏必要的安全和卫生等设施，在防火设施、流行病预防等方面存在隐患，同时也给城市管理和社会治安带来较大压力。

解决农民工住房问题的思路归纳为：一要纳入规划，承担政府职责。城市政府应把解决农民工住房问题纳入城市住房保障目标责任，在城市规划和建设中要考虑农民工住房需要。二要充分发挥市场机制的作用，政府不可能大包大揽，应鼓励和引导房地产开发机构建设面向流动人口的低租金住房，向用人企业或农民工个人出租。三要从实际出发。要根据农民工的实际需求和经济社会发展的条件逐步解决，当前最迫切的是为农民工提供具备基本人居条件的住所。

目前在一些大城市存在着多种形式的出租房,如以工业区不同企业员工集体入住为主、由地方政府兴建的流动工生活区;由企业和经营者共同投资、对原出租楼宇进行围院式改造后集中管理、面向各类打工者的出租公寓;也有由经营者投资建设并集中管理,房屋虽较简易,但基本设施较齐全,适合低收入家庭租住的旅店式出租屋。各街、镇、村、居委出租屋和流动人口管理机构可根据辖区内土地资源和现有出租屋房源状况、流动人口的集中度、来源地和就业特点等,推广各类集中管理的房屋出租管理模式。①

2. 分类指导,发挥市场调控和引导的作用

(1) 对分化的流动人口进行分类引导。

针对流动人口存在着重大分化的事实,对于流动人口的管理采取有区分度的管理策略。对于那些高素质、有人力资本优势的流动人口,应该敞开大门,加强服务,鼓励其为城市建设发展做出更大的贡献,并从户籍制度改革的角度更多地考虑这部分人群的切身利益,将这部分人群纳入到城市体系中。而对于非正式就业市场中的流动人员,则宜采用疏导结合的方式,通过规范劳动市场的方式,以市场调控取代指标调控。

(2) 以经济性手段调控流动人口的数量和结构。

从用人单位的用工成本来看,市劳动与社会保障局规定使用流动务工人员的企业需要为他们缴纳社会保险,在客观上可以提高用人单位的用工成本,由此可以在一定程度上协调好外地劳力与本地劳力之间的市场竞争关系。这样就在一定程度上提高了流动人口的进入门槛。实际的实施过程中需要加强对劳动用工的督察,确保用工企事业单位规范用工。

从流动人口的生活成本来看,一方面,当前北京市的生活成本已经相当高,但对于相当大部分的流动人口而言,其聚居区所形成的特有的"衍生经济"成为其在京生活的重要支柱,而这些低成本的交易方式成为流动人口生存与发展的基础。针对于此,需要经常性地整顿流动人口聚居区的各种非法的衍生经济,改善流动人口聚居区的基础设施和公共卫生等,消除各种社会安全隐患。另一方面,提高生活成本的原因是流动人口应承担更多的城市市民责任,在这一点上,

---

① 其中一种将出租屋作为个体旅馆业管理的模式值得借鉴。例如,石牌村社区是广州市最大的城中村,在4.3平方公里的范围内,流动人口近12万人,登记的出租屋5 000多栋、3.6万间。石牌街外管中心通过建立免费中介所的方式较好地实现了辖区的治安管理,即由屋主将房屋信息委托给外管中心出租,中心下设出租房屋服务点,负责免费介绍出租,并对承租人进行登记,以屋管人,做到"人来登记,人走注销",并定期上门检查督促出租屋主落实登记措施。对于房东来说,治安的改善有利于租金的提高;对于房客来说,可以免费获取值得信赖的房源,住得放心;对于管理者而言,由于掌握了各项基本信息,建立了完善的档案系统,并通过对房东和房客的服务和监督,从而有效地减少了治安、火灾等隐患和黄赌毒、制假等违法现象。

分担城市生活各项服务的费用，流动人口应该与本市居民一样。

（3）加强劳动力市场信息化建设，扩大省际间劳务协作的影响。

对各省发布用工、缺岗信息，吸收北京急需的人力资源，同时设立渠道向在京务工经商人员发布用工信息。用工企事业单位须严格遵守劳动用工的政策、法规规定。对于其使用的流动务工人员的情况须向主管部门登记备案。对于没有正式工作单位的，结合房屋登记和暂住登记获得其就业信息。流动人员进京伊始，有的并不知道其工作，因此，在进行暂住登记时完成该道程序并不切实可行，而在房屋登记时，在日常的管理工作中可以完成该项工作。

实践经验表明，各省驻京劳务服务中心所发挥的有组织的劳务输出，无论是对于有序流动、劳动权益保障还是劳动用工管理方面都具有其优势地位。以调研的河北驻京劳务服务中心为例，该单位的职责包括收集用工信息、处理劳动纠纷、发布用工信息、签订集体劳动合同、劳务协作等。档案托管、代缴社会保险等业务也有所开展。与外地劳务基地建立通畅、良好的关系。

3. 加强对流动人口的依法保护、公共服务和培训教育，建立"城市安全阀"

要充分体现中央"公平对待，合理引导，完善管理，搞好服务"的方针，首先必须在法律上明确规定流动人口所应享有的各项权利，才能增强流动人口的安全感和对城市的认同感，使得他们的权益得到坚实的保障。流动人口在社会生活中最基本的权利必须得到有力保障，否则就有可能构成社会的不安定因素甚至转化为社会矛盾。这些最基本的权利表现在劳动、司法和教育三个最主要的方面：

（1）维护劳动权利，逐步建立健全社会保障体系。

流动人口为北京市的经济建设做出了巨大的贡献，然而其在择业和劳动保障方面仍然受到不公正的待遇。目前许多行业仍然变相甚至公开地对流动人口设置准入障碍，一方面违背了市场经济的公平竞争原则；另一方面也违反了北京市关于完全放开就业市场的有关规定。

在外地来京务工经商人员的劳动保障方面，北京市劳动和社会保障局发布的《北京市流动人员就业证》规定"外地成建制进京施工企业办理《就业证》时，应当按照国家或北京市的有关规定为外地务工人员缴纳养老、失业、工伤保险"，然而绝大多数用工单位至今为止仍然违反国家有关规定，不给外地务工人员（尤其是农民工）办理"三险"，以此来降低用工成本。

因此，要实现流动人口工作从管理向服务的思路转变首先必须加大劳动监察部门的检查力度，杜绝目前的非法用工状况，维护流动务工经商人员的正当劳动权益。从迫切性的角度来看，城市政府需要充分重视农民工的工资支付保证金制度、劳动合同制度、最低工资制度等制度建设。特别是，建设、劳动等部门以及工会等相关机构都要积极帮助解决拖欠农民工工资问题，减少社会不稳定因素，尽量避免恶性事件的发生。加大对企业与农民工签订劳动合同的监察力度，严格执行并不断完善最低工资制度，推动农民工工资水平合理增长。

对于农民工而言，工伤和职业病是他们面临的最大风险，为其建立工伤保险是农民工第一优先的需要。疾病是农民工随时可能面临的风险，尤其是大病风险往往是个人和家庭难以承受的，很有必要通过建立医疗保险，为其排忧解难。农民工在城市务工，把最美好的青春年华贡献给了城市，无论是从保证社会公平还是应对人口老龄化挑战、减轻未来政府和社会的赡养压力出发，国家都理应对农民工的老年生活保障问题提前作出制度安排，早日为他们建立养老保险。因此要按照中央精神，根据农民工最紧迫的社会保障需求，坚持分类指导、稳步推进，优先解决工伤保险和大病医疗保障问题，逐步解决养老保障问题。

（2）保障司法权利，减少社会矛盾。

由于作为流动人口主体构成的农民工群体文化素质较低、法律意识较弱，在日常工作生活中经常受到不公正的待遇和法律侵害。这种侵害日积月累，使少数流动人口对所在的城市越来越缺乏认同，甚至产生仇恨心理，采取非理性或非法的手段报复社会，严重影响到社会的稳定和经济建设的顺利进行。要建设社会主义法治国家，就不可避免地要解决好流动人口的司法维权问题，而这一群体的社会弱势地位又使得政府在解决这一问题过程中扮演着至关重要的角色。

保障流动人口的正当司法权利，首先必须给流动人口最起码的申辩权利。调查中，流动人口向我们反映最多的就是自己没有"说话的权利"，当自身权益受到非法侵害时，没有地方可以申诉，并因此产生严重的被歧视感，最终只好忍气吞声、不了了之。其次，广大农民工群体由于经济能力非常有限，因此无法承担高额的法律咨询和援助开销，即便自身利益受到严重侵害，也无法通过正规司法渠道解决。

因此，需要利用现有司法系统中的法律援助制度，建立以"流动人口/农民工法律援助中心"为依托的外来人口法律援助制度，为外来务工人员提供法律咨询、权益维护等多方面服务；同时，政府可考虑建立法律援助专项资金，专用于为农民工办理法律援助案件、开展法律咨询活动、普法教育等开支，为法律援助机构开展农民工维权工作提供经费保障。此外，要积极组织农民工加入工会，充分发挥工会在农民工维权中的重要作用，在签订集体合同、处置劳动纠纷等方面充分履行职责、行使权力，为农民工维权提供组织上的保障。

（3）保障教育权利，提高流动人口素质。

由于教育资源相对有限，以及流入地城市政府的观念落后，流动人口的受教育权利却往往被忽视。这实际上违背了上文所提到的机会面前人人平等的社会发展原则，不利于社会的发展与稳定。应该意识到外来务工人员是重要的人力资源，是城市人力资源的重要组成部分，不是包袱和累赘。要将外来务工青年培训纳入政府行为，由政府统一制订教育培训计划，并实施分类指导。

对流动人口的教育主要应包括基本培训和子女教育两方面。

基本培训是指对流动务工人员在遵纪守法、劳动技能以及城市生活常识方面的短期培训，为流动务工经商人员更快更好地融入城市生活提供指导。一方面，对于通过劳务派遣和劳务输出的渠道进京的流动人员，用工企业通过有意向的发布用工信息，与输出地的劳动部门建立用工议定书，由输出地部门进行招工培训活动，以提高劳动力的素质。利用劳动部门的优势，对外来务工人员进行有针对性的就业培训，既满足了外来人口的需求，避免了其流动的盲目性，又可以减少市场上不法中介机构侵害外来人口权益的现象。此外，政府可以引导社会力量参与到对进城农民工的培训工作中，培养一批非盈利组织，把培训进城农民工当成一项社会事业，用社会的力量做好这项工作。另一方面，流动人员来到北京，往往不太熟悉在北京生活需要了解的法律法规。在办理证件比较烦琐的时期，流动人员多因为不知道办理证件的具体程序如何，而非不愿意办理证件。丰台区的经验表明，以街乡为单位建立流动人口业余学校，在春节和麦收过后对流动人口进行培训，教导流动人员了解北京的条例规定，如，工商、税务、子女教育等法律法规及其办事程序等。事实证明，经过培训的流动人员遵纪守法的程度大大提高，违法犯罪发生率大大降低。

随着流动人口的结构逐渐从单个流动转变为家庭流动，流动人口的子女教育问题变得越来越重要。由于北京市有限的教育资源、户籍制度的限制以及自身经济能力的制约，绝大多数流动务工人员的子女无法接受正规的学校教育，只能在一些非正规的民工子弟学校就读。而绝大多数民工子弟学校都存在着重大的安全、卫生隐患，师资力量不足等问题。如果任其发展，不但不能保证教育质量，连流动人口子女基本的人身安全都受到威胁，如果加以取缔，北京市现有的教育资源又无法满足数量庞大的流动人口子女教育需求。这又使政府陷入了管与不管都不行的两难境地。

要保障农民工子女接受义务教育的权利，解决农民工子女上学问题，对于多数城市政府来说，主要不是财力问题，而是认识问题和责任问题。一些城市政府在观念上、认识上始终没有把农民工与户籍人口平等看待，对农民工子女上学问题不愿意承担更多的责任。流入地政府要转变观念、明确责任。就北京市来说，解决这一问题的对策，可以采取开放公立、鼓励民办、公私合建等多种形式办学。除了政府加大教育投资外，更应该出台相应的优惠政策，依靠更广大的社会力量，鼓励民间办学。对于民工子弟学校，不得采取简单的关停办法，造成农民工子女失学。要加强安全、卫生检查，但更重要的是在办学条件和师资方面予以大力支持和引导，努力提高民工子弟学校的教育质量，让流动人口的子女都能接受正规的教育，从而在未来的社会建设中缩小地方差距，更好地为社会服务。

综上所述，今天，数以亿计的农民工已经成为产业工人的重要组成部分，同时也是城市化的重要推动力量。如何适应市场化和城市化的发展方向，正确对待进入城市务工经商的流动人口，成为一个事关城乡协调发展和构建和谐社会的重大问题。

城市政府需要从观念、制度和手段等多个层面来改革流动人口的管理和服务体系。从根本上说，城市政府必须克服地方主义和部门利益的局限性，公平地对待外来务工经商的流动人口，改变城市内部二元分割的管理体制，让流动人口在为城市发展贡献自身力量的同时，能够共享城市化的成果。为此，必须改变过去以防范型治安管理为主的管理模式，将流动人口的劳动就业、教育培训、社会保障、住房交通等多个方面的合理需求统筹考虑，将流动人口纳入实有人口的统一管理之中，积极稳妥地推动户籍制度改革，逐步健全覆盖农民工的城市公共服务体系。另外，城市政府也要从实际出发，考虑自身的资源条件，按照城市总体规划的要求，利用多种手段来合理地调节人口规模和分布，实现城市的可持续发展。

为此，城市政府首先需要从为流动人口提供诸如劳动就业信息、房屋出租信息等最基本需求出发，将管理寓于服务之中，实现管理与服务并重。只有保障流动人口的基本权益，并加强对其的服务，才能使流动人口认同城市当局的管理目标并积极配合和参与。从管理的参与主体来看，要由以政府管理为主、单纯依靠行政力量管理逐步向政府依法行政、社区依法自治、基层组织广泛参与的社会化管理服务模式的转变，特别是要发挥基层社区的整合作用和流动人口自身的积极性。

总之，城市中流动人口的管理问题其实只是农民工问题的一部分，亿万"候鸟式"的农民工要真正实现城市化，需要用两代人甚至更长的时间才能完成。城市当局必须意识到这一问题的综合性和长期性，不仅要以维护正常的城市秩序和社会整合为己任，更要勇于面对流动人口问题给既有体制带来的挑战，主动去实现自身的治道变革。

第十四章

农民工群体的社会认同及城市化

中国自古就是一个以农业生产和农村人口为主的国家。然而自1978年改革开放以来,随着市场经济的引入,工业和服务业的兴起,农村人口向城市的转移和集中大规模出现,我国开始进入由农业中国向城市中国的城市化转型时期。关于城市化的发展战略和发展模式,一直是我国政府和城市研究者关注的主题。在经过不断的实践、探索和争论之后,我国城市化的发展思路变得越来越清晰。2002年,中国共产党第十六次全国代表大会报告指出:农村富余劳动力向非农产业和城镇转移,是工业化和现代化的必然趋势。未来我国要逐步提高城镇化水平,坚持大中小城市和小城镇协调发展,走中国特色的城镇化道路。在2007年发表的中国共产党第十七次全国代表大会报告中,胡锦涛总书记再次强调:走中国特色城镇化道路,按照统筹城乡、布局合理、节约土地、功能完善、以大带小的原则,促进大中小城市和小城镇协调发展。如果说中央政府的论断为我国开展城市化建设提出了指导性原则,那么究竟怎样才能达到城市化的目标?而"城市化"又有哪些丰富的内涵呢?在展开具体的研究之前,我们有必要就这一概念做简明扼要的阐释。

城市化是一种复杂的社会经济现象和过程,不同的学科对它有不同的理解。改革开放30多年来,随着我国城市化的兴起和进程的加快,城市化成为人口学、经济学、社会学等学科研究的热点主题。人口学认为,城市化是指农业人口转化为非农业人口、农村人口转化为城市人口的过程。人口由分散的乡村向城市的集中,一般有两种方式:一是人口集中场所即城市数量的增加;二是城镇人口数量的增加。经济学认为,城市化是指各种非农产业发展的经济要素向城市集聚的过程,它不仅包括农村劳动力向城市第二、三产业的转移,还包括非农产业投资及其技术、生产能力在城市的集聚。① 社会学家则认为，城市化不仅是一种资源和财富的再分配方式，它不仅意味着人在地理空间上从农村向城市的转移，而更是城市生活方式的扩展过程，意味着随着城市的发展而出现的城市生活方式的不断强化。综合各个学科对城市化的定义我们可以得知，城市化不仅仅意味着人口在城市的聚集，而同时表现为生产和生活方式的改变。它是一个系统的变化过程，包括人的地域、职业、社会身份、生活方式和心理认同的全面变化。在这诸多的要素中，地域方面从农村聚集到城市，职业方面由从事农业转变为从事工商和服务业是明显而容易的，而在个人的生命历程中所形成的生活方式、心理认同，则需要日积月累地逐渐变化。这可能需要一生，甚至是几代的时间来实现。

根据国家统计局发布的 2005 年全国 1% 人口抽样调查数据，目前我国流动人口为 14 735 万人，其中，跨省流动人口 4 779 万人。② 而在这近 1.5 亿流动人口中，八成以上是农民工。③ 也就是说，目前我国约有 1.2 亿农民工在城市与乡村之间流动。根据大量的新闻报道和以往的研究我们知道，这些流动的农民工在城市中主要住在城乡结合部，从事着加工制造业、建筑业、住宿和餐饮业、批发和零售业和居民服务业等工作。从地域和职业上讲，他们已经在很大程度上实现了从农村向城市、从农民向工商业者的转变。然而从社会身份和社会认同方面来看，他们是否已经从心理上抛弃了"农民"的标签？对于农村和城市的看法又如何？对于自己将来的归属作何选择？而对于他们的认知，我们又需要做哪些工作，以促进农村人口实现社会认同和生活方式的转变，达到真正实现城市化的目标？这正是本文关注和意欲研究的问题。

一、"迁而不移"的农民工群体

世界上农村人口向城镇流动开始得最早、流动规模最大、农村人口比例下降最快的国家是英国。自 17 世纪大规模的"圈地运动"开始，英国即进入了农村人口向城市转移的城市化过程。此后，美国、法国、德国、日本等发达国家相继进入高速的城市化阶段，实现了人口由农村向城市的转移。1999 年，英国的城市化水平达到 89%，美国达到 77%，法国、德国和日本分别为 75%、87% 和 79%。④

---

① 谢守红. 城市化发展理论与实践 [M]. 中央编译出版社，2004.
② 国家统计局. 2005 年全国 1% 人口抽样调查主要数据公报，2006 – 03 – 16. http：//www.stats.gov.cn/tjgb/rkpcgb/qgrkpcgb/t20060316_402310923.htm.
③ 这里的"农民工"主要指户籍身份还是农民、有承包土地，但主要从事非农产业工作、以工资为主要收入来源的劳动者。
④ 汪洋主编. "十五"城镇化发展规划研究 [M]. 中国计划出版社，2001.

按照国家统计局发布的数据，1978 年我国人口的城市化率为 17.9%，1990 年为 26%，1999 年为 30.9%，2000 年为 36.1%，而 2006 年则达到了 43.9%。[①] 其中值得注意的是，我国城市化率从 1999 年年末的 30.9%，一跃而为 2000 年的 36.1%，这一年 5.2 个百分点的城市化增长率来自哪里？究其缘由，原来是在"五普"之前，国家统计局发布了《关于统计上划分城乡的规定（试行）》。在这个文件中，有关人口的指标为"在调查地居住半年及半年以上的常住人口"。也就是说，从 2000 年开始，我国城市人口的统计口径从原来的单指具有城市户籍的人口变为了包括在城市居住半年及半年以上的常住人口，其中就包括大量在城市务工经商而户籍依然为农村户口的农民工。这一统计口径的变化，表明了我国农村人口转移与其他国家所表现出来的不同特点：虽然有 1 亿多农村人口转向了非农产业，并在城市中或长期或短期地居住，但他们大多只是暂时完成了一种职业上的转变，而并没有实现地域性的迁徙和农民身份的彻底变更。他们常年在城市和乡村之间流动，过着候鸟或钟摆式的生活。

这种"移而不迁"的现象在世界城市化的历史中是非常罕见的。绝大部分已经实现了高度城市化的国家，当农村人口转化为城市人口时，不存在如我国那么多的制度限制，农民比较自由地改变了自己的身份，成为市民。例如英国，工业革命的开始，促成了工厂大生产时代的到来，随着生产规模的扩大，以及新兴产业的兴起，要求增添大量的劳动力；另外，17 世纪资产阶级革命取消了对圈地的限制，"圈地运动"剥夺了众多农民的土地，农村公共用地也迅速消失，大量无地农民只有流入城市。这两个方面的结合，成为英国加速工业化的重要动力之一。失去了土地的农民与土地彻底脱离了关系，与农村也逐渐割舍了联系，成为城市中的正式一员。

再如德国，作为工业革命的后起之秀，它以英、法等国为榜样，在改造传统手工业的基础上，迅速建立了自己的工业技术基础。机器大生产的快速发展，吸收了大量来自于农村的劳动力。在工业化快速展开的同时，第三产业也相应地跟上来了，成为容纳农村劳动力的重要行业。而更为重要的是，政府实施的一系列社会改革扫清了人口流动的障碍。19 世纪之前的德国是个封建农奴制度占统治地位的国度，农奴要对领主服劳役和尽其他封建义务，受其司法管辖。农奴没有人身自由，不能自由迁徙。到了 19 世纪初，农奴制被彻底废除，农民可以通过赎买土地和封建义务获得人身自由，这样，有能力赎买土地和封建义务的农民有了自己支配自己的权利，而没有这种能力的农民则沦为无产者，一部分被容克贵族和富农所雇佣，成为农业工人；一部分流入城镇，充实到第二、三产业中去，成为城市工人。1807 年，普鲁士国王发布了一项敕令，允许市民和农民自由改变所从事的

[①] 国家统计局. 中国统计年鉴 [M]. 中国统计出版社，1983 – 2007.

职业。1849年通过的《德意志帝国宪法》规定，公民享有人身自由和法律平等、经济生活、迁徙的自由。此外，普鲁士于1867年6月和11月先后公布了《职业自由法》和《迁徙自由法》，进一步为从业人员自由地选择职业扫清了障碍。这样，与工业化相适应，人口流动、迁移和选择职业的自由受到了法律的保障。①

反观我国，从1949年新中国成立直至1958年，人口流动和迁移是不受行政限制的，农村人口可以自由迁入城市。之后，由于"大跃进"和"大炼钢铁运动"等政策，工业发展过快，基建规模过大，职工和城镇人口增长过多过猛，大大超过了农业的承受能力，中央政府不得不做出减少城镇人口、限制城市规模、控制城乡人口流动的决定。1958年10月，国务院颁布《中华人民共和国户口登记条例》，确立了国家的户口登记和身份户籍管理制度，把城乡居民分为农业户口和非农业户口，对农村农业户口居民迁入城市采取了严格的限制措施。城市化从此进入20年的停滞期，甚至出现知识青年上山下乡、干部下放等"反城市化"现象。

改革开放以来，虽然传统城乡隔绝体制的松动为农村劳动力的自由流动提供了政策前提，区域和城乡发展差距的扩大成为引发农村劳动力大规模流动的直接原因，②农村就业压力的增大，以及乡镇企业吸纳富余劳动力能力的下降，使得进城打工成为农村劳动力不得不作出的选择，但是城市社会对"进城农民"并未接纳和作制度上的认定。严格限制迁移的户籍制度以及由此产生的歧视外来人的就业政策、保障体制和社会服务供给制度，将农民工排除在正规的就业和社会保障系统之外，他们只能在收入低、工作环境差、待遇差、福利低劣的"次属劳动力"市场上就业。而以户籍制度为代表的城市社会屏蔽制度使得农民工不能像市民一样得到应有的待遇，买房、子女入学、社区服务等受到诸多限制，他们同时还受到城市居民的排斥和歧视，这些因素都阻碍了农民在城市中居住，向市民身份转变。

由此，在农村的推力和城市的拉力，以及城市的排斥和制度障碍等多重因素的作用之下，在农村与城市之间出现了一个"移而不迁"的农民工群体。他们既不同于农村居民，也不同于城市居民，构成了转型期中国社会除农民与市民二元外的第三元。形成了我国转型时期独有的三元社会结构。

二、农民工及其子女的社会认同

如果说三元社会结构的存在是中国现时城市化最突出的客观事实，而且这一

---

① 章辉，黄柯可主编. 欧美农村劳动力的转移与城市化［M］. 社科文献出版社，1999；邹农俭. 中外农村劳动力转移模式的比较研究［J］. 人口学刊，2001（5）.

② 杜鹰，白南生等. 走出乡村：中国农村劳动力流动实证研究［M］. 经济科学出版社，1999（8）.

结构状态还将在未来延续不短的时间，那么流动的农民工群体面对当下的制度和生活环境会给出怎样的评价？他们对于回归乡村和留在城市会作出怎样的主观选择？从这个群体自身的角度出发，了解他们的主观认同和意愿，无疑对展望中国未来的城市化之路以及有的放矢地制定相关城乡发展政策，有着重要的意义。而要研究他们的认同和意愿，这需要从心理学中的相关概念谈起。

作为一个心理学范畴，"认同（identity）"与"自我（self）"是紧密相连的，通常指个体在社会生活中与某些人联系，而与其他人区分的自我意识。这一自我意识来源于个人或群体间接触之后产生的差异感。如果不与其他群体交往互动，或最起码地通过传播媒介而非形体式的信息接触，那么自我意识必然不会产生。即没有"他群"意识也就没有"我群"意识的产生。因而"认同"概念逐渐为主要以群体为研究对象的社会学、人类学等学科所采纳，转为着重揭示个人与群体，甚至群体与群体的归属问题。① 从而延展出"族群认同"和"社会认同"等概念。

著名社会心理学家泰弗尔（Tajfel）指出，社会认同是指个体对自己属于某一社会群体或社会范畴的意识，对他而言该群体身份负载情感与价值上的重要性。② 社会认同作为自我概念的一部分，将直接影响到个体的自尊。具体到农民工这一群体而言，流动农民在与城市居民的交往互动中，基于城乡及城乡居民差异的认识而产生的对自身身份的认知、自己感情的归属或依附、未来身体和行动归属的主观性态度，就构成了他们独特的社会认同。而这种社会认同将直接影响到他们的行为表现。

（一）农民工群体的社会认同

在考察农民工群体的主观选择之前，首先我们有必要大致地了解这个群体的特征。目前对我国农村外出劳动力的研究已经形成了一些共识，农村外出劳动力的人口特征和从业情况主要是：（1）在年龄结构上，以35岁以下的青壮年占绝对优势，女性的平均年龄低于男性平均年龄；（2）在已婚者中男性多于女性，在未婚者中女性多于男性；（3）在受教育程度上，外出劳动力受教育的程度明显高于农村中非外出劳动力。③ 由此可见，农村外出劳动力基本上是农村中最具活力、文化水平最高、获取信息最多的一个"精英群体"。与农村中未外出的农民相比，他们在个人素质上具有明显的优势。

这个精英群体在来到城市之后，面对的是二元劳动力市场中的次属市场。他

---

① 王毅杰，倪云鸽．流动农民社会认同现状探析［J］．苏州大学学报（哲学社会科学版），2005 (3)．
② Tajfel, H. *Social Identity and Intergroup Relations* [M]. Cambridge: Cambridge University Press, 1982.
③ 周大鸣．永恒的钟摆——中国农村劳动力的流动．载于柯兰君，李汉林．都市里的村民——中国大都市的流动人口．中国编译出版社，2001．

们在城市中常常从事着最苦、最累、工资最低、最没有保障的工作,而相对于他们所付出的劳动而言,他们的收入是较低的。绝大多数农民工的收入,仅相当于正式职工的一半甚至更少。① 有学者曾对四川省外出民工的小时工资与全国职工做了对比,结果证明,1994年四川外出民工的每小时工资为1.72元,城市职工的小时工资为2.22元;1995年四川外出民工的小时工资为1.97元,城市职工为2.70元。② 而从2006年中国社会科学院开展的"社会和谐稳定问题全国抽样调查"所提供的数据来看,目前农民工和城市工人的收入差距也是十分明显的。农民工平均月工资为921元,只相当于城市工人平均月工资1 346元的68.4%,而且80%的农民工月工资在千元以下,甚至有27%的农民工月工资在500元及以下。如果算上劳动时间,农民工的平均小时工资将远远低于城市工人。农民工平均每周工作56.6小时,比城市工人每周平均47.9小时的劳动时间多出8个多小时。③ 如果加上住房、医疗、失业保障,以及由户籍所限制的地租、股金分红、社区福利等项收入的话,农民工与城市市民的差距就更大了。

同时,这个群体在城市常常遭到市民的歧视和一些不合理的对待。有学者指出,我国城市中出现的一些单位、职工与市民对进城务工农民的歧视,已经扩展至社会生活的大多数领域并产生了各式各样的具体表现形态,如,就业岗位方面的歧视;劳动报酬、社会福利和生活待遇上的歧视;执法歧视;日常生活与社会交往中的歧视。最后可以归结为:身份性歧视,即城市的一些单位、职工和市民,因进城农民现在的特定身份(农民工、打工仔、打工妹、农民商贩和流动人口等)而歧视他们。④ 另有学者的研究也指出,城市对农民工歧视包含四个方面:语言歧视、有意回避、职业歧视和人格侮辱,城市农民工与市民的交往已经产生了内群体和外群体的关系。⑤

面对这样的遭遇和处境,这个"精英群体"对于城市和农村的态度出现了分化。有研究指出,农民工群体的社会认同总的状态为:认为城乡差异大,他们目前仍为农民身份,在这一点上,群体内的分化较小,而对于他们将来的归属,他们更偏向于留在城市,但是群体内的分化较大。⑥ 从其他对农民工的留城返乡倾向以及农民工在城市就业的满意程度等实证研究来看,有相当部分农民工对城市有很强的认同和依恋,表现出很强的地域归属感,但同时也有部分民工希望回到家乡,在农村中生活。根据国家统计局2006年8月在全国范围内开展的农民

---

① 田凯. 关于农民工的基本现状和城市社会适应性分析 [J]. 社会学导报,1994 (13):49.
② 陈阿江. 农村劳动力外出就业与形成中的农村劳动力市场 [J]. 社会学研究,1997 (1):39 - 40.
③ 李培林,李炜. 农民工在中国转型中的经济地位和社会态度 [J]. 社会学研究,2007 (3).
④ 袁亚愚. 对近年来歧视进城农民现象的思考 [J]. 社会科学研究,1997 (6).
⑤ 朱力. 群体性偏见与歧视——农民工与市民的摩擦性互动 [J]. 社会学,2002 (4).
⑥ 王毅杰,倪云鸽. 流动农民社会认同现状探析 [J]. 苏州大学学报(哲学社会科学版),2005 (3).

工生活质量专项调查结果显示：55.14%的农民工设想未来在城市发展、定居，28.55%的农民工想赚钱或学到技术后回家乡生活。① 另外有人调查表明，对于今后的生活，50.0%的民工希望长期居住在城市，其中占总数34.5%的人希望取得城市户口，22.1%的人想赚够了钱就回家乡，还有5.2%的人想尽快回家乡，14.5%的人回答走一步看一步，视情况而定。② 另有学者进行的农民工调查也显示，当问到"可以自由地留在城市并作为城市居民，也可自由地回到农村，更愿意作哪种选择时"，56.3%的回答者愿意留在城市，34.4%的人愿意回到农村，9.3%的人拿不定主意。③ 综合分析这些数据，我们可以发现，在进城农民工群体中，表示想留城的比例大约在1/2左右，而表示要返乡的约占1/3，出现了比较明显的分化。

而对已经返回家乡的回流人口的研究结果显示，回流劳动力占外出或曾外出劳动力的28.5%，这一数字与表示想要回到农村的农民工比例相近。而进一步的研究发现，回流人群在人口学特征方面更加接近于未外出人群而不是外出人群，在一定程度上表明回流人群对在外就业的适应能力不如仍在外出人群。回流原因包括城市经济的不景气，受下岗职工及城市就业政策的排挤以及个人原因或家庭原因等。④

上述研究说明就整个农民工群体而言，无论主观选择上还是在客观事实上，农民工群体在留城返乡的未来归宿方面都出现了分化。他们向往着城市的生活，但是同时对于农村有着深深的依恋；他们希望成为城市的一员，但同时清醒地意识到了自己的农民身份。

（二）第二代农民工⑤的社会认同

在前一部分所引述的研究中，研究对象基本是不分性别和年龄的农民工整体。而如果我们仔细审视近20年来农民工群体的变迁，就会发现，自20世纪90年代中期以后，农民工群体的人口特征已经发生了深刻的变化。其中，引起学术界和媒介广泛关注的，就是第二代农民工的涌现。他们与第一代农民工相比，更少具有农村的生活经历，文化素质更高，更具有市场竞争力。主要表现在：

---

① 王磊. 半数以上农民工设想未来定居城市［N］. 中国青年报，2006 - 10 - 25.
② 李芹，程胜利，高鉴国. 农民工的就业流动与生存状况——来自济南市二区的调查［J］. 中国社会学会学术年会获奖论文集 No. 2. 社会科学文献出版社，2002.
③ 王毅杰，倪云鸽. 成都市在城农民现状调查与分析［J］. 四川大学学报（哲学社科版），2001（5）.
④ 白南生，宋洪远等. 回乡，还是进城？——中国农村外出劳动力回流研究［M］. 中国财政经济出版社，2002.
⑤ 关于第二代农民工，并没有严格的界定。一般指16岁以上、30岁以下（改革开放以后出生）、90年代中期以来初次外出的农民工，也称"青年农民工"。

外出动机：老一代农民工进入城市打工的动机，主要是获得比在农村更多的经济收益，他们往往背负着养家糊口的重任，经济收入是他们外出的第一目标。而第二代农民工的外出并非基于"生存理性"，他们大多未婚，没有或很少家庭负担，来城市的目的是体验现代城市生活。

个人素质：与20世纪80年代外出打工的父辈和仍在家乡的兄弟姐妹相比，第二代农民工有着更多的机会和条件接受学校教育，受教育的年限也较长，大多具有初中、中专、高中或技校文化程度。其中很多人在来到城市后，根据市场和社会的需要，还在不断地学习和充实自己，以实现职业上的向上流动。在文化素质和年龄、体能上的优势，使得第二代农民工比第一代农民工具有更强的市场竞争力，往往能获得更高的收入和更好的工作岗位。

身份认同：对于第一代农村流动人口而言，由于城乡分割的生活环境和户籍制度的限制，他们缺乏城市生活的经历，基本在农村生活，因而他们认可自己的农民身份。而对于第二代农民工而言，在社会化过程中，他们接受的学校教育是以城市文明为主导的，电视、广播、网络等大众传媒，也是以传播城市的文化和生活方式来陪伴他们成长，同时他们参加务农的时间和机会比第一代农民工少得多，甚至许多人根本没有务农经历。因此，他们不再把户籍制度所规定的农民标签当作自己接受的身份，而是把从业、生活领域等经济社会因素作为界定农民的主要标准，认为农民是指"务农、生活在农村"的人。制度限定与自身实践的张力使得他们形成了一种模糊的身份认同，说不清自己究竟是农村人还是城市人。

乡土认同：第二代农民工对乡土的认同已明显减弱。第一代农民工普遍具有兼业性的特点，他们把种地打粮作为生活的基础，同时打工赚钱，增加收入，走的是一条依靠农业解决温饱，继而打工追求小康的路。① 但是第二代农民工大都很早就脱离了农事，既无务农的愿望，也无掌握耕作技能的热情，他们不愿意回去在土地上劳作，与第一代农村流动人口相比，他们对家乡的乡土认同更多的是包含着对亲人的感情，对农业活动则缺乏浓厚的感情和兴趣，对农村的一些习惯和传统开始出现不认可，甚至持批评态度。②

上述诸多方面与第一代农民工的差异是否影响了第二代农民工对留在城市和返回农村的选择？有研究指出，当被问到是否愿意留在城市长期生活下去的问题时，青年农民工给出的基本上是否定的答案。大多数青年农民工不想或不大愿意永久地生活在城市或在城市定居，城市只不过是他们赚钱的临时居住地。他们认为城市里的现代文明比农村要强得多，但由于没有保障和稳定的收入，他们深深地意识

---

① 刘应杰. 中国城乡关系与中国农民工人 [M]. 中国社会科学出版社, 2000.
② 王春光. 新生代农村流动人口的社会认同与城乡融合的关系 [J]. 社会学研究, 2001 (3).

到要想靠打工在城市定居没有任何可能性,所以很多人也就"没有过这个奢望"。①而另有研究也指出,被调查的新生代农村流动人口中只有47.3%的人想改变农民身份,另有51.9%的人则表示不想改变现有的农民身份。进一步分析发现,在不想改变农民身份的回答者中,有9.9%的人觉得"想也没用"。②他们会找出很多理由,如空气不好、不懂方言、工作不稳定、当地人歧视外地人、当地人没人情味还很坏、治安太乱没有安全感、消费太高等来支持自己今后返回家乡的打算。但是与上一代相比,青年农民工又少了些"落叶归根"的想法,有意无意地表现出超越自身农民身份的诉求。③也就是说,他们处在一种矛盾的境地,要求改变农民身份的意愿比上一代农民工更强烈,对制度和环境限制的认识也比上一代更清醒,但由于年龄尚轻,他们还没有就留城还是返乡作出明确的选择。

综合观之,目前关于第二代农民工的研究还不多见,得出的结论也有一定的差异。但是从现有的研究来看,可以肯定的一点是,青年农民工群体由于其素质和生命活力,暂时没有回到农村的打算,而对于难以融入城市现状的清醒认识,也使得他们对在城市定居、成为市民不抱奢望。对于未来的归宿,他们的认识还处在模糊的状态,有些人意欲并在努力变成市民,而有些人则抱定了回家的打算,没有一致的想法和选择。

(三) 农民工子弟的社会认同

在来到城市务工经商的农民工群体中,有一些已婚并育有子女者,由于种种原因将子女带在身边,来到城市学习和生活。由此,城市中出现了一个特殊的流动少年儿童群体。有数据指出,截至2000年11月1日,我国流动人口总数量102 297 890人,其中14周岁及以下流动儿童为14 096 842人,④占全部流动人口的13.78%。⑤这个为数1 400多万的流动少年儿童群体,引起了学术界和媒体的广泛关注。目前已有的关于流动少年儿童的学术研究,主要集中在如下几个方面:一是人口学调查和研究:包括流动少年儿童的人口学特征和迁移特征;二是关于流动少年儿童义务教育状况的调查和研究;三是流动少年儿童的城市适应性调查研究;四是基本生存和受保护状况调查研究等。⑥这些研究为我们了解流动少年儿童的生活和学习状况提供了很有价值的参考。但是,关于农民工子弟对城

---

① 符平. 青年农民工的城市适应:实践社会学研究的发现 [J]. 社会,2006 (2).
② 王春光. 新生代农村流动人口的社会认同与城乡融合的关系 [J]. 社会学研究,2001 (3).
③ 符平. 青年农民工的城市适应:实践社会学研究的发现 [J]. 社会,2006 (2).
④ 其中多数少年儿童来自农村,农业户口的占70.9%,非农业户口的占29.1%。
⑤ 段成荣,梁宏. 我国流动儿童状况 [J]. 人口研究,2004 (1).
⑥ 罗琳. 流动儿童已有研究综述. 未刊稿.

市和农村的评价及认同,还鲜有文献加以论及。这显然是一个极为重要的问题。因为这个流动少年儿童群体,与城市子弟或未外出的农村子弟相比较,有着许多不同的特质:他们与其父辈一样,在一出身时即打上了农民的身份烙印,在从儿童到成年人的社会化过程中,他们既有农村生活的经历,又受到城市文化和生活方式的浸润。在他们身上,农村和城市文化是否能够得到共融,或是存在冲突,又或是只是基本保留了一种文明的要素?他们对农村和城市,对农村人和城市人如何评价?回答这些问题无疑是重要的,它直接关系到这个群体将来对社会的认识以及与社会的融合,而他们的人生选择,对中国未来城市或乡村的建设,对城市化的走向都有着重要的意义。因此,研究这个群体对城市和农村的主观认同和研究第一、第二代农民工一样,有着重要的理论和现实意义。

  为此,笔者采用整体抽样的方法,对北京市朝阳区一所民工子弟学校初二、初三年级的民工子弟进行了初步调查,[①] 以了解他们对农村(人)和城市(人)的看法,并了解他们对于未来归宿的意愿。调查共回收有效问卷140份,笔者用 SPSS 12.0 软件分析了数据。

  关于调查对象的人口学特征:此次调查的农民工子弟年龄最大的为17岁,最小的为12岁,其中以14岁和15岁为最多,分别占30.2%和38.8%。男女性别比例为55.4∶44.6。其中72.1%(101)的人持有农村户口,10.7%(15)的人持城市户口。[②]

  在对自己的身份确认上,持有农村户口的农民工子弟并没有因为来到城市而觉得改变了自己的农村人身份,然而城市流动的经历也使得他们对自身的认定产生了一定的模糊性。在97个回答者中,只有1人觉得自己从农村来到城市,已经具有了城市人的身份。而59.8%的流动少年则认为自己是农村人或主要是农村人,27.8%的人回答不知道或说不清。进一步的分析发现,这种模糊性随着流动时间的延长而有所增加。在流动3年及以下的农民工子弟中,29.8%的人回答不知道或说不清,而在流动4~8年的农民工子弟中,这一比例则上升到了42.9%。这说明随着在城市生活年限的延长,农民工子弟对农村生活的记忆越来越少,对乡村的认同越来越弱,而对自身农村人身份的认定也越来越模糊。而在14个持有城市户口的回答者中,对自身身份的认定则很一致,他们中有12人认为自己是城市人,与农民工子弟并不相同。

---

  ① 我国《劳动法》、《未成年人保护法》规定,禁止用人单位招用未满16岁的未成年人。鉴于研究能力所限,笔者欲尽可能地控制研究对象的变量属性,因此把目标锁定在未满16岁、未进入劳动力市场(没有职业)的人群;而由于12岁及以下的儿童缺乏成熟的判断能力,所以笔者主要选取13~16岁这一年龄段的农民工子弟为研究对象。

  ② 另有24人没有回答此问题。

当被问及如果听凭自己选择，愿意待在北京还是愿意待在老家生活时，持有农村户口的流动少年更多地表现出对于家乡的认同，有51%的人愿意待在老家，而分别有32%和17%的人愿意待在北京或回答不知道（见图14-1）。

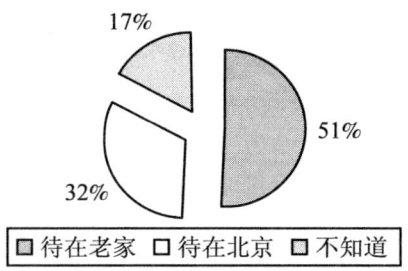

图14-1　愿意待在老家还是北京

大部分流动少年认为在农村的住处是自己真正的家（见图14-2、14-3），是给自己家的感觉的地方。他们在城市的住所大多拥挤、狭小而脏乱，即使父母都在，也只是他们临时的住所。

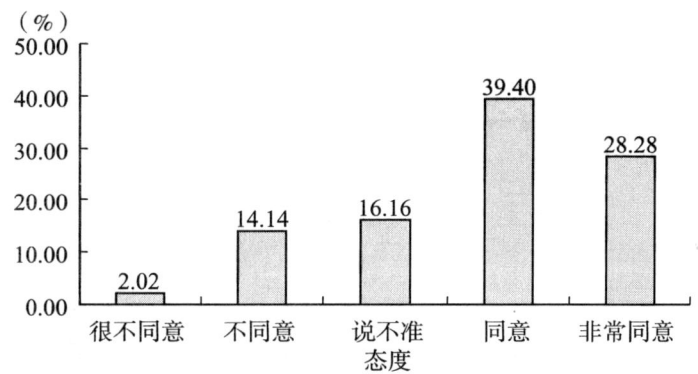

图14-2　我在家乡的住处是我真正的家

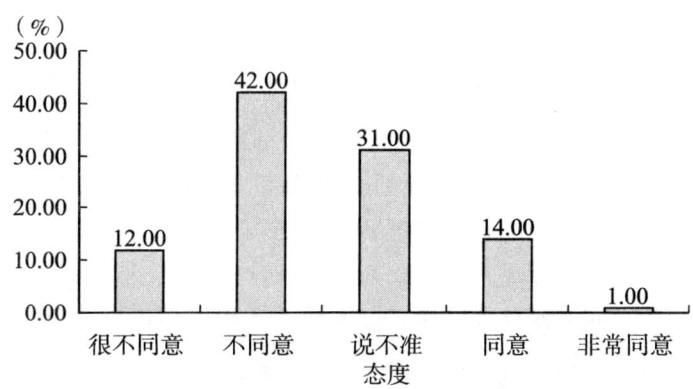

图14-3　我在北京的住处是我真正的家

社会认同理论认为，个体有维持或提高自尊的需要，他（或她）会力图获得积极的自我概念，因此总是赋予我属群体（one's own group）以积极的评价。①这一结论在流动少年身上得到了充分的检验。他们几乎把所有的积极评价与农村和农村人联系起来，而很少给以消极评价。从图14-4和图14-5中我们可以看到，流动少年认为农村人的特点主要是勤劳、节俭、朴素、善良、吃苦耐劳和热情好客，而贫穷、没有文化、素质低等负面评价则很少被提及；在对农村的认知上，他们也把空气清新、安静、绿化好、漂亮等正面要素排在贫穷、落后、卫生差等负面要素的前面，以获取一种积极的情感体验。

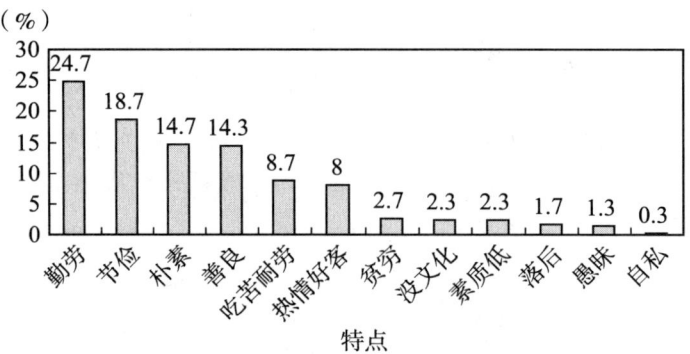

图14-4　对农村人的评价排序

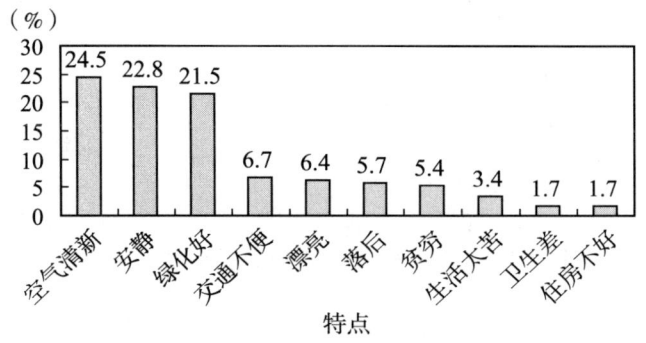

图14-5　对农村的评价排序

而流动少年对城市和城市人的评价则较为分散，总体偏于负面。其中，对城市人特点的评价排在前三位的分别是高傲、时尚和自私，分别占18.4%、14.4%和12.7%；而对城市特点的评价排在前三位的则分别是空气质量差、购物方便和交通堵塞，分别占13.1%、11.4%和11.1%。这说明流动少年把自己归入于农村（人）群体，对农村和农村人给予了积极的评价，而作为参照对象，

---

① 泰弗尔，特纳著．方文，李康乐合译．群际行为的社会认同论［J］．社会心理研究，2004（2）．

城市和城市人则更多地被赋予负面的评价。

但是对于农村（人）的亲近并不代表他们将来希望回到农村，建设家乡，在问到将来的职业理想时，他们大多希望从事老师、医生、司机、护士等白领职业。当问到是否想成为城里人时，其中有49%的被访者希望成为城里人，另有23%的人回答说不清，只有28%的人回答不想（见图14-6）。

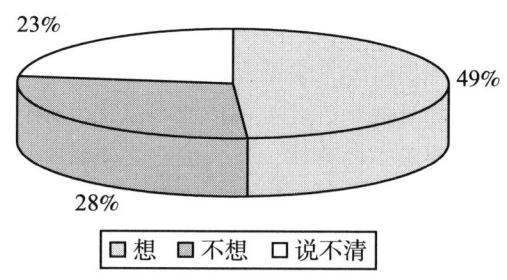

图14-6 是否想成为城里人

在问到觉得自己将来能不能成为城里人的问题时，总体上被访少年对此较有信心，只有7.9%的人回答不能。而分别有46.5%和45.5%的人回答能和说不清。

当问到他们将来希望回到农村还是留在城市里生活的问题时，除了一部分人仍然持模糊的态度外，46.53%的人希望将来在城市里生活，而只有19.80%的人希望回到农村中去（见图14-7）。

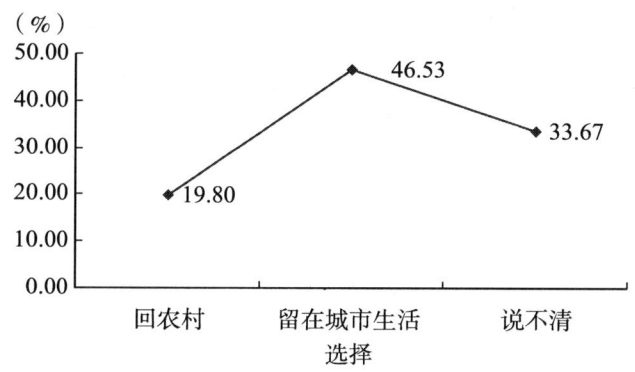

图14-7 将来希望在哪里生活

从以上的分析我们可以看出，总体上，流动少年认为自己是农村人，他们希望融入城市社会，同时对于自己的家乡又有着深刻的依恋，他们中的大部分将来希望在城市中生活，也有少部分希望回到自己的家乡，建设农村。当然，我们同时也看到，由于处在青春期，流动少年的想法并不确定，对于自身身份的认定，以及对于自己将来的归宿，都有相当一部分农民工子弟存在模糊的意识和想法，没有明确的态度。

三、对促进农民工群体城市化的若干建议

从上文的分析我们可以得知,无论从农民工流动"候鸟"式或"钟摆"式的客观特征来看,还是从农民工群体(包括其子女)的主观选择来看,中国的城市化都将走出与别国不同的道路。三元的社会结构并不稳定,农民工群体的流动给城市带来了治安、管理以及公共交通等诸多方面的问题,同时也使得农村出现了空心化和集体认同降低的现象。因此,中国的城市化目标,应该是使社会结构从三元回归二元,化解这个流动中的群体,让其或归之于城市,或归之于农村。

目前已经有大量关于解决农民工的流动问题,促进农村人口城市化的文献。他们提出了诸如改革户籍制度、改革社会保障制度、改革教育制度、对农民工进行正面宣传、消除市民对农民工的歧视等许多有益的建议,推进了对于农民工的研究。但是,在之前二十多年关于农民工流动过程和特点的大量文献研究中,存在着一个较大的缺陷,即大多数的研究只是把农民工当成一个抽象而庞大的社会群体来对待。他们被"作为不分地域、不分性别、不分老幼、没有具体面目的'整体范畴'来处理。他们是'农民工一般',是现实生活的抽象物。支配他们的行为的是各种一般法则,如'机械流动'等,影响其流动和生存条件的也是那些最为一般的制度安排,如'城乡分割的户籍制度'等等"。①通过考察第一代农民工、第二代农民工及农民工子弟在社会认同方面的不同特征,我们意识到,对于为数约1.2亿的农民工群体,不能继续大而化之,笼统地加以对待。而以他们为对象的社会政策也自然需要依据不同特征对群体加以细分、区别对待。

(一) 促进乡村生活的城市化

从前面的分析我们可知,有相当一部分农民工希望回到乡村中生活。这其中,由于第二代农民工正处在生命力的旺盛阶段,年纪尚轻,无须立即考虑留城或是返乡,而农民工子弟则还没有进入劳动力市场,因此,有回乡打算并付诸行动的主要是第一代农民工。

2004年,中共中央发布1号文件——《关于促进农民增加收入若干政策的意见》,要求"有条件的地方,可以进一步降低农业税税率或免征农业税"。之后,国务院总理温家宝于3月5日在十届全国人大二次会议上作政府工作报告时,提出"从今年起……五年内取消农业税"。2006年1月,农业税正式废止。以免除农业税为开端,自2004年以来,中共中央连续五年以1号文件的形式,

---

① 沈原. 社会转型与工人阶级的再形成 [J]. 社会学研究, 2006 (2).

开始对农村实行财政倾斜、推进农村综合配套改革,以"多予、少取、放活"为原则的"社会主义新农村建设"正在这个古老的农业大国逐步展开。农业税费的减免、农副产品价格的升高、农村社会保障的逐步改善,使得很多农民工看到了农业生产的实惠,纷纷返乡务农。2003年以来,我国出现"民工荒"现象的原因虽然不能全归于此,但也与中央实施的这些惠农政策不无关系。回乡务农的农民工,主要以年龄偏大、有过务农经历的第一代农民工为主。前文已述,这部分人群流入城市,主要是出于"经济理性"和"生存理性",当他们认为在乡务农所产生的经济、社会和心理收益高于外出打工时,他们会选择返回农村。而"落叶归根"的思想则加速了这一处在已老或将老状态的群体的回归。

另外,面对数量巨大的流动农民工群体,我国在短期之内还难以让他们在城市中安家落户。因此,对于第一代农民工,无论从主观还是客观两方面而言,回归农村都是他们更为实际的去向。那么,对于第一代农民工而言的城市化,最合适的道路是"乡村生活的城市化"。① 即身在乡村,过的却是城市的生活。农民工在城市务工经商时,为城市文明所熏陶,逐渐开始习惯并喜欢上城市的生活方式。在与农民工群体的接触过程中,当我们问到城市比农村好在什么地方时,他们的回答大多集中在生活层面,即城市比农村在交通、购物、娱乐游戏等方面便利,更适宜于生活。而他们对生活在农村并没有排斥感,反而有天然的亲和性。这说明我国未来农村的城市化(或新农村建设)应该在生活方式的改造上下更大的工夫。除了改善农村的基础设施,解决农民在饮水、行路、用电和燃料等方面的困难外,在农村实现衣食住行、文化生活、闲暇生活的城市化,将更是未来探索的方向。

(二) 变"集体排他"为"个体排他"

对于第二代农民工,由于他们当中大多数没有务农经历,并逐渐开始习惯城市的生活方式,对农村的认同逐渐减弱,回归农村的路就变得日益艰难。如前文所述,虽然很多人表示不想改变现有的农民身份,但是隐含在背后的真正想法是,不是他们不想、不愿,而是不能。关于选择留城还是返乡,他们往往采取的是一种悬而不决的态度。和那些大学毕业留在城市工作的、同样从农村出来的同龄人相比,他们同样有很强烈的留在城市的愿望。而如果我国要实现人口的城市化,他们就是这一队伍中的主力军。

如本章开头所述,城市化最基本的特征是人口从农村向城市转移,并通过在

---

① 李强. 当前我国城市化和流动人口的几个理论问题. 载于李培林主编. 农民工:中国进城农民工的经济社会分析 [M]. 社会科学文献出版社, 2003.

城市第二、三产业中就业而定居下来。对于第二代农民工，他们当中绝大多数已经在城市中找到了相对固定的职业，要让这一部分人群定居下来，首要的即是改革户籍制度的限制，消除城市在就业和保障体制方面对农民工的歧视。而为了减少城市的负担，防止如拉丁美洲一些国家的"城市病"在我国出现，简单取消户籍制度既不现实，也不可取。合适的路径应该是打破现有户籍的"集体排他"制度，采用以技能、学历、证书等为标准的"个体排他"制度，让这一农民工群体中的精英群体转为城市居民。这样既可以消解社会矛盾，又可以实现农村人口向城市人口的真正转化。① 目前，我国一些城市已经开始了某些"个体排他"的对策。比如，上海、深圳、广州、厦门等城市采取蓝印户口制度，只要在市内投资、购买商品住宅的人，就可以取得与正式户口享有大部分同等权利的蓝印户口，并在一定年限后转化为正式城市居民。另外，一些城市规定具有高学历、高职称的人可以转为城市居民，这也是"个体排他"对策的体现。虽然现有的这些"个体排他"标准，如财富、学历、技能等对于很多农民工都可望而不可即，需要加以改善，但是这种"个体排他"制度的采用，将形成自由竞争式的市场体系，既体现社会公正，又会使相应人群实现从农村人口向城市人口渐进、有序的转变。

（三）改革和完善以农民工群体为对象的社会保障制度

实现第二代农民工群体向城市居民的转变，还需要改革现有的社会保障制度，解决农民工的失业、医疗、养老等问题，解除他们的后顾之忧，在城市中定居下来。笔者认为，和很多取得大学学历、在城市中"飘荡"的同龄人相比，二代农民工的最大不同之处，不在于他们没有城市户口，也不在于他们文化水平低、收入低，而在于他们几乎没有任何社会保障，遇到解雇、工伤、疾病等问题，全要依靠自己解决，没有安全感和归属感。目前，一些城市已经在社会保障方面做出了积极的探索，如深圳在 2006 年通过了《深圳市劳务工医疗保险暂行办法》，在全国率先建立了劳务工医疗保险制度。《办法》规定，凡参加该保险的劳务工，每人每月缴纳 12 元（其中用人单位缴交 8 元，劳务工个人缴交 4 元），就可以既保门诊又保住院。这在一定程度上解决了劳务工的医疗问题，受到劳务工的普遍欢迎。而同样是在深圳，对非深圳户籍员工"累计缴费满 15 年并达到法定退休年龄，便可在深圳退休，并按月领取养老金"养老政策的改革和实施，为外来务工人员在深长期居住提供了养老保障。据媒体报道，至 2007 年 10 月，深圳市养老保险参保人达 422.5 万，其中农民工占总参保人数的 66%，

---

① 李强. 中国城市中的二元劳动力市场与底层精英问题 [J]. 清华社会学评论. 鹭江出版社，2000.

已有 100 多名农民工在深圳享受按月领取养老金待遇。① 只有这些福利和保障制度的逐步推行和实施，取消农民工群体的后顾之忧，才能使农村人口真正安心地在城市居住，转化为市民，实现城市化率的真实增长。

（四）逐步改变现有社区结构，为农民工子女融入城市创造良好的社会化环境

关于农民工子女融入城市的问题，已经引起了社会和学界的广泛关注。大家一致认为，需要改善农民工子女的受教育状况，让他们与城市的孩子一样，有能力、有机会在城市中立足，真正转变为市民。因此，很多学者提出了改善农民工子弟学校教学条件，让农民工子女进入公办学校就读的建议。这些都是积极而现实的意见。但是，笔者通过调研发现，即使在公办学校，或是在条件相对良好的农民工子弟学校就读，农民工子女对于农村的认同仍然没有多大改变。

根据社会学中的社会化理论，一个自然人（婴儿）成长为社会人（成年人）的社会化过程，要受到多种主体的影响。其中，家庭、邻里社区、学校、大众传媒和同龄群体，是最重要的五种社会化主体。如果单单只改变其中的学校教育环境这一主体，而不改变其他的社会化主体，效果和影响将甚微。

在调研的过程中，笔者了解到，农民工的社会交往方式有两个特点：一是以初级群体为主，交往的对象多是同乡和从其他地区来的农村人口；二是以业缘交往为主，多限于与自己从事相同职业的人群，而他们当中大部分同样是农民工。在居住方面，他们大多居住于城乡结合部地区。这样的生活方式决定了他们所居住的地域社区和所来往的情感交流社区，都带有强烈的农村特质。他们实质上是在城市中复制了"另一个农村"，复制了他们在农村中的生活方式。因此，农民所具有的传统观念、对于家乡的眷念和对于城市的隔离，自然地传递给了他们的子女。要改变农民工子女的社会认同，实现对于城市的真正融入，关键地是要重塑家庭和邻里社区这两个社会化主体的作用，改变现有的社区结构。

目前，重庆、天津、青岛等城市开始纷纷修建农民工公寓，改善农民工的居住条件，让他们和市民在城区一起生活，这样的政策是值得提倡的。由于经济能力和生活方式的差异，要使得农民工与城市居民居住在同一社区内，实现贫与富、"农"与"城"的混居，还只是一种奢望。而城市政府可以做到的是，如同为本市居民提供经济适用房和廉租房一样，也可以考虑为已经成家、育有子女的农民工建设一定数量的廉价、廉租公寓，为他们与市民部分混居创造条件，从而改善社区生活质量，为他们的子女融入城市创造更好的环境。

---

① 乐毅. 深圳为什么能为农民工养老［N］. 中国青年报，2007 - 10 - 09.

第十五章

城市规划中的社会规划研究

在21世纪全球化、区域化、信息化等来自外部世界的政治、经济、技术、文化因素的共同影响下,同时面对城市内部工业化、城市化、郊区化同步作用的巨大动力和压力,中国各城市正在步入一个经济、社会变革转型和迅速发展的快速城市化时期。进入21世纪,以大城市发展为龙头更是开始了新一轮的城市空间扩张。它具有以政府为主导的中国城市建设特色,旨在为城市化进程和城市经济、社会发展提供更为充足的空间发展容量。然而,由于城市在快速扩张式发展的同时在一定程度上忽略了内涵式的整合发展,逐步暴露出诸多经济、社会和城市空间发展的失衡问题,引起了政府和社会各界的高度重视。新一届政府提出"以人为本"的发展观以及"和谐社会"发展目标,标志着从以经济建设为中心的非均衡发展向促进经济社会全面协调可持续发展的均衡发展的重大战略转型。

城市规划作为政府引导、规范和控制城市建设的重要手段,在当前大规模、快速的城市化进程中,毋庸置疑成为众人的关注焦点。我国传统的城市规划长期以来作为国民经济计划在物质空间的落实手段。在全球化经济浪潮和城市土地使用制度改革的冲击下,空间规划更多参与到城市空间生产和城市营销过程中,成为城市增长联盟获取土地增值利润、宣传营销城市形象的重要手段。[①] 结果是,一方面,规划成为上至市长书记、下至普通市民津津乐道赋予厚望的城市发展蓝图的依据;与此同时,更多的是被批判斥责为道路拥堵、旧城拆迁、居住分化以

---

① 张庭伟. 城市化作为生产手段及引起城市规划功能转变[J]. 城市规划, 2002 (4): 69–74.

及公共配套短缺等矛盾和问题的罪魁祸首。无可否认，城市规划被推到了未来中国城市发展方向抉择的风口浪尖。

2005年7月召开的全国城市总体规划修编工作座谈会上，前建设部部长汪光焘严肃指出，全国竟有183个城市提出建立"现代化国际大都市"的目标，30多个城市提出要建中心商务区，实际上是透支和浪费日渐缺乏的发展资源。国务院副总理曾培炎呼吁各地端正思想，把建设"宜居城市"作为城市规划的重点。① 可见，作为一种人类文明的重要形式，城市不仅是经济增长的主要承担者，更是社会繁荣的重要载体。未来我国的城市化道路，决不是简单的城市规模扩张问题，而体现为"一个各种矛盾相互交织的、相当复杂的社会过程"，② 涉及到城市公共资源分配格局和社会空间布局的重大变迁。面对当前经济发展和社会转型下的社会需求变化，日益增多的社会矛盾，都需要我们积极推动城市规划中的社会规划研究，将社会发展目标引入规划的核心视野，探索空间规划手段与社会问题研究、需求评估以及社会影响评价等社会学研究方法的全面结合，通过合理、有效和公正的资源布局和公共服务供给协调社会利益的分配格局，使全体人民共享改革开放和城市化发展的成果。

一、城市规划中引入社会规划研究的必要性

（一）将社会关注引入规划研究

在许多物质空间规划中，几乎看不到"人"的身影，即使涉及到社会人口的论述，也往往局限于量的描述，而缺乏真实生活的"空间记忆"。同时，在土地利益的驱动下，人口预测很多时候成为取决于用地规模需求的数字游戏，而缺乏从根本上考虑人口增长的内部动因（如人口流动趋势、产业发展政策及就业人口的吸纳能力等）和外部承载力限制（如生态环境、基础设施建设等），从而出现不少城市提出加速城市化、实现城市人口翻数番等不切实际的发展目标。③

规划中常见的另一项社会相关内容是社会公共服务设施的布局规划，通常仅考虑空间规模和距离等物质性标准，这也存在一些缺陷：一是缺乏对于服务群体

---

① 新华网．中国183个城市要建国际大都市，遭国务院严批．http：//news.xinhuanet.com/house/2005－07/25/content_3263510.htm. 2005－07－25.
② 王凯．从西方规划理论看我国规划理论建设之不足［J］．城市规划，2003（6）：66－71.
③ 新华网．国内城市忙着做大掀起新一轮圈地热．http：//news3.xinhuanet.com/newscenter/2004－12/19/content_2353787.htm. 2004－12－19.

属性和需求差异的考虑；二是缺乏对于公益性与经营性设施布局和开发机制的区别考虑；三是规划关注内容亟须拓展，如包括各种休闲活动场所、城市公共空间和公共住房供给、城市犯罪预防和环境安全等影响当代城市生活品质的重要因素；四是缺乏对于公共服务事业发展政策的统筹考虑。

此外，目前规划中评价城市发展状况的基础数据和指标主要集中于经济指标，如 GDP、固定投资等，而能够更直接反映人们社会生活质量的社会指标却相对较为缺乏，并且大部分时候是通过经济发展水平或投入规模来间接衡量。问题主要体现在：一是社会基础数据和指标获取困难。作为发展中国家普遍存在的问题，源于数据统计手段和获取机制较为落后，一手调研数据的获取也常受到时间、资金和人力资源的局限。二是社会指标体系的规划应用研究发展滞后。目前大部分社会指标体系来自社会学科的研究成果，在规划应用方面的可操作性较差，难以纳入正式的规划和行政程序中。

上述问题都显示，需要将社会关注引入传统的城市规划研究中，既包括对社会群体的特征属性、真实需求的深入探知，也包括相关社会研究技术方法的扩展。

（二）积极应对当代社会问题，加强源头防范

当前城市发展中不断面对的大量社会问题，如大规模城市外来人口带来人口统计、预测、设施建设等方面的困难，老龄化问题、社会空间分异、旧城更新中的拆迁问题、城市犯罪问题等，其中许多都属于备选方案及其结果均未知的"结构不良问题"，[①] 并带有很强的时代性和中国特色，因此并没有既定或成熟的解决策略可供参考，需要我们在问题实践与理论方法的反复互动中探索求证。

在规划阶段积极应对社会问题，意味着将问题的解决变为源头防范。在决策链（战略、政策、规划、计划、项目）的早期阶段纳入对社会因素和问题的关注，将可能有效预防和避免问题的产生，即先期有限的投入，其效益将远胜于后期可能出现社会问题所带来的社会经济代价和补救性成本。

（三）现代城市管理要求整合社会规划的实施机制

在城市发展规划中，社会相关问题广泛涉及教育、健康、安全和社会保障等众多领域，没有明确对应的独立学科领域和理论基础，而且交叉覆盖多个行政部

---

① （美）威廉·N. 邓恩著．谢明，杜子芳，伏燕，等译．公共政策分析导论［M］．中国人民大学出版社，2002．

门的职权范畴，为其可行性带来严峻挑战。

在我国现行的城市管理体制中，社会公共服务相关的事务管理归属于多个独立平行的行政部门系统，如发改委、教育、公安、民政、劳动和社会保障、建设、交通、商务、文化、卫生、体育、计生委、邮政和文物等部门。在这种条块分割的传统行政体制中，不可避免形成各部门规划从自身利益最大化的角度出发，当共同面对具有唯一性和排他性的土地利用时，由于缺乏发挥协调机能的上级行政管理实体，或发挥上位规划指导作用的综合性规划，容易导致各项规划之间出现职权重叠、资源竞争或布局冲突的问题。

国外现代城市管理的经验显示，城市公共管理需要加强在城市发展的整体性、系统化的层面上进行全局控制。而这一发展要求随着我国传统单位制的解体而体现得更为迫切。在短短数年内，各项社会服务的提供由以前众多较为独立的单位大院全部集中到城市政府的管辖范围。与较为封闭的单位供给模式不同，在开放的社区模式下，城市人口需求呈现出高度的流动性和异质性，因而迫切需要建立整个城市层面的、能统一协调和灵活应对各种社会需求变化和突出问题的社会服务网络。一个显著表征是，2002年开始，我国各大城市纷纷成立城市社会应急联动指挥、调度系统，实现公安反恐、突发公共卫生事件、动物疫情、地震救灾、抗洪抢险、地质灾害、电力能源、火灾消防、交通安全等领域的综合应急管理。

另外，面对当前城市发展战略和规划中所确定的不同城市政策发展区，如旧城更新地区、新建商务中心区、城市边缘居住组团等，往往需要不同性质和层次的社会公共服务网络（如教育、公交、健康、娱乐休闲等）相匹配和协同发展。例如，2005年英国副首相办公室批准资助伦敦"泰晤士河口区社会基础设施框架"（Thames Gateway Social Infrastructure Framework）项目，通过教育、健康和社会看护、娱乐和休闲服务、突发事件和基本服务等四个关键性服务部门的共同协作，探讨对泰晤士通路区社会基础设施的分配和运营进行整合的一系列实践模式，以促进当地健康和可持续发展的社区建设。①

上述分析可见，目前我国城市综合管理领域的发展中尚较少考虑社会规划和社会服务领域的内容，这与其在各地以开发和营销为主的城市发展战略中尚未充分发挥积极作用和未得到有效关注不无关系。但从另一个侧面也揭示出，探讨这一整合的规划体系的重要性。

---

① Office of the Deputy Prime Minister. Thames Gateway Social Infrastructure Framework. http://www.healthyurbandevelopment.nhs.uk/documents/events_and_news/051116/051116_Thames_Gateway_Handout_Final_2.pdf.

二、基于社会—空间辩证关系的规划研究视角

(一) 关于社会—空间的辩证视角

传统关于城市空间与社会的研究中,普遍存在以下两种视角。

一种是主要体现在社会学理论中的"历史决定论"视角。城市活动的历史和社会特性被视为复杂辩证地影响人类社会发展变化的首要因素。空间以其自然客体的特性,仅作为社会活动发生的物质背景环境或容器。最典型的如社会生态学关于城市空间结构的同心圆、扇形和多核心模型理论中,都是强调城市空间作为社会互动的摩擦阻碍,从而引发人们以成本最小化原则对于空间位置的竞争,并由此形成社会秩序及其空间投影。这种纯粹按照经济最大化原则来解释地域活动的观点,受到来自文化生态学、符号互动学等学者的批判。以费雷(Firey)关于波士顿北肯山地区(Beacon Hill)的著名研究为代表,显示空间不是纯自然的,而是渗透着价值和意义,不仅包含经济价值,更重要的还有场所生活所赋予的社会文化价值和象征意义。

另一种与之对应的是主要体现在地理学、经济学和空间几何学等领域研究中的"空间决定论"视角。例如在杜能(1826)的农业区位论、克里斯泰勒(1933)的中心地理论、阿朗索(1964)的地租模型等,空间成为与观察者和社会活动毫无关系的中立客体,它拥有自身发展的特征形式和变化规律,并可借助地图、图表、数学公式等统计数据和分析技巧,得以尽可能客观、真实和准确的描述。很大程度上沿袭此视角的城市规划学科,进而致力于寻找并实现兼具自身形式美感(往往被赋予马蹄形城市、绿核等形象称谓),并能营造良好空间秩序和社会环境的空间模式。这种具有强烈社会工程学色彩的观点,在西方20世纪60年代的城市更新和交通管理方案中得到最为充分的体现,而上述两项实践的最终失败,也证实其难以独立指导复杂城市社会的发展。

上述两种视角都体现出共同的局限性,即空间被视为与社会截然独立的客观系统。20世纪70年代以来,以列斐伏尔(Lefebrve)、哈维(Harvey)和索雅(Soja)等为代表的新马克思主义、后现代地理学等学派对此提出质疑,并形成"社会—空间辩证法"(social-spatial dialectics)理论。他们认为,现实中的城市既非社会经济活动在地理空间的简单投影,也不是完全沿袭规划师笔下试图创造城市与自然、经济与社会、集中与分散相平衡的空间规划发展而来,而是社会与空间相互作用的产物。

由此,我们对于城市空间的理解可以拓展到更为广阔的视野。自然的"物质空间"、认知的"心理空间",以及两者融合于社会建构中得到的"社会空

间",展示出现实空间的三重特性(图15-1)。

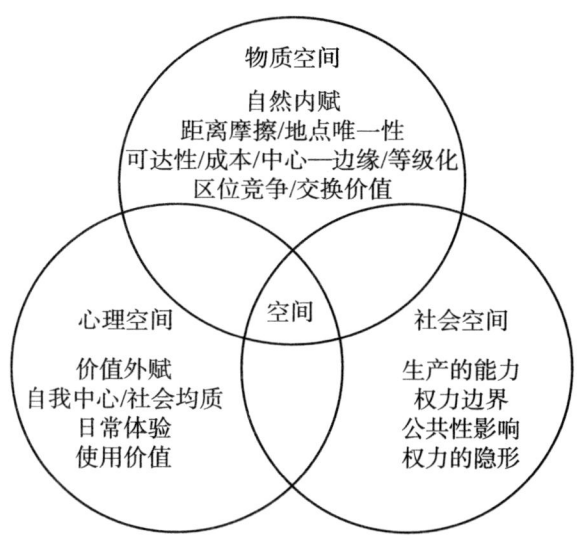

图 15-1 空间的三重特性

物质空间、心理空间和社会空间彼此联系又相互重叠,并进而形成对于城市空间与社会辩证关系的诠释。

一是空间作为社会活动载体的物质属性。

这是空间社会性特征最直观的表述,也是城市规划、建筑学以及所有空间学科的传统关注焦点。在"物质空间"直接可感、可测量的自然内赋特征作用下,体现为距离摩擦和地点的唯一性,由此常常伴随可达性与接近度、阻碍与成本、中心与边缘、等级化等概念,以及空间作为一种短缺资源带来的区位竞争和交换价值。

二是空间作为社会价值再现的资源属性。

"心理空间"外赋价值和情感象征的特性体现,往往被不同社会个体或群体赋予以自我为中心(既是空间的,也是情感和价值的中心)的认知意向。在现实生活中,它更多体现出来的是对于特定社会群体的使用价值,而非交换价值。此外,只有在社会群体日常生活中的反复体验和复杂联系过程中,空间才被赋予特定的社会文化价值,亦成为社会身份和地位的符号象征。[1]

三是空间作为社会生产主体的工具属性。

空间不但作为社会活动的产物,同时也具有建构社会的能动性。一个显著体现就是社会与空间两个层级系统之间个体和场所地位的相互强化机制。[2] 空间的

---

[1] 蔡禾等. 城市社会学:理论与视野 [M]. 中山大学出版社, 2003.
[2] Logan J. R., Molotch H. L., Urban Fortunes: the Political Economy of Place [M]. London: University of California Press, 1987.

边界性特征（不仅体现为物质性界限，更重要的是通过法律、规范或行政、暴力手段维系的身份识别）成为权力作用的保障，形成由某些群体垄断的排他性空间。尤其当这一空间具有公共性时，将具有更为广泛的社会影响。如中国古代的合院里坊布局，加以"坊有墉，墉有门，捕亡奸伪，无所容足"的宵禁管理，实现"六街鼓绝行人歇，九衢茫茫空有月"的景象。进而，当空间的权力与知识的权力共同作用时（例如城市规划），常常能在身份形成、排他化、二元构建等不平等权力关系的作用过程中，将这种权力成功隐形，转化为某些看似理所当然的日常生活秩序，正如福柯（Foucault，法国哲学家和思想家）笔下的精神病院和圆形监狱。

（二）当前城市规划与建设中社会性关注不足的问题

上述关于空间社会性的认知，表明城市规划和建设的对象不仅仅是城市本身，还应包括掩盖在更广泛城市环境概念下的社会生活，由此为我们审视当前的城市规划和建设提供了更为全面的认知视角和深入的思考方式，并揭示出其中社会性关注不足的主要问题所在，具体有下面三点。

1. 开发导向型规划：对于土地交换价值的追逐

在当前快速的城市化进程下，城市规划体现出强烈的"开发导向"特征。规划的大笔画到哪里，哪里就成为投资建设的中心，而那些被看做能够最大限度地提高土地和不动产价值、增加地方税收、塑造现代化城市形象的项目，从传统重大的生产型项目到当前迅速崛起的消费型项目，如商务中心、购物广场、会展中心等，尤其受到地方政府和规划师的关注。在经济和政治理性的驱动下，地方政府、资本和市场共同将城市转化为"增长的机器"，从20世纪的"开发区时代"到当今的"新区时代"，充分挖掘并借助规划的力量实现土地交换价值的提升（表15-1）。而空间作为体现市民社会内涵、行使市民权利的重要场所的使用价值和意义却常常被忽视。

表 15-1　　"新区时代"地方政府实现土地交换价值提升的各种规划手段

手　段	具体方法
模式包装	引入新技术和概念，创造所谓面向高科技、消费娱乐的空间新模式（如高技术密集城市、娱乐城），吸引企业、高消费人群和资金的聚集
制造区位	通过新区规划和先期基础设施的建设投入，实现地价的提高，同时这些土地已提前为政府所收购
要素生产	推动引导资本流入促进地方增长的"生产要素"（物质性或制度性要素）的发展，如建设船码头或机场以降低生产材料的运输成本，使饮酒或赌博业合法化以刺激旅游业的发展

续表

手　段	具体方法
创造消费	例如通过"拆迁经济"，拆迁补偿款由指定的金融机构代管，并只能限于安置买房，从而将大量的群体推向房地产市场，创造了源源不断的"空间需求"和消费
空间行销	通过大规模旧城改造、兴建高楼广场等标志性场所，结合重大赛事、博览会等商业性推广活动的开展，宣传和展示新区形象和预期前景，进一步提升地价

2. 场所社会性的遗失：物质外观与社会功能的分离

越来越多的城市开始趋同于库哈斯（1995）笔下的"普通城市"，被资本按照利益最大化的取向、被政府精英按照自己的意图进行着空间重组，成为由各种复制而成的商务中心区、步行街、高级别墅区、主题公园拼贴而成的美丽画卷，而拥挤的贫民区、杂乱的跳蚤市场成为其中不和谐的"污点"，也是在壮观的未来城市规划模型中绝对不可能找到的。空间，成为规划师手中神奇的魔棒。这种神奇很大程度上来自于空间物质性与社会性的脱节：可以根据"需要"赋予各种外观或填充不同的功能——而设计所满足的"需要"，往往不是来自真正的使用者，而是拥有资本或决策权的"甲方"——通过不同的外观形式象征出社会地位和经济价值的差异，这才是他们最为关心的。人们真实的生活体验在千篇一律的所谓"现代化城市场景"中被机械化和同一化，导致场所地域性认同的丧失——空间距离的接近并不一定带来社会的认同（酒店就是最好的例子）。

3. 空间的极化生产：社会隔离与空间"公共性"的衰落

源于生产活动中地位差异的社会分异，不仅投影于空间，同时，也可能在空间的极化生产中被进一步强化，体现在社会消费和再生产层面的分异甚至成为现代城市社会分层的重要判断标准。那些作为空间性也是生产性中心的区域，从CBD（中央商务区）到今日的CAZ（中央活动区）和城市新区，成为公共和私人资本投入、基础设施建设、公共服务提升和城市形象展示的核心地带。相对而言，位于边缘地带的区域，从高密度的经济适用房到日益破败的城中村，接纳着一轮又一轮旧城拆迁和房地产浪潮所置换出局的人们，他们在移动性、人口密度、社会资源质量等方面的环境限制，将导致其劣势甚至在代际间不断传递下去。

另外，相对于生产性空间的重要地位，那些和生产关系没有直接联系的公园、广场、学校和医院等公共空间，在逐步边缘化和私有化过程中，不断缩减甚至丧失。然而城市空间公共性的重要性，体现在其不仅作为社会政治系统的代表，同时也是社会交往并相互影响的重要基础，更是社会再生产的关键场所。正如雅各布斯（Jacobs）在其名著《美国大城市的生与死》（The Death and Life of Great American Cities）中所揭示——城市道路等公共空间的深层根源中，蕴涵的是人们共同生活中相互尊敬和信任的网络，以及对个人、邻里需求的资源依托。

由上可见，当前社会需求复杂性和空间分化的发展趋势，进一步提出了完善对社会—空间辩证关系认知的要求——纳入对于空间社会属性和权力维度的关注。即一方面通过空间社会性的再现，提升规划策略的社会适宜性（资源对于不同群体需求的满足程度）；另一方面，通过再现的空间权利，实现公共资源与权力分配的地域公正性，以及空间行动与社会主体之间的良性互动。下文将分别展开论述。

（三）加强对空间社会属性的关注

甘斯（Gans，1968）在关于"潜在环境"（potential environment）和"有效环境"（effective environment）的论述中提出，规划者笔下的成果只是一个"潜在环境"，社会系统和使用者的文化将决定其成为"有效环境"的程度。[①] 由此，社会规划者的工作就是促成两种环境之间的更好吻合，通过创造去适应和引导社会活动，而不是试图改变社会结构。其中的一项基础任务，就是加强对空间社会属性的关注，提升规划策略的社会适宜性。下面是具体关注的内容。

1. 显性群体要素

显性群体要素即甘斯所谓的社会系统，包括特定地理空间上社会群体的特征构成、分布结构和变化趋势等。不同于社会学、人类学和社会工作者等对于社会个体的关注，在规划中，注意力将更多集中于社会人口的结构性特征和变化，及其对城市发展和空间布局的影响。主要考察内容如下：

（1）社会人口结构。

当前我国城市社会人口结构的一个显著特点就是老龄化问题。2005年全国1%人口抽样调查数据显示，2005年末全国65岁以上老龄人口首次超过1亿，占总人口的7.69%。国务院全国老龄工作委员会办公室2007年发表的《中国城乡老年人口状况追踪调查》表明，从2000年到2006年，中国60岁以上的老年人口从1.26亿增长到1.49亿，占总人口的比例从10.2%提高到11.3%，人口老龄化年均增长率高达3.2%，约为总人口增长速度的5倍。城市独居老年人占49.7%，农村亦达38.3%。[②]

老龄化问题将对我国现行社会保障体系、家庭养老方式和医疗保障制度带来巨大挑战，同时需要在城市规划中充分考虑并增加面向老年消费市场的空间资源配置，如公共养老设施、老年社区、老年活动场地和医疗服务设施等。老年人作

---

① Gans H J. People and Plans: Essays on Urban Problem and Solutions [M]. New York: Basic Books, Inc., 1968. In: Ille M M. Social Problems and Collaborative Planning: Toward a Theory and Model of Social Planning: [doctoral dissertation]. Portland: Portland State University, 1976: P14-16.

② 城乡老人状况调查报告发表：空巢家庭比例显著增加. 人民网, 2007-12-18.

为正常社会群体的最后组成链部分,具有最为强烈的关怀需求:考虑其出行不便,服务设施应临近居住区布置;为了避免孤独和逆反心理的产生,居住区应避免单独隔离布置,并尽可能创造与其他群体(尤其是年轻人)交往的机会;社区设计中宜提供老年人与已成家儿女相邻而居的可能。此外,欧盟空间发展战略(ESDP)中提出,未来老年人将呈现与前辈不同的特点,会更富有、更有活力和更爱移动,由此带来"退休金城镇"(pensioner town)在欧洲的风景优美、气候适宜地区的快速发展。在我国的威海、珠海等滨海城市,近几年内也逐步兴起了内地老年人异地置业的热潮,吸引他们的正是这些城市完善的配套服务设施和优美宜人的居住环境。

我国大部分城市都存在老龄人口集中于内城分布的问题,而内城地区又往往是城市商贸、金融等经济活动的中心,由此导致其面临老年人活动场地和设施的相对匮乏与进一步增强经济活力的两难局面。以北京为代表,图15-2是北京市域范围内60岁及以上老龄人口在不同乡镇街道的分布比重。如何实现老龄人口向外部地区的有机疏散成为未来城市发展的一个重大挑战。

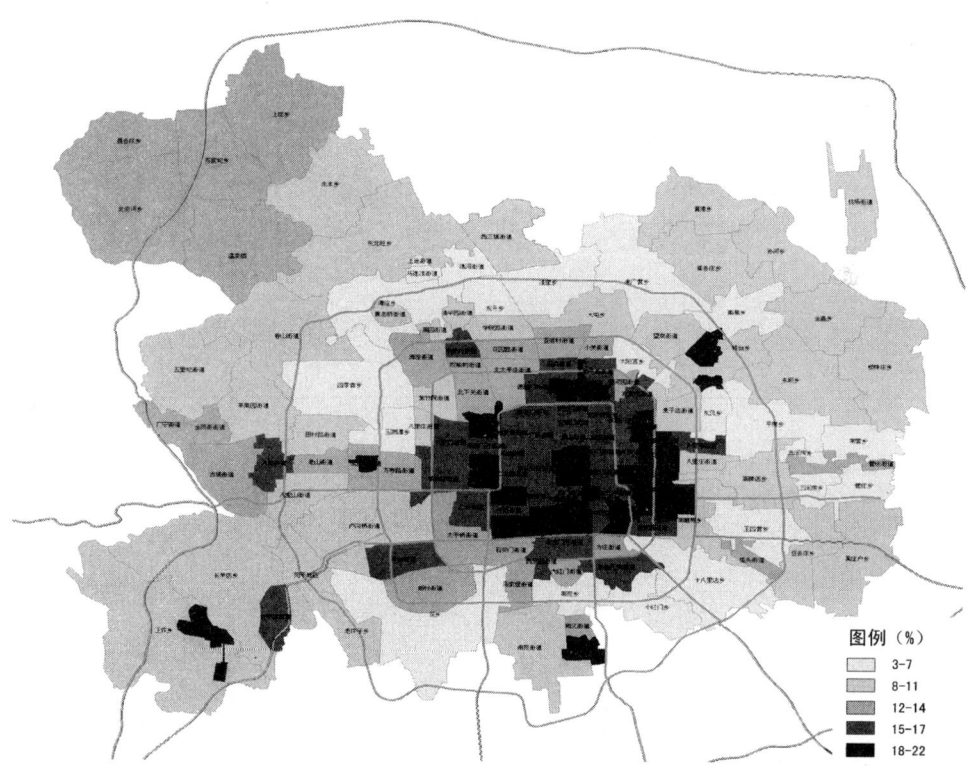

图15-2 2000年北京市域范围内60岁及以上老龄人口在不同乡镇街道的分布比重
资料来源:北京市统计局. 北京市2000年第五次人口普查数据

（2）社会流动结构。

传统规划中的社会人口研究较偏重静态研究，而缺乏对于人口迁移行为的关注。随着户籍制度的放开和城市化进程的推进，城市中外来人口的大量涌入和内部人口迁移现象的加速，对当地的就业、住房、交通、教育等都带来不可忽视的影响。

以我们对南宁市城区社会人口的迁移规律研究为例，1995~2000年迁入（原）城区13个街道的流动人群，共计50.9万人，约占城区总人口（127.3万人）的40%（见表15-2）。根据流动人群来源地的不同分析，其迁移原因有很大区别：外部流入的动力机制主要来自南宁市在广西地区较强大的求学和就业吸引力，城区内部流动的主导机制则是城市拆迁和工作调动等行政手段。并且，不同社会经济地位的群体流动呈现显著的聚集趋势，进一步强化了城市社会空间的分异现象。

表15-2　　　　　2000年南宁市城市流动群体统计　　　　　　　　单位：人

迁入时间	迁出地	有南宁市区户籍	无南宁市区户籍	共计	本研究的群体划分
近五年内	迁出地为本省范围内迁出地类型为街道	168 490		168 490	内部流动
	迁出地为村、乡镇或者来源为省外	125 667	214 595	340 262	外部流入
95年以前			81 696		
共计		294 157	296 291		
常规群体划分		户籍人口	流动人口		

资料来源：南宁市2000年第五次人口普查长表数据

注：这里考察的流动群体不同于常规意义的"流动人口"，其划分标准以"迁入时间"和"迁出地"为参考，而没有采用当前存在争议的户籍标准，从而将流动人群分为"内部流动"和"外部流入"两大类。

城市中来自移民家庭的儿童和青少年比重不断增加，他们往往容易为地方文化的差异所困扰，或被排斥于传统体制之外。在我国，一个突出问题就是流动人口子女的就学难问题。据统计，2004年我国随父母进城的义务教育阶段适龄儿童已达640多万，2004年底广东省义务教育阶段的流动人口子女已近80万。[①]

---

① 人民网．中国修法保障流动人口子女入学．http://politics.people.com.cn/GB/1026/4337039.html．2006-04-27．

2006年《中华人民共和国义务教育法》修订草案二审稿中明确强调了居住地政府对流动人口子女入学问题的责任。在我国大部分大中城市，这一问题全部由公办学校解决存在较大困难，因而需要民办学校的支持。因此，在规划中，需要对学龄儿童的规模计算和学校资源配置规模进行相应调整，并建议将民办学校纳入全市中小学布局规划中统筹考虑，根据流动人口的分布特点引导民办学校的合理选址，以避免资源浪费或恶性竞争。

（3）社会需求结构。

社会的变化导致了家庭小型化的发展趋势。虽然户均人口在减少，但由于城市家庭数量和人均居住面积的增加，居住设施和建筑用地需求仍在不断增长。同时，越来越多的单身、单亲家庭和无子女家庭形成了对于中小户型和出租住房、丰富的休闲娱乐设施和社区交往空间的需求增长。

此外，人们休闲时间的增加和对于生活品质要求的提高，促进了休闲度假场所乃至第二居所市场的发展，结果出现许多被形容为"周末村"的地方。而这种间歇性的人口流动，可能带来对当地住房、休闲娱乐设施、道路、商店等设施的脉冲性需求，形成周末或旅游旺季人满为患，平时或淡季则缺乏生气的景象；外来群体与本地居民在经济水平和文化背景上的较大差异，导致对当地公共服务设施需求的极端分化。同时，由于外来群体往往缺乏对于当地场所的归属感，容易造成环境破坏或秩序混乱等局面。这些都对传统的用地规划和设施配套标准提出了更具弹性和灵活性的要求。

（4）社会空间结构。

通过将上述结构性的社会因素应用GIS等地理信息技术投影到地理空间，可以获得社会发展在城市空间维度的真实再现，另外，当各种社会变量通过唯一性的空间区位进行关联后，可以进而展示出相互之间及其与空间之间的影响机制。

西方研究显示，主导城市社会群体空间分布的主要社会因素为社会经济地位、家庭人口结构和种族。国内近十多年来对于广州、上海等大城市的相关研究结论显示，在长期计划经济体制和住房分配制度的影响下，我国城市的社会空间更多体现出"单位制"社会的特点，影响因素主要体现在职业与行业特征上。根据2004年对南宁市城区的相关研究，其主要影响因素为学校建设、城市开发强度和行政/事业机关分布三项（累计解释方差达65.9%）。[①] 可见随着近年来市场经济发展和住房制度改革，住房选择和就业吸引两大因素逐步成为影响城市社会空间的主导因素，典型体现在南宁作为广西行政和教育中心及其大规模城市

---

① 北京清华城市规划设计研究院. 南宁城市总体规划之社会规划专题. 2004.

开发进程对社会人口分布的显著集聚效应（见图15-3）。

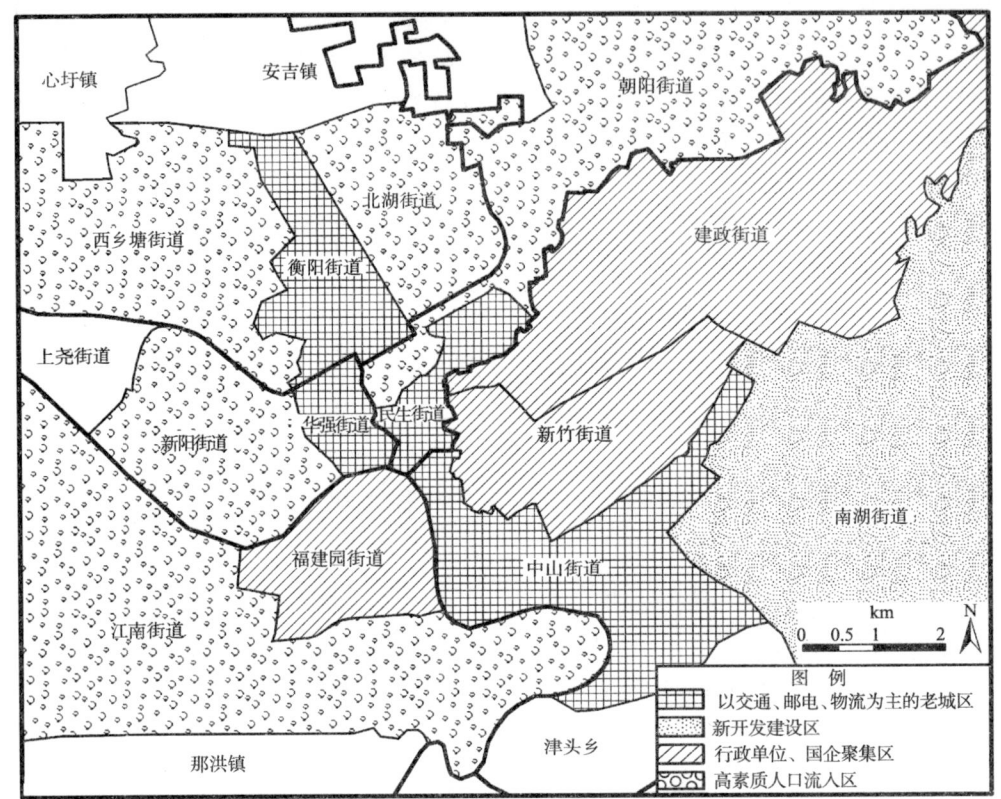

图15-3 2000年南宁市城区社会区分布图

当不同社会群体在城市特定地域聚集并形成相对的空间分异，将带来某些特定需求的集中和放大，而过度的空间极化甚至可能造成社会排斥和冲突等不利局面。例如，英美等国新城建设的经验显示，年轻家庭作为迁往新城的主要群体，形成对于土地利用和服务设施的许多特殊需求。高出生率则意味着需要提供更多的妇幼医疗服务，以及紧邻居住区设置的医疗中心或门诊部。新城中大量的儿童导致更多对于游戏场地和学校设施的需求，常规的千人指标已经无法满足这些不断发展变化的特殊需求。在瑞士，人们通过修建大量临时校舍来解决这个问题，10~15年后，当社区发展趋于稳定而需求量减少时，再予以拆除。此外，英国新城的教训使得我们需要格外关注青少年群体的社会生活需求。在新城的早期发展阶段，由于大部分的娱乐设施都是为成年人服务的，青少年不得不每晚到伦敦市区寻求娱乐活动，久而久之就在市区工作而迁出新城。在马里兰等新城，规划者们开始着手改善措施，并取得相当成效，新设施还吸引了许多周围地区的人们前来享用。但同时，由于新城往往没有足够的青少年来使用这些设施，又容易引发当地居民对于外来使用者的不满意情绪。①

2. 隐性价值要素

隐性价值要素即甘斯所谓的文化系统，指附着于特定场所的社会使用价值。场所，被海德格尔誉为人类与物质世界之间实现精神统一的基本单元，而呈现出不同于一般日用品的特殊使用价值（见表 15-3）。

表 15-3　　　　　空间的交换价值与使用价值的内涵比较

	交换价值	使用价值
价值的主体	拥有者（增长联盟，如地主、转租户、投资商、政治精英）	日常居住者（自住居民、租户）和使用者（工作者，如零售商）
价值的形象	商品	特殊日用品，宝贵财产
价值的来源	预期的社会产出，投资商的竞争性出价	真实的生存需求和生活体验
价值的时间性	即时性	与时间的积淀成相关函数
价值的体现	城市网络中的层级位置 区位中心度 租金 周边地价 对于外部资金的吸引力 对于政治系统和社会关注的形象展示 资本的生产能力	日常的生活循环 非正式的支持网络 安全和信任 身份的界定 集聚效应 文化习俗和生活方式的维持 社会再生产能力

首先，体现为物质空间对于所有的人类活动日常活动的必要性。其规模、位置可能不尽如人意，但不能没有。

其次，与其他必需日用品（如食物）相比，场所体现出特殊的价值派生功能。它并非一个独立要素，而作为创造、联系和维持其他使用价值和既得权利（如对于学校、朋友、工作地、商店等场所的可达性）的网络中心。因而，对于空间环境质量的评价，不能仅局限于将某建成环境作为单一研究对象的物质性要素（如建筑质量、美学特征等）和经济成本分析，还应充分考虑整体空间网络的社会使用价值。

再次，空间使用价值的形成往往需要更为长久的日常生活积累，它反过来又有助于维持场所社会的归属感和稳定性。而在快速城市化进程中，一个常见的场景是，正如伯吉斯（Burgess）的同心圆模型中所展示的，"过渡区域"不断地被具有更高交换价值的用地扩张所侵占。频繁的邻里迁移和重组，导致社会文化价

---

① Golany G. New-town planning: principles and practice [M]. New York: Wiley, 1976.

值由于缺乏稳定的空间附着体和长久的时间积淀而消失。个人对于场所的物质和情感投资越来越少，取而代之的是义务和契约的限制，导致当前关于"社会诚信失缺"的呼吁频繁见于报刊媒体。

最后，场所的价值转移相对更为困难，并对于不同价值主体的差异显著。在新古典迁移理论和城市区位理论中，一个前提假设就是个人可以自由选择最能满足其需求的场所，并导致场所为了吸引他们而竞争，即人们可以通过"脚"来进行选择。但实际上，对于场所上的居住者和使用者而言，迁移成本的要素之多和代价之高，甚至可能意味着原有生活网络的全面瓦解。而作为交换价值主体的资本家和流动资金，对于场所的依赖度远远低于前者，他们对于场所的使用强度拥有更高的承受能力（例如可以适应噪音、气味等方面的变化），同时还拥有更多的迁移机会，而不会受到家庭情感联系、学校和工作地的可达性等因素的制约。在市场机制面前，最脆弱的群体就是那些拥有最少选择的人们，如老年人、贫困群体等，对于场所拥有更为长久和强烈的依赖度。

当 2005 年 6 月 16 日北京市社科院首次发布《北京城区角落调查报告》时，很多人才发现，作为首都的北京城内竟还有如此薄弱的地区。报告显示，目前北京市城八区至少有 358 个"城区角落"，涉及人口至少超过 30 万人。其中之一就是位于天安门对面，代表老北京传统繁华商业街的大栅栏地区。但也正是这样一个充斥着拥挤和混乱的"角落"，成为无数流动人口实现日均生活费 8 元维持生计的寄身之处。① 由此看待城市贫民区，对其已经远超出交换价值体现的使用价值（见表 15-4），应在尽可能维持的基础上，通过提高房屋标准，提供必要的公共服务和社会保障，建立有效的超龄破屋报废制和更新制度等手段，逐步提升交换价值的匹配度，而不能以单纯的经济成本收益分析垄断并低估其内在价值。对于大栅栏地区，作为老北京多元历史和传统市井文化的重要载体，重要的是如何激活这些资源。

表 15-4　　城市贫民区在城市营销者和当地居民眼中的比较

城市营销者眼中	当地居民眼中
社区功能畸形的表现	提供社会共生网络
社会问题的集中地	形成群体防卫性空间
严重影响城市美观和正常生活	城市新移民进入城市（包括空间和社会生活）的起步区
拆毁有助于以税收和土地价值的最少损失，换取其他地区群体收益和土地租金提升	拆毁将增加新的生活成本，生活网络的重建将需要诸多时日，甚至无法实现

---

① 北京市社会科学院"北京城区角落调查"课题组. 北京城区角落调查. 社会科学文献出版社，2005.

(四) 对空间权利的反思

城市规划研究最主要的驱动力源自对城市空间布局外部性的平衡从而实现整体效益优化的追求。土地及其上面人造环境的不可移动性特点，使得空间体现出很强的外部性效应。体现在城市空间布局中，尤其涉及社会领域活动的公共性特征，外部性所带来的效用增加或损失，并不完全等同于经济学意义上的效益和成本，还包含很多无形的非物质要素。各外部性通过相互叠加或抵消，最终形成影响社会群体的两个相对区位的重要概念：资源的可获取性和不利影响的接近度。

城市中大部分的冲突都可以视为不同社会群体对正外部性的追逐和对负外部性的拒绝的整体体现。在市场竞争机制下，通常由那些拥有较高社会经济地位、财富或权力的强势群体占据最有利的优势区位和资源，导致在社会与空间的相互生产作用中社会分化被不断延续和加剧：一个蓝领劳动力在蓝领社区内被再生产出来。尤其对于教育资源获取度的差异，将可能导致社会群体在市场竞争中的能力差异性在其内部代际间不断传递下去。[①]

面对上述竞争中的利益分化趋势，那些影响人们生活质量和社会再生产能力并具有显著外部性特征的社会性公共要素（不仅包括医院、学校、公园等物质性设施，还包括如环境质量、犯罪等非物质性要素），成为政府实现社会整体基本利益保障和利益协调的重要工具。同时，随着政府逐步退出市场生产、建设和运营领域，规划决策成为其发挥公共管理"掌舵"职能的重要环节。因此，规划的另一项重要任务就是致力于在对社会性公共要素的空间分配中，实现权利（资源与权力）的地域公正性。

具体体现在我国当前的城市规划和建设工作中，社会规划研究的落实迫切需要从以下几方面着手。

三、保障生活质量的基本主题：健康、安全和住房

现代城市规划的立法根源可以追溯到19世纪有关阳光、供水、防火和排污等改善工人阶级住房及其居住环境的制度。从1848年英国出台的第一部有关城市公共卫生的《公共卫生法案》，到后来一系列的贫民窟改良计划，大规模拆除或改建不卫生住宅，制定新的建筑规则以及规范街道的最小宽度，以保证建筑物拥有基本充足的空气流通和日照等，其中的三个基本主题：健康、安全和住房，直至今日仍然是实现良好社会生活质量的根本基础。

---

① Logan J. R., Molotch H. L., Urban Fortunes: the Political Economy of Place [M]. London: University of California Press, 1987.

随着人们对于基本生活质量的理解从生存保障的生理角度转向心理和情感等更为广义的范畴，规划策略也从强制性最低限度的保障，即阻止或直接改善那些危害人体健康、危及生命安全的条件要素，以及提供生存居所等，转向寻求更为理想和广泛的物质基础。具体主要包括以下三项。

（一）健康规划——为全体居民创造健康的生活环境

新中国成立后着手对城市中生活条件恶劣地区进行成片改造，如北京的龙须沟、上海的蕃瓜弄等。20世纪60年代形成较完整的卫生设施、住房和建设标准，80年代以后较为集中地研究和解决环境质量问题，形成一系列法律规范和规划标准，主要包括：一是关于土地利用的区位、密度、性质、大小和建设方式等方面的规范；二是居住区规划中绿地、日照、采暖、通风、最小层高等配置标准；三是医疗设施配套标准，如居住区卫生设施配套标准、医院配套标准等；四是环境质量标准，如大气、水体中有害物质含量、饮用水标准、城市噪声允许标准、污染源空间标准、放射防护规定等。上述作为我国城市规划中医疗卫生体系研究中的主要内容和考察标准，一直延续至今。

发展至今，世界上普遍对于健康的定义已不再局限于没有疾病，而广泛扩展为"生理、心理和社会福利的全面状态"。因此，城市规划中需要关注的不仅是医疗救治服务和基本卫生保障，还广泛涉及教育、就业、住房、社会网络、空气和水体质量、食物获取、公共服务的获取以及健康看护等方面可持续发展的相关问题（见表15-5）。

表15-5　　不同时期城市居住环境健康标准的比较

美国公共健康署住房卫生委员会人类居住环境标准表（1960年）	伦敦健康城市发展部健康社区空间规划核查表（2005年）
◆防止意外事故的危险	◆健康的生活方式
◆防止传染病的传播和提供永久的清洁路线	◆住房质量
◆提供足够的天然光、日照和通风	◆工作的可达性
◆防止过度噪声	◆空气质量和邻里舒适度
◆防止大气污染	◆食物的获取
◆使人能够摆脱疲劳和提供足够的私密性	◆公共服务
◆提供正常的家庭和社会生活的机会，并防止精神上的伤害	◆犯罪的减少和社区安全
	◆社会整合和社会资本
	◆气候的变化
	◆可达性
◆提供可以理解的美学意义上满足的可能性	◆资源的最低限度

资料来源：高原荣重，1983；Greater London Authority，2006。

随着人们生活水平的提高和现代医疗技术的发展，更多的健康问题来自城市生活和物质环境对于人们生理和心理的综合影响，导致亚健康状态等一系列"城市病"的广泛蔓延。例如社会学的相关研究显示，小规模的社会单元比大城市在一定程度上更有助于培养个人和群体间的和谐关系。宜人的社区组团，能为人们提供轻松的邻里交往和孩子的安全保障，与自然和开放空间的更多接近，使人们能拥有新鲜空气和安静的氛围从而有效缓解紧张压力。

因此，这里强调对健康的理解应主要基于一种社会模式，而不是传统的医疗模式。这意味需要将医疗看护系统转化为健康看护系统，将服务由单纯的诊断和治疗转化为保障社会群体健康的预防保健措施。

健康规划的主要任务包括：

一是提供健康的居住和工作环境。不仅需要制定确保不危害人们身心健康的环境建设的最低标准，还应倡导营造宜人、可持续的物质和非物质的生存环境，既包括可直接促进健康发展的要素，也包括通过创造良好的交往空间、安全的步行环境等有助于促进社会交往和社会网络的间接要素。

二是提供各种基础和高级的医疗卫生服务。通过规划为预防、保健、医疗和救治等健康功能体系提供合理有效的空间配置。

三是通过重点的设施布局和政策引导，改善城市健康状况分布的不平等。尤其注重加强城乡医疗资源的整合和共享，改善我国城乡居民之间的健康状况差异。

（二）安全规划——维持社会稳定和社会安全

对于城市安全的考虑，我国自20世纪80年代开始形成了一系列的规范和法律，如《中华人民共和国减灾规划（1998~2010年）》、《中华人民共和国防洪法》、《中华人民共和国防震减灾法》等，主要通过对城市空间布局中的土地利用区位、强度、性质、规模以及建设和设计方式的约束，增强城市应对洪涝、火灾、地震地质等重大自然灾害的预防能力。

随着我国城市现代化进程的加速，专家指出"十一五"时期中国将进入"突发性事件高发时期"，尤以城市安全问题最为突出。[①] 2006年1月8日，国务院正式发布《国家突发公共事件总体应急预案》。城市规划和管理中对于安全问题的考虑，也由危及个体生命安全的洪涝、火灾、地震地质等重大自然灾害，扩大至危及社会整体利益及可持续发展能力的突发性公共事件。

---

① 北京国际城市发展研究院院长连玉明认为，中国城市安全具有这样几个特点：危机时间呈多频次、多领域发生的态势；非传统安全问题日益成为现代城市安全的主要威胁；突发性灾害事件极易被放大为社会危机；危机事件国际化程度加大。见："十一五"时期我国城市仍处于突发事件高发期. 新浪网，2004-09-15. 来源：中国新闻网. http://news.sina.com.cn/c/2004-09-15/17283676359s.shtml.

不过，上述内容仍然仅限于自然灾害预防和工程应急。而在社会规划中，尤为强调的是关注那些由于社会因素引发的城市安全问题，特别是当前在世界各国都普遍凸现的城市犯罪引发的社会安全和社会恐慌问题。随着城市中大量外来人口的涌入和社会流动的加剧，社会人际关系的疏远和失范状况的增加，过度拥挤的城市空间和衰败地区的出现，以及城市大规模单一功能区带来的"睡城"和"鬼城"现象，从社会、心理、空间和时间等各方面都容易形成诱发城市犯罪的盲区。根据公安部统计，2003 年以来，全国公安机关共立盗窃、抢劫、抢夺等侵财犯罪案件占全部刑事案件的比重一直保持在 80% 以上。① 对于居民的日常生活而言，日益增加的犯罪问题已成为影响生活质量和社会安定的重要因素。相关研究显示，对于犯罪的恐惧将导致人们减少夜间活动出行和对公共交通、公园、购物中心等场所的使用等公共活动。

以联合国人居署为首的 1996 年开始实施的"更安全城市"计划中，各国参与代表达成共识：如今犯罪预防已经不再仅仅是警方的责任，应被视为城市公共事务和所有市民的共同责任，得到所有公共机构和全社会的全力推动；城市政府应将切实高效地提供安全保障作为一项中心职能，并通过与社会各界建立合作机制提供高质量的新型服务，实现社会的可持续发展。

由此，犯罪预防和控制的途径，由传统的"司法犯罪预防"开始扩展到"情景犯罪预防"和"社会犯罪预防"领域。

1. 情景预防策略

其概念原型来自雅各布斯在《美国大城市的生与死》（1961）中提出的"街道之眼"，并受到犯罪学家杰弗里（Jeffery，1971）提出的环境设计理论和美国建筑师纽曼（Newman，1972）的可防卫空间理论的影响。1980 年英国学者克拉克（Clarke）和梅休（Mayhew）在为英国住房办公室的研究中首次提出情景犯罪预防策略，并形成"基于环境设计的犯罪预防"（Crime Prevention Through Environmental Design，CPTED）战略。其中通过分析时空、机会、条件等情景因素对犯罪人理性抉择和犯罪决策的影响，设计出一种较为普适性的环境规划和管理策略，通过增加犯罪的风险和成本，减少可能的犯罪回报及各种目标物对犯罪人的吸引力，实现对犯罪行为的事前预防。② 经过二十余年的发展，情景犯罪预防已成为世界各国城市（尤其在社会规划中）安全规划的核心内容。其优越性在于，预防行动具有低投入、可操作性强和效果长久等特点，并推动城市规划、建筑和产品设计阶段对安全因素的系统考虑。其主要内容包括：

---

① 宗胜利，李国忠. 2005 年社会治安形势 [A]. 汝信，陆学艺，李培林. 2006 年：中国社会形势分析与预测. 社会科学文献出版社；2005：144 – 153。

② 郝宏奎. 评英国犯罪预防的理论、政策与实践 [J]. 公安大学学报，1998（2）：51 – 54。

（1）结合城市用地规划。

通过合理的城市用地布局，创造安全便捷的交通联系和公共活动地的可达性，有效引发和组织各种公共活动的混合开展，从而获得更多的"街道之眼"，营造良好的场所感和安全感。

（2）结合开放空间规划。

人们对于开放空间的使用基于其中形成的安全感和舒适感。高使用率同时又将进一步促进安全感的提升。可通过提供积极和消极的休闲活动，吸引大量老年群体，创造更多的自然监视。

（3）结合城市设计。

通过对构筑物、植栽、围栏、铺地等精心设计，明确界定公共与私人领地范围，避免形成诱发犯罪的视线盲区，创造更多的自然监视和"街道之眼"。

（4）结合公共交通设施规划。

作为人们日常出行的重要工具，公共交通设施的使用程度很大程度将受到犯罪活动或对其恐惧感的影响。在规划设计中，应充分考虑自然监视、照明、通路联系等安全要素，并保持设施的良好维护。

（5）结合建筑设计。

通过单体建筑的设计，形成自然监视和减少犯罪机会，有助于附近公共场所整体安全感和活力的形成。

（6）结合照明规划。

良好的照明能促进夜间公共场所和道路的可视度和吸引力，提高其使用率和安全感。

2. 社会预防策略

在传统治安管理工作的基础上，应建立社会治安防控体系，通过警民联防提高社区预防犯罪的能力，具体措施参考如下：

（1）受害人调查。

根据统计和访谈材料，界定最易受犯罪威胁的群体，评估他们对于治安效果和犯罪恐惧的感受，获取受害人对于加强预防行动的意见和建议，作为官方犯罪记录的补充。

（2）青少年罪犯统计。

通过深入访谈、问卷调查、群体讨论等方式，获取青少年罪犯或风险群体的详细信息，有助于决策者的理解并改善服务。

（3）地方安全评估。

通过关键群体（地方政府、警察、犯罪司法系统、公众、私人部门和研究机构等）座谈会或访谈的形式，并根据现有统计信息进行初步分析和研究，评价城市中犯罪活动的分布范围、形式、形成原因及其社会影响等。

(4) 地方安全联合。

组建城市中安全问题的相关群体和各利益群体代表的临时联盟，包括市政当局、犯罪司法系统、私人部门和公众，通过对话与协商共同制定城市犯罪预防策略，通常由地方政府担任领导职能。

(5) 妇女安全监察。

考虑到妇女普遍拥有较高的犯罪恐惧感，召集妇女（还可包括儿童、老年人、残疾人、少数民族等脆弱群体，通常是3~6人）通过步行监察的方式，指出容易滋生犯罪行为或产生不安全感的地方。由随行的城市规划师、建筑师和顾问，记录那些需要采取改进措施的城市环境问题。

(6) 邻里守望团体。

社区成员与警方和地方领导合作，对特殊邻里地区采取正式巡查或守卫活动，或形成相互监控的体系。

(三) 住房规划——提供多样、可支付和适宜的住房

我国较长期以来的"单位制"住房供给和土地划拨与协议出让制度下，居民住房一直通过政府计划的方式供给。随着住房市场化的推进，通过市场手段较好地解决了大部分群体的住房供给问题，但这并不意味着政府职能的完全退出，近几年来住房市场中暴露的结构失衡、标准失控等问题，进一步强调了政府应发挥对住房供给结构和规划建设标准的重要调控作用。即使在住房高度市场化的西方国家，住房规划也往往成为政府规划的核心内容。

面对我国住房市场化发展进程中房地产领域不断暴露的问题，国家开始强调政府在市场引导和调控中的重要职责。在2006年4月1日起执行的新的建设部发布的《城市规划编制办法》中，明确要求城市总体规划的中心城区规划中应包括"研究住房需求，确定住房政策、建设标准和居住用地布局；重点确定经济适用房、普通商品住房等满足中低收入人群住房需求的居住用地布局及标准"。同年5月24日建设部等九部委联合发布《关于调整住房供应结构稳定住房价格的意见》，要求"各级城市（包括县城）人民政府编制住房建设规划，明确'十一五'期间，特别是近两年普通商品住房、经济适用住房和廉租住房的建设目标，并纳入当地'十一五'发展规划和近期建设规划，以及"要重点发展满足当地居民自住需求的中低价位、中小套型普通商品住房"。

可见，住房规划已经成为国家宏观调控和管理住房市场的关键手段。总结当前住房规划的主要任务可以包括以下几方面。

1. 鼓励和引导多样、可支付的住房供给

不仅仅是解决住房"有""无"的问题，更应充分应对社会人口的住房需求结构，提供多样、可支付的住房选择。通过用地布局、土地利用规范、基础设施

建设等引导和控制途径，以及多种激励性的开发机制，如密度、高度、容积率奖励，开发权转移，鼓励并引导公共机构、私人房主、开发商等的共同参与。

在传统单位制住房供给和计划经济时期，住房需求和供给中都不存在太大的差异。伴随住房市场化的发展，一方面不同社会群体在住房需求上开始呈现较为明显的差异化趋势，另一方面市场供给也更为灵活，但容易受其逐利性的制约而将注意力集中于中高收入阶层的需求。2006年对于北京市居民购房需求的调查显示，[①] 年龄、职业、收入等成为影响人们住房需求的重要因素（见图15-4）。

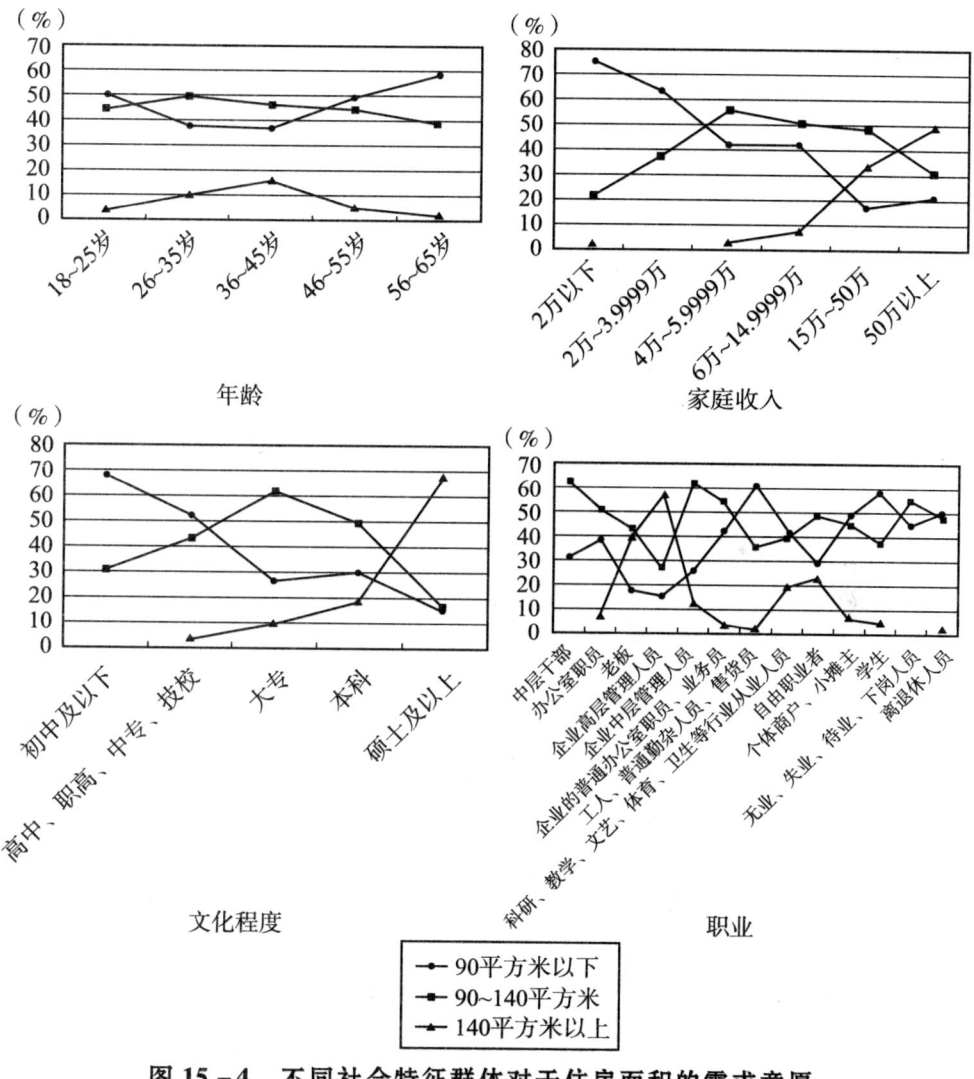

图15-4 不同社会特征群体对于住房面积的需求意愿

---

① 此研究属于2006年北京市住房建设规划的空间布局专题部分，数据来源为零点调查公司。

其中，对90平方米以下中小户型住房有较高需求的群体特征包括：年龄在25岁以下和55岁以上，受教育程度在高中以下，经济状况为家庭年收入低于4万元，职业以工人、普通勤杂人员、服务业人员、个体工商户、离退休人员和学生等为主。而他们的住房需求又可细分为过渡性需求和长期性需求两类：前者以学生和城市新移民为代表，他们将可能随着自身能力和收入水平的提高进入更高一级的住房需求队伍，因而主要倾向于出租房屋和邻近就业地的住房；后者则以老龄人和低教育程度的家庭为主，他们多以牺牲住房面积为代价，换取更为便利的基本生活条件，因此看重住房周边是否拥有完善、便利和可支付的生活服务设施。这些都需要在规划中进行深入调研，完善住房供给的适宜度。此外，在某些特定地域还应考虑一些特殊群体（如单亲家庭、SOHO①族、独居老人、"校漂族②"等）的需求。

2. 设定住房建设标准，合理引导消费

我国自20世纪90年代以来，国家技术监督局和建设部联合颁布并逐步完善形成《城市居住区规划设计规范》（GB 50180—93）、《住宅设计规范》（GB 50096—1999）等规范标准。但面对尚处于不断完善过程中的房地产市场，政府仅仅从供给方面制定强制性规范的作用毕竟十分有限，只能保障基本的住房建设标准和居住的安全与健康。当前房地产市场的一个突出问题体现为结构性的矛盾，有关专家分析认为，造成房价居高不下的一个重要原因是我国尚未普遍建立起正确的住房消费观念和住房消费模式，存在消费模式单一、消费需求超前、梯度消费意识淡薄等问题，导致大户型占据住房主导市场和众多"房奴"的出现。

因此，需要政府与规划研究机构、设计单位一起，共同探讨并倡导面向不同需求的多种居住模式，从住宅的环境生态指标、户型、面积、建筑形态和基本性能等多方面提供全面的可行性论证和技术标准，引导住房消费的合理、有序发展。

3. 创建宜居社区

如今，人们选择住房的考察范围，已经从单体的住宅设计，转为更多关注社区环境的营造。一套好的住房能够满足人们生活起居的需要，而一个宜人的社区环境，将为人们工作、出行、休闲、购物等更多活动带来便利和心情的愉悦。我国目前已出台不少关于绿色建筑发展的技术标准、技术要求和评估指标体系，如2001年全国工商联住宅产业商会公布的《中国生态住宅技术评估手册》和建设部2006年6月1日发布的《绿色建筑评价标准》（GB/T 50378—2006）等，关于居住区住宅规范，则主要有建设部2002年修订颁布的《城市居住区规划设计

---

① 英文Small office Home Office的缩写，意为"小型办公、家里办公"，是对自由职业者的一种称谓，同时亦代表一种自由、弹性而新型的工作方式。——编者注。
② 指的是大学毕业后因各种原因不愿踏入社会就业，漂流在原来就读的校园以期达到自己理想目标的人群。——编者注。

规范》(GB 50180—93)。其中,前者集中于对单体建筑生态技术层面的要求,后者则主要是对居住区用地布局和配建指标,而较缺少从社区整体规划层面综合考察环境、人文、基础设施等方面协调发展的指导规范和评价指标。

一个可以借鉴的例子,是美国绿色建筑委员会、新城市主义协会和自然资源保护协会 2005 年联合推出的面向社区规划的可持续发展评估体系 LEED-ND(LEED for Neighborhood Development)。作为美国首部面向邻里社区规划的国家标准,其指标体系在传统绿色建筑单体评估指标的基础上,重点拓展了"紧凑、完整和有机联系的社区"指标(在所有一级指标中占最高比重),包括紧凑开发、交通导向、混合式的土地利用和房屋布局、友好的自行车和步行系统设计等社区协调发展的综合考察标准(见图 15 - 5)。①

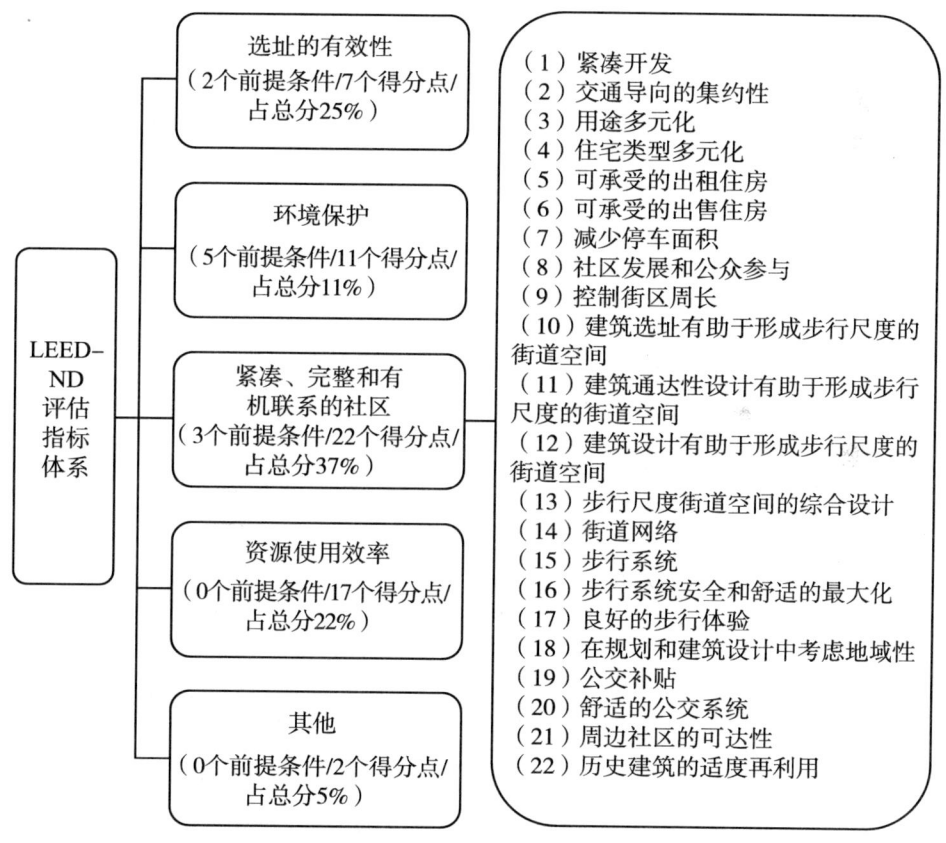

图 15 - 5 美国 LEED-ND 评估指标体系(审议稿)的构成

资料来源:美国绿色建筑委员会(U. S Green Building Council,USGBC)等,2005

---

① USGBC,CNU,NRDC. LEED for Neighborhood Developments Rating System-Preliminary Draft. http://www.usgbc.org/leed/nd. 2005 - 09 - 06.

4. 保障公共住房供给

如果说上述三项中更多体现出政策规范和引导的作用，这一项则是政府发挥空间规划手段实现住房保障这一公共职能的集中体现。

我国目前针对低收入群体的公共住房政策主要包括提供经济适用房和廉租房两种途径，暂不论供给规模的问题（关于住房保障的问题，在本书第九章有详细论述），基本解决的还只是提供居所的目标，而在相应的生活配套服务和就业、培训等发展机会的提供方面尚较为欠缺。同时，由于这些公共住房在空间布局上的相对集中（见图15-6）和聚居群体的强烈趋同性，① 带来大规模相对同质的社会需求，如每日的通勤、儿童就学和健康服务等，给本来就较为欠缺的交通、教育、医疗等公共服务系统带来巨大压力。因而，在住房规划中最迫切需要

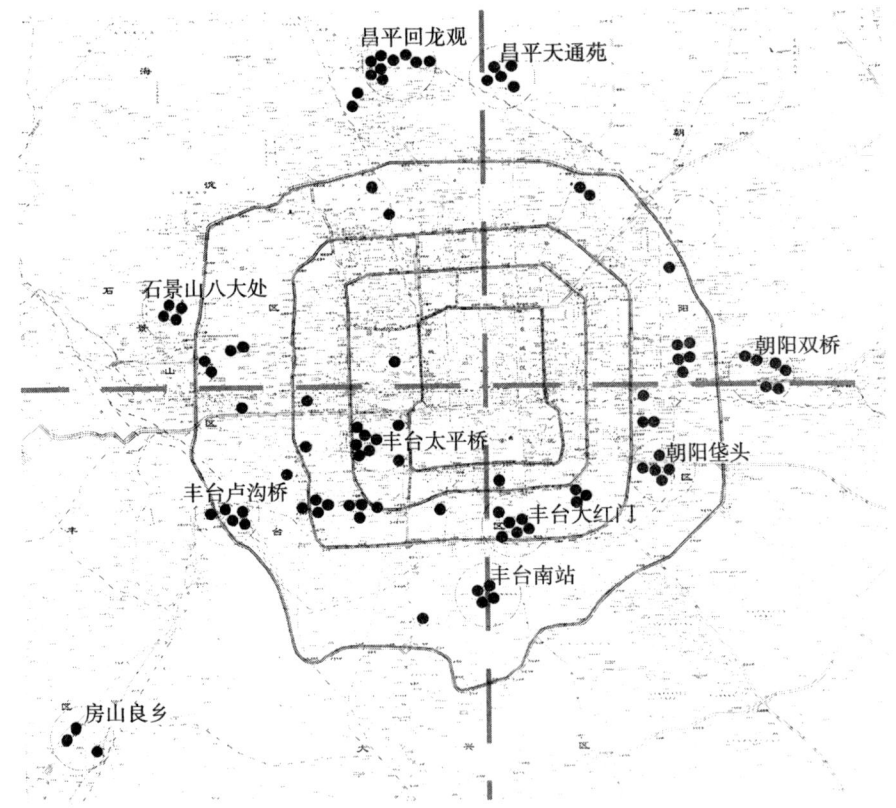

图15-6 北京市1999~2006年经济适用房空间分布图

---

① 根据北京市规划委员会昌平分局、北京天鸿集团公司及清华大学房地产研究所关于北京回龙观居住文化区公共服务设施研究课题中进行的居民特征调查（样本总量1 309份），居住区内群体特征呈现强烈的趋同性：25~34岁以及50岁以上的年龄区间，高学历、管理人员和技术人员，2~3人的核心家庭。

改善的是对于住房的理解，不仅限于为居者提供休憩的遮蔽体，更重要的是作为联系人们生存和发展机会网络的中心。由此，为低收入家庭提供公共住房，不仅仅是解决"有房住"的问题，更重要的是降低弱势群体的生活成本，让他们有更多的资源和能力获得新的发展机会，并降低社会失范效应的集中出现。

四、营造宜居环境的可持续手段：教育和文化休闲

雅各布斯在1969年出版的《城市的经济》一书中，挑战了企业和资本的集中会促进城市经济发展这一主流经济学论点。她提出，城市发展的原动力是地理上邻近的多种多样的产业共存与人力资本的集中。诺贝尔奖得主罗伯特·路卡斯（2002）进一步证明了人力资本的集中能提高地方的生产率，从而推动经济成长的假说。企业和资本选择城市的依据不仅仅在于该地区的市场和供给网络，更重要的是希望从当地的受过良好教育、高质量的人力资本中获得生产力提高的收益。近年来逐步兴起的宜居城市理论（urban amenity theory）从社会研究的视角提出，城市发展的动力在于人力资本的积累，受过高等教育的劳动力有向宜居度高的城市集中的趋势。[①]

由此，营造可持续发展的城市宜居环境，一方面有助于吸引产业和高素质人才的聚集，更重要的是，通过对当地社会群体素质和发展潜力的投资，能强化城市对于市场化和全球化取向的经济增长中潜在危险和挑战的适应能力，为推动城市可持续发展提供长久的动力。这是一种以未来为导向的社会投资。主要规划手段体现为教育和文化休闲两大主题。

（一）教育规划——支持广泛、灵活的教育和培训发展

教育系统作为一个覆盖整个城市所有年龄段居民的庞大体系，其社会意义不仅体现为为学习者提供发展的能力和机会，更是实现男女之间、不同社会阶层之间和代际平等的重要途径——为所有社会群体提供广泛而平等的教育和培训机会。

教育规划的主要任务包括：

1. 教育设施层级网络的合理布局

目前我国大部分城市都普遍存在教育资源空间分布不均衡的问题：老城区学校布局过密，规模和面积偏小，发展空间受限；新区学校建设滞后，学校缺乏，

[①] 任雪飞. 创造阶级的崛起与城市发展的便利性——评理查德·佛罗里达的《创造阶级的兴起》[J]. 城市规划学刊, 2005（1）: 99-102.

就学压力大。

传统根据千人指标和学校建设指标测算学校数量和规模的方法，对于规划条件比较明确的居住区有一定准确性，但对于住宅开发规模和时序都不太确定的城区，容易受到户籍人口低龄化、跨区入学、用地功能调整、"普九"及"普高"政策的影响，导致规划预测值与实际需求量可能存在较大缺口。因此，在教育设施布局规划中，应尽可能深入调研当地就学儿童的实际需求和发展趋势，对于不同功能性质、不同建设时期的发展用地，区别选择配置指标。

2. 设施用地布局的合理性

学校布局应避免临近主要交通干道或工业区；拥有良好的日照；与绿地和开敞空间有直接联系等，相关教育设施的规划和设计规范中都有明确要求。这里着重强调学校应和城市的步行和非机动交通系统直接相连，确保其安全、便捷的可达性。

3. 重视新城（新区）的教育规划

新城（新区）的教育规划是一个动态的领域，因为它所关联的是不断变化的年轻群体和对新教育设施的需求，导致关于学生规模、学校面积、教师、设备和预算的预测都存在很大不确定性，为规划和建设带来很大难度。在实际开发中，加上公共教育设施的非营利性特点，其建设往往滞后于人口的发展，在很大程度上影响了新城的居住品质和吸引力。尤其在新城建设初期，教育设施的建设往往面临尴尬的矛盾境遇，既需要提供广泛的社会服务以增强吸引力，同时却又面对现状中有限且不稳定的实际需求和使用能力。一方面需要灵活、富有弹性的设施规划，如现有设施的改扩建和再利用；另一方面，需要严格的政策制度保障规划中的预留教育用地（主要指公共教育设施用地），避免挪为其他营利性用途。

对于不同教育设施，应相应制定不同的发展战略。通常情况下，年轻家庭作为迁往新城的主要群体，主要原因多是寻求新的就业机会和住房，以及为孩子提供远离中心城区污染和压力的良好生活环境。尤其在新城建设的早期阶段，绝大部分的年轻夫妇带来了众多幼儿和学龄期孩童。因此，幼儿园、托儿所和小学作为教育系统的基础部分，应从早期阶段就予以重视；中学（尤其是高中）和成人教育则应在人口发展较稳定时期着力关注；后期阶段当人口结构处于正常水平时，小学需求量减少，可以转用于高中和成人教育。

另外，新建设施还可能和现状系统之间存在重复建设的问题，甚至发生冲突，因而需要在规划中对新旧系统进行统筹考虑，注重资源整合和协调发展。

4. 充分考虑职业技能培训和成人教育的发展需求

快速城市化进程下，大量农村青年通过各种职业教育进入工业企业，并逐渐成为城市居民，对中高等职业教育产生了巨大的需求；同时，随着城市经济结构和产业结构的调整，对于各类知识型、专业型人才需求量不断加大，以北京昌平区为例，预计每年需要完成各级各类培训十万人次以上。相对于这些庞大的需求，我国目前许多城市中的职业教育和成人教育暴露出资源匮乏、分散的问题，规模和档次也已难以满足要求。

随着形势的发展，可以考虑远程教育网络的铺设与开通，从而实现资源共享，适当减缓大城市中大规模就学人口所带来师资力量和设施用地的发展压力。

由此，需要将职业教育和成人教育整合到教育规划中，甚至是城市整体功能布局和产业发展政策的考虑范畴，实现教育培训与产业发展需求的良好衔接，以及两者在城市用地布局的紧密联系。此外，社区教育也应成为职业教育和成人教育发展的重要阵地。

（二）文化和休闲规划——营造宜人的城市文化景观和休闲氛围

这里文化的概念，不仅限于"通过教育手段发展人们的智力和道德能力"的狭义理解，而更为强调在历史和现代社会生活层面上维系和发展社会形态及生活规则的重要含义，因而在城市发展中尤其具有强化社会凝聚力和发展潜力的独特作用。

城市的创造力和发展潜力与其人文环境质量密切相关，它们之间可形成良性互动，直接影响城市的产业和人才竞争力。佛罗里达（Florida）在其著作《创造阶级的兴起》(The Rise of the Creative Class) 中提出，2002 年美国的创造阶级人数达到了 3000 万，占劳动力市场的 30%。吸引创造阶级聚集的主要是城市生活的异质性、宽容性和多样性特征，具体要素包括：保护建筑、地方音乐、历史文化区域等传统文化要素，自行车专用路线和大片的城市绿地，各种艺术展等文化活动，以及酒吧、咖啡店、特色餐馆、小剧场、书店等街区水平的小规模便利设施。① 佛罗里达的研究揭示，城市传统文化要素的保护和复兴，良好城市文化景观的塑造，以及现代休闲文体活动的发展，共同形成多样性的城市文化氛围，对于城市社会活力和城市竞争力的形成都有着积极的作用。

体现在文化和休闲规划中，一般包括以下主要内容。

1. 城市历史文化保护规划

传统文化要素一般包括：一是能得以复兴和发展的地方传统，尤其和人类传统相关的历史遗迹；二是作为文化标志的自然现象（如地理特征、花、鸟等）；

---

① 任雪飞. 创造阶级的崛起与城市发展的便利性——评理查德·佛罗里达的《创造阶级的兴起》[J]. 城市规划学刊，2005（1）：99-102.

三是历史遗址或居留地。① 可以看出,其中既包括有形的物质文化遗产,可以通过直接划定文化保护建筑或保护区范围予以保护,也包括很多无形的文化传统,很多时候同样需要附着于某些特殊的或看似无关的空间载体,因而尤其容易被忽视而迫切需要关注。

国际上对于文化遗产的保护经历了以下的发展阶段:一是20世纪60年代之前以保护单体纪念物、遗址为主,如有关历史性纪念物修复的《雅典宪章》(1931);二是20世纪60年代之后开始涉及历史街区、历史地段,如《内罗毕建议》(1976);三是进入21世纪,保护范围扩大到非物质文化遗产,如《保护非物质文化遗产公约》(2003);四是2005年5月,奥地利"世界遗产和当代建筑"国际会议通过保护历史城市景观的《维也纳备忘录》,同年10月《西安宣言》将历史文化遗产的范围扩大到"周边环境",从而将历史文化遗产的保护从以单体纪念物性质的建筑角度,逐步扩展到历史环境、人文环境的综合角度。由此,历史文化要素的保护范畴不仅包括保护区内的文物古迹,以及建筑群及其与历史地貌和地形之间在实际、功能、视觉、物质和联想等方面有重要关联的地方,还应考虑相关的过去或现在的社会和精神活动、习俗、传统知识等非物质文化遗产形式。

我国的历史保护分两个体系,一个是以文物保护单位、历史文化保护区和历史文化名城为代表的"国内"保护体系,另一个是以世界遗产为代表的"国外"保护体系。② 其共同点都体现为,以价值突出的、具有代表性和典型性、保存完好、达到一定规模的遗产为主要保护对象,而且特别强调遗产的历史价值,却没有触及城市历史作为一个包括当代在内的动态过程的理念。因而,这其中片面单一的保护体系并不能保证复杂的城市遗产及其背景环境真正得到保护,导致在实际操作中,历史文物和世界遗产往往被简单地与其历史生存的自然和文化环境剥离,从而丧失地域感和场所感,完整性和真实性遭到破坏。特别是在当前城市迅速扩张的背景下,由于整体保护历史遗产的理论和方法缺失,城市历史文化景观的空间格局遭到了不同程度的破坏,原有的环境意向和景观特征丧失。

因此,规划中还应强调一种动态的保护策略。因为许多文化遗产涉及广大乡村地区的文化景观和历史城市的大面积传统居住区,这些同时也是许多地方居民日常生活环境的重要组成部分,丰富了他们的生活质量。如何实现历史保护和现有居民的生活方式、传统空间和居民现代生活的发展需求之间的协调关系,将是文化保护中一个永恒的重要课题。

---

① Golany G. New-town planning: principles and practice [M]. New York: Wiley, 1976.
② 赵中枢. 从文物保护到历史文化名城保护——概念的扩大与保护方法的多样化 [J]. 城市规划, 2001 (10): 33 – 36.

2. 城市文化景观规划

文化景观的概念源自人文地理学的研究，其中心思想是强调可以借助城市景观来解释和认知城市文化，同样也包括物质和非物质的要素。相关规划手段主要体现在下面两个层面。

（1）平面控制体系。

平面控制体系主要体现为传统二维空间的控制方法，并从城市文化景观要素用地的控制和规划引导，逐步扩展到环绕城市周边区域景观的规划方法，目的在于保护可远望城市的、与城市风景浑然一体的周边农地，以及能从城市中切身体验到的城市周边自然环境的河川、山脉的景色。

（2）空间控制体系。

从世界各国景观规划的发展趋势看，人们逐步认识到区划法等土地控制难以满足塑造三维城市意向的需要，而且，要对文物建筑、古树名木、周边山脉等代表城市特征的纪念性要素实行景观管理时，二维的控制方法极其有限。因此，各国城市开始重视通过战略性选择，力求保护代表城市特色的眺望景观来保持各自的城市特征，采用较多的是高度轮廓和景观视廊控制的技术手段，两者都体现出一种将城市同时作为观赏点和观赏对象协调进行规划控制的趋势。

探讨文化景观规划在我国的具体应用，应考虑到我国传统城市文化景观的一个显著特点是对于城市格局的讲究。城市选址和整体布局，讲求与周边自然山水环境形成"负阴抱阳"、对景和借景等中国式构图关系；传统东方哲学的思想导致了在传统城市中，建筑单体的意义及其个性的表现力是十分有限的，而建筑与建筑、建筑与环境之间的关系更为重要，由此形成了北京特色的四合院、胡同、中轴线，也正是强调这种关系，才造就了北京旧城的整体性。因此，在对城市传统文化的保护中，应加强对于重要空间要素之间的格局保护，在空间上体现为关于序列、等级的秩序关系，关于对位、取景的构图关系，以及尺度和色彩呼应等，通过规划中对自然山水形势、城市空间认知、重要视轴线、传统尺度等方面进行控制和保护。

3. 文化休闲设施规划

现代社会中，收入的普遍增加、中产阶层的壮大、通讯和交通联系便利度的提高、可自由支配的闲暇时间的增多和提早退休等，都使得人们对于文体休闲活动数量和质量的需求不断提升。休闲文体活动成为人们放松心情、强健体魄、提高文化艺术修养、培育家庭和朋友情感联系的重要途径和优先选择。高度完善的文体娱乐设施也成为当前新区建设和大规模房地产开发中，带动地区住房消费的有效手段。最后，某些重要的城市和宗教文化及其空间载体还可以视为整合社会群体的纽带，例如教堂在欧洲中世纪甚至直至今天的很多现代城市都发挥着凝聚和带动社会发展的核心作用。

文化休闲规划作为城市文化发展的重要组成部分，其需求内容在很大程度上受到人们收入水平的制约，此外，还应考虑到不同阶层人群对于文化和休闲活动的认知差异。因而规划需要根据各城市的特定状况（主要是区位和人口构成），应对不同收入、年龄和性别人群的需求，塑造具备良好可达性和开放性的活动空间：一是活动场所的设置应尽可能利用并扩充当地和周边地区的现状自然资源和美丽景色，鼓励各种公共活动与城市开放空间网络在功能和物质上的紧密联系，培育并激发人们保护和维护居住地区的自然生态和人文资源的意识；二是保障各项设施（博物馆、图书馆、音乐厅、剧场、社区活动中心等）对于所有群体的可达性和开放性，重要文化场所尤其应具有较好的公交可达性；三是在城市主要中心区、组团中心和城市边缘地带的适宜地方，设置娱乐管理区，鼓励夜间娱乐活动的发展，从而避免出现"鬼城"现象。

五、实现社会和谐的规范准则：社会公正和社会整合

从广义社会规划的视角，规划目标除了基本的社会福利领域之外，一个重要内容是对于城市物质空间、经济、生态等领域发展中某些普遍规范性准则的校核，即有关社会和谐与公正的原则。

当前在我国，关于公正问题谈论最多的是收入分配问题，这主要是从经济公平的角度出发。和谐社会的建设，应包括经济增长质量和社会福利增量两个基本方面。从社会发展的角度出发，政府应更多致力于社会权利的保障和社会公共资源的二次分配。具体体现在社会公正和社会整合两个层面。

（一）面向社会公正的规划策略

以17~19世纪逐渐在政治哲学中占据主导地位的社会契约论为代表，更多着眼于如何建立公正的分配规则。美国哲学家约翰·罗尔斯在1971年发表的《正义论》，对功利主义正义观进行了最有力的反驳。罗尔斯提出将所有的人都置于一种"原初地位"制定他们要受其约束的分配原则，由此得到两个基本原则：一是每个人对于基本自由体系拥有平等的权利；二是虽然存在社会经济的不平等，但每个人都有平等地获得进步的机会，以及社会要采取有利于劣势者的积极的差别对待的措施。20世纪80年代，秉承功利主义传统的社群主义向罗尔斯的公正理论提出挑战，认为应从个人所处的社会、文化和历史脉络背景中去考察。归纳各种理论流派始终紧紧围绕两大主题：一是对平等、自由和权利的捍

卫，二是对社会弱者群体利益的保护。①

反映在规划策略中，应主要包含两方面具体内容。

1. 规划活动中成本与利益的公平分配

规划活动中成本与利益的公平分配即明确谁投入、谁受益的问题。将涉及城市开发活动中土地的有偿使用、基础设施建设费用的分摊和带来周边土地升值效益的分配，以及环境污染治理的成本投入等。目前我国城市建设过程中常见的拆迁纠纷、污染治理等问题，往往是因为缺乏对相关利益主体的职权责和利益分配方式的明确界定，从而出现规划建设活动的负外部性为其他社会群体所分担，尤其弱势群体的利益受损最为显著。主要解决途径是完善对规划成本、利益分配、程序组织等方面规范制度。社会规划中更多通过社会影响评价界定关键问题所在，提出改进建议。

2. 城市公共资源面向所有社会成员的公正配置

研究中需要注意几个问题：

（1）强调权利的平等。

不同于英国济贫法时期作为社会上一部分人对另一部分人的恩惠，这里强调各社会群体在享用公共资源方面应拥有平等的权利，包括教育、医疗、文化、公共住房等。

（2）尊重社会多样性。

不是说无视差别的完全平等，而是承认社会多样性和群体的差异性需求，在工作、居住、交通、教育等方面提供多种适宜的选择。例如，职业技术教育和行业培训作为近年来兴起的事业，对文教事业用地和设施标准提出了新的要求；又如，从人的出行便利来认识交通规划的本质，则需要从单一面向机动出行的"修大马路"转为提供多种可选择的安全和有效的交通模式，包括公共交通、私人汽车、自行车、步行、轮椅等。规划中忽视这部分需求，相当于一定程度上剥夺了需求群体的选择机会。

（3）综合考察地域性的社会指标。

既不同于社会学家对社会群体间不平等的关注，也不同于地理学家对城市地域空间不平等的研究，而是强调两者的结合，即社会外部性在不同地域空间的分布——谁得到什么，在哪里得到，以及如何得到的问题。在此基础上可以开展如关于"城市生活质量"的研究，展示地方福利整体层面的结构品质；以及关于"剥夺"的研究，识别居民处于相对不利地位的特定区域（如"缺医区"，或存

---

① 李培林，苏国勋，张旅平等．和谐社会构建与西方社会学社会建设理论［J］．社会，2005（6）：1-22.

在"多重剥夺"的聚集地),从而指导公共资源空间分布的理想模式。

(4) 综合考察资源配置的空间可达性与社会可获取性。

在传统社会性公共服务设施布局规划中,通常仅考虑空间规模和空间距离等抽象的物质性标准。当前社会需求复杂性和空间分化的发展趋势,进一步提出了完善地域公正性概念的要求——纳入对于空间社会属性和权力维度的关注。即在传统考察资源空间可达性的基础上,结合地理距离、道路网络、交通方式等具体要素,研究供需分布的空间不均衡问题;同时,还需要考察资源获取中的非空间要素,如社会适宜度(资源对于不同群体需求的满足程度)、权力障碍(包括空间权限,住房所有权、社会经济地位等身份准入机制,门票等经济手段)、时间和社会成本(不同出行方式、生活方式、社会网络)等带来的门槛作用。

(二) 减少社会排斥和促进社会整合

社会整合包含两个相互区别又相互统一的目标维度:一是减少社会排斥,避免社会不平等和过度分化;二是增强社会资本,加强社会融合。实践证明,社会整合并非解决社会矛盾的通用、完全或永恒的社会治疗方法,但至少可以作为创造稳定、和谐和丰富社会群体生活的一个理想方法。

实现上述目标的主要途径包括:

1. 倡导城市功能混合和社会生活的多样性

包括创建多样化的经济实体和提供多层次的就业发展机会,鼓励不同房屋类型、建设和供应模式的各类住房的混合布局,以及加强学校、医院、社区活动中心等公共设施的平衡布局及其开放性,从而推动社会结构和社会生活的平衡发展。

2. 通过物质空间规划引导和协调社会融合

如城市生活空间步行尺度网络的营造,社区住房的有效聚集分布,将有助于创造邻里间的亲密交往,各种社会服务设施和公共活动场所则成为激发社会交往和社区活动的"诱发器"。

3. 培育社会群体间共享的价值观、兴趣爱好和社会特征

仅仅地域上的临近却并非社会整合的必然保障,一个重要的催化剂是人们存在共有的价值观、兴趣和类似的特征,比如文化起源、行为模式、个人适应性、心理状态以及收入等。例如在新城或新区的社会环境中,所特有的个人期望(向新城的迁居能激发个人为了更好生活而拥有更多的付出和期望)、相对年轻的群体(有孩子的年轻家庭更愿意接受社会融合)以及新的环境这三个要素通常被视为积极推动社会整合的有效催化剂。我国传统的"单位大院",可以视为计划经济体制下整合了"地域共同体"和"社会共同体"的重要载体。随着单

位制的解体，社会文化多样性的发展，以及利益主体的分化，人们不得不自发寻求来自社会化的凝聚力，如社区业主委员会、兴趣爱好团体等。在规划时，应尽可能创造并提供联系人们共同生活和情感的"纽带"，如共有的地域场所和文化背景、共享的发展机会、共同参与的地方社会活动等。这些将有助于增强社区归属感和自豪感，从而促进社区的团结和整合。

参考文献

[1] Aunders, P., Social theory and the urban question [M]. Second edition. Lodon: Hutchinton, 1986.

[2] Castells, M., City, Class and Power [M]. Mecmillan, 1978.

[3] Hart Keith, Informal Income Opportunities and Urban Employment in Ghana [J]. Journal of Modern African Studies II, 1973.

[4] Hernando De Soto. The Other Path: The Invisible Revolution in the Third World [M]. New York: Harper & Row, 1989.

[5] ILO. World Employment Report 1998 – 1999: Employability in the Global Economy How Training Matters [M]. Geneva: 1999.

[6] Logan J. R., Molotch H. L., Urban Fortunes: the Political Economy of Place [M]. London: University of California Press, 1987.

[7] Jianbo Peng, Research on the Residential Differentiation Condition and Regulating Strategy of the Middle-lower Income Class and High-income Class in Beijing [J]. in 2006 International Conference on Housing Affordability in China. Beijing. 2006 (April).

[8] Oscar Newman, Creating Defensible Space [M]. U. S. Department of Housing and Urban Development. Washington D. C.: 1996.

[9] Patricia Fernandez Kelly and Jon Shefner ed, Out of the Shadows: Political Action and the Informal Economy in Latin America [M]. Pennsylvania University Press, 2006.

[10] Portes Alejandro and Richard Schauffler, Competing Perspectives on the Latin American Informal Sector [J]. in Population and Development Review. 1993 (March): 33 – 60.

[11] Portes Alejandro, The Informal Economy and Its Paradoxes [M]. in The Handbook of Economic sociology, edited by Neil J. Smelser and Richard Swedberg. Princeton: Princeton University Press, 1994: 426 – 446.

［12］Rex, J. and Moore, R. Race, Community and Conflict［M］.Oxford University Press, 1967.

［13］S. V. Sethuraman ed. , The Urban Informal Sector in Developing Countries: Employment, Poverty and Environment［M］.Geneva: International Labour Office. 1981.

［14］［德］齐奥尔格·西美尔著．费勇等译．时尚的哲学［M］．文化艺术出版社，2001.

［15］［德］维尔纳·桑巴特著．王燕平，侯小河译．奢侈与资本主义［M］．上海世纪出版集团，2005.

［16］［德］沃夫冈·拉茨勒著．刘风译．奢侈带来富足［M］．中信出版社，2003.

［17］［德］约阿希姆·布姆克著．何珊，刘华新译．宫廷文化［M］．三联书店，2006.

［18］［法］让·鲍德里亚著．刘成富，全志钢译．消费社会［M］．南京大学出版社，2001.

［19］［美］艾伦·杜宁著．毕聿译．多少算够——消费社会与地球的未来［M］．吉林人民出版社，1997.

［20］［美］戴尔·卡耐基著．翟文明编译．人性的弱点［M］．光明日报出版社，2005.

［21］［美］凡勃伦著．有闲阶级论［M］．商务印书馆，1997.

［22］［美］克里斯托弗·贝里著．江红译．奢侈的概念：概念及历史的探究［M］．上海世纪出版集团，2005.

［23］［美］罗伯特·弗兰克著．蔡曙光，张杰译．奢侈病：无节制挥霍时代的金钱与幸福［M］．中国友谊出版公司，2002.

［24］［美］威廉·A.哈维兰著．瞿铁鹏，张钰译．文化人类学（第十版）［M］．上海社会科学院出版社，2006.

［25］［美］威廉·N.邓恩著．谢明等译．公共政策分析导论［M］．中国人民大学出版社，2002.

［26］［美］约翰·格拉夫，大卫·瓦恩，托马斯·内勒著．间佳译．流行性物欲症［M］．中国人民大学出版社，2006.

［27］尹稚等．北京住房建设规划空间布局专题研究报告［R］．清华大学规划设计研究院，2006.

［28］北京市城建研究中心．北京市商品住宅购房对象购房需求抽样调查结果［OL］．北京市建委网站 http://www.bjjs.gov.cn/，2005.

［29］北京市统计局．北京统计年鉴（2004）［M］．中国统计出版社，2004.

[30] 北京市统计局. 北京市外来流动人口发展趋势及对策 [OL]. 北京市统计信息网 http://www.bjstats.gov.cn/, 2002.

[31] 蔡禾等. 城市社会学: 理论与视野 [M]. 中山大学出版社, 2003.

[32] 陈成文. 社会弱者论 [M]. 时事出版社, 2000.

[33] 陈光庭. 外国城市住宅问题研究 [M]. 北京科学技术出版社, 1991.

[34] 陈昕. 救赎与消费: 当代中国日常生活中的消费主义 [M]. 江苏人民出版社, 2003.

[35] 成思危编. 中国城镇住房制度改革: 目标模式与实施难点 [M]. 民主与建设出版社, 1999.

[36] 褚超孚. 城镇住房保障模式研究 [M]. 经济科学出版社, 2005.

[37] 戴慧思, 卢汉龙编译. 中国城市的消费革命 [M]. 上海社科院出版社, 2003.

[38] 杜德斌等. 中国城市的社会分化与居住分异研究教育部人文社会科学研究规划基金项目, 2001: 12.

[39] 方心清, 王毅杰. 现代生活方式前沿报告 [M]. 社会科学文献出版社, 2006.

[40] 房爱卿主编. 我国消费需求发展趋势和消费政策研究 [M]. 中国经济出版社, 2006.

[41] 冯更新. 21世纪中国城市社会保障体制 [M]. 河南人民出版社, 2001.

[42] 国家民政部. 中国社区建设年鉴 (2003) [M]. 中国社会出版社, 2003.

[43] 国务院研究室课题组. 中国农民工调研报告 [M]. 中国言实出版社, 2006.

[44] 郝宏奎. 评英国犯罪预防的理论、政策与实践 [J]. 公安大学学报. 1998 (2).

[45] 何平等. 城市贫困群体社会保障政策与措施研究 [M]. 中国劳动社会保障出版社, 2006.

[46] 洪大用. 转型时期中国社会救助 [M]. 辽宁教育出版社, 2004.

[47] 侯仁之等编. 北京城市历史地理 [M]. 北京燕山出版社, 2000.

[48] 侯淅珉, 应红, 张亚平等. 为有广厦千万间——中国城镇住房制度的重大突破 [M]. 广西师范大学出版社, 1999.

[49] 黄光国, 胡先缙等. 面子: 中国人的权力游戏 [M]. 中国人民大学出版社, 2004.

[50] 建设部. 关于城镇廉租住房制度建设和实施情况的通报 (建住房

[2006] 63 号).

[51] 蒋原伦. 媒体文化与消费时代 [M]. 中央编译出版社, 2004.

[52] 劳动和社会保障部课题组. 中国的城市扶贫与非正规部门就业 [J]. 劳动和社会保障部"非正规部门就业研讨会"论文. 2000 (10).

[53] 雷洁琼. 转型中的城市基层社区组织 [M]. 北京大学出版社, 2001.

[54] 李春玲. 城乡移民与社会流动 [J]. 江苏社会科学. 2007 (2).

[55] 李杰. 北京市中低收入家庭住房保障研究 [D]. 首都经贸大学硕士论文. 2006.

[56] 李军. 中国城市反贫困论纲 [M]. 经济科学出版社, 2004.

[57] 李培林主编. 农民工:中国进城农民工的经济社会分析 [M]. 社会科学文献出版社, 2003.

[58] 李培林, 苏国勋, 张旅平等. 和谐社会构建与西方社会学社会建设理论 [J]. 社会. 2005 (6).

[59] 李强. 社会分层与贫富差别 [M]. 鹭江出版社, 2000.

[60] 李强. 中国城市中的二元劳动力市场和底层精英问题. 清华社会学评论(特辑) [M]. 鹭江出版社, 2006.

[61] 李彦昌. 城市贫困与社会救助研究 [M]. 北京大学出版社, 2004.

[62] 李佐军. 中国的根本问题: 九亿农民何处去 [M]. 中国发展出版社, 2000.

[63] 零点调查. 中国消费文化调查报告 [M]. 光明日报出版社, 2006.

[64] 刘伟红. 城市化进程中的基层组织管理体制变革 [D]. 苏州大学硕士论文. 2004.

[65] 楼培敏. 中国城市化: 农民、土地与城市发展 [M]. 中国经济出版社, 2004.

[66] 陆扬, 王毅. 文化研究导论 [M]. 复旦大学出版社, 2006.

[67] 陆益龙. 户籍制度: 控制与社会差别 [M]. 商务印书馆, 2003.

[68] 骆玲等. 城市化与农民 [M]. 西南交通大学出版社, 2006.

[69] 莫少群. 20 世纪西方消费社会理论研究 [M]. 社会科学文献出版社, 2006.

[70] 潘小娟. 社区治理研究 [M]. 中国法制出版社, 2004.

[71] 清华大学社会学系课题组. 北京市崇文区"构建和谐社会、建设宜居社区"课题研究报告 [M]. 2005.

[72] 清华大学社会学系课题组. 市场经济下社会管理体制研究 [M]. 北京市社科项目成果. 2005.

[73] 沈立人. 中国弱势群体 [M]. 民主与建设出版社, 2005.

[74] 时政新. 中国社会救助体系研究 [M]. 中国社会科学出版社, 2002.

[75] 宋春华. 征地农民社会保障与企业信息化建设 [M]. 上海社会科学院出版社, 2003.

[76] 孙立平. 断裂: 20世纪90年代以来的中国社会 [M]. 社会科学文献出版社, 2003.

[77] 唐钧等. 中国城市贫困与反贫困报告 [M]. 华夏出版社, 2003.

[78] 田东海. 住房政策: 国际经验借鉴和中国现实选择 [M]. 清华大学出版社, 1998.

[79] 田中文. 关于农村社会保障问题的研究 [J]. "21世纪中国社会保障制度改革与发展研讨会"论文. 2002.

[80] 汪大海, 魏娜, 郇建立. 社区管理 [M]. 中国人民大学出版社, 2005.

[81] 王雅林, 董鸿杨. 构建生活美——中外城市生活方式比较 [M]. 东南大学出版社, 2003.

[82] 魏科. 北京旧城更新的回顾与思考——以东城区为例 [D]. 清华大学硕士论文, 2005.

[83] 吴开松. 城市社区管理 [M]. 科学出版社, 2006.

[84] 吴良镛. 北京旧城与菊儿胡同 [M]. 中国建筑工业出版社, 1994.

[85] 项飚. 跨越边界的社区: 北京"浙江村"的生活史 [M]. 生活·读书·新知三联书店, 2000.

[86] 谢志强. 突破重围: 中国房改大行动 [M]. 社会科学文献出版社, 1999.

[87] 许海峰编著. 你"中产"了吗? [M]. 经济日报出版社, 2003.

[88] 薛晓明. 转型时期的弱势群体问题 [M]. 中国经济出版社, 2005.

[89] 杨威. 中国传统日常生活世界的文化透视 [M]. 人民出版社, 2005.

[90] 叶南客. 都市社会的微观再造 [M]. 东南大学出版社, 2003.

[91] 俞德鹏. 城乡社会: 从隔离走向开放——中国户籍制度与户籍法研究 [M]. 山东人民出版社, 2002.

[92] 云至平, 白伊宏, 谭春林. 中国住房制度改革的探索 [M]. 中国财政经济出版社, 1991.

[93] 赵东霞. 中国城市社区管理模式研究 [D]. 大连理工大学硕士论文, 2004.

[94] 郑杭生. 中国人民大学中国社会发展研究报告2002: 弱势群体与社会支持 [M]. 中国人民大学出版社, 2003.

[95] 郑也夫. 城市社会学 [M]. 中国城市出版社, 2002.

[96] 中华人民共和国国家统计局. 中国统计年鉴 2005 [M]. 国家统计局中国统计出版社, 2005.

[97] 鲍海君, 吴次芳. 论失地农民社会保障体系建设 [J]. 管理世界, 2002 (1).

[98] 鲍海君. 征地安置途径与失地农民社会保障体系建设 [J]. 中国房地产研究. 2003 (4).

[99] 北京社科院. 北京城市人口容量的短边分析 [J]. 北京社会科学. 2000 (1).

[100] 蔡昉. 劳动力迁移的两个过程及其制度障碍 [J]. 社会学研究. 2001 (4).

[101] 晁流. 社区自治中的利益博弈——以南京"中青园"为例 [J]. 社会. 2004 (4).

[102] 陈信勇, 蓝邓骏. 失地农民社会保障的制度建构 [J]. 中国软科学. 2004 (3).

[103] 陈泽水. 美国社会化社区管理模式探析与思考 [J]. 江西行政学院学报. 2005 (3).

[104] 单文慧. 不同收入阶层混合居住模式——价值评判与实施策略 [J]. 城市规划. 2001 (2).

[105] 党国英. 户籍制度: 改革的路怎么走 [J]. 中国改革. 2006 (4).

[106] 方可. 北京旧城保护与城市规划建设的战略思考 [J]. 华中建筑. 2000 (3).

[107] 冯晓英. "非典"与流动人口管理模式改革路径的选择 [J]. 城市问题. 2003 (4).

[108] 甘绍平. 论消费伦理——从自我生活的时代谈起 [J]. 天津社会科学. 2000 (10).

[109] 顾朝林, C·克斯特洛德. 北京社会极化与空间分化研究 [J]. 地理学报. 1997 (9).

[110] 顾朝林, 王法辉, 刘贵利. 北京城市社会区分析 [J]. 地理学报. 2003 (6).

[111] 国务院关于加强和改进社区服务工作的意见 [N]. 人民日报. 2006 - 05 - 08.

[112] 郝虹生、杜鹃等. 我国大城市外来人口管理问题与对策——由北京市海淀区案例分析引发的思考 [J]. 人口研究. 1999 (1).

[113] 何慧丽. 如何解决农村劳动力转移过程中的弊端——对法国有关政策的思考 [J]. 中国农业大学学报（社会科学版）. 2001（2）.

[114] 华伟. 单位制向社区制的回归 [J]. 战略与管理. 2000（1）.

[115] 黄平. 生活方式与消费文化 [J]. 江苏社会科学. 2003（3）.

[116] 黄玉丽，王桂新. 国外大都市区人口发展的相关政策及其借鉴 [J]. 世界地理研究. 2002（6）.

[117] 季桂保. 博德里亚的"消费社会"批判理论述评 [J]. 国外社会科学. 1999：50-55.

[118] 李程伟. 北京市的流动人口管理：成绩、问题及对策 [J]. 北京行政学院学报. 2001（1）.

[119] 李健. 基于因子分析的北京城市功能空间布局研究 [J]. 城市发展研究. 2005（4）.

[120] 李强. 当前我国社会分层结构变化的新趋势 [J]. 江苏社会科学. 2004（6）.

[121] 李强. 中国城市农民工劳动力市场研究 [J]. 学海. 2001（1）.

[122] 李强. 中国大陆城市农民工的职业流动 [J]. 社会学研究. 1999（3）.

[123] 李郁芳. 试析土地保障在农村社会保障制度建设中的作用 [J]. 暨南学报：哲学社会科学版. 2001（6）.

[124] 李志刚，吴缚龙，卢汉龙. 当代我国大都市的社会空间分化——对上海三个社区的实证研究 [J]. 城市规划. 2004（6）.

[125] 刘冰张，晋庆. 城市居住空间分化的规划对策研究 [J]. 城市规划. 2002（12）.

[126] 刘长岐，王凯. 影响北京市居住空间分化的微观因素分析 [J]. 西安建筑科技大学学报（自然科学版）. 2004（4）.

[127] 彭剑波. 北京旧城低收入回迁户居住问题调研 [J]. 住区. 2007（1）.

[128] 彭剑波. 构建面向底层社会的城市规划 [J]. 城市规划学刊. 2006（6）.

[129] 任雪飞. 创造阶级的崛起与城市发展的便利性——评理查德·佛罗里达的《创造阶级的兴起》[J]. 城市规划学刊. 2005（1）.

[130] 邵磊. 北京旧城传统街区居民分化状况与保护更新政策思考——以什刹海烟袋斜街地区保护更新政策研究为例 [J]. 北京规划建设. 2005（4）.

[131] 沈阳. 低收入与高房价的背后 [J]. 发展. 2005（1）.

[132] 王春光. 我国城市就业制度对进城农村流动人口、生存和发展的影响 [J]. 浙江大学学报（人文社会科学版）. 2006（5）.

[133] 王凯. 从西方规划理论看我国规划理论建设之不足 [J]. 城市规划. 2003

(6): 66 – 71.

[134] 王勇兵. 从街道管理走向社区治理：鲁谷社区管理体制改革的启示 [J]. 社区. 2006 (9).

[135] 文军. 农民市民化：从农民到市民的角色转型 [J]. 华东师范大学学报（哲学社会科学版）. 2004 (3).

[136] 吴德美. 中国大陆都市非正式部门就业中的城乡差异 [J]. 中国大陆研究. 第 46 卷 第 5 期 2003 (9 – 10)：139 – 140.

[137] 吴俊明，高迪. 从转型期单位制的变化看我国社会组织结构的变迁 [J]. 黑龙江教育学院学报. 2005 (9).

[138] 吴良镛. 北京旧城保护研究（上篇）[J]. 北京规划建设. 2005 (1).

[139] 夏建中. 北京城市新型社区自治组织研究——简析北京市 CY 业主委员会 [J]. 北京社会科学. 2003 (2).

[140] 项飚. 流动人员聚居区：世界性的社会问题 [J]. 瞭望. 1995 (48).

[141] 新浪网. 标准租私房：历史遗留问题能够解决.
http://gz.house.sina.com.cn/news/2005 – 01 – 17/961523.html.

[142] 杨贵庆. 上海大都市居住区更新重建中的社会学问题研究 [J]. 城市规划汇刊. 1995 (3).

[143] 杨鹏程，代礼忠. 城市化进程中的户籍制度障碍及其创新 [J]. 重庆大学学报. 2002 (6).

[144] 袁岳，王欣，张守礼. 北京外来人口中的三种权威及其影响 [J]. 战略与管理. 1997 (2).

[145] 张家明. 北京旧城区改造保护的模式摸索 [J]. 城市开发. 2004 (12).

[146] 张建，宛素春. 关于北京旧城保护规划中高度控制的思考 [J]. 建筑学报. 2003 (2).

[147] 张庭伟. 城市化作为生产手段及引起城市规划功能转变 [J]. 城市规划. 2002 (4)：69 – 74.

[148] 张卫良. 20 世纪西方社会关于"消费社会"的讨论 [J]. 国外社会科学. 2004：35 – 40.

[149] 张文忠. 城市居民住宅区位选择的因子分析 [J]. 地理科学进展. 2001 (20).

[150] 张耘. 暴力执法与暴力抗法的博弈 [J]. 城乡建设. 2006 (10).

[151] 赵人伟. 关于中国社会保障体制的改革思考 [J]. 经济学动态. 2001 (10).

[152] 赵树凯. 农民流动三十年 [J]. 中国发展观察. 2008 (1).

［153］赵树凯．秩序冲突与治道变革——关于农民流动管理问题的研究．制度分析与公共政策网．http://www.wiapp.com/.

［154］赵中枢．从文物保护到历史文化名城保护——概念的扩大与保护方法的多样化［J］．城市规划．2001（10）．

［155］郑功成，黄黎若莲．中国农民工问题：理论判断与政策思路［J］．中国人民大学学报．2006（6）．

［156］郑功成．农民工的利益与社会保障［J］．中国党政干部论坛．2000（8）．

［157］郑功成，黄黎若莲．中国农民工问题：理论判断与政策思路［J］．中国人民大学学报．2006（6）．

［158］郑也夫．消费：解释、批判与辩护［J］．河南社会科学．2006（2）．

［159］政府"缺位"帮会"补位"［J］．瞭望新闻周刊．2003（16）．

［160］中国农民工问题研究总报告起草组．中国农民工问题研究总报告．改革，2006（5）．

［161］周浩杰，代志明．论社会保障城乡一体化建设的突破口——将失地农民纳入社会保障体系的探索［J］．美中经济评论．2004（8）．

［162］朱自煊．专家纵论北京危旧房改造与古都风貌保护——北京城科会"历史文化名城与危旧房改造研讨会"回顾［J］．北京规划建设．2001（4）．

已出版书目

书　名	首席专家
《马克思主义基础理论若干重大问题研究》	陈先达
《网络思想政治教育研究》	张再兴
《高校思想政治理论课程建设研究》	顾海良
《马克思主义文艺理论中国化研究》	朱立元
《弘扬与培育民族精神研究》	杨叔子
《当代科学哲学的发展趋势》	郭贵春
《当代中国人精神生活研究》	童世骏
《面向知识表示与推理的自然语言逻辑》	鞠实儿
《中国大众媒介的传播效果与公信力研究》	喻国明
《楚地出土戰國簡册［十四種］》	陳　偉
《中国特大都市圈与世界制造业中心研究》	李廉水
《WTO主要成员贸易政策体系与对策研究》	张汉林
《全球经济调整中的中国经济增长与宏观调控体系研究》	黄　达
《中国产业竞争力研究》	赵彦云
《东北老工业基地资源型城市发展接续产业问题研究》	宋冬林
《中国民营经济制度创新与发展》	李维安
《东北老工业基地改造与振兴研究》	程　伟
《中国加入区域经济一体化研究》	黄卫平
《金融体制改革和货币问题研究》	王广谦
《中国市场经济发展研究》	刘　伟
《我国民法典体系问题研究》	王利明
《中国农村与农民问题前沿研究》	徐　勇
《城市化进程中的重大社会问题及其对策研究》	李　强
《中国公民人文素质研究》	石亚军
《生活质量的指标构建与现状评价》	周长城
《人文社会科学研究成果评价体系研究》	刘大椿
《教育投入、资源配置与人力资本收益》	闵维方
《创新人才与教育创新研究》	林崇德
《中国农村教育发展指标研究》	袁桂林
《高校招生考试制度改革研究》	刘海峰
《基础教育改革与中国教育学理论重建研究》	叶　澜
《处境不利儿童的心理发展现状与教育对策研究》	申继亮
《中国和平发展的国际环境分析》	叶自成

即将出版书目

书　名	首席专家
《中国司法制度基础理论问题研究》	陈光中
《完善社会主义市场经济体制的理论研究》	刘　伟
《和谐社会构建背景下的社会保障制度研究》	邓大松
《社会主义道德体系及运行机制研究》	罗国杰
《中国青少年心理健康素质调查研究》	沈德立
《学无止境——构建学习型社会研究》	顾明远
《产权理论比较与中国产权制度改革》	黄少安
《中国水资源问题研究丛书》	伍新木
《中国法制现代化的理论与实践》	徐显明
《中国和平发展的重大国际法律问题研究》	曾令良
《知识产权制度的变革与发展研究》	吴汉东
《全国建设小康社会进程中的我国就业战略研究》	曾湘泉
《现当代中西艺术教育比较研究》	曾繁仁
《数字传播技术与媒体产业发展研究报告》	黄升民
《非传统安全与新时期中俄关系》	冯绍雷
《中国政治文明与宪政建设》	谢庆奎